QIN-HAN LISHI
ZHUANTI TANYAN

本书为内蒙古自治区重点培育学科、包头
师范学院一流学科建设项目成果

秦汉历史专题探研

郝建平◎主编

吉林大学
·长春·
出版社

图书在版编目（CIP）数据

秦汉历史专题探研 / 郝建平主编. —— 长春 ：吉林
大学出版社，2021.10
ISBN 978-7-5692-9005-9

Ⅰ．①秦… Ⅱ．①郝… Ⅲ．①中国历史-研究-秦汉
时代 Ⅳ．①K232.07

中国版本图书馆CIP数据核字(2021)第202780号

书　　名　秦汉历史专题探研
　　　　　QIN-HAN LISHI ZHUANTI TANYAN

作　　者　郝建平 主编
策划编辑　杨占星
责任编辑　滕　岩
责任校对　矫　正
装帧设计　徐占博
出版发行　吉林大学出版社
社　　址　长春市人民大街4059号
邮政编码　130021
发行电话　0431-89580028/29/21
网　　址　http://www.jlup.com.cn
电子邮箱　jlup@mail.jlu.edu.cn
印　　刷　三河市明华印务有限公司
开　　本　787mm×1092mm　　1/16
印　　张　22.75
字　　数　340千字
版　　次　2021年10月　第1版
印　　次　2021年10月　第1次
书　　号　ISBN 978-7-5692-9005-9
定　　价　78.00元

前　言

在我国历史发展的长河中，秦汉是一个重要的时期。秦始皇指挥秦国的大军，用了十年的时间，灭了关东六国，结束了长期分裂割据的局面，建立了我国历史上第一个统一的多民族封建国家。在国家机构的建设方面，秦实行了体现专制主义中央集权制度的皇帝制、三公九卿制和郡县制，这些制度基本上被后代的王朝所沿用，对两千年的封建社会产生了重要的影响。为了巩固统一的局面，秦始皇"令黔首自实田"，在全国范围正式确立了封建土地私有制；还在全国范围统一文字、货币和度量衡；修订了法律制度；完善了户籍制度。这些措施也对后世产生过重要的影响。当然，秦始皇也存在着失误，这就是过分迷信法家的法治思想，实行严刑峻法，徭役赋税繁重，超越了百姓所能承受的范围，最终激化了社会矛盾，导致二世而亡。

汉朝建立后，统治者注意吸取秦亡的教训，在黄老"无为而治"思想的指导下，采取了与民休息的政策，社会秩序很快得以稳定，经济由恢复走向发展，出现了"文景之治"的局面。到武帝时，西汉的国力达到鼎盛，多民族统一的国家得到了进一步的巩固与发展。汉代在政治、经济、思想文化等方面，均取得了重要成就。政治上，在继承秦朝制度的基础上，进一步完善国家机器，加强中央集权。经济上，农业、手工业和商业都有不俗的表现。铁犁和牛耕得到推广，已惠及边疆少数民族地区；白渠、六辅渠、龙首渠等水利工程大量兴修，对泛滥的黄河进行了卓有成效的整治。冶铁技术有了很大的提高，水力鼓风机的发明即是典型的表现；丝织品种类繁多，有植物、动物和几何图案等丰富的花纹。出现了以长安、洛阳为中心的一大批都市，商业贸易繁盛；丝绸之路的开通，为中外交流提供了便利。思想上，汉武帝接受儒学大家董仲舒统一思想的建议，以经过董仲舒改造过的儒家学说作为统治思想，从此，儒家思想长期占据着正统地位，影响深远。文化上，经今古文之争，推动了经学的发展；出现了以司马迁的《史记》、班固的《汉书》为代表的史学家和史书，从此，纪传体的修史体例，成为后代正史的范本；以司马相如、扬雄、东方朔等为代表的汉赋家所创作的作品，在文学史上留下了光彩的一页；以地动仪、《九章算术》、麻沸散等为代表的科技成果，处于世界领先地位，凸显了中国人民的智慧。

可以说，秦汉在诸多方面为两千多年封建社会的发展奠定了基础，因而，对其历史进行研究历来为众多的学者们所重视。在秦汉史的研究队伍中，就有一批活力四射的年轻的研究生，包头师范学院历史文化学院的秦汉史方向的研究生，就是他们中的一员。他们在导师的指导下，通过广泛地收集相关资料，开展了较为深入的研究，完成了一篇篇有一定学术价值的论文。这些毕业论文，全部通过外审的形式接受了相关专家的检验，得到了他们的肯定。本书所收录的文章，即是这些论文中的部分代表，其内容主要包括以下一些方面。

一是探讨汉代的启蒙教育。汉代教育在中国古代教育史上具有重要地位。就启蒙教育而言，汉代是中国封建社会启蒙教育的奠基时期。启蒙教育在汉代兴起，究其原因，主要受汉代社会政治结构的变化，汉代新文教政策的确立，历史传统等因素的影响。汉代启蒙教育奠定了后世封建启蒙教育的基本框架，汉代启蒙教育无论教育机构、教育内容，还是启蒙教材、启蒙教育思想，均相对完善，汉代以后历朝历代封建启蒙教育都是此基础上不断发展、完善的。汉代启蒙教育重伦理，这也是贯穿我国封建时代启蒙教育的基本特点。汉代启蒙教育不仅有利于巩固其时的封建统治，提升儿童的知识文化水平，也对后世启蒙教育产生深刻影响。对汉代启蒙教育进行研究，有利于展现汉代启蒙教育的全貌，进而了解汉代儿童精神生活，全面认识汉代社会。

二是对汉代女性教育进行研究。从汉代女性教育发展的背景、表现来分析汉代女性教育发展的总体状况。通过对汉代女性教育的模式、内容来分析其所体现的素质教育理念。从积极和消极两个方面来阐述汉代女性教育产生的社会影响。研究汉代女性教育有一定的现实意义，有利于构建和谐社会、提高全民族素质和推动社会文明进步。

三是对汉代地方官学的发展进行研究。以汉代地方官学的发展为中心，进一步认识汉代地方官学从西汉到东汉是如何发展的。西汉作为地方官学的初步建立时期，与文翁兴学和西汉政府颁布的三次兴学诏令是分不开的，尤其是第三次平帝时颁布的诏令，使汉代地方官学第一次有了制度上的变化。到了东汉，地方官学呈现繁荣发展的景象，各地方官也投入到建设地方官学的工作中去，使地方学校如雨后春笋般涌现，尤其是州、县学校的出现，使汉代地方官学的教育体系更加完善。当然，随着地方官学的发展，其规模逐步扩大的同时，数量和分布区域也随之变化。除此之外，地方官学的老师和学生的数量也越来越多，并且教师分科教学也具有现代化教育的特点。从西汉到东汉地方官学的规模逐渐扩大、分布区域越来越广以及数量逐渐增加，对汉代及以后各朝代教育的发展产生了巨大的影响，也对我们现在学校教育的建设与发展提供了经验及教训。

四是探讨王充的教育思想。在东汉谶纬迷信泛滥盛行、经学禁锢思想文化的时期，王充本着"疾虚妄"的批判精神，在其著《论衡》中建构了超越时代的教育思想体系。从社会背景和理论来源两方面分析王充教育思想形成的原因。从探究教育、环境对人的发展的作用，如何获取知识、培养人才，建立正确的学习态度方面总结王充教育思想的主要内容。同时探求其教育思想中深刻的历史意义和现代价值对现代教育的启发作用。

五是以婚姻为中心探讨汉代女性的社会地位。汉代女性婚姻的嬗变是社会文化演变的一个重要部分。汉代是封建社会的上升阶段，封建礼教的估价和酝酿需要时间，社会环境相对比较宽松。汉代女性的个性受外界的压抑较小，情感相对鲜明，封建礼教没有完全束缚汉代女性的日常行为模式。而且妇女多方位参与社会生产和生活，经济上相对独立，所以汉代女性婚姻的社会地位较为独特。汉代女性婚姻的研究，既可以从独特视角探讨当时的精神文明程度，也可以从侧面反映出社会物质文明的程度而借鉴今日。从妇女的婚姻家庭地位，妇女的社会经济地位和妇女的社会政治地位三个方面分析汉代女性的社会地位；从结婚制度要件，婚姻六礼，自主择偶，婚姻关系的解除和再婚五个方面详细分析汉代女性的婚姻状况，具体展现了汉代女性的社会地位；从班昭《女诫》看婚姻对女性的规训，突出了汉代女性的社会地位；阐述汉代女性婚姻的社会地位研究对现代婚姻的影响及其当代价值。

六是对西汉中后期的奢侈风气进行研究。从西汉中后期奢侈风气标准的界定、产生的原因、表现、影响四个方面进行论述。有关西汉奢侈风气研究的分歧主要集中在奢侈风气扩散的范围以及奢侈风气影响是否具有双面性，造成分歧的主要原因是奢侈风气界定不明确，所以将奢侈风气界定标准作为写作基础，在此基础上通过文献资料与考古资料的搜集进行论证。

七是对汉代的鹿车进行考辨。鹿车作为两汉的独轮车，史料中对其记载的内容单薄、支撑性较弱以及相关史料的缺略，很少引起学者们的关注，从清至今，研究者极少。本文力图通过综合前辈学者的研究成果，并参以汉代画像砖、石的考古资料，对有关鹿车的基本概况、名称以及起源三个问题作一个较为全面的考察。结论如下："鹿车"是两汉之际被广泛使用于劳动生活场景的独轮车；"鹿车"之"鹿"实乃是"辘轳"之"辘"，"鹿车"应是"辘轳车"的简称；"鹿车"应起源于新石器时期，最早发明于夏朝，且不迟于春秋。

八是对春秋至西汉时期雍城地位的变迁问题予以探讨。雍城作为秦的首都长达255年。在此期间，雍城是秦的政治中心和经济中心，这主要通过经济发展情况、人口数量和道路交通的发展体现出来。雍城迁都之后，雍城仍在较长时间里保持了高于其他县邑的地位，这是由于它在战国至西汉都是举行国家祭祀的地点。从战国时期开始，秦国国家重心开始向东移动，两汉之际又形成了新的祭祀制度，雍城的地位随之下降。

　　以上这些成果主要集中在秦汉教育及社会生活方面，从一些侧面反映了秦汉的历史状况。由于学力有限，这些研究成果难免有不当之处，敬请同行专家学者批评指正。今后，我们将继续在这一研究领域深耕下去，争取能有更多的有一定质量的研究成果面世，为推动学校秦汉史研究的进一步发展贡献绵薄之力。

郝建平

2021年6月于鹿城

目　录

汉代启蒙教育研究

◇张俊梅

绪　论

（一）研究意义及要解决的问题

"蒙养以正，圣功也"[①]，我国古代把正确地对儿童进行启蒙教育视为一项伟大的事业，这是对启蒙教育的重视。启蒙教育作为人生教育最基本、最重要的阶段，对儿童身心健康发展，素质、能力的培养至关重要，是其修身、齐家、治国的重要前提。儿童是国家的未来，儿童启蒙教育的质量好坏直接关系到国家、民族的前途、命运。启蒙教育不仅深深影响着当时社会，同时它也是当时社会发展的产物，对启蒙教育进行研究有助于我们了解一定历史时期儿童的精神生活，从而全面认识当时的社会。

作为一个历史悠久的文明古国，我国启蒙教育很早就备受重视。早在殷商时期就有大学、小学教育阶段的划分，并且针对不同年龄阶段提出了不同的教育要求。周朝时，奴隶制发展到顶峰，建立了从中央到地方的官立贵族启蒙教育机构国学与乡学，启蒙教育有了大致的入学年龄和教育内容，对后世启蒙教育制度的确立产生了影响。春秋战国以来，社会转型，学术下移，自孔子创立私学以来，官、私学并行，打破了奴隶制学在官府的局面，民间出现大量启蒙教育机构，使得更多的民众能够接受教育、获得知识。秦朝建立，推行文化专制，启蒙教育仅限于法律、技能。秦亡汉兴，汉武帝实行"独尊儒术"的文教政策，把教育作为治国之本，建立了

---

①袁祖社. 四书五经[M]. 北京: 线装书局. 2002:542.

从中央到地方的启蒙教育机构。与此同时，私学得以恢复，民间启蒙教育成为官学启蒙教育的有力补充。汉朝以儒治国，儒家思想成为汉代启蒙教育的主导思想，这一思想深深影响了以后历代封建社会的教育思想。汉代儿童启蒙教育深深打上了汉代社会发展的烙印，对汉代启蒙教育进行研究，不仅可以了解汉代儿童的精神生活，还可以更全面地认识整个汉代社会。

以往关于汉代启蒙教育的研究，主要对启蒙教育识字教材，官学或私学中存在的启蒙教育现象等进行单方面的论述。本文力图对汉代启蒙教育作系统的介绍，通过对其兴起的原因、概况、特点、影响方面的论述，展现汉代启蒙教育的全貌。期望对汉代启蒙教育有一个更为深刻、全面的认识。

（二）学术史回顾

随着我国社会的不断发展，与史学研究关系密切的教育学研究也取得了较大的发展，研究成果颇多。与之相关的秦汉教育方面的研究也取得了较大的进步，下面对与汉代启蒙教育有关方面的研究成果作一介绍。

1.关于汉代启蒙教育的综合类研究成果

这种综合类专著中涉及到的汉代启蒙教育现象，一方面体现在中国教育通史、中国教育断代史中。专著有毛礼锐的《中国古代教育史》（人民教育出版社，1979年版），李桂林的《中国教育史》（上海教育出版社，1989年版），毛礼锐、沈灌群的《中国教育通史》（山东教育出版社，1987年版），孙培青的《中国教育史》（华东师范大学出版社，1992年版），李国钧、王炳照的《中国教育制度通史》之先秦、秦汉卷（山东教育出版社，2000年版）。断代研究的，如肖川、何雪艳的《中国秦汉教育史》(人民出版社，1994年版)。这些著作对古代到近代的教育状况进行介绍，关于汉代的教育以"独尊儒术"文教政策的确立及其影响下汉代官、私学的发展为主。其中关于汉代启蒙教育的论述，只是放在汉代教育的大背景下作了粗略的介绍，介绍了汉代启蒙教育的大致状况、教育机构、教材以及教育家的教育思想。其中李国钧、王炳照《中国教育制度通史》之先秦、秦汉卷从教育政令、学校教育制度、家庭教育、社会教育等方面论述了汉代教育制度。对地方官学、私学的设置、学生、教学内容进行详细的介绍，其中包括蒙学的兴办和蒙学教学内容等。但启蒙教育在这些专著中不占主要地位，所以涉及相关部分比较简略，无法揭示当时启蒙教育的全貌。

另一方面体现在启蒙教育通史类专著中。如浦卫忠的《中国古代蒙学教育》（中国城市出版社，1996年版），将中国古代启蒙教育看作整体，以时间为序，纵向介绍了蒙学的产生、发展、变化，但其中关于汉代蒙学的内容比较少。吴洪成的《中国小学教育史》（山西教育出版社，2006年版）介绍了中国古代、近现代的小学教育，对各个时期小学教育的思想、体制、内容、特点进行梳理，认为汉代是小学教育体制的确立时期，其中关于汉代启蒙教育的论述不够深入。

论文方面有同庚的《蒙学教育浅论》（《六盘水师专学报》1997年第1期），主要对蒙学进行定义，分析了古代蒙学教材特点，强调取其精华、去其糟粕。谢东平的《中国古代蒙学教育简论》（《兰台世界》2012年第36期），对我国古代蒙学发展的大致概况进行简单介绍，并从教学组织形式、教材及其内容等方面概括了古代蒙学的特点。

2.关于汉代启蒙教育专题类研究成果

这类研究一方面是专门研究汉代启蒙教育的，另一方面是关于汉代启蒙教育中具体方面的研究。

王子今的《两汉童蒙教育》（《史学集刊》2007年第3期），是一篇研究汉代启蒙教育的论文。从汉代儿童的教育形式、教育内容、入学年龄等方面论述了汉代启蒙教育的特点，文中引用了大量出土简牍，史料翔实，论证充分。

启蒙教育中具体方面的研究，主要体现在两个方面。

关于汉代启蒙教材的研究。有宁赫的《〈仓颉篇〉研究》（东北师范大学2005年硕士论文）从语言学的角度全面、深刻地对《仓颉篇》进行了研究。丁毅华、陈国中的《〈急就篇〉的史料价值》（《华中师范大学学报》2001年第2期），分析了《急就篇》的史料价值，文中谈到《急就篇》内容真实、朴实、涉及范围广，是研究汉代社会、文化必不可少的文献资料。此外，瞿菊农《中国古代蒙养教材》（《北京师范大学学报》1961年第11期），对《急就篇》作简单论述，作者指出它是一本以识字教育为主的综合性百科全书。同样的文章还有陈艳华的《我国古代的蒙学教材》（《教育科学》1999年第1期）。关于古代数学教材除了文献记载的数学著作《九章算术》外，高宗留的《秦汉教育研究》（苏州大学2008年硕士论文）对秦汉时期的数学教育情况，数学教材《九章算术》和《数术书》的成书、具体内容进行了详细介绍。彭浩的《中国最早的数学著作〈算数书〉》（《文物》2000年第9期）是对出土汉简《算数书》研究的代表作之一。

关于汉代启蒙教育思想的研究。这方面的研究在教育通史、教育断代史中介绍汉代教育的章节中提到，主要是汉代具有代表性的思想家的教育思想的介绍。王炳照、阎国华主编的《中国教育思想通史》（湖南教育出版社1994年版）从各个侧面对儒家教育思想进行详细的阐述。作者指出，儒家思想对中国古代社会影响深远。孙培青、李国钧主编《中国教育思想史》（华东师范大学出版社1995年版）等也是以儒家教育思想为主编写的。陈苹的《孝在汉代儿童教育中的体现》（《美与时代》2009年1期），阐述了"孝"的内涵，指出"孝"在汉代儿童思想教育中占有主要地位。类似的还有黄智允的《汉代儿童教育中的儒家因素——以天才儿童为讨论中心》（《兰州学刊》2012年第5期）。王有亮《儒学与我国传统启蒙教育》（《内蒙古师范大学学报》2001年第2期）以启蒙教材为主讨论了儒学影响下儿童启蒙教育的成功与不足。

通过以上学术回顾，我们发现目前关于汉代启蒙教育的研究取得了多方面的成果，但这些方面只是分散、零星的存在于各类专著、文章中，且论述较为简略，虽然有的方面有多人对其进行研究，但这些研究方面的内容极其相似，有的方面则很少有人探讨，所以关于汉代启蒙教育的研究很不均衡。到目前为止没有系统的关于汉代启蒙教育的论述，基于这点，本文尝试在前人研究成果的基础上，对汉代启蒙教育做一次系统的梳理，包括汉代启蒙教育兴起的原因、汉代启蒙教育教育概况、特点及影响，以便展示汉代启蒙教育的全貌。

一、汉代启蒙教育兴起的原因

在中华文明历史长河中，封建社会启蒙教育不断发展，我们将汉代作为封建启蒙教育的开端。汉代启蒙教育的兴起有多方面的原因，主要受汉代社会政治结构变化，汉代新文教政策的确立、历史传统这三方面因素的影响。

（一）汉代社会政治结构的变化

汉代社会政治结构的变化主要体现为汉代官僚制冲击了奴隶社会贵族制，政权的相对开放，刺激了人们入仕的激情，启蒙教育受到重视。

贵族制是中国奴隶社会时期的典型政治体制。"所谓贵族政治，就是以王室为中心的宗族，按照血缘关系的亲疏远近对国家权力连同土地人民一起进行层层分割，对国家实行分区、分级统治的政治制度。"[1]在贵族制之下，贵族是统治阶层，支配国家政治生活各个方面。权力主要集中于家族内部，实行嫡长子继承制，世代相袭，是一种典型的世卿世禄制度。平民阶层由贵族进行统治，他们世代从事固定不变的职业，丝毫不敢僭越，"自天子公侯卿大夫士至于皂隶抱关击柝者，其爵禄奉养宫室车服棺椁祭祀死生之制各有差品，小不得僭大，贱不得踰贵。"[2]他们没有接触国家政治生活的任何机会，跻身于统治阶层更是无法想象的。在这样的社会制度下，尤其对于平民而言，企图通过教育改变命运几乎是不可能的，教育不受重视，启蒙教育更无从谈起。

春秋战国以来，各诸侯国为了在争夺霸权中取得胜利，相继开始了一系列的改革、变法运动。随着改革、变法运动的不断深入，宗法贵族制

---

①王德明. 试论官僚政治体制下的贵族制遗存[J]. 云南行政学院学报. 2009(06). 19-21.

②班固. 汉书[M]. 北京: 中华书局. 1962:3679.

受到冲击，并逐渐退出历史舞台，取而代之的是官僚制。官僚制取代贵族制很大程度上取决于郡县制度的产生。郡县制出现于春秋战国时期，秦汉帝国建立之后，废分封、行县制，郡县制正式确立并得到大规模推广。随着郡县制度的产生，分封制被废除，建立在分封制基础之上的世卿世禄贵族制逐渐被官僚制度所取代。官僚制度的一个显著特点是：官吏由皇帝任免，而且必须参加封建政府组织的考试。汉代主要实行察举制，以才能、品德作为衡量人才标准，选拔人才不再以出身、门第为主。政权的开放为平民提供了跻身官场的机会，朝为布衣，暮至卿相的现象随处可见。汉武帝时期的公孙弘，"以《春秋》白衣为天子三公，封以平津侯，天下之学士靡然乡风矣。"[1]东汉时期的桓荣在成为太常之前就很贫穷。这种社会现象刺激了民众投身于教育事业的情怀，"出生草莽、平民的达官贵人时而可见，朝为布衣，暮致卿相成为许多平民士子的终身追求。"[2]从启蒙教育到考试做官是一个不可分割的过程。平民想要暮致卿相，需要更加重视教育，尤其是启蒙教育。

（二）汉代推行的新文教政策

汉承秦制，有所损益，汉朝建立以来实行了文教政策的大转变，这些新的文教政策推动了汉代官学、私学的发展，进而有利于汉代启蒙教育的发展。

秦的残暴统治以及随之而来的长期战乱，使得汉初民生凋敝，"大城名都散亡，户口可得而数者十二三，"[3]"民亡盖臧，自天子不能具醇驷，而将相或乘牛车。"[4]面对这样的社会状况，如何恢复经济，稳定社会秩序，是统治者急需解决的问题。此时，道家思想极其符合时代要求，并被汉朝统治者采纳。道家"采儒墨之善，撮名法之要"[5]，成为汉初统

①司马迁. 史记[M]. 北京: 中华书局. 1959:3118.

②齐涛. 中国政治通史[M]. 济南: 泰山出版社. 2003:13.

③司马迁. 史记[M]. 北京: 中华书局. 1959:877.

④班固. 汉书[M]. 北京: 中华书局. 1962:1127.

⑤司马迁. 史记[M]. 北京: 中华书局. 1959:3289.

治思想。汉高祖不喜欢儒学，汉文帝"好道家之学"①，汉景帝"不任儒者"②，窦太后喜欢黄老之学，随着道家思想主导地位的确立，汉代国家政治思想开始转变，汉惠帝四年，挟书令被废除，各派私学得到恢复与发展，汉代私人讲学之风再一次兴起并达到鼎盛。

在汉代，私人讲学承担着繁重的启蒙教育任务，这种私人性质的启蒙教育主要在书馆、乡塾中进行。汉代儿童在"书馆"学习，主要以识字、习字为主，同时也学习自然知识、日用常识，并接受道德教育。"书馆"是儿童接受启蒙教育的重要机构。"书馆"的老师称"书师"，一般由私人教师担任。王国维对汉代书馆教育有以下概括："汉时教初学之所，名曰书馆，其师曰书师，其书用《仓颉》、《凡将》、《急就》、《元尚》诸篇，其旨在使学童识学习字。"③儿童完成识字学习阶段之后，进入乡塾学习《孝经》《论语》，为更高层次的学习打基础，与此同时，还可以巩固前一阶段的学习内容。由此可见，私学在汉代启蒙教育中的重要作用，而私学的繁荣发展归功于汉初统治思想的转变。

汉武帝继位以后，黄老思想统治下的社会出现了新的矛盾，为了解决这些矛盾并寻求新的大一统，汉武帝于建元元年召贤良议政，最终确立董仲舒的儒家学说作为治国之策。董仲舒的建议具体体现为：兴太学、重选举、独尊儒术。"兴太学，置明师，以养天下之士，数考问以尽其材，则英俊宜可得矣。"④阐明学校在培养与国家兴亡有密切关系的治国之才方面的重大作用。董仲舒认为不仅要兴办太学，还应当在地方设立官学，以达到"教化行而习俗美"⑤的目的，这个建议也被汉武帝采纳。汉朝统治者屡次颁布诏书，无不表明其对启蒙教育的重视，据《汉书》中记载：

①司马迁. 史记[M]. 北京: 中华书局. 1959:1160.

②司马迁. 史记[M]. 北京: 中华书局. 1959:3117.

③王国维. 观堂集林[M]. 石家庄: 河北教育出版社. 2001:107.

④班固. 汉书[M]. 北京: 中华书局. 1962:2512.

⑤班固. 汉书[M]. 北京: 中华书局. 1962:2504.

"至武帝时，乃令天下郡国皆立学校官。"[1]汉平帝元始三年，"立官稷及学官，郡国曰学。县、道、邑、侯国曰校。校、学各置经师一人。乡曰庠，聚曰序。序、庠置孝经师一人。"[2]

汉代以儒治国，由此，儒家经典成为教育的主要内容，儒家思想本为内圣外王之道，讲求从小对个人进行仁、义、礼、智、信各方面的培养，以致长大成为德、才皆备的圣人，成为可以辅佐君主的治国之才。将教育与修身相联系，将教育与治国、平天下相联系，足以见汉朝统治者对教育的重视。由此，教育的地位得到提高，教育为天下人所重视。在这一政策的推动下，汉代有了兴学育才的改革方略，封建官学、私学得以兴盛，启蒙教育尤令人刮目相看。

（三）历史传统的影响

教育本身具有继承性的特点。汉代启蒙教育是在前代已有的教育基础上不断发展的。奴隶社会时期，西周就有了类似汉代政府设置的中央、地方启蒙教育机构；汉代私学成为汉代官学启蒙教育的有力补充，得益于春秋战国时期私学的兴起；秦王朝统一文字的举措，推动了汉代启蒙教材的出现。

奴隶社会时期的西周，奴隶制达到顶峰，教育集奴隶社会之大成，教育专属贵族，形成一整套以官学为特征且相对完善的教育体系。西周教育机构有中央政府设立的"国学"，地方政府设立的"乡学"，"国学"中又有相当于启蒙教育的"小学"和更高层次的"大学"，"乡学"基本属于启蒙教育性质。《礼记·学记》载："古之教者，家有塾，党有庠，术有序，国有学。"[3]设在王都的称国学，在王都之外行政区划的属地方学校，称"乡学"。无论"国学"还是"乡学"，都有专属启蒙教育的一席之地。《礼记·王制》曰："天子命之教，然后为学。小学在公宫南之

---

① 班固. 汉书[M]. 北京: 中华书局. 1962:3626.

② 班固. 汉书[M]. 北京: 中华书局. 1962:355.

③ 袁祖社. 四书五经[M]. 北京: 线装书局. 2002:1807.

左，大学在郡。"①说明西周的"国学"分"大学"和"小学"两级。西周的中央、地方二级启蒙教育机构对汉代产生了影响，汉代中央政府设立的四姓小侯学、宫邸学，是汉政府专门为贵胄子弟设立的学校，具有启蒙教育的性质，类似于西周"国学"中的"小学"。汉代地方学校正式设立于平帝元始三年，在郡国设学，县、道、邑、侯国设校。乡、聚设庠、序启蒙教育机构。可见，地方教育机构学、校、庠、序四级分化中，庠、序作为启蒙教育机构，类似于西周的"乡学"。

春秋战国处于社会大变革时期，这一时期，随着诸侯争霸战争的展开，奴隶主贵族势力遭受到前所未有的打击，奴隶主贵族垄断教育的局面逐渐被打破，官学衰落，学术下移。与此同时，各诸侯国为了在争霸战争中取得胜利，极力招揽人才，由此出现了百家争鸣的社会现象，各学派纷纷著书立说，为私学的产生奠定了基础。私学在这一时期兴起，它的作用不仅在于打破了奴隶制社会教育为贵族所垄断的局面，使得教育面向大众化，教育对象更加广泛，而且在于它有力地补充了官学教育的空缺。这一时期的教育虽然只是面向成人的高等或专门教育，但出于文化传承及教育自身发展的需要，不可能偏废儿童启蒙教育。汉代私学成为启蒙教育的组成部分，它的建立以及完善是从这一时期开始的。

秦是中国历史上第一个统一的封建专制主义中央集权国家，为了巩固统一，秦始皇推行法家思想，崇尚法治，在文化思想方面实行"焚书坑儒""书同文"等专制政策，使文化教育遭受巨大挫折，但这并不能阻止文化教育的进一步发展，汉代启蒙教材在这一时期出现。

秦朝实行焚书坑儒政策，并非将前代之书全部焚烧殆尽，儒家"六艺"中的《周易》"为卜筮之书"②，因而"独不禁"③。所以有不少经书背着秦律保留下来了。"臣请史官非秦记皆烧之"④，《秦记》未焚，医

---

①袁祖社. 四书五经[M]. 北京: 线装书局. 2002:1678.

②班固. 汉书[M]. 北京: 中华书局. 1962:3597.

③班固. 汉书[M]. 北京: 中华书局. 1962:3597.

④司马迁. 史记[M]. 北京: 中华书局. 1959:255.

药、农、方技、术数之书未焚，这些免于劫难的书籍保留下来，其中含有大量文化知识，为秦代及后代蒙学教材的编写提供了有利条件，为汉代启蒙教育开展提供了物质条件。

为了方便政令的推行，秦实行"书同文"，进行了文字的统一整理。李斯编写的《仓颉篇》，赵高的《爰历篇》，太史令胡母敬的《博学篇》均是文字统一的产物，这些教材以小篆为字体，基本内容是教写字、识字的，以常识教育为核心，被作为蒙童识字的基本教材，对启蒙教育的发展有重要意义，直到汉代这些书还用作儿童的识字读本。

二、汉代启蒙教育概况

（一）汉代启蒙教育概念

汉代启蒙教育指八到十五岁儿童阶段的教育。就年龄而言，班固《汉书·艺文志》说："古者八岁入小学，故《周官》保室掌养国子，教之六书。"国子讲的是贵族上层接受教育的情况，国子从八岁开始接受启蒙教育。《汉书·食货志》说："八岁入小学，学六甲五方书计之事。"同样指出汉代幼童从八岁开始学习，开始识字、辨识天下五方名物、学习书法、计算等内容。《白虎通德论·辟雍》讲到："古者所以年十五如太学何？以为八岁毁齿，始有知识，入学学书记。七八十五阴阳备，故十五成童志明，入太学学经术。"表明八至十五岁为幼童阶段，十五岁为儿童上限，十五岁以后则为成童，接受更高一级的教育。所以汉代启蒙教育的对象应该是八到十五岁的儿童。就教育本身而言，我国历来重视启蒙教育，重视在儿童蒙昧无知之时，对其进行教育，修养其正道，并将这样的行为视为一项伟大的事业。启蒙教育也称为蒙学，《辞海》中对蒙学的解释为："蒙学又称蒙馆，是中国封建社会时代对儿童进行启蒙教育的学校，教育内容最主要是识字、写字和封建道德教育，教材一般为《蒙求》《千字文》《三字经》《百家姓》《四书》等，没有固定的年限，采用个别教学，注重背诵、练习。"①笔者认为，启蒙教育不仅仅局限于学校，它应该是一个更为广泛的概念，它是一个针对特定教育群体的教育体系，包括教育机构、教育内容、教材、教育思想等方面，以及儿童在学校之外接受的多种形式的教育。

（二）汉代启蒙教育机构

汉代教育机构大体分为官学和私学。汉朝统治者出于政治统治和文化传承的需要，在政府办理的官学机构中设有启蒙教育机构，官学有中央官学和地方官学之分，四姓小侯学和宫邸学被认为是汉代中央官学中的启蒙教育机构，地方官学中的庠、序，以及偏远地区的学、校被看作是地方官学中的启蒙教育机构。汉代私学是承担启蒙教育的重要力量，汉代私学在汉朝各个时期都相当繁荣，汉代私学以儒家教育为主，幼童接受的启蒙教育是其接受高等教育的基础，在汉代，许多幼童在私学学习优秀，日后可成为国家栋梁之才。汉代私学形式多样，为广大社会群体提供了接受启蒙教育的便利条件。

1.汉代官学中的启蒙教育机构

汉代官学有中央、地方之分，启蒙教育在其中的表现也不相同，下面分别从中央官学中的启蒙教育机构、地方官学中的启蒙教育机构两方面进行介绍。

汉代中央官学中存在的启蒙教育机构。汉代中央官学分为太学、鸿都门学、四姓小侯学、宫邸学。太学是封建地主阶级的官立大学，鸿都门学是东汉灵帝时期设立的一所文学、艺术专科学校，四姓小侯学和宫邸学被认为是汉代的官立启蒙教育机构。

四姓小侯学的创立得益于明帝对儒学的偏爱。设立时间为公元66年，当时明帝十分喜爱儒学，常常亲自讲经，从皇太子到诸侯再到功臣子弟皆在明帝的影响下学习儒家经典。但在当时，樊氏、郭氏、阴氏、马氏四姓是势力很强大的外戚，他们不是列侯，被列为小侯，为了教育这四家子询

---

①夏征农.《辞海》[M].上海:上海辞书出版社.1980:29.

弟，特意开办了这所学校。这所学校具有浓厚的贵族色彩，由政府直接聘请名师任教，教授《孝经》及《尚书》等儒家启蒙教育内容。由于办学质量好，吸引外族匈奴子弟来此接受教育。《后汉书·儒林列传》载："显宗（明帝）复为功臣子孙、四姓末族别立校社，搜选高能以受其业，自期门羽林之士，悉令通《孝经》章句，匈奴亦遣子入学。"可见四姓小侯学到后来已不仅仅限于四姓贵族的启蒙教育，匈奴也可来此就学。

宫邸学是汉代政府设置的另一种具有启蒙性质的学校。它是专门为贵胄子弟设立的。公元113年，邓太后临朝听政时认识到贵族不受教育的危害，为和帝刘肇的弟弟济北王刘涛、河间王刘开的子弟，开办了一所贵族启蒙教育学校。学校配有保师，年龄在五岁以上的有四十多人，刘氏近亲九十多人。邓太后深知贵族子弟"面墙术学，不识臧否"①，并在诏书里阐明了开办这所学校的目的："欲褒崇圣道，以匡失俗。"②

汉代地方官学中存在的启蒙教育机构。在汉代地方，官学是依照地方行政作为划分依据的，最初是在郡、国设立学、校。汉景帝在位时期，文翁对郡、国中学、校的设立做了重要贡献。蜀地太守文翁推行儒家仁政学说，任职期间选拔郡县小吏中优秀者到京城受业，学成后回到蜀地，并把中原先进文化带到蜀地。以此为契机，文翁在蜀地大办学校，推行教化并取得显著成效，此举得到汉武帝的认同，于是下诏全国设立学校，史载："至武帝时，乃令天下郡、国皆立学校官。"③这时的地方官学就是按行政区划"郡""国"建立的。这是封建王朝第一次颁布建立地方官学的命令，但地方官学尚未完善，启蒙教育机构是何种情况无从知晓。直到平帝元始三年，由于太学建立之后，郡国有推荐博士弟子的任务，地方官学才得到进一步的发展，确立了地方官学制度。汉献帝建安八年，曹操令曰："丧乱已来，十有五年，后生者不见仁义礼让之风，吾甚伤之。其郡国各行修文学，县满五百户置校官，选其乡之俊造而教学之，庶几先生之道不

①范晔. 后汉书[M]. 北京: 中华书局. 1965:428.

②范晔. 后汉书[M]. 北京: 中华书局. 1965:428.

③班固. 汉书[M]. 北京: 中华书局. 1965:3625.

废，而有以益于天下。"①由此看出，汉代地方官学分为四级，学、校、庠、序，学、校设有经师，庠、序设有孝经师。学、校教育属于何种程度，目前看法不一致，但庠、序具有启蒙教育性质是确定无疑的。在庠、序读书成绩好的可以升入学、校，学、校成绩优异者可升入太学，可以作为庠、序是汉代启蒙教育机构的佐证之一。负责庠、序一级教育的是三老，主要以推行教化为主。

东汉时期，随着郡国学校设置的普遍，在一些边远地区也设立了学、校推行教化。《汉书》《后汉书》中有大量郡国、县"起学校""开学官""立校官"的记载，这些地方官学主要是推行礼仪、道德教化，起着移风易俗的作用。据史书记载，交州刺史部所属九真、交阯等七部，被认为是南蛮，以射猎为主，没有农业，不分长幼，"光武中兴，锡光为交阯，任延守九真，于是教其耕嫁，制为冠履，初设媒娉，始知姻娶，建立学校，导之礼义。"②除此之外，西北的武威，东北的辽东也都有类似的启蒙教育机构，这些偏远地区学、校的建立具有启蒙教育的性质，很大程度上改变了当地落后的社会风貌。

2.汉代私学中存在的启蒙教育机构

汉代私学在前代基础上不断发展，到汉朝时期基本定型。汉代私学种类较多，大致可归为三种，也称三个阶段。具体表现为"书馆"教育，"乡塾"教育，"精舍"或"精庐"教育。"书馆"教育主要是启蒙教育，"乡塾"教育主要是初读经书，"精舍"或"精庐"主要是进行专经研习。由于初读经书这一阶段儿童接受的教育与其在书馆中接受的启蒙教育联系非常密切，所以我们也将其列入汉代启蒙教育的范畴。简言之，"书馆"教育和"乡塾"教育都属于汉代启蒙教育。除此之外，还有一些其他类型的私学在启蒙教育中极为普遍，是汉代实施启蒙教育的重要形式。

---

①陈寿. 三国志[M]. 北京: 中华书局. 1959:24.
②范晔. 后汉书[M]. 北京: 中华书局. 1965:2836.

书馆教育。汉代私学中启蒙教育的主要场所是书馆。教师称"书师"，"书师"由私人教学的蒙师承担。儿童主要进行识字、习字，算数等方面的学习，并且接受道德教育。在汉代，书馆可分为两种不同类型，一种是"书师"在家室或公共场所，坐馆施教，附近的儿童可就近入学，人数不等，少则十人，多达百人。另一种是豪门、贵户聘请书师来家施教，本族、本家儿童在家受教，也称"家馆"。王国维对汉代的书馆教育有这样的评价："汉时教初学之所，名曰书馆，其师曰书师，其书用《仓颉》《凡将》《急就》《元尚》诸篇，其旨在使学童识字习字。"①

乡塾教育。汉代学童在书馆完成识字、习字教育之后，紧接着步入乡塾，进行下一阶段的学习。这一阶段的教育场所称"乡塾"，教师称"塾师"或"孝经师"，主要学习《孝经》和《论语》，也有的学习《尚书》《诗经》，还有学习《春秋》的，但《孝经》和《论语》为必读经书。尽管学习内容不尽相同，但识字、习字阶段之后初读经书的学习阶段是确定的。如果把书馆教育作为启蒙教育的低级教育机构，那么乡塾教育则被认为是启蒙教育的高级教育机构。初读经书这一阶段的学习有巩固识字、习字的作用，读经书《孝经》《论语》主要是推行道德教育，所以只要对经书的大概意思了解即可，不必做精辟的理解。而且学习方式为"诵读"，教育对象也是十五岁以下的儿童。东汉时期的王充："手书既成，辞师受《论语》、《尚书》，日讽千字"②，如实的反映了当时的学习情形。顺烈梁皇后"九岁能诵论语"③，又是乡塾教育属于启蒙教育阶段的佐证之一。

家学。家学属于私学范畴，家学在汉代启蒙教育中扮演重要的角色，是不可缺少的一部分。家学主要是对儿童的为人处事，待人接物，伦理道德方面的教育，也包括治学态度、研读方法和行为规范的训练与培养。它是家庭中有学问的长辈训诫子弟的学校。其教育方式有的是家中有学问的

①王国维. 观堂集林[M]. 石家庄: 河北教育出版社. 2001:107.

②王充. 论衡[M]. 上海: 上海人民出版社. 1974:447.

③范晔. 后汉书[M]. 北京: 中华书局. 1965:438.

长者直接传授子弟，有的是在父辈的指导下与家中兄弟一起学习《孝经》和《论语》。家学制度最早在西周出现，称为保师制度，到了汉代则更为普遍。王充的启蒙教育是家中父亲负责的；杨震从父习《欧阳尚书》，其子杨秉、孙杨赐，皆少传家学。值得一提的是汉代女子启蒙教育，汉代女子虽没有社会地位，但并不代表女子不接受启蒙教育，情况恰恰相反，汉代非常重视女子教育。汉代女子启蒙教育主要在家中进行，汉代女子从小在家中接受"三从四德"教育，这是由低下的社会地位决定的，并不代表这样的教育制度下没有出类拔萃的奇女子，邓太后六岁懂《史书》，十二通《论语》，得益于家学、家教这种教育方式，著名的史学家班昭也从小与其兄班固受业于其父班彪。

（三）汉代启蒙教育内容

汉代启蒙教育内容非常广泛，有儒家经典、文学艺术、民间歌谣，还有谚语等。这些丰富的内容包括几个方面，主要有习字、文字书写，法律教育，数学计算以及道德教育。

1.识字、习字

我国古代儿童习得文字的主要途径是启蒙教材、启蒙课本。因此，出现了一系列的文字课本，这些识字课本为汉代启蒙识字教材编写奠定了基础。西周时期出现了专属贵族启蒙教材《史籀篇》，但《史籀篇》于战国时期已经退出历史舞台。秦建立以来，伴随着秦始皇书同文政策的推行，出现了李斯的《仓颉篇》、赵高的《爰历篇》、胡毋敬的《博学篇》。汉初，负责民间教育工作的"闾里书师"将其整合为一本，称为《仓颉篇》。汉武帝时，为适应新时期政治、经济、文化发展的需要，出现了新的教材，主要有司马相如的《凡将篇》，史游的《急就篇》以及李元的《元尚篇》，这些教材中以史游的《急就篇》最为成功，一经出现就为社会大众所接受，成为儿童识字、习字最主要的启蒙读物，并流传至今。下面以《急就篇》为例，阐述汉代儿童启蒙识字教育。

《急就篇》又名《急就章》，西汉时期史游编写，约成书于公元前一世纪，是我国现有的、最早的、较完整的启蒙识字教材。宋人晁公武对

《急就篇》的解释为："杂记姓名、诸物、五官等字，以教蒙童。'急就'者，谓字之难知者，缓急可救而求焉。"①所以，"急就"有为解决"字之难知者"而编撰之意，现今学者认为急就有速成之意。《急就篇》全书34章，总计2144字，每一章为63字，一般为七言句，或有三、四言的，句尾押韵，抑扬顿挫，便于朗诵。正如《急就篇》开篇所说："急就奇觚与众异"，证实其有别于一般启蒙识字教材。

《急就篇》全书分为三部分，第一章到第七章为第一部分，主要讲姓氏、名字，包括四百多字，一百多个姓氏，如：宋延年、郑子方、卫益寿、史步昌、周千秋……这些名字、姓氏经史游精心挑选，包含了汉代社会存在的主要姓氏，便于儿童着重识记。第八章到第二十五章为第二部分，主要是器服百物，有一千一百多字。包括四百多种器物，一百多种动植物，六十多种疾病和药物名称。其中关于农作物的有"稻黍秫稷粟麻秔，饼饵麦饭甘豆羹，葵韭葱薤蓼苏姜，芜荑盐豉醯酢酱"。关于动物的有"狸兔飞鼯狼麋鹿"，关于疾病的有"寒气泄注腹胪胀"，关于乐器的有"竽瑟箜篌琴筑筝"，关于身体的有"肠胃腹肝肺心生，脾肾五藏膍齐乳"。②除此之外，这里还有金属、竹木、陶器、瓦当、兵器等。这些都是汉代社会生活中常见的，是儿童认知阶段学习所必不可少的知识，如此多的器物门类，旨在使儿童更多的获得一些自然、社会常识，可见汉代社会对儿童基础知识教育的重视。第三部分是第二十六章到第三十四章，主要是文法理学，有四百四十多字，包括官职、经籍、法律知识以及对儿童的规劝。其中不仅列举了儿童教育阶段应该学习的重要书目《诗》《孝经》《论语》《春秋》等，同时还对儿童进行规劝、指导，让他们颇具智慧，超乎常人，最终成为贵人。

通过分析《急就篇》内容，我们不难发现其在识字方面的教育作用，它不同于一般启蒙教育书籍，更具有专门启蒙教育教材性质。由于按字义

---

①晁公武. 郡斋读书志校注[M]. 上海: 上海古籍出版社. 1990:149.

②吴洪成. 小学教育史[M]. 太原: 山西教育出版社. 2006:41.

编排，以及考虑到连贯、押韵效果，为了让儿童读起来朗朗上口，不可避免的出现了一些重复字，但这并不影响整本书的价值，反而更有利于巩固儿童已有识字效果。在内容上和思想上《急就篇》能够按照儿童阶段接受知识的程度进行编排，更是一种成功。所以《急就篇》能够技压群雄，并经受时间的考验保留下来，它为后世启蒙教材的编写奠定了基础。

2.法律

秦亡汉兴，汉承秦制，汉代继承了秦朝的法治思想，汉代社会的统治思想实为外儒内法，统治者承认法律、刑罚是统治人民的重要手段。汉武帝用人皆通儒法，作为治国之才的各级官吏为适应日常办公的需要，自然要熟悉法律，汉代太学作为国家人才培养的主要基地，自然要进行法律教育，汉代地方办学思路沿袭中央，不难想象法律教育的存在。

文翁在景帝末年"选郡县小吏开敏有材者张叔等十余人亲自饬厉，遣诣京师，受业博士，或学律令。"[①]文翁为推进教化，改变蜀地落后的面貌，首创地方官学于郡县，派人学成后归蜀，进行法律教育。看到文翁创立地方官学产生了良好效果，于是汉武帝诏令在地方郡、国创办学校，到平帝元始三年，启蒙教育机构学、校、庠、序出现，不难想象在庠、序启蒙教育场所推行教化过程中有法律教育的存在。

《急就篇》作为汉代儿童启蒙教育主要教材，是汉代儿童启蒙教育的主要学习对象。它要求儿童"宦学讽诗孝经论，春秋尚书律令文……"[②]点明儿童除了学习儒家经典之外，还要学习律令，也就是法律知识。把法律知识教育同儒家经典学习置于同等重要的地位，体现了汉代儿童启蒙教育中法律学习的重要性。篇中写道："智能通达多见闻，名显绝殊异等伦，抽擢推举白黑分，迹行上究为贵人。"强调官吏的挑选与任命，是有法可依的。《急就篇》中关于官职的介绍，除了陈列官职名称之外，重在传递表达官职人员拥有的法律权利，以及承担的相应法律责任。上到丞

①班固. 汉书[M]. 北京: 中华书局. 1965:3625.

②吴洪成. 小学教育史[M]. 太原: 山西教育出版社. 2006:41.

相下至诸军，从列侯到诸卿，皆各司其职，有理有法。文中是这样写的："丞相御史郎中君，近进公卿传仆勋，前后常侍诸将军，列侯封邑有土臣，积学所致非鬼神，冯翊京兆执治民，廉洁平端抚顺亲，……更卒归诚自诣因，司农少府国之渊，远取财物主平均……廷尉正监承古先，护领烦乱决疑文，变断杀伤捕伍邻……"①《急就篇》中有专门介绍法律知识的章节，并呈现出惩令多于奖励的思想，"皋陶造狱法律寸，诛罚诈伪劾罪人，……盗贼絜囚榜笞臀，朋党谋败相引牵，欺诬诘状还反真，坐生患害不足怜，辞穷情得具狱坚……""闾里乡县趣辟论，鬼薪白粲钳釱髡，输属诏作髂谷山……受赇枉法念怒仇，谗谀争语相抵触，忧念缓急悍勇独……"②这是一个一切社会生活皆有法可依的社会，社会法制极其严明，一旦触犯法律，均严惩不贷。

汉代私学中私人传授法律的情况也比较多，即在家学中存在的父传其子，子承父业的法律学习。这样的例子很多，如于定国"少学法于父，父死，后定国亦为狱史，郡决曹，补廷尉史，以选舆御史中丞从事治反者狱，以材高举侍御史，迁御史中丞。……定国乃迎师学《春秋》，身执经，背面备弟子礼。……其决疑平法，务在哀鳏寡，罪疑从轻。"③于定国年幼时在父亲的教育下，学习法律条文，父亲死后，于定国子承父业，做狱史，审判案件，量刑定法同情鳏寡，深受百姓爱戴。王家三代学习法律，王霸少年时担任狱吏，其早年就精通法律知识，得其父、其祖父的真传。郭弘子郭躬从小继承父业，学习法律，到其学成之时，亲自讲法律之学，听众常达数百人。

3.算数

汉代儿童启蒙教育不仅识字，学习法律，还要学习计算。对此文献中有大量记载，《四民月令》中说到："（正月）农事未起，命成童以入大学，学《五经》，师法求备，勿读书传。研冰释，命幼童入小学，学书

---

①高宗留. 秦汉教育研究——以蒙学、法律、技能为中心[D]. 苏州大学. 2008. 11.

②高宗留. 秦汉教育研究——以蒙学、法律、技能为中心[D]. 苏州大学. 2008. 17.

③班固. 汉书[M]. 北京: 中华书局. 1965:3042–3043.

《篇章》……，十一月，研冰冻，命幼童读《孝经》《论语》《篇章》、小学。"　"篇章"，原本注："谓《六甲》《九九》《急就》《三苍》之属。"①今学者认为："篇章是《六甲》《九九》《急就》《三仓》之属，其中《急就》《三仓》等书字，应当学会书写，《九九》是算学初步，仅仅书写是不够的，必须领会熟练。"②根据《四民月令》的材料分析："汉代教育制度，八九岁小孩入小学，学习识字和计书。"③由此可见汉代启蒙教育学习计算是确定无疑的。除此之外，《汉书·食货志》中记载："是月，余子亦在于序室。八岁入小学，学六甲五方书记之事，始知室家长幼之节。"　"六甲五方书记之事"，可以理解为基础知识和计算技能。周寿昌指出："计，筹算也。六甲九数，皆古人小学之所有事也。"④进一步证实，在汉代启蒙教育中确实存在基本算数学习。柳诒徵先生同样提到："汉时小学，皆重书算。"⑤王充七岁的时候就开始涉及数学，桑弘羊成为汉代栋梁之才，对数学有极高的造诣，得益于启蒙教育阶段对数学的学习，此二者都是汉代启蒙教育阶段儿童接受算数教育的例证。

4.道德

汉朝自武帝以来，采取经董仲舒改造过的儒家思想作为治国统一思想。儒家思想以"德教"作为治国之道，而推行德教必须重视教育，由此，兴学重教成为汉朝历代统治的一项基本国策，正如《礼记·学记》云："化民成俗，其必由学，"　"建国君民，教学为先，"　"天子命之教，然后兴学。"统治者通过兴学，来达到教化百姓，移风易俗的目的。

汉代无论官学还是私学，均通过教授儒家经典《论语》《孝经》来对儿童进行启蒙道德教育。《论语》《孝经》虽不属五经之列，不设博士

---

①王子今. 两汉童蒙教育[J]. 史学集刊. 2007(03): 15–25.

②石声汉. 四民月令校注[M]. 北京: 中华书局. 1965:10.

③缪启愉. 四民月令辑注[M]. 北京: 农业出版社. 1981:105.

④王子今. 两汉童蒙教育[J]. 史学集刊. 2007(03): 15–25.

⑤王子今. 两汉童蒙教育[J]. 史学集刊. 2007(03): 15–25.

专司教学，但作为儒家主要经典，《汉书·艺文志》已将其列入"六艺"范围，并作为启蒙教育的主要内容。正如匡衡所说："及《论语》《孝经》，圣人言行之要，宜究其意。"①《论语》是孔子及其弟子言行的汇编，既然汉朝以儒家治国，推行道德教化，那么儒家思想奠基人孔子言行不可不学，孔子又编五经，学习《论语》进而了解孔子思想是研习五经的基础，非学不可。下面以《论语》《孝经》为例分析汉代儿童启蒙道德教育。

《论语》的主要思想体现为以仁为核心的伦理学说，以为政以德为主的政治伦理思想。仁是儒家思想的核心与实质。仁，即爱人，克己复礼为仁。克己是对个人的内在要求，加强自我修养，注重自我反省，具体体现为忠、义、诚、信。复礼是对外的要求，即在日常生活中要重视礼仪，具体表现为恭、敬、宽、信。要想成为具备良好品德的仁人志士，必须内外皆修。不仅如此，还要有为大众而牺牲的奉献精神，正所谓"志士仁人，无求生，以害仁，有杀生以成仁。"②指的就是这种无畏的奉献精神。所以"孔子提倡的仁道，是一种高尚的道德追求和思想人格追求。"③在启蒙阶段对儿童进行这种仁君思想道德教育，是为了日后让其成为居仁义而且人品好的有用之才，能够对国家、对社会有所贡献，即使不能为国家所用，也要成为一个具备良好品德的忠义之士。

汉代儿童道德教育，除了仁君理想人格塑造之外，还体现在孝道的培养上。如果说仁是儒家思想的核心，那么孝则是仁的核心与本质所在。有子曰："其为人也孝弟，而好犯上者，鲜矣；不好犯上，而好作乱者，未之有也。君子务本，本立而道生。孝弟也者，其为仁之本与。"④说明孝是仁的根本所在，孝悌的人很少犯上，不犯上就更不会作乱，换言之，孝敬父母的人，必为尊君爱国之人。《论语》中，有关孝的论述共二十条，

---

①班固. 汉书[M]. 北京: 中华书局. 1965:3343.

②王炜民. 中华文明简史[M]. 呼和浩特: 内蒙古大学出版社. 1999:89.

③王炜民. 中华文明简史[M]. 呼和浩特: 内蒙古大学出版社. 1999:89.

④杨伯峻. 论语译注[M]. 北京: 中华书局. 1980:2.

论证了什么是孝以及怎样践行孝道的问题，主要从三个方面对儿童进行孝道教育。

其一，孝而有情。子曰："父在，观其志；父没，观其行；三年无改于父之道，可谓孝矣。"①子曰："今之孝者，是谓能养。至于犬马，皆能有养；不敬，何以别乎？"②子曰："事父母几谏，见志不从，又敬不违，劳而不怨。"③子曰："父母在，不远游，游必有方。"④这里所体现的对父母的孝，集中到一个情字上。这种孝是对父母感情的最真实表达，是纯乎天然的纯净之情。孝敬父母，不忍其为自己担忧。除了自己生病让父母担忧之外，不愿让父母再为自己而忧虑，因此，"父母在，不远游"，害怕自己不在父母身边，父母召唤不便，尽量做到体贴父母；孝敬父母，赡养父母，要做到区别于养犬马，主要是敬，要"三年无改于父之道"，父母的志向、行为、习惯方式，无论父母在与否，都不会轻易改变，当然这里的父之道是合理的，正确的；如果父母意见与自己不合，也要婉转的劝说，即使自己的意见不被父母所采纳，也要恭谨，不能违抗，至于劳作，自然是任劳任怨。对儿童孝之以情的孝道教育，旨在从小在思想、行为方面培养儿童孝敬父母的意识，虽然这种孝道教育有维护父母家中权威的目的性，但在这种天性的爱面前，这点目的也变得微乎其微了。

其二，事父母以礼。孝敬父母之心，在内要动之以情，在外要合乎于礼。孟懿子问孝，子曰："无违。"樊迟御，子告之曰："孟孙问孝于我，我对曰'无违'。"樊迟曰："何谓也？"子曰："生，事之以礼；死，葬之以礼，祭之以礼。"⑤儒家主张敬鬼神而远之，但重丧葬之礼，这是因为生与死之间有一种割不断的亲情存在，生前尤重礼，死后必重礼。丧葬之礼是孝道的最后体现，这是一种超乎于功利的真实情义的表

---

①杨伯峻. 论语译注[M]. 北京: 中华书局. 1980:7.

②杨伯峻. 论语译注[M]. 北京: 中华书局. 1980:14.

③杨伯峻. 论语译注[M]. 北京: 中华书局. 1980:40.

④杨伯峻. 论语译注[M]. 北京: 中华书局. 1980:40.

⑤杨伯峻. 论语译注[M]. 北京: 中华书局. 1980:13.

达，正所谓礼生于情，情为礼之本，孔子要求守孝三年，是外在行为与内在情感的统一，由此，孝与礼相结合了。

其三，孝与悌。如果说孝是用来维系父与子纵向关系的准则，那么悌则是用来沟通兄弟横向关系的准则，处于从属地位。汉代对儿童进行悌的教育，不仅要求儿童在家中做到兄弟友爱，兄长爱护兄弟，兄弟敬重兄长，以达到家庭和睦的目的，还要求儿童在外做到朋友之间相互友爱。子曰："弟子，入则孝，出则悌，谨而信，泛爱众，而亲仁。行有余力，则以学文。"[①]在孔子看来，尽孝悌之后尚有余力可以学习知识，所以孝悌是学习文化知识的前提，他不仅要求儿童在家要孝敬父母，还要求他们在外要敬爱兄长，与人友爱。汉代孔融让梨的事迹为后人所熟知，是汉代儿童进行悌教育的典型范例。司马牛和子夏的对话更明确阐明了悌的意义。司马牛忧曰："人皆有兄弟，我独亡。"子夏曰："商闻之矣：死生有命，富贵在天。"[②]司牛马因自己没有兄弟而害怕孤单，子夏则认为："死生有命，富贵在天。"没有什么好担忧的，只要"君子敬而无失，恭而有礼"[③]，天下人都是兄弟，又怎么会没有兄弟呢？人间自有真情在，只要人与人之间恭敬而有礼，天下之人皆是朋友，皆是兄弟。

圣人孔子所倡导的孝，已内化为一种道德标准。儒家讲求内圣外王之道，首先要求个人进行自我道德修养，孝作为仁的核心与本质所在，是道德修养的关键所在，只有修好身，才有可能齐家、治国、平天下。孔子的儒家思想将孝置于如此高的地位，并要求人们自觉践行孝道，不仅有助于完善自我，更有利于人与人之间和睦相处，进而构建相亲相爱的和谐社会，从而维护社会的稳定。

《孝经》也被视为研习五经的前提，《孝经》全书一千字，是一本专门论述孝道的书。自汉平帝建立地方官学以来，《孝经》作为启蒙道德教育必读内容，逐渐普及开来。汉代私家传授孝经的学者也比较多，西汉时

---

①杨伯峻. 论语译注[M]. 北京: 中华书局. 1980:4-5.

②杨伯峻. 论语译注[M]. 北京: 中华书局. 1980:124.

③杨伯峻. 论语译注[M]. 北京: 中华书局. 1980:125.

期有门翁、后仓、张禹等，东汉时有郑众、许慎、马融、郑玄等。这些私学家承担了大量民间孝文化的普及教育工作。与《论语》相比，《孝经》更具体地阐述了孝道思想。

《孝经》和《论语》中均有大量篇幅阐述孝道，认为孝是启蒙道德教育的重要方面，但具体说来存在差异。首先，《论语》中仁是孝的基础，孝是作为仁的核心与实质而言的，是伦理五常之一。换言之，《论语》中所要表达的主要思想是仁，而不是孝。《孝经》中认为孝是至高无上的，"德之本也，教之所由生也"①，"夫孝，天之经也，地之义也，民之行也。"②"五刑之属三千，而罪莫大于不孝。"③孝是道德品行中居于首要地位的，并将孝道等同于道德教育，认为孝是天经地义之事，不孝等同于犯罪。《孝经》第一次将孝道置于如此高的地位，是为了确立孝道思想在启蒙道德教育中的首要地位。其次，《孝经》中根据社会等级身份对不同社会群体的孝行做出具体要求：天子之孝"爱敬尽于事亲，德教加于百姓，刑于四海"④，以维护天子对四方的统治；诸侯之孝"在上不骄，高而不危"⑤，能够"保其社稷，而和其民人"⑥；卿大夫之孝"非法不言，非道不行"⑦，要为臣民作表率，守其宗庙；士之孝"忠顺不失，以事其上"⑧，忠心耿耿，做好本职工作；庶人之孝"用天之道，分地之利，谨身节用，以养父母。"⑨这种不同等级不同身份地位决定下的孝的不同内涵，已经上升到责任的高度，把责任、义务内化于身份地位中，更有利于孝的教育与实施。再次，与《论语》中一家一人之孝相比，《孝经》中的

---

① 胡生平. 孝经译注[M]. 北京: 中华书局. 1996:1.

② 班固. 汉书[M]. 北京: 中华书局. 1965:1719.

③ 胡生平. 孝经译注[M]. 北京: 中华书局. 1996:27.

④ 胡生平. 孝经译注[M]. 北京: 中华书局. 1996:4.

⑤ 胡生平. 孝经译注[M]. 北京: 中华书局. 1996:6.

⑥ 胡生平. 孝经译注[M]. 北京: 中华书局. 1996:6.

⑦ 胡生平. 孝经译注[M]. 北京: 中华书局. 1996:8.

⑧ 胡生平. 孝经译注[M]. 北京: 中华书局. 1996:10.

⑨ 胡生平. 孝经译注[M]. 北京: 中华书局. 1996:11.

孝更加广泛。"教以孝，所以敬天下之为人父者也。教以悌，所以敬天下之为人兄者也。教以臣，所以教天下之为人君者也。"[1]这里将孝作为一种为人处事的规范，推己及人进而扩大到全社会，以孝敬父母之心去对待天下人之父母，以敬爱兄长之心来敬爱天下人之兄长，最后将忠孝之心移于国君。在这种广泛的孝道思想影响之下，更能从小培养儿童相亲相爱的意识，从而推动大爱社会的向前发展。

（四）贾谊的启蒙教育思想

贾谊是西汉初年著名的思想家、教育家、文学家，自幼聪明好学，博闻强识，早年入仕，先后任长沙王和梁王太傅。长达八年的太傅生涯使其在教育太子的过程中，在总结先秦幼儿教育思想的基础上，形成了一整套关于儿童启蒙教育的思想以及与此密切相关的胎教思想，为后代启蒙教育的发展留下了宝贵的财富。

贾谊关于儿童的启蒙教育思想表现为：慎其左右，重视环境对儿童启蒙教育的影响。关于我国启蒙教育，据史料记载，可追溯到西周时期，那时的周王室非常重视太子的启蒙教育。为了培养优秀的太子，能够更好的治理国家，周代有专门负责教育太子的人员，称"三公"或"三老"，指太师、太傅、太保。贾谊在《新书·保傅》一书中强调："古之王者，太子初生，因举以礼，使士负之，有司斋肃端冕，见之南部，见于天也。过阙则下，过庙则趋，孝子之道也。故自为赤子而教固已行矣。昔者周成王幼在襁褓之中，召公为太保，周公为太傅，太公为太师。保，保其身体；傅，傅之德义；师，道之教训：三公之职也。于是为置三少，皆上大夫也，曰少保，少傅，少师，是与太子燕者也。"贾谊认为太子一出生就应该由三公负责，对其进行专业培养，让其懂得仁义礼孝，去邪人，不见恶行，"见正事，闻正言，行正道，左右前后皆正人"[2]，从而"少成若天性，习惯如自然"。[3]从贾谊的记录中我们不难推测汉代儿童的教育情

---

①胡生平. 孝经译注[M]. 北京: 中华书局. 1996:30.

②贾谊. 贾谊集[M]. 上海: 上海人民出版社. 1976:91.

③贾谊. 贾谊集[M]. 上海: 上海人民出版社. 1976:91.

况，父母非常重视环境对儿童品德、学识的影响。贾谊赞同"性相近，习相远"的观点，认为孩子刚出生天性、品质方面差别不大，由于后天环境的作用才会出现善恶之分。所以提出"太子之善，在于早谕教与选左右。心未滥而先谕教，则化易成也；夫开于道术，知义之指，则教之功也。若其服习积贯，则左右而已矣"。[①]可见尽早营造良好环境在儿童健康成长过程中的非凡意义。

贾谊同样非常重视先天教育，即胎教。作为中国历史上有名的教育家，他的胎教思想在我国历史上属最早。他首先提出父母品德好坏直接影响到后代子孙，所以要慎重对待婚妻嫁女；其次，认为胎教的好坏直接影响儿童后天的发育、成长，所以要重视胎教。贾谊的《新书》中专门有一章介绍《胎教》，其中说道："《易》曰：'正其本而万物理，失之毫厘，差以千里。'故君子慎始。《春秋》之元，《诗》之关雎，《礼》之冠婚，《易》之乾坤，皆慎始敬终云尔。素成，谨为子孙婚妻嫁女，必择孝悌世世有行义者。如是，则其子孙慈孝，不敢淫暴，党无不善，三族辅之。故凤凰生而有仁义之意，虎狼生而有贪戾之心，两者不等，各以其母。呜呼！戒之哉！无养乳虎，将伤天下，故曰'素成'，胎教之道。"[②]贾谊形象地指出，父母的品德好坏直接影响下一代，"正其本而万物理"，就是这个意思。娶妻嫁女，一定要看对方的品行，懂孝悌、仁义之人其后代必然会是慈孝之人。如果父母品行不好，其子孙品行随其父母，长大之后贻害无穷。这样的优生之道，如今看来，仍然受用。

贾谊关于胎教的方式是这样的："青史氏之《记》曰：古者胎教之道王后有身，七月而就蒌室。太师执铜而御户左，太宰持斗而御户右，太卜持蓍龟而御堂下，诸官皆以其职御于门内。比三月者，王后所求声音非礼乐，则太师抚乐而称不习；所求滋味者非正味，则太宰荷斗而不敢煎调，而曰不敢以侍王太子。"[③]为了更好的孕育胎儿，王后怀孕之后要居于安

---

①贾谊. 贾谊集[M]. 上海: 上海人民出版社. 1976:93-94.

②贾谊. 贾谊集[M]. 上海: 上海人民出版社. 1976:175.

③贾谊. 贾谊集[M]. 上海: 上海人民出版社. 1976:175.

静之所，听美妙的音乐，吃合口味的饭菜。贾谊的胎教思想为胎儿提供了最佳的孕育环境，对胎儿出生后性格、智力各方面的发展都会产生很好的影响，现代科学证明，其胎教思想具有一定的科学合理性。

总体来说，贾谊关于儿童启蒙教育思想有其合理性。他的慎其左右，重视环境对个人成长的重要思想对儿童成长尤为重要，孩子在积极的环境中成长，有利于培养其积极的人格、品格，这对于人一生发展至关重要；他提出的胎教理论，是我国优生学的先导，具有一定的理论、实践意义。

三、汉代启蒙教育特点

（一）启蒙教材较为科学、合理

《急就篇》作为汉代启蒙教育识字课本，历经两千年历史考验，并一直流传至今，可见其具有一定的科学、合理性。首先在题材内容方面，它包括了当时社会生活所必须的基本词汇，不仅知识面广，而且实用性强；其次，"在文体、风格方面，既要简洁明快，通俗易懂，又要高言妙句，音韵天成，以便儿童触目如画，过目难忘。"[1]注重启发儿童学习兴趣。

《急就篇》作为汉代儿童启蒙教材，具有类似于现代小学教育教材之性质。通过仔细研究其教育内容，我们不难发现这本书所涵盖内容之广泛，甚至其内容丰富程度远远超过今天小学教育所涵盖的内容量。正如沈元所说："《急就篇》是自己时代社会生活的一面镜子，这面镜子所反映出来的世界是广阔的，其中包罗了自然界和社会生活中一千多种物态人情。我们在这里可以见到与当时人们的生活有密切关系的草木虫鱼的名目，可以了解当时人们对于人体生理和疾病药物的知识，这里列举了各种农具和手工工具，各种谷物和蔬菜，各种质料和形式的日用品，各种色彩和花纹的丝织物。"[2]我们还可以了解当时的官僚制度、法律知识以及地理情形。这里包含了当时社会生活的各个方面，就其知识密度与广度而

---

[1]沈元. 《急就篇》研究[J]. 历史研究. 1962(03): 61–87.

[2]沈元. 《急就篇》研究[J]. 历史研究. 1962(03): 61–87.

言，算得上一部生活百科全书。这部百科全书旨在使儿童在识字过程中尽量多的了解百科知识，从而认识汉代这个丰富的社会。基于《急就篇》内容的广泛性，它为儿童接受更高阶段的教育奠定基础，所以更显示出其作为启蒙教材合理性的一面。

《急就篇》作为汉代儿童启蒙教材，不仅知识面广，而且非常注重实用。这也是其科学、合理性的表现。学以致用是《急就篇》当时编写的一个很明确的目的。如《汉书·艺文志》中写道："《急就篇》皆《苍颉》中正字。"所谓"正"，其实是常用的意思。《急就篇》是在吸收《苍颉篇》优点的基础上改进创作的，《急就篇》中有两千多常用字是从《苍颉篇》中摘取的，这两千字大都是汉代生活中出现频率最高的，也是最为实用的，所以《急就篇》的实用性是显而易见的。

在文体风格方面，《急就篇》的编写主要以七言为主，还有三言、四言的。这种编写形式整齐又富有灵活性。在其行文过程中，七言的，句句押韵，三、四言的，间隔押韵，简洁明快，音韵天成，便于儿童诵读与快速记忆。《急就篇》按其"罗列诸物名姓字，分别部居不杂厕"的编写宗旨，按姓名、衣食、住行、器物等分别排列，同一类别的东西编排在一起，便于儿童分类识记。

《急就篇》根据儿童的身心发展特点，巧妙运用民间韵文形式，采取生动活泼的教育形式，激发了儿童的学习兴趣。王守仁说："大抵童子之情，乐嬉游而惮拘检，如草木之始萌芽，舒畅之则达条，催挠之则衰萎，今教童子，必使其趋向鼓舞，心中喜悦，则其进自不能已，譬之时雨春风，沾被卉木，莫不萌动发越，自然日长月化，若冰霜剥露，则生意萧条，日就枯槁矣。"[1]这样丰富的教育方式，必能激发儿童学习兴趣，达到良好的教育效果。

（二）启蒙教育重伦理

汉代启蒙教育非常重视伦理道德。"'伦理'与'道德'通常联系在

---

①沈元.《急就篇》研究[J]. 历史研究. 1962(03): 61-87.

一起，伦，次序之谓也，'伦理'指长幼尊卑的人伦关系道理。伦理与道德在一定程度上起到调节社会成员之间相互关系的作用。"①自汉武帝继位以来，思想上实行罢黜百家，独尊儒术的方针，以儒家思想作为治国正统思想。自此，儒家经典出现在各级各类教育中，启蒙教育也不例外。儒家学说实质为伦理道德学说，所以伦理道德教育备受重视，汉代伦理道德教育主要内容为"三纲五常""三从四德"，涉及政治、家庭、社会各个领域，各种人伦关系。

"三纲五常"学说是西汉大儒董仲舒提出来的。主要是树立封建社会之君臣、父子、夫妻等尊卑等级关系以及具体道德规范。"君臣父子夫妇之义，皆取诸阴阳之道。君为阳，臣为阴；父为阳，子为阴；夫为阳，妻为阴。"②由此，确立了君、父、夫对臣、子、妇的主导地位，臣、子、妇沦为君、父、夫的附庸。"五常"主要是具体道德内容，包括仁、义、礼、智、信五个方面，是规范君臣、父子、兄弟、夫妇、朋友等人伦关系的行为准则。"三纲"与"五常"融为一体，构成了汉代男子道德教育主要内容。

"三纲五常"涉及处理的关系有君臣政治关系，夫妻、父子家庭关系以及社会关系，学会并处理好这些关系是男子实现齐家、治国理想的起码要求。君臣政治关系表现为：君对臣以礼，臣事君以忠，强调臣子对君主的绝对忠诚。董仲舒认为春秋之所以出现臣子弑君的局面，原因在于君臣关系失序，所以特别强调君臣尊卑关系，臣子要谨守尊卑之序，对君主忠尽职守。父子家庭关系中处于核心地位的是孝，"为人子而不事父母者，天下莫能为可。"③不孝是天下人不能认可的。汉代父子之间伦理关系不仅包括前文中所提到的儿女对父母孝之以情、孝之以礼，这里更强调的是子对父的顺从，父子之间的尊卑关系。子对父的顺从即父亲传授子女道德礼仪规范，子女要无条件服从，父亲在子女面前处于主导地位。"子不奉

①刘厚琴. 汉代伦理与制度关系研究评述[J]. 唐都学刊. 2007(03): 1–5.

②董仲舒. 春秋繁露[M]. 上海: 上海古籍出版社. 1989:73.

③董仲舒. 春秋繁露[M]. 上海: 上海古籍出版社. 1989:83.

父命，则有伯讨之罪，卫世子蒯聩是也。"①做子女的要遵从父命，一旦违背父命就等同于犯罪。子女要全心全意奉养父母，不与父母分享名利。

　　汉朝统治者通过多种方式推进伦理道德教育。其一，颁布诏令，奖励孝行。汉惠帝四年颁布诏令曰："举民孝弟力田者复其身。"②在汉代编户齐民制度下，租役是繁重的负担，通过复除租、役这种优惠措施来鼓励子女对父母尽孝。通过尽孝，子女能从中获得收益，减轻负担，何乐而不为。汉朝颁布诏令这种举措通过鼓励社会人群大行孝道，从而推进汉代伦理道德教育。虽说租、役对于儿童来说为时尚早，但这种措施通过侧面影响、刺激，增强了儿童的尽孝意识。其二，汉政府通过褒扬孝子，树立社会学习榜样来推行伦理道德教育。汉代著名孝子黄香，九岁就能做到替父母暖床，对父母孝顺至极，其事迹在当时社会广为流传，为汉代儿童伦理道德教育树立了学习的榜样，从而使得汉代儿童自觉尽孝、行孝，有利于汉代儿童进行自我伦理道德教育。其三，将伦理道德教育同读书、考试做官相联系。汉代学校教育均以儒家经典作为学习主要内容，儒家经典本质为伦理道德学说，以《论语》《孝经》作为汉代儿童伦理道德教育教材，体现汉朝统治者对伦理道德教育的重视。我国古代社会读书、考试、做官是连为一体的，汉代选官制主要是察举制，其中孝廉科是察举人才的经常性科目。关于孝廉科，颜师古注曰："孝谓善事父母者，廉谓清洁有廉隅者。"③将伦理道德好坏作为察举人才的重要方面，并自然的将读书、考试、做官相联系，体现了伦理道德教育的紧密衔接性。

　　"三从四德"是为了维护父权制家庭中父权、夫权利益的需要，根据"内外有别""男尊女卑"的原则，由儒家礼教对妇女一生在道德、行为、修养方面进行规范和要求。班昭《女诫》中说："女有四行，一曰妇德，二曰妇言，三曰妇容，四曰妇功。"④这里的"四行"也就是"四

---

①董仲舒. 春秋繁露[M]. 上海: 上海古籍出版社. 1989:85.

②班固. 汉书[M]. 北京: 中华书局. 1962:90.

③班固. 汉书[M]. 北京: 中华书局. 1962:160.

④范晔. 后汉书[M]. 北京: 中华书局. 1965:2789.

德"，分别从道德、言行、仪表、基本技能方面对女子的道德修养做出规范。"三从四德"一经确立，就成了汉代以至后代封建社会女子伦理道德标准规范。女子"三从四德"为人女、为人妻、为人母一生三个角色的转换，核心是处理家庭内部关系，"四德"为处理家庭关系做出规范。

"三从"的核心是男尊女卑思想，突出了男性的主导地位。自父权制婚姻家庭建立，男尊女卑有了明确界限，到秦汉这种现象更为普遍。董仲舒在《阳尊阴卑》中说"丈夫虽贱皆为阳，妇人虽贵皆为阴。"①男子再怎么低贱也属阳，女子再怎么高贵也属阴，阳高于阴，男尊女卑。"子受命于父，臣妾受命于君，妻受命于夫。"②则突出了男子绝对主导地位。"臣事君，子事父，妻事夫，三者顺天下治，三者逆天下乱。"③将男性是否居于领导地位与国家的治乱兴衰联系在一起。可见，汉代社会是以男权为核心的，伦理道德教育突出了男性的主导地位。班昭的《女戒》是汉代女子伦理道德教育的经典教材，分为《卑弱》《夫妇》《敬慎》《妇行》《专心》《屈从》《和叔妹》七篇。其开篇《卑弱》强调："古者生女三日，卧之床下，弄之瓦砖，而斋告焉。卧之床下，明其卑弱，主下人也。"④让女子出生数日后置于床下，表明其刚出生地位就很低下。

"四德"体现了男女有别的思想，这是我国古代社会男主外，女主内的社会分工使然。男女有别，女子从小主要活动场所就被限制在家庭内部，所以主要从道德、言行、仪表、基本技能四个方面对女子伦理道德规范提出要求，女子从小就要知道坚守节操，对丈夫忠贞不二，注意说话言辞的表达，尽心竭力，促进家庭的和睦。

汉朝统治者非常重视女子的贞洁伦理规范，汉朝历代统治者对贞洁进行褒扬、奖赏。宣帝神爵四年赐"贞妇顺女帛"⑤，平帝元始年"复贞

---

①董仲舒. 春秋繁露[M]. 上海: 上海古籍出版社. 1989:66.

②董仲舒. 春秋繁露[M]. 上海: 上海古籍出版社. 1989:85.

③梁启雄. 韩子集解[M]. 北京: 中华书局. 1960:505.

④范晔. 后汉书[M]. 北京: 中华书局. 1965:2787.

⑤班固. 汉书[M]. 北京: 中华书局. 1962:264.

妇，乡一人。"①东汉皇帝更为频繁。这些褒扬诏令的出现，鼓励了妇女的守节行为，守贞洁的妇女可以从中得到钱粮棉帛，以致更多好处，可以光宗耀祖，这样的社会效应，侧面使汉代女童接受了贞节伦理道德教育，从小树立贞节意识。

"三纲五常""三从四德"作为封建伦理道德规范，一经产生，便与天道相联系，取得了神圣合理性，成为封建社会统一的价值观。这样的价值观从个人心理到行为，从家庭内部到邻里之间，从小家庭到大国家，层层规范着人们的道德修养、行为规范，从而确立了社会尊卑等级秩序及一系列具体道德规范内容。这就有利于汉代稳定社会秩序的构建，有利于汉大一统局面的形成。

四、汉代启蒙教育的作用

汉代是我国古代封建启蒙教育的奠基时期，无论对当时还是对后世都产生了深刻的影响。它巩固了汉代封建统治；提高儿童知识、文化水平；为后代启蒙教育奠定基础。

（一）汉代启蒙教育巩固了汉代封建统治

"教育是一种培养人的社会活动，是教育者根据一定的社会、阶级要求，有目的、有计划的对受教育者身心施加影响，把他们培养成一定社会阶级所需要的人的活动。"②汉代启蒙教育在推行教化的过程中维护了封建统治，汉政府在教育目的下培养的治国人才维护了封建统治。

汉代启蒙教育识字课本《急就篇》开篇中提到：急就奇觚与众异，罗列诸物名姓字，分别部居不杂厕，虽然主观上是为了儿童能够分门别类识记诸物，但客观上这里已经确立了汉代社会的严格等级秩序。这种等级秩序等同于各类物品，早已各有归属。这种等级秩序我们从《急就篇》中所罗列的姓名中可以看出，这些姓名中包含了当时社会的主要世家大族的姓

---

①班固. 汉书[M]. 北京: 中华书局. 1962:351.

②中国大百科全书总编辑委员会. 中国大百科全书[M]. 北京: 中国大百科全书出版社. 1985:1.

氏与名称，这些世家大族的姓氏与名称是史游经过精心挑选的，在史游作《急就篇》之后，又有人增补了史游未列的十七姓。显然，《急就篇》中所列的姓名是有特定标准的，这些姓氏名字是当时社会的世家大族，他们属于汉代社会上层。可见，这种上下等级秩序观念从儿童接受教育开始，便渗透其中，直到其长大成人，甚至伴随其终身。对儿童传递这样的社会观念是为了让其从小接受尊卑等级秩序思想，各安其分，进而建立安定的社会秩序，巩固封建统治。

除此之外，汉代儿童启蒙道德、伦理教育一定程度上也是为了维护、巩固汉代封建统治。汉代儿童道德教育主要表现为孝道教育，子女对父母尽孝，不仅要孝之以情、孝之以礼，更强调子女对父母的服从以及父尊子卑思想。在汉代，这种孝得到法律、制度保障，加之汉朝统治者通过一定的优惠措施加以鼓励，得以盛行。对汉代儿童进行孝道教育，维护了汉代社会基本单位家庭内部的尊卑等级秩序，小家庭的和睦使汉代整个国家的安定从根本上得到保障。汉代女子启蒙伦理教育内容主要是"三从四德"，"三从四德"主要用于确立男性的主导地位，树立男性权威，是为了适应汉代社会男尊女卑思想而确立的。汉代男子从小接受儒家三纲五常伦理教育，除了严守父子尊卑关系之外，更重要的是移孝于忠，树立忠君思想，绝对效忠于君主。"三纲五常"有利于维护家国同构的汉代社会的等级秩序，维护封建统治。

《急就篇》中含有大量关于刑法、法律知识。重视法律教育是法家的思想主张。汉代虽主张以德治国，但并不忽视法律、刑法在治理国家、维护封建统治中的强大作用。汉代将儿童的法律学习与《诗经》《孝经》《论语》的学习均置于同等重要地位，表明汉朝统治者重视对儿童的法律知识教育。篇中大量关于刑法、法律知识的罗列，目的在于威慑，通过让儿童学习、了解法律，使其从小畏刑而守法，规矩安分的在统治阶级所划定的统治秩序中生活，进而维护封建统治。

就培养治国人才而言，汉代社会读书、考试、做官是连为一体的。汉代学习、考试内容主要为儒家经典，汉代儒家思想培养下的臣子，从小接受儒家正统思想，学习内圣外王之道，非常重视自身内在修养，这些内在修养包括克己、修身之道，也包括如何成为为专制王权服务的君臣之道。换言之，汉代教育制度培养下的治国人才实为儒家思想统治下服务于帝王的忠实奴仆。为了跻身官场、光宗耀祖，他们不得不忠实于帝王，从小接受服务于封建统治的政治、思想教育，学成后将其运用于维护封建国家统治中，为维护封建统治尽其所能。

（二）汉代启蒙教育的普及，提高了儿童知识、文化水平

汉代儿童启蒙教育的相对普及得益于春秋战国以来宗法贵族制影响的削弱。汉代以来，儿童教育得到一定程度的普及，与前代相比，汉代接受启蒙教育的儿童群体更加广泛，汉代儿童教育内容实用性更强，教育场所遍布全国，教育的相对普及有助于儿童知识文化水平的提高。

众所周知，西周社会实行宗法贵族制。在这样的体制之下，教育为贵族所垄断，知识教育只在贵族内部进行，一般平民子弟没有机会接触社会知识文化，与教育无缘。秦朝实行思想专制，以吏为师，以法为教，知识文化教育仅限于法律。汉代以来，无论官学还是私学，均招收平民子弟入学接受教育，汉代中央启蒙教育机构四姓小侯学最初为教授四姓贵族子弟而设，后来由于办学质量高，影响不断扩大，逐渐向更多社会群体开放。这一时期，自汉武帝建立学校以来，一直到平帝元始三年，全国大部分地方都已普遍建立了学校，汉代地方官学招收学生没有明确的限制。据《华阳国志》记载，张霸为会稽太守时，建立学校，推动当地教化。《后汉书·文苑列传》同样说道，刘梁为北新城长，"大作讲舍，延聚生徒数百人朝夕自往劝诫。"如此多的学生，其中应该包括大量平民子弟。这一时期平民儿童能够进入官学接受教育，有利于推进教化，更有利于儿童自身文化、知识水平的提高。由于汉代官学兴办数量有限，所以不能满足大量儿童入学接受教育的要求，汉代私学自春秋战国兴起以来，到汉代已发展相当繁荣，成为承担启蒙教育的主要力量。私学接收学生多为寒门弟子，他们能够进入书馆、乡塾接受基本的书字教育，还可以学习《论语》《孝经》，为更高阶段的学习做准备。与官学相比，汉代私学为更多社会群体

敞开了接受教育的大门，在提升整个汉代儿童知识、文化水平方面起了很重要的作用。

汉代启蒙教育内容更具实用性与广泛性，汉代出现了多种启蒙教材，有《仓颉》《凡将》《急就》《元尚》等，流传至今的只有《急就》一篇，足以说明其内容的实用与广泛性。《中国古史专门》书中有关于《急就篇》内容的一块砖文，是工匠用隶书刻写的。由此可见，就连工匠也在闲暇之余品读《急就篇》，说明其在当时社会的流传之广。从中我们不难想象《急就篇》在提升儿童知识文化水平中的重要作用。《急就篇》算得上汉代社会日常生活的百科全书，汉代儿童以此书作为启蒙教材，足以认识丰富的汉代社会面貌。

值得一提的是汉代社会教育场所遍布全国，从城市到农村，从先进地区到落后边塞，均有负责教化的教育场所。汉平帝时，不仅在高一级的行政区设立教育机构，就连乡、聚这样的基层单位也有负责教化的教育场所。东汉时，像武威、敦煌这样的偏远边塞之地都有官学，这些落后地区的教育场所虽然主要是为了推行礼仪教化，但客观上也有利于促进儿童知识文化水平的提高。

（三）汉代启蒙教育的规范化、制度化为后代启蒙教育奠定了基础

汉武帝在文教方面采取了一系列措施，这些措施将政治思想与学术、教育思想相统一，将读书、做官、考试相统一，奠定了后代启蒙教育的基本思路。作为我国封建教育的奠基时期，就教育制度而言，汉代启蒙教育体制奠定了后代启蒙教育的基本框架。

汉武帝继位后，随着汉朝政治、经济的不断发展，认识到了教育在培养人才和推进教化过程中的作用。为了推进汉朝的大一统格局，汉武帝在文教方面实行了三大措施：罢黜百家，独尊儒术；开创太学；改革选举制度。这三大文教政策以董仲舒为适应汉代政治需要而改造过的儒家思想为核心。政治的统一以思想的统一为基础，为了确立儒家思想的独尊地位，首先从教育着手，汉代中央设五经博士，立太学，置博士弟子，将儒家经典《诗》《书》《礼》《易》《春秋》作为教育内容。自此，国家政治思

想便渗透到教育之中了。在国家政策方针的引导下，汉代地方官学沿袭中央官学办学宗旨，均以儒家教育为主。在汉代，启蒙教育以儒家思想教育为核心，自此，教育从儿童开始便纳入了加强思想统治进而维护政治统治的轨道，这也是汉代以后整个封建王朝启蒙教育的宗旨与思想，奠定了后代启蒙教育的基本思路。

汉代精通儒术、尊王明伦的治国之才除了来自中央太学之外，地方郡国学校的优秀者也可以经推荐进入太学，通过考试进入仕途。汉代重视选举制度，有贤良方正、秀才、孝廉等诸多科目，这就为广大平民开辟了进入仕途的通道，一般平民子弟只有从小研读儒家经典，才有可能跻身官场。可见，汉代的读书、考试、做官是连为一体的。这样的制度，使得汉代社会"中央皇权可以按照统一标准培养与选拔知识分子，加强了封建教育的统一性，促进封建教育的发展，在中国古代教育史上是有积极意义的。太学养士和察举选士都以儒术为标准，入太学选举又是做官的必然途径，这样使儒学与仕途结合起来。"[1]这样的现象不仅出现在汉代，也是以后历代封建王朝教育的基本现象。

就教育制度而言，汉代启蒙教育体制奠定了后代启蒙教育的基本框架。汉代启蒙教育机构分官学和私学，官学中又分中央和地方二级，中央官学中有属于贵族启蒙教育的宫邸学，地方启蒙教育机构有庠、序。汉代私学中属于启蒙教育的机构丰富多样，主要有书馆和乡塾，此外，还有家学。后世封建王朝启蒙教育基本框架是在汉代相对完善的教育体制基础上不断发展的。就教育内容而言，汉代启蒙教育内容不仅包括识字、算数、法律、伦理道德，还包括医学、天文、史学等。汉代出现了专为启蒙教育服务的启蒙教材《急就篇》，成为《千字文》《三字经》等后世启蒙教材编写的蓝本。

---

①王炳照. 简明中国教育史[M]. 北京: 中华书局. 2002:75.

结　语

通过对汉代启蒙教育的研究与分析，我们知道汉代启蒙教育对象主要是八到十五岁的儿童，汉代儿童启蒙教育主要在官学和私学中进行。汉代官学建制比较完善，有中央和地方之分，四姓小侯学、宫邸学二者是具有启蒙教育性质的中央官学，主要为贵族儿童的启蒙教育服务，也有少量平民子弟的存在。汉代地方官学中的庠、序则为大量儿童接受启蒙教育敞开大门。由于汉代官学兴办有限，汉代私学成为承担启蒙教育的重要力量，汉代许多私学大师在私学中担任书师、塾师，负责儿童的识字、算数、道德、法律教育。家学是汉代私学中的一种特殊形式，主要是长辈对晚辈行为处事方面的教育，也是汉代儿童启蒙教育的重要组成部分。汉代出现了专门针对儿童启蒙教育的教材，主要有《急就篇》，它类似于现代社会的百科全书，能够使汉代儿童学习更广泛的社会知识，全面认识汉代社会。汉代启蒙教育以儒家思想为主，重视伦理道德教育，教育与读书、考试、做官相联系，成为统一体。启蒙教育服务于汉王朝的统治，但我们应该看到，启蒙教育一定程度上提升了儿童的知识文化水平，就教育制度而言，为后世封建启蒙教育奠定了基础。

秦汉作为中国封建社会的开端，其开创的一系列封建制度深刻地影响着后来社会的发展。就启蒙教育而言，它为我国古代封建社会启蒙教育奠定了基础。隋、唐是继秦汉之后中国古代封建启蒙教育的成熟时期，正如周予同先生所说："唐代的学校制度较诸中古的任何一代，为复杂而完备。"[①]隋、唐建立了主管教育的行政机关，隋朝称国子寺，唐代称国子监，隋、唐科举制的建立开创了中国封建教育的新时代，隋、唐沿袭汉代重儒学的文教政策，教育的经学化，深深地打上了汉代启蒙教育的烙印。隋、唐在秦、汉基础之上建立了较为完备的官、私学制度，其中包含启蒙教育机构，唐代中央官学中设有启蒙教育机构，唐高祖武德元年下诏称：

---

①周予同. 中国学校制度[M]. 北京: 商务印书馆. 1933:56.

"诏皇族子孙及功臣子弟，于秘书外省，别立小学。"[1]这里的小学具有启蒙教育性质。唐朝在府、州、县、镇、乡地方官学中也有启蒙教育现象，给事李栖筠关于广开学校的奏章里说道："虽京师州县皆有小学，兵革之后，生徒流离……"[2]可见，安史之乱前，启蒙教育是存在的。唐代私学中，大都属于启蒙教育，私学类型多样，主要有乡(镇)学、社学、坊巷学、义学、乡、里立学等。此外，唐代设有算学专科学校，开创了政府设立自然科学专科学校之先河，对中国古代乃至现代数学教育都产生了深远影响。唐代启蒙教材编写的统一性、规范性与汉代教材编写原则是一致的，这一时期出现了一些新的启蒙教材，主要有《蒙求》《千字文》等。这一时期的启蒙教材内容较前代更为丰富，也为后代启蒙教育的繁荣发展打下基础。唐代启蒙教育不仅习书字、计算，为适应科举取士的需要，还学习诗赋，除此之外，研习黄老玄学、科技、史学者也很多。

（本文作者为包头师范学院历史文化学院2015届秦汉史方向研究生，指导教师为郝建平教授）

---

[1]王溥.《唐会要》[M]. 北京: 中华书局，1955年版，第633页.

[2]王溥.《唐会要》[M]. 北京: 中华书局，1955年版，第633页.

汉代女性教育研究

◇ 王彩凤

引 言

在中国古代封建社会，女性的地位是比较低下的，"男尊女卑"的思想占统治地位。纵观我国古代教育史，中国无疑是重视教育的国家，根据历史记载，中国早在4000多年前的夏代，就有了学校教育的形态。《孟子》里说夏、商、周"设庠、序、学、校以教之，庠者养也，校者教也，序者射也。夏曰校，殷曰序，周曰庠，学则三代共之，皆所以明人伦也。"[1]孟子在这里不仅记载了我国古代学校教育起源的情况，而且还记载了当时教育的内容和宗旨。西周以后，学校教育制度已经发展到比较完备的形式。但实际情况是女性接受的正规学校教育远落后于男性，女性基本上被排除在正规的学校教育之外，2500年前孔子提出并躬身施行的"有教无类"的教育主张，是具有社会价值的先进教育理念。然而对"类"的理解，却被长期限制在不同阶层、不同出身、不同才智等方面，而对占人口一半的女性，则一直未能享有与男子同等的接受教育并由此获得发展的权利。这是历史留给我们的深刻教训，也成为我国生产力发展、社会进步和文明程度提升的阻碍。尽管如此，女性对当时的社会贡献是不可否认的。近年来，随着经济的发展，社会的进步，对女性教育的研究越来越受到人们的关注和重视。

---

[1]杨伯峻. 孟子译注[M]. 北京: 中华书局. 1960:118.

（一）选题来源及依据

首先，从性别角度来看，大多数女性会成为未来的母亲，她们在承担社会物质再生产的同时也承担着人口再生产的任务。王东华的《发现母亲》这本书系统而科学地阐述了女性作为母亲的崇高社会价值。女性对社会的贡献不止是经济上的，更重要的是对祖国下一代的教育，关系祖国的未来。福禄培尔曾说："国民的命运，与其说是操在掌权者手中，倒不如说是握在母亲的手中。因此，我们必须努力启发母亲——人类的教育者。"①其实，中国是最早开始设立学校的国家，妇女没有受到应有的教育，是近代文明落后的因素之一。梁启超的女学教育，尤其是"母教"思想迄今仍有重要的社会意义。

其次，汉代是中国古代的一个重要朝代，国力强盛，经济繁荣，文化发达，对外交往频繁，影响深远。汉代的女性虽然基本没有受到正规的学校教育，但这并不代表汉代的女性没有受到教育。"教育是培养人的一种社会活动，是传承社会文化、传递生产经验和社会活动经验的基本途径。从广义上说，凡是增进人们的知识和技能、影响人们的思想观念的活动，都属于教育的范畴。狭义的教育则指以影响人的身心发展为直接目标的社会活动，主要指学校教育，是教育者根据一定的社会要求，有目的、有计划、有组织地对受教育者的身心施加影响，期望他们发生某种变化的活动。"②本文所涉及的女性教育主要指广义的教育。汉代大多数女性接受的是家庭教育，教育内容涉及女德、女红等生存技能等方面的教育，这些内容是中国传统文化的重要组成部分，用现在的教育观点看，这些教育内容体现了素质教育的理念。汉代涌现出很多优秀女性为国家做出了贡献，从而推动了社会进步和文明的发展。

最后由于目前写汉代女性教育的论文较少，有研究的空间，加之本人又是从事教育工作的，对有关教育的课题有浓厚的兴趣。在某种程度上，

---

①转引自王东华. 发现母亲[M]. 北京: 中国妇女出版社. 2004:87.

②袁振国. 当代教育学[M]. 北京: 教育科学出版社. 2004:4.

女性教育不仅关系到整体民族素质的提高，也关系祖国未来的发展，而且更有利于提高女性的主体意识，增强社会责任感，为我国社会的发展进步做出贡献。因此我觉得选这个题目有一定的现实意义。

（二）研究现状综述

中国妇女史的研究兴起于二十世纪二三十年代，当时已出现了专著，例如，陈东原的《中国妇女生活史》（商务印书馆，1928年），内容论述从中国上古至民国妇女生活，以朝代分章，各章中又以主题分节，以婚姻、礼教、妇女教育、妇德、妓女、贞节观、缠足、近代的女权运动等来分节。但后来一个时期很少有人从事这个领域的研究，直到八十年代中后期妇女研究史开始出现高潮，专著有高世瑜的《唐代妇女》（三秦出版社，1988年），刘士圣的《中国古代妇女史》（青岛出版社，1991年）。但这些大都是对女性社会地位、婚姻制度、历代杰出女性、妇女服饰、后妃体制等方面加以论述，基本没有涉及女性教育。九十年代以来，我国妇女史研究取得了显著成果，特别是1995年在北京召开第四次世界妇女大会以来，涌现出很多论著，随着中外学术交流的日益增多，我国的妇女学科建设也取得可喜成效，北京大学、天津师范大学等几所高校已经开始招妇女史专业的研究生。

目前研究汉代女性教育方面的专著尚未面世，但涉及这方面的著作有曹大为的《中国古代女子教育》（北京师范大学出版社，1996年），杜学元的《中国女子教育通史》（贵州教育出版社，1995年）。这些著作中虽然有涉及汉代女性教育，但是没有系统地对汉代女性教育加以研究。此外，还有一些论文，有较高的学术价值，在女性教育方面的研究取得显著进步。例如：金璐璐的《论汉代女性的教育》（《社会纵横》，2008年第3期）、朱晓鸿的《试析汉代的妇女教育》（《华北水利水电学院学报》，2003年第3期)、杨舒眉的《汉代宫廷女性与文化的关系》（《南都学坛》，2006年第6期）。上述文中论述了在儒家思想成为汉代的统治思想以后，儒家伦理道德思想对社会生活产生广泛影响，形成一套系统化的"女教"体系。但这些文章大都是从传统的观点、当时的客观历史背景、社会需求来研究论述汉代女性教育及生活的，缺乏从女性自身的需求、独立人格、主体意识等方面去剖析女性的社会价值。关注汉代女性教育研究的学位论文有李彤的《礼教形成中的汉代妇女生活》（浙江大学2005年博士学位论文），胡正娟的《汉代儒家女教研究》（湖南大学2006年硕士学位论文）。她们的文章对全面了解汉代女性生活有很高的学术价值。

（三）研究内容及方法

1.研究内容

本文以汉代女性教育为研究对象，由于汉代大多数女性没有受过正规的学校教育，这里的教育主要是指广义的教育，即凡是增进人们的知识和技能、影响人们的思想观念的活动，都属于教育的范畴。从汉代女性教育的发展、教育模式、内容、教育理念和对社会的影响及研究汉代女性教育的现实意义等方面，对汉代女性教育进行了粗浅的探讨。

2.研究方法

本文主要运用历史文献法、教育学、女性学等方法。历史文献法是进行历史研究的基本研究方法，也是最主要的研究方法。它是指通过搜集和分析现存的有关文献资料，从中选取有用信息，并对这些已有的史料进行分析和使用，从而客观全面地把握历史事件。本文把女性作为研究对象，就要运用女性学研究方法从性别角度对女性进行分析，加深对女性的认识和理解。教育是一种社会实践活动，研究汉代女性教育必然要涉及到教育学原理等作为研究方法，所以本文也运用了教育学、女性学的概念来研究汉代女性教育。

（四）创新点

本文的创新点有四。

第一，关于"教育"含义的特定理解。以前我们提到的教育一般是指狭义的教育，即学校教育，认为"学校是受教育的唯一场所"。本文所论述的教育是指广义的教育，即凡是增进人们的知识和技能、影响人们的思想观念的活动，都属于教育的范畴。

第二，"汉代女性教育"中体现的素质教育理念。虽然也有论述汉代女性教育的文章，但是他们的研究主要集中在汉代女性的教育内容上，而对汉代女性教育所体现的教育理念研究较少。

第三，汉代女性对社会的贡献。写汉代女性的文章也不少，但是这些文章的作者只是把目光单纯地集中在几个历史名人身上，没有从总体上把汉代各个阶层的女性对社会的贡献加以深入研究。本文从总体上论述了汉代女性的社会价值和贡献。

第四，汉代女性教育的现实意义。本文从历史的角度，通过分析汉代女性教育的利弊得失，以史为鉴，呼吁人们重视女性教育。希望今后社会给女性提供更多的公平就业和发展的机会，推动女性人力资源的充分开发，提高社会生产力的发展，促进和谐社会的构建。

汉代是中国古代的一个重要朝代，国力强盛，经济繁荣，文化发达，对外交往频繁。汉代的兴旺发达与重视教育有很大关系。纵观中外历史，繁荣昌盛的国家尤其重视教育。汉代统治者重视教育，兴太学、建鸿都门学、各地设立郡国学校，"罢黜百家，独尊儒术"，儒学独尊地位的确立，这都有力地推动了汉代的教育发展。这种从中央到地方重视教育的社会氛围，无疑对汉代女性教育的发展产生了积极的推动作用。汉代虽然大多数女性没有受到正规的学校教育，但这并不代表汉代的女性没有受到教育，她们接受了来自家庭、社会的教育，内容涉及女德、女红等生存技能等方面的教育，提高了自身素质。汉代社会各阶层女性为社会做出了重要贡献，体现了自己的社会价值，从而推动了社会进步和文明的发展。

一、汉代女性教育的发展

（一）汉代女性教育发展的背景

1. 政治背景

秦王朝虽然是中国历史上第一个统一的专制主义的封建王朝，秦始皇建立了一套制度，并进行初步的探索实践。虽然其作用十分明显，但是由于秦的暴政，仅仅存在了十五年，这个王朝就短命而亡。这给人们留下了无限的思索，于是从汉代开始，人们在思考一个强大的王朝迅速崩溃的原因。贾谊在《过秦论》中说秦亡是因为"仁义不施"带来的严重后果。贾谊认为，秦王朝统一中国之时，形势本来是十分有利的，可是秦朝统治者却不善于利用这种形势："近古之无王者久矣。周室卑微，五霸既灭，令不行于天下。是以诸侯力政，强凌弱，众暴寡，兵革不休，士民罢弊。今秦南面而王天下，是上有天子也。即元元之民冀得安其性命，莫不虚心而仰上。当此之时，专威定功，安危之本，在于此矣。秦王怀贪鄙之心，行自奋之智，不信功臣，不亲士民，废王道而立私爱，焚书而酷刑法，先诈力而后仁义，以暴虐为天下始。"①正是基于此因，才导致秦王朝二世而亡。之后的汉代能有效地实行恢复生产、与民休息政策的一个深刻原因，是汉初君臣重视总结历代兴亡的教训。

据《史记》记载："陆生（陆贾）时时前称说《诗》《书》。高帝骂之曰：'乃公居马上而得之，安事《诗》《书》！'陆生曰：'居马上得之，宁可以马上治之乎？且汤、武逆取而以顺守之，文武并用，长久之术也。昔者吴王夫差、智伯极武而亡；秦任刑法不变，卒灭赵氏。乡使秦已并天下，行仁义，法先圣，天下安得而有之？'高帝不怿而有惭色，乃谓陆生曰：'试为我著秦所以失天下，吾所以得之者何，及古成败之国。'陆生乃粗述存亡之征，凡著十二篇。每奏一篇，高帝未尝不称善，左右呼万岁，号其书曰《新语》。"②陆贾指出秦施暴政而致其灭亡，在用暴力手段夺得天下后，汉朝统治者要想使统治基础更加稳固，天下长治久安，就要充分重视"文"的作用，即《诗》《书》等儒家经典对治理国家的重要性，加强文化建设。

陆贾深刻意识到重视文化教育对治理国家，维护统治的重要性。刘邦起初对陆贾提出治国之策并未予以足够的重视，当他意识到此建议的重要性之后，对此十分重视，郑重要求陆贾总结秦亡汉兴及历代兴衰的经验教训。"《新语》十二篇可以说是汉初群臣共同总结历史经验教训的产物。

---

①贾谊. 贾谊集[M]. 上海: 上海人民出版社. 1976:5.

②司马迁. 史记[M]. 北京: 中华书局. 1959:2699.

充分体现出汉初统治集团的指导思想，受到刘邦及其群臣的赞赏。"①

秦始皇以严刑苛法治国，以吏为师，"焚书坑儒"，这是秦朝短命而亡的重要原因。"焚书坑儒"是对中国文化的浩劫，更是对中国教育的沉重打击，窒息了春秋战国以来百家争鸣下十分活跃的学术思想。汉代的统治者吸取秦亡教训，以史为鉴，深刻认识到："君子欲化民成俗，其必由学乎。玉不琢，不成器。人不学，不知道。古之王者，建国君民，教学为先"②的治国之道。从中央到地方，都把教育发展放在优先发展的位置。汉代儒学大师董仲舒认为，君主的主要职责是对臣民实施教化。他认为仁、义、礼、乐这些都是统治国家的工具，古代圣王之所以能长治久安，都是礼乐教化的功效。统治者治理国家的关键在于"王者承天意以从事，故任德教而不任刑……古之王者明于此，是故南面而治天下，莫不以教化为大务"。③董仲舒建议统治者把教育发展放在治国的第一位，他认为重视教育是国家实现政治目的的根本保证。所以董仲舒提出的"罢黜百家，独尊儒术"主张被作为汉代教育发展的指导思想。适应了时代的需要，从此也确立了儒学在学术领域的独尊地位，儒家思想也成为当时国家的统治思想。统治者很重视教育，这种重视教育的良好的社会氛围，对汉代女性教育的发展产生了积极的推动作用。

2. 经济背景

中国历史在战国以后就是男耕女织式的小农经济，以家庭为单位的小农经济是封建经济的基础。"正因为男耕女织是小农经济的基本支柱，所以封建国家维护和扶植小农经济的政策，着眼点往往也是加强和巩固小农耕织的结合。"④秦在商鞅变法时奖励耕织："戮力本业，耕织致粟帛多者复其身。"⑤秦始皇曾在碣石上刻石夸耀统一的秦帝国："男乐其畴，

①白寿彝. 中国通史（四）[M]. 上海: 上海人民出版社. 1995:289.

②郑玄注, 孔颖达疏. 礼记（36）[M]. 北京: 中华书局. 1980:1521.

③班固. 汉书[M]. 北京: 中华书局. 1962:2502-2503.

④林甘泉. 林甘泉文集[M]. 上海: 上海辞书出版社. 2005:228.

⑤司马迁. 史记[M]. 北京: 中华书局. 1959:2230.

女修其业，事各有序。惠被诸产，久并来田，莫不安所。"①但这种稳定的社会秩序并没有维持多久，曾经强大一时的秦帝国就因暴政短命而亡。《汉书》记载："至于始皇，遂并天下，内兴功作，外攘夷狄，收泰半之赋，发闾左之戍，男子力耕不足粮饷，女子纺绩不足衣服。"②而秦的崩溃，正是由于男耕女织的小农经济遭到严重破坏的结果。西汉的一些政论家在谈到秦朝灭亡的原因时，大都要指出这个深刻的历史教训。

汉代统治者吸取秦亡教训，实行休养生息政策，汉代经济较前代有了很大发展。刘邦建立汉朝以后，废除了秦的暴政，使人民得以休息，社会出现了安定的局面。这就为汉朝经济的繁荣创造了客观条件。"人们自己创造自己的历史，但是他们并不是随心所欲地创造，而是直接碰到的、既定的、从过去继承下来的条件下创造。"③西汉鼎盛局面的出现，有其客观的历史基础。高祖以后，惠、文、景各朝，继续执行轻徭薄赋、奖励生产、与民休息的政策，文帝不仅重视农业，而且提倡节俭。他在位期间，宫室苑囿，车骑服御，都无所增益。史载文帝为了节省黄金百斤而罢建露台。他曾说："百金，中民十家之产。吾奉先帝宫室，常恐羞之，何以台为！"④因此出现了"文景之治"盛世局面。至武帝初年，由于连年恢复生产和与民休息的政策，国家已有相当充足的经济实力。据《史记·平准书》载："至今上即位数岁，汉兴七十余年之间，国家无事，非遇水旱之灾，民则人给家足，都鄙廪庾皆满，而府库余财。京师之钱累巨万，贯朽而不可校。太仓之粟陈陈相因，充溢露积于外，至腐败不可食。众庶街巷有马，阡陌之间成群，而乘字牝者傧而不得聚会。守闾阎者食粱肉，为吏者长子孙，居官者以为姓号。"⑤

---

①司马迁. 史记[M]. 北京: 中华书局. 1959:252.

②班固. 汉书[M]. 北京: 中华书局. 1962:1126.

③马克思. 路易·波拿马的雾月十八日. 马克思恩格斯选集（第一卷）［M］. 北京: 人民出版社. 1972:603.

④司马迁. 史记[M]. 北京: 中华书局. 1959:433.

⑤司马迁. 《史记·平准书》[M]. 北京: 中华书局，1959年版，第1420页.

东汉政权虽然是在豪强地主的支持下建立起来的，但是东汉统治者为了维护其统治，在光武、明、章三朝都相继实行了释放奴婢、招抚流亡、减轻赋役、奖励生产等一系列恢复社会生产的措施，因此，百姓生活得到显著改善。据《后汉书·明帝纪》永平十二年（公元69年）记载："是岁天下安平，人无徭役，岁比登稔，百姓殷富，粟斛三十，牛羊被野。"[①]农业是经济的基础，由于农业的发展，汉代手工业、商业都比较繁荣。男耕女织式的小农经济自给性生产，具体表现为农业和家庭手工业的结合。众所周知，女性是家庭手工业的主要劳力。农业的发展为手工业提供了原料和市场。"我国封建社会的统治者虽然一再倡导以农为本、工商为末，主张重农桑而抑工商，而手工业和商业却始终存在着和发展着、甚至构成了封建经济的必要组成部分。"[②]而手工业和商业的发展则为汉代女性走出家门接触外界社会提供了机会，同时也为女性接受社会教育创造了客观历史条件。

3. 文化背景

自古以来，强盛朝代的统治者一般都能深刻认识到"教育兴国"的深刻道理。汉朝的君主们更是如此。宋代开国宰相赵普的"半部《论语》治天下"的经典言论，不但精确地概括了儒家经典对治理国家的重要性，而且也说明发展文化教育对维护国家政治格局稳定的深远影响。儒家学说自春秋时期孔子创立以来，经过战国时期的不断发展和完善，逐渐成为诸多学派中颇有影响力的学派。尽管如此，也一直没有取得官方的统治地位，直到汉武帝建元五年（公元前136年），在董仲舒等儒生的积极倡议下，才正式确立了儒家学说的统治地位："景武之世，董仲舒治《公羊春秋》，始推阴阳，为儒者宗。"[③]在这之前，道家的黄老学说在国家的意识形态领域占统治地位。儒家学说之所以能成为汉代统治思想，除了儒家学说自身的适应维护统治的需要外，当然也与汉武帝本人欣赏儒学有很大

---

①范晔. 后汉书[M]. 北京: 中华书局. 1965:115.

②白寿彝. 中国通史（4）[M]. 上海: 上海人民出版社. 1995:554.

③班固. 汉书·五行志[M]. 北京: 中华书局. 1962:1317.

关系。"元年，汉兴已六十余岁矣，天下乂安，荐绅之属皆望天子封禅改正度也。而上乡儒术，招贤良，赵绾、王臧等以文学为公卿，欲议古立明堂城南，以朝诸侯。"①而赵绾、王臧等人都属于儒生。

除此之外，汉代的统治者还把"社会教化"作为治国方略，予以高度重视。这里的教化当然不仅仅指学校教育，而且还指能提升人的综合素质的各种教育方式。它包括社会和日常生活中的各种道德品质和个人修养的教化，引导人们形成良好的社会风尚。据《汉书》记载："武帝即位，举贤良文学之士前后百数，而仲舒以贤良对策焉。"②在汉武帝即位以后，励精图治，求贤若渴。举贤良文学之士前后数百次，董仲舒以"贤良对策"（即"天人三策"）脱颖而出。董仲舒积极向汉武帝建言献策，他从"天人相与"出发，论证"大一统"是"天地之常经，古今之通谊"；提出"罢黜百家，独尊儒术"。他还详细地论述了社会教化在维护统治秩序、社会稳定等方面的重要作用。从《汉书》的记载中可见一斑："今陛下贵为天子，富有四海，居得致之位，操可致之势，又有能致之资，行高而恩厚，知明而意美，爱民而好士，可谓谊主矣。然而天地未应而美详莫至者，何也？凡以教化不立而万民不正也。夫万民之从利也，如水之走下，不以教化堤防之，不能止也。是故教化立而奸邪皆止者，其堤防完也；教化废而奸邪并出，刑罚不能胜者，其堤防坏也。"③董仲舒认为"社会教化"是国家长治久安、社会稳定的根本。因此，汉代教育的推广和普及，董仲舒功不可没。

汉代统治者为了充分发挥社会教化维护统治的重要作用，甚至曾多次颁布诏令来保证社会教化的有效实施。汉初皇帝都曾重视教化，汉二年（公元前205年）春，刘邦在关中则举"有修行、能帅众为善者"为乡三老，又置县三老，"与县令、丞、尉以事相交。"④汉文帝十二年（公

①司马迁. 史记[M]. 北京: 中华书局. 1959:452.

②班固. 汉书[M]. 北京: 中华书局. 1962:2495.

③班固. 汉书[M]. 北京: 中华书局. 1962:2503.

④班固. 汉书[M]. 北京: 中华书局. 1962:33–34.

元前168年），下诏嘉奖孝悌、力田、三老、廉吏，派遣谒者赐帛慰问：
"其遣谒者劳赐三老、孝者帛人五匹，悌者、力田二匹，廉吏二百石以上
率百石者三匹。及问民所不便安，而以户口率置三老孝悌力田常员，令各
率其意以道民焉。"①可以看出，这些诏令的内容都是为了维护封建政治
和伦理统治的需要，君主对臣民施加的教育和引导。由此可见，我们中国
尊老爱幼、重农重教、反腐倡廉的优良历史传统由来已久，历来为统治者
所重视。这些诏令的颁布不仅有利于社会文明风尚的形成，而且更有利于
形成重视教育、崇尚文化的良好社会氛围。

　　董仲舒建议汉武帝设立学校："……古之王者明于此，是故南面而
治天下，莫不以教化为大务。立太学以教于国，设庠序以化于邑。"②为
了广纳天下贤士，董仲舒还强烈建议汉武帝设立太学："故养士之大者，
莫大乎太学，太学者，贤士之所关也，教化之本原也。"③汉代从中央到
地方广泛兴建学校。中央官学有太学、宫邸学和鸿都门学；地方官学则主
要是各郡国学校。虽然汉代官学很多，但是入学名额有严格限制，所以就
给私学的兴起创造了条件。这正如陈东原先生所言："但太学设于京师，
远道生徒，不易尽往就业。且其名额，往往亦有限制，非从可得而入。故
全国私家教学之众，或更较太学学生为夥。西汉大儒，如伏生、如申公、
叔孙通、公孙弘、董仲舒、夏侯授、薛广、韦贤、疏广、丁宽、施仇、孟
喜、梁邱贺……等，莫不教授生徒……，后经官学的提倡，教授经学为政
府所许可，又有利禄之奖劝，使读书上进之人增多，私家教学成绩乃更为
之增进。……而东汉乃更盛。私人的学生有多至万六千人者。"④到了东
汉，私学相当昌盛，甚至出现了"四海之内，学校如林，庠序盈门"⑤的
局面。这无疑也为汉代女性教育的发展创造了良好的社会氛围。

---

①班固. 汉书[M]. 北京: 中华书局. 1962:124.

②班固. 汉书[M]. 北京: 中华书局. 1962:2503.

③班固. 汉书[M]. 北京: 中华书局. 1962:2512.

④陈东原. 中国教育史[M]. 上海: 商务印书馆. 1936:68-69.

⑤范晔. 后汉书[M]. 北京: 中华书局. 1965:1368.

（二）汉代女性教育发展的表现

1. 儒家经典中涉及的女性教育

汉代虽然没有明确提出女性教育思想，但有关女性教育的事实已经存在了。在专门针对女性教育的论著产生之前，关于女性教育的思想主要出现在一些儒生的个人著作中。当然这些思想大都来源于儒家学说。这正如清末翰林院庶吉士吴庆坻所言："自两汉以至前明，虽无明立女学之文，然六籍古训颁在学官，肄于士夫，留心内德之贤莫不取以教家。"①这句话足以证明，当时的女性教育思想主要来源于"六籍古训"。其实早在先秦时期，儒家的经籍中就有一些关于女性教育的思想。如《周礼·天官·冢宰下》："九嫔掌妇学之法，以教九御妇德、妇言、妇容、妇功。"这里提出女性教育内容的"四德"。《仪礼·丧服·子夏传》中对妇女提出"三从"的要求："妇有三从之义，无专用之道。故未嫁从父，既嫁从夫，夫死从子。"在《诗经·大雅·瞻卬》中明确反对妇女参与公共生活与政治："妇无公事，休其蚕织"，②等等。这些足以说明中国早在封建社会初期，封建统治者就开始明确提出女性教育思想，并且已付诸实施了。

但是这些儒家典籍中涉及的女性教育思想，"男尊女卑"思想一直贯穿始终。例如，《周易·家人》中记载："女正位乎内，男正位乎外。"③《周易·系辞上》曰："天尊地卑，乾坤定矣；卑高以陈，贵贱位矣；动静有常，刚柔断矣。方以类聚，物以群分，吉凶生矣。在天成象，在地成形，变化见矣。是故，刚柔相摩，八卦相荡，鼓之以雷霆，润之以风雨，日月运行，一寒一暑。乾道成男，坤道成女。"④而这些都是"男尊女卑"思想的理论来源。儒家思想作为中国封建社会中占统治地位的思想意识形态，在伦理上尤为强调男女的地位尊卑与分工。儒家经典明

---

①曹大为. 中国古代女子教育[M]. 北京:北京师范大学出版社. 1996:267.

②程俊英、蒋见元. 诗经注析[M]. 北京:中华书局. 1991:924.

③金景芳，吕绍纲. 周易全解[M]. 长春:吉林大学出版社. 1989:268.

④南怀瑾，徐芹庭译注. 周易今注今译[M]. 天津:天津古籍出版社. 1987:366–367.

确提出不允许女性参与国家事务、干预国家政权。如《尚书·牧誓》云："牝鸡无晨,牝鸡之晨,唯家之索。"①大意是:雌鸡代替雄鸡打鸣就会家财散尽,女性夺了夫权就会导致国家衰亡。

在儒家经典的女性教育思想中,除了"男尊女卑"思想占主导地位外,还把培养女性成为"贤妻良母"式的家庭主妇作为重要目标,而且从出生就开始训练。在《诗经·小雅·斯干》中记载:"乃生男子,载寝之床,载衣之裳,载弄之璋。其泣喤喤,朱芾斯皇,室家君王。乃生女子,载寝之地。载衣之裼,载弄之瓦。无非无仪,唯酒食是议,无父母诒罹。"②这句话的大意是,如果生下男孩要让他睡在床上,穿着衣裳,给他玉璋玩弄。听他那响亮的哭声,将来一定有出息,地位尊贵。起码是诸侯,说不定还能穿上天子的衣服呢。如果生下女孩,就让她躺在地上,裹着褓褓,玩着陶纺轮。这女孩长大后是一个干家务的好能手,既不让父母生气,又善事夫家,被人赞许为从不惹是非的贤妻良母。由此可见,培养贤妻良母是当时女性教育的重要目标。

随着中国封建社会经济的发展,特别自汉代推行"罢黜百家,独尊儒术"的文化政策以来,统治者为了加强和维护封建统治秩序,就日益重视和强化倡导儒家礼教及其对女子教育的作用,不仅要求妇女知晓诗书与坚守"妇礼",而且还能"齐家"。这样的培养目标当然更有助于封建王朝的治国安邦及其统治秩序的维持。在这种形势下,适应时代的需求,女子教育专著便应运而生了。

2. 女性教育专著的产生

在班昭的《女诫》产生之前,虽然刘向的《列女传》已产生,但这部著作是分类记录有关各类女性的事迹,《列女传》只能说是中国第一部女性传记的汇编,是最早的一部女性史学著作,严格意义上不能算是专门针对女性的教育专著。刘向著《列女传》之时,正值西汉王朝由盛而衰的

---

①孙星衍. 尚书今古文注疏[M]. 北京: 中华书局. 1986:286.

②程俊英,蒋见元. 诗经注析(下)[M]. 北京: 中华书局. 1991:547-548.

关键期，他著此书的初衷是为了维护刘氏统治，出于政治危机意识，不是为女性编写教科书。刘向成《列女传》一书的目的，《汉书》中有明确记载："向睹俗弥奢淫，而赵、卫之属起微贱，踰礼制。向认为王教由内及外，自近者始。故采取《诗》、《书》所载贤妃贞妇，兴国显家可法则，及孽嬖乱亡者，序次为列女传，凡八篇，以戒天子。"①《列女传》中塑造的女性形象分为以下几类：在母亲形象中，分为国母、慈母、智母、继母、义母等五个不同的形象；在妻子形象中，分为贤明、贞顺、节义三类不同的妻子形象；在女儿形象中，分为贞女、孝女、智女三类不同的形象；在恶女形象群中，分为恶母、恶妻两类不同的女性形象。前三类形象是刘向树立的正面女性形象，体现了儒家传统的女性道德观，最后一类是女性的反面形象。刘向的《列女传》中的女性人物和事例取材于历史典籍，结合现实生活中的典型素材创作而成，他充分肯定了广大女性在家庭及社会发展进步中的促进作用，高度赞扬知书达理、仁爱贤德的女性。让人们对当时女性的社会价值有了新的深刻的认识，对后来女性问题的研究也产生了广泛而深远的影响。他开创了重视研究女性社会价值问题的先河。

班昭的《女诫》被公认为是中国最早的一本女教专著。《女诫》，最初是对未嫁女儿的家教指南，是班昭为自己的女儿所写："男能自谋矣，我不复以为忧也。吾诸女方当适人，而不渐训诲，不闻妇礼，惧失容它门，取耻宗族。吾今疾在沈滞，性命无常，念汝曹如此，每用惆怅。间作《女诫》七章，愿诸女各写一通，庶有补益，裨助汝身。去矣，其勖勉之！"②班昭的《女诫》全书七篇：卑弱第一、夫妇第二、敬慎第三、妇行第四、专心第五、曲从第六、和叔妹第七。在《女诫·卑弱第一》中这样写道："古者生女三日，卧之床下，弄之砖瓦，而斋告焉。卧之床下，明其卑弱，主下人也，弄之砖瓦，明其习劳，主执勤也。"③虽然这段文

---

① 班固. 汉书[M]. 北京: 中华书局. 1962:1957–1958.

② 范晔. 后汉书[M]. 北京: 中华书局. 1965:2786.

③ 范晔. 后汉书[M]. 北京: 中华书局. 1965:2787.

字中封建男尊女卑的思想比较浓重，但"卑弱"可以理解为女子的温柔贤惠，"弄之砖瓦，明其习劳，主执勤也"则说明班昭对女子勤俭持家、治家、理家的重视和推崇，这也是我们现代意义的家庭观。《女诫·夫妇第二》曰："夫妇之道，参配阴阳，通达神明，信天地之弘义，人伦之大节也。是以《礼》贵男女之际，《诗》著《关雎》之义。由斯言之，不可不重也。夫不贤，则无以御妇；妇不贤，则无以事夫。"①班昭对夫妇之礼的认识已上升到了一个理论高度，她认为夫妇之礼是人伦关系的基本准则：要重视夫妻之间的道义，丈夫要贤明，妻子要贤惠，这样夫妻才能和睦相处。《女诫·妇行第四》中曰："女有四行，一曰妇德，二曰妇言，三曰妇容，四曰妇功。"班昭所提出的女性"四德"标准的家庭礼仪规范，强调女性应该加强自身修养，提高道德品质，建议女性有意识地通过自己的高雅的言谈举止来赢得人们的认可和好评。

在几千年的封建社会中，《女诫》全面系统地规范了女性的妇德修养，成为指导女性行为规范的教科用书，深刻影响了女性两千年来的生活和地位。书中的要求符合封建社会的"修身齐家"的人生价值观，一方面，在客观上对中国女性养成良好的道德品质、高洁的内在修养和气质的培养起了积极的推动作用。另一方面，在某种程度上也禁锢了女性的思想和自由。

3. 有影响力的杰出女性的产生

（1）参政的女性。在男尊女卑的封建社会里，虽然女性的地位低下，但女性在一定条件下可以拥有最高的权力，甚至影响历史的进程。两汉时期，由于经济的发展，思想的进步，当时政府的宽容度，在一定程度上，这为女性参政和表达政治观点提供了客观的社会条件。提到女性参政，首先我们说一下汉代的皇后参政。汉代是中国历史上太后临朝参政最多的朝代之一，因为"汉家旧典，崇贵母氏"②，自刘邦建立汉朝至献帝

---

①范晔. 后汉书[M]. 北京: 中华书局. 1965:2788.

②范晔. 后汉书[M]. 北京: 中华书局. 1965:1172.

止，其中先后有八位皇后摄政，她们分别是汉高祖吕后、孝元王皇后、章德窦皇后、和熹邓皇后、安思阎皇后、顺烈梁皇后、桓思窦皇后和临思何皇后。在汉朝诸多摄政太后中，最有影响力的当属吕后和邓后。《史记·吕太后本纪》是史记本纪的第九篇，是《史记》中唯一一篇单独为女性作的传记，这一点就足以说明吕后在历史上的影响力。

吕太后，即吕雉（前241~前180），字娥姁，汉高祖刘邦结发之妻，刘邦去世后，吕后统治西汉政权15年，是中国历史上第一位女性政治家。公元前202年，刘邦称帝，封吕雉为皇后，吕后是刘邦平定天下的得力助手："吕后为人刚毅，佐高祖定天下，所诛大臣多吕后力。"①吕后在刘邦剪除异姓诸王中立下了汗马功劳。例如，她曾建议刘邦铲除梁王彭越："彭越壮士也，今徙之蜀，此自遗患，不如遂诛之。"②刘邦去世后，惠帝立，吕后掌权，惠帝死后，她先后选立刘恭、刘弘为帝，自己掌握实权，又大封吕氏家族，"号令一出太后"③。吕后在位期间，有时为了达到其政治目的，手段极其残忍毒辣，她为了报复曾被刘邦宠爱的戚夫人，将其制成"人彘"，并让惠帝观看，惠帝从此被吓得再也不理朝政了。据《史记》载："……孝惠以此日饮为淫乐，不听政，故有病也。"④但观其一生，作为女性，在"男尊女卑"占主导地位的封建社会，吕后精明强干，她的出色政治才华是值得肯定的。班固在《汉书》中对吕后在位时的政绩和政治才华予以了充分肯定："赞曰：'孝惠、高后之时，海内得离战国之苦，君臣俱欲无为，故惠帝拱己，高后女主制政，不出房闼，而天下晏然，刑罚罕用，民务稼穑，衣食滋殖。'"⑤

邓太后（81年—121），名绥，南阳新野人。她生于书香门第、家教严格的官僚家庭，自幼受到良好的文化熏陶。据《后汉书·皇后纪》记

①司马迁. 史记[M]. 北京: 中华书局. 1959:396.

②班固. 汉书[M]. 北京: 中华书局. 1962:1881.

③司马迁. 史记[M]. 北京: 中华书局. 1959:399.

④司马迁. 史记[M]. 北京: 中华书局. 1959:397.

⑤班固. 汉书[M]. 北京: 中华书局. 1962:104.

载："和熹邓皇后讳绥，太傅禹之孙也。父训，护羌校尉，母阴氏，光烈皇后从弟女也。……六岁能史书，十二通《诗》、《论语》。诸兄每读经传，辄下意难问。志在典籍，不问家居之事。"可见，邓太后从小就勤学好问。和帝永元七年（95），十五岁的邓绥被选入宫，永元十四年她被册封为皇后。元兴元年（105），和帝去世后，继任皇帝都比较幼小，这样邓太后就以太后身份摄政，执掌朝政达十五年。和熹邓太后执政十五载，她深知"为政之本，莫若得人，褒贤显善，圣制所先"，[①]曾数次诏令中央到地方层层举荐人才，求贤若渴，不拘一格，唯才是举。"擢参于徒中"[②]就是一个典型的例子。

邓太后不仅爱惜人才，而且倡导勤俭建国。在她执政期间，"提倡节俭，率先垂范"，坚决制止官员公款吃喝消费。据《后汉书·皇后纪》记载："是时，方国贡献，竞求珍丽之物，自后即位，悉令禁绝，岁时但供纸墨而已。"[③]这项举措也意在倡导重视读书学习的良好社会风气。不仅如此，邓太后还"减大官、导官、尚方、内者服御珍膳靡丽难成之物，……朝夕一肉饭而已。旧太官汤官经用岁且二万万，太后敕止，日杀省珍费，自是裁数千万。"一年就节省了数千万的经费开支。由于邓太后重视文化教育、知人善任，才使在"水旱十载，四夷外侵，盗贼内起"的艰难情况下，"天下复平，岁还丰穰。"[④]邓太后在位期间政绩显赫，她良好的个人修养、素质及较强的责任意识，使得她成为中国古代历史上少有的德才兼备的政坛女杰。

（2）和亲的女性。早在春秋战国时期，为了政治目的，就有小国互相联姻，这样的例子不胜枚举。例如，晋献公为了国家利益，民族关系，就曾先后娶北狄姐妹、骊姬姐妹四个戎狄之女，"大戎狐姬生重耳，小戎

①范晔. 后汉书[M]. 北京: 中华书局. 1965:217.

②范晔. 后汉书[M]. 北京: 中华书局. 1965:1687.

③范晔. 后汉书[M]. 北京: 中华书局. 1965:421.

④范晔. 后汉书[M]. 北京: 中华书局. 1965:425.

子生夷吾……骊姬……生奚齐，其娣生卓子。"① "和亲"虽然不是汉代就特有的历史现象，但汉代和亲的女性则在历史上占有举足轻重的地位。以《史记》《汉书》《后汉书》《三国志》几部正史为依据统计，汉代和亲的女性共34位。②其中最具代表性的人物就是解忧公主和王昭君。

解忧公主，是西汉楚王刘戊的外孙女，武帝太初年间出塞，远嫁乌孙。解忧公主在乌孙生活了50多年，并生有四男二女。在她的斡旋影响下，汉朝与乌孙结成军事同盟，共同打击匈奴。汉朝最后击败匈奴，在西域取得决定性胜利，这其中解忧公主功不可没。在昭帝时，匈奴与车师为一，共侵乌孙。公主上书报告了这一情况，据《汉书·西域传下》记载："公主上书，言'匈奴发骑田车师，车师与匈奴为一，共侵乌孙，唯天子幸救之！'"③由于她报告军情及时，汉朝起用重兵援助乌孙，使得"断匈奴右臂"的目标得以顺利实现。解忧公主为加强乌孙与汉朝的联系，她曾派长女弟史到长安学习鼓琴，遣子入侍，学习文化。由此可见，解忧公主不仅在打败匈奴的决策中起了关键作用，而且在加强汉朝与乌孙的经济文化交流方面，也做出了卓越贡献。解忧公主是汉朝与西域诸国联系的重要纽带。

王昭君也是一位汉朝颇有影响力的和亲女性。王昭君，字嫱，西汉南郡（今湖北兴山县）人。元帝时，她以良家女入选后宫。昭君入宫数年，未得进见。当时，西汉与南匈奴的关系重新修好，南匈奴呼韩邪单于来朝请求和亲。昭君得知后，特请求行。据《后汉书·南匈奴列传》记载："昭君字嫱，南郡人也。初，元帝时，以良家子入选掖庭。时呼韩邪来朝，帝勅以宫女五人赐之。昭君入宫数岁，不得见御，积悲怨，乃请掖庭令求行。"④虽然史料记载昭君主动求行的原因是："入宫数岁，不得见御，积悲怨，乃请掖庭令求行。"不管昭君当初主动要求入匈奴的原因是

---

①杨伯峻. 春秋左传注[M]. 北京: 中华书局. 1990:139.

②贾丽英. 论汉代和蕃女性[J]. 鞍山师范学院学报. 2005(01): 8–13.

③班固. 汉书[M]. 北京: 中华书局. 1962:3905.

④范晔. 后汉书[M]. 北京: 中华书局. 1965:2941.

否真实，由此也可以表明其过人的胆识与魄力，而且"昭君出塞"这个举动的确改变了她自己的命运，也改善了汉朝和匈奴的关系，从而推动了历史的进程。

王昭君到达匈奴后，与呼韩邪单于生有一子，这期间国境安宁无事，所以被呼韩邪赐予"宁胡阏氏"的称号。呼韩邪死后，其前阏氏子代立，想娶昭君为妻，"昭君上书求归，成帝劝令从胡俗，"①她从命为后单于阏氏。王昭君为了国家和民族利益，放弃了个人幸福的追求，具有较强的历史责任感和使命感，为维护民族间的团结和睦做出了贡献，是民族友好关系的使者。

（3）才女。汉代由于经济的发展，统治者对教育的重视，社会崇尚尊重有才华的女性，这也为"才女"的涌现提供了客观的社会条件。"汉世女子如班婕妤、班昭、徐淑、蔡琰等皆善属文，同时戚姬与稍后之乌孙公主，亦皆有歌传世，斯固汉代女子之多才。"②这里只介绍有代表性的两位才女。班昭（约49—约120），东汉扶风安陵（今陕西咸阳市）人。班昭是东汉时著名的女史学家、文学家、教育家。东汉史学家班彪之女，曾继其兄班固续写《汉书》。在汉和帝时任宫廷女教师，因嫁曹世叔，被称为曹大家。据《后汉书·列女传》记载："扶风曹世叔妻者，同郡班彪之女也，名昭，字惠班，一名姬。博学高才。世叔早卒，有节行法度。兄固著《汉书》，其八表及《天文志》未及竟而卒，和帝诏昭就东观藏书阁踵而成之。帝数招入宫，令皇后诸贵人师事焉，号曰大家。"和帝永元四年(公元92年)，因家学渊源被诏东观藏书阁叙补《汉书》。班昭因为才华出众，曾多次被皇帝召入宫中，让她为皇后和其他贵人讲授经史知识，她在后宫被尊为老师，颇有地位。"及邓太后临朝，与闻政事。"③从此声名显赫于当世。班昭因其"博学高才"，与蔡文姬、李清照、柳如是并称为中国古代四大才女。"昭年七十余卒，皇太后素服举哀，使者监护丧

---

①范晔. 后汉书[M]. 北京: 中华书局. 1965:2941.

②萧涤非. 汉魏六朝乐府文学史[M]. 北京: 人民文学出版社. 1984:34.

③范晔. 后汉书[M]. 北京: 中华书局. 1965:2785.

事。所著赋、颂、铭、诔、问、注、哀辞、书、论、上疏、遗令，凡十六篇。"①《后汉书》中所记载的班昭的这些文学作品基本已经散佚，仅在《昭明文选》中，收录了班昭的《东征赋》。除此之外，班昭之所以能够名垂后世，不仅仅因为续写《汉书》，更重要的是她写了中国古代第一部女子教育的专著——《女诫》，对古代的女子教育产生了深远的影响。

蔡琰（162—221），即蔡文姬，东汉蔡邕之女，聪颖敏慧，博学多才。据《后汉书·列女传》记载："陈留董祀妻者，同郡蔡邕之女也，名琰，字文姬。博学而才辩，又妙于音律。"公元185年，16岁的蔡文姬嫁给了同郡河东卫中道，"夫亡无子，归宁于家"。公元195年，26岁逢丧乱，流落到南匈奴，嫁左贤王，生有二子。12年后归汉，即公元207年。再嫁董祀为妻。后来，她创作《胡笳十八拍》，表达了自己人生的曲折经历和悲惨遭遇。琴曲中有《大胡笳》《小胡笳》《胡笳十八拍》等版本。曲调虽然风格迥异，但都反映了蔡文姬思乡而又不忍骨肉分离的复杂、矛盾的心情。

除此之外，蔡文姬对我国古典文献的整理和保存做出了卓越的贡献。她博闻强记，凭记忆书写其父留下的四百余篇典籍。据《后汉书·列女传》记载："操因问之曰：'闻夫人家先多坟籍，犹能忆识之不？'文姬曰：'昔亡父赐书四千许卷，流离涂炭，罔有存者。今所诵忆，裁四百余篇耳。'操曰：'今当使十吏就夫人写之。'文姬曰：'妾闻男女之别，礼不亲授，乞给纸笔，真草唯命。'于是缮书送之，文无遗误。"这绝非一般人能做到的，这段文字也说明蔡文姬不仅文学造诣深、"妙于音律"，而且还擅长书法，可谓多才多艺。《后汉书》收录她创作的《悲愤诗》二章，其中五言诗、骚体诗各一首，还有著名的《胡笳十八拍》。这三篇作品，情真意切，情景交融，经历了历史的检验流传至今，显示了其较强的文化魅力。可见，蔡文姬之卓越才华，中国历史上的女性，几乎无人能与其相媲美。

---

①范晔. 后汉书[M]. 北京: 中华书局. 1965:2792.

二、汉代女性教育模式、内容、教育理念

（一）汉代女性教育模式

1.宫廷教育

在中国古代封建社会，虽然大部分妇女被剥夺了接受正规学校教育的权利，但是在皇宫中的女性，诸如皇后、公主、妃子等，出于皇帝宠爱和提高自身在宫廷中的竞争力的需要，都积极主动地接受着特权式的宫廷文化教育。对这些女性来说，具备一定的文化知识，不但能体现"母仪天下"的尊荣显贵，而且是参与管理后宫体系运作的条件和资本。汉代才女班昭在和帝时就担任宫廷女教师。她为提高后宫女性的整体素质做出了重要贡献，意义非凡。汉代宫廷中还有专门教女性读书的女官，称学事史。据《汉书·外戚传》记载："……前属中宫，为学事史。通《诗》，授皇后。"另外，汉代的很多皇后都出生于书香门第，有着良好的教育背景，所以她们都比较重视教育事业，入宫后大力推行教育，并亲力亲为。例如明德马皇后"常与帝旦夕言道政事，及教授诸小王，论议经书，述叙平生，雍和终日。"[1]和熹邓太后对文化教育尤为重视，据《后汉书·皇后纪上》记载："太后自入宫掖，从曹大家受经书，兼天文、算数。书省王政，夜则诵读，而患其谬误，惧乖典章，乃博选诸儒刘珍等及博士、议郎、四府掾史五十余人，诣东观雠校传记。事毕奏御，赐葛布各有差。又诏中官近臣于东观受读经传，以教授宫人，左右习诵，朝夕济济。"不仅如此，在元初六年，邓太后还专门设立了男女同校的贵族学校，也可以说是为开展宫廷教育而设立的专门教育机构。据《后汉书·皇后纪上》记载："六年，太后诏征和帝弟济北、河间王子男女年五岁以上四十余人，又邓氏近亲子孙三十余人，并为开邸第，教学经书，躬自监试。"邓太后开的这个"邸第"，可以说是历史上有史料明确记载的最早的男女同校的贵族子弟学校。

---

①范晔. 后汉书[M]. 北京: 中华书局. 1965:413.

2. 家庭教育

家庭教育自古就有，早在《诗经》中就有家庭教育的记载，《诗经·小雅·小宛》："教诲尔子，式穀似之。"[①]孟母三迁的故事更是妇孺皆知的家庭教育的成功典范。汉代由于当时"男尊女卑"的观念仍占主导地位，女性学习文化获得知识的途径基本上是通过家庭教育的方式。而汉代造纸术的改进为书籍的传抄、收藏和流通提供了便利条件。家庭教育主要是指家庭中父母对子女的教育，本文主要指家长对女儿的教育。汉代很多皇后出生于书香门第，从小就接受了良好的家庭教育，读书识字，精通儒家经典，具有良好的文化修养和素质。例如孝成许皇后"聪慧，善史书"，据《汉书·外戚传》记载："孝成许皇后，大司马车骑将军平恩侯嘉女也。……后聪慧，善史书。"明德马皇后"能诵易，好读《春秋》《楚辞》，尤善《周官》《董仲舒书》。"[②]和熹邓皇后"六岁能史书，十二通《诗》《论语》。诸兄每读经传，辄下意难问。志在典籍，不问家居之事。母常非之曰：'汝不习女工以供衣服，乃更务学，宁当举博士邪？'后重违母言，昼修妇业，暮诵经典，家人号曰'诸生'。父训异之，事无大小，辄与详议。"[③]从这段史料记载中可以看出，邓太后出身书香门第，家里也有藏书能满足其求知的需要，家庭学习氛围浓，而且父亲重视对她的培养和教育，母亲是注重对她女红技能的训练，她自己聪明伶俐，勤学好问。家人称她为"诸生"（指太学生或博士弟子）。邓太后后来之所以能成为"德才兼备"的汉代名后，与其良好的家庭教育密不可分。

再如顺烈梁皇后，"少善女工，好史书，九岁能诵《论语》，治《韩诗》，大义略举。"[④]东汉才女班昭和蔡文姬，班昭"博学高才"，和帝时担任宫廷女教师，其父班彪是汉代著名的史学家和儒学大师。蔡文姬是

---

①程俊英，蒋见元. 诗经注析[M]. 北京: 中华书局. 1991:596.

②范晔. 后汉书[M]. 北京: 中华书局. 1965:409.

③范晔. 后汉书[M]. 北京: 中华书局. 1965:418.

④范晔. 后汉书[M]. 北京: 中华书局. 1965:438.

汉代大学者蔡邕之女，不仅博学多才，而且擅长音律，她的成才无疑得益于良好的家庭教育。东汉经学大师马融的次女马伦"少有才辩，知书达礼""有名于世"，幼女马芝"亦有才艺"，曾作《申情赋》。汉代经学家伏生的女儿精通儒学。如汉景帝时下诏令晁错从伏生受《尚书》，"伏生老，不能正言，言不可晓也，使其女传言教错。"①这些优秀的汉代知识女性显然是良好家庭教育的成功范例。上层贵族女性由于家庭条件好能接受良好的教育，下层百姓家庭的女性由于家庭条件所限，她们的家庭教育一般侧重于生存技能训练，如《乐府诗集·焦仲卿妻》记载汉末焦仲卿妻刘兰芝："十三能织素，十四学裁衣，十五弹箜篌，十六诵诗书。"②刘兰芝先学的是纺织、裁衣，然后才学音乐、诗书，说明下层百姓把对孩子的生存技能训练放在首位。还有长期以来形成的社会风俗，政府对"贞妇顺女"的表彰所传达的价值取向，都要通过家庭为中介来对女性教育产生影响。总的来说，汉代的家庭教育是女性教育的主要模式。

3.社会教育

社会教育的基本涵义有广义和狭义之分。广义的社会教育，是指旨在有意识地培养人、有益于人的身心发展的各种社会活动；狭义的社会教育，是指学校和家庭以外的社会文化机构以及有关的社会团体或组织，对社会成员所进行的教育。事实上，教育史上最早的教育职能就是通过社会教育来实现的。在原始社会，家庭尚未形成之前，年轻一代的教育是在全氏族成员的共同劳动中，在日常社会生活中，由氏族公社的成员通过互相的言传身教，或由有经验的年长者向年轻一代传授一些简单的生产和生活的经验的方式进行的。相传有巢氏教民穴处巢居，燧人氏教民钻木取火，伏羲氏教民渔猎，神农氏教民稼穑。这可以看作是中国原始的社会教育。约在战国时代的《周礼·地官》记载有"聚民读法"的规定，由大司徒、州长、党正等官员于每年正月、七月、十一月的初一日，集合所辖人民，

---

①班固. 汉书[M]. 北京: 中华书局. 1962:3603.

②郭茂倩. 乐府诗集（3）[M]. 北京: 中华书局. 1979:1034.

诵读邦法，进行政治教育；在春秋社祭日，行饮酒乡射之礼，尊敬长老，表彰有德，以进行道德教育；还以所谓"乡三物"，即："知、仁、圣、义、中、和"六德，"孝、友、睦、姻、任、恤"六行，"礼、乐、射、御、书、数"六艺教育人民。其实古代很多文化最初是来自于民间，人们之间的口耳相传，例如，长期以来被奉为儒家正统教育的经典教材《诗经》，其中有很多篇目就采自于民间歌谣。《诗经》以其口耳相传、易于记诵的特点，在汉代流传甚广，这种来自于民间的乡土教材其发展过程本身对人们起到了社会教育的作用。其实接受教育的方式很多，不是只有在学校才能接受到教育，汉代的平民女性就通过家人传授学习知识，据《汉书·循吏传》记载："文翁，庐江舒人也。少好学，通春秋，以郡县吏察举。……又修起学官于成都市中，招下县子弟以为学官弟子，为除更徭，高者以补郡县吏，次为孝弟力田。常选学官僮子，使在便受事。每出行县，益从学官诸生明经饬行者与俱，使传教令，出入闺阁。"文翁在地方办学，招收下县子弟读书，这些子弟将所学知识又传授给家中女性。文翁办的学官可以说是私人办的社会教育机构。另外，汉代统治者比较重视教育，经常通过发布诏令、兴学选士、行为世范、优待三老及鼓励发展私学等措施来加强社会教化。这也在客观上间接地对汉代女性起到了社会教育的效果。

（二）汉代女性教育的内容

中国古代提倡"男尊女卑""三从四德"，把"主内"作为女性的角色定位，把"相夫教子"作为女性的天职。尽管如此，随着经济的发展，社会的进步，统治者对人才的渴求和教育的重视，汉代女性接受教育的内容丰富多样。

1. 女德教育

古代女性道德教育的内容一般是围绕能够侍奉父母公婆，顺从丈夫，治家教子的贤妻良母这一培养目标进行的。具体包括妇德、妇言、妇容、妇功。其中"妇德"居首位。如《周礼·天官·冢宰下》："九嫔掌妇学之法，以教九御妇德、妇言、妇容、妇功。"①汉代更是如此。西汉思想家贾谊就把女德看作是儒家礼教的最高标准："君仁臣忠，父慈子孝，兄爱弟敬，夫和妻柔，姑慈妇德，礼之至也。"②由此可见，贾谊对女性道德教育的重视。西汉刘向也比较重视女德教育。他所著的《列女传》一书中记载的各类女性其实就是以女性道德品质为标准来归类的，如《母仪传》《贤明传》《孽嬖传》等，而且《列女传》后来流传甚广，成为历代女性道德教育的读本。即使是皇后也不敢怠慢，如《后汉书·皇后纪》记载："顺烈梁皇后讳妠，……常以列女图画置于左右，以自监戒。"

东汉班昭的女教专著《女诫》是规范汉代女性德行教育的读本。全书七篇：卑弱第一、夫妇第二、敬慎第三、妇行第四、专心第五、曲从第六、和叔妹第七。这七篇都是"女德"教育的内容，要求女性温柔顺从、体贴贤惠、仪表端庄、言行得体、忠孝仁爱、尊老爱幼、礼让谦和等。《女诫》第四篇《妇行》中写道："女有四行，一曰妇德，二曰妇言，三曰妇容，四曰妇功。夫云妇德，不必才明绝异也；妇言，不必辩口利辞也；妇容，不必颜色美丽也；妇功，不必工巧过人也。清闲贞静，守节整齐，行己有耻，动静有法，是谓妇德。择词而说，不道恶语，时然后言，不厌于人，是谓妇言。盥洗尘秽，服饰鲜絜，沐浴以时，身不垢辱，是谓妇容。专心纺绩，不好戏笑，絜齐酒食，以奉宾客，是谓妇功。此四者，女人之大德，而不可乏之者也。"③班昭在此书中明确提出"四德"的标准，而且也是把"妇德"置于女性教育的首位。可以说这是规范封建女性的行为准则。"女德"虽然重视对女性内在道德品行和自身修养的培养和塑造，但主要提倡"男尊女卑""三从四德"，把"主内"作为女性的角色定位，把"相夫教子"作为女性的天职，从而限制了女性主体意识的发展，阻碍了社会的进步。

①孙诒让撰，王文锦，陈玉霞点校. 周礼正义[M]. 北京: 中华书局. 1987:552.

②王兴国. 贾谊评传[M]. 南京: 南京大学出版社. 1992:89.

③范晔. 后汉书[M]. 北京: 中华书局. 1965:2789.

2. 礼仪教育

中国被称为"礼仪之邦""文明古国"，这些美誉得益于我们重视对传统礼仪文化的保护与传承。中国的礼仪文化在周代已基本形成，礼在封建社会产生过重要影响，是人们日常生活的重要组成部分。孔子在《论语·颜渊》中就很推崇礼对人们日常行为的规范作用："非礼勿视，非礼勿听，非礼勿言，非礼勿动。"①我们先来了解一下礼仪的概念：礼仪，"是人类社会为了维系社会的正常生活秩序，所遵循的一种明确规定或约定俗成的行为规范。具体包括符合规范的交往方式、行为方式、社会活动、典礼程序，以及与之相适应的器物、标志、服饰、象征等。"②它是人们在社会交往中形成的、以建立和谐关系为目标、符合"礼"的精神的行为规范、准则和仪式的总和，是一个人文化修养和道德修养的外在表现形式。礼仪教育是社会或组织为了实现一定的目的，有计划地对人们进行系统的礼仪训导和施加影响的过程。礼仪教育是中国古代道德教育的重要内容，据《礼记·曲礼上》记载："夫礼者，所以定亲疏，决嫌疑，别异同，明是非也。……道德仁义，非礼不成。教训正俗，非礼不备。"③孔子认为礼是立国的根本，在社会中有重大作用。他说："夫礼，先王以承天道，以治人之道，故失之者死，得之者生。"④"不学礼，无以立。"⑤

先秦时期的教学内容主要是"六艺"：礼、乐、射、御、书、数，礼在六艺中居首位，可见其重要性。汉代统治者也非常重视礼治，"礼"可以划分封建等级秩序，规范人们的社会行为，维护封建政权的稳定。知礼是立足社会的重要条件，不仅要学会礼的仪式，更重要的是要理解礼的精神实质。汉代对女性的礼仪教育除了家庭教育中长辈对女性的日常言传身教的教育外，在刘向的《列女传》和《女诫》中体现得较为明显。如《列

---

①杨伯峻. 论语译注[M]. 北京: 中华书局. 1980:123.

②王炜民. 中国礼仪文化[M]. 呼和浩特: 远方出版社. 2002:1.

③朱彬撰，饶钦农点校. 礼记训纂[M]. 北京: 中华书局. 1996:319.

④朱彬撰，饶钦农点校. 礼记训纂[M]. 北京: 中华书局. 1996:333.

⑤杨伯峻. 论语译注[M]. 北京: 中华书局. 1980:178.

女传》的《母仪传·鲁季敬姜》中赞颂了敬姜这位知书达礼的母亲："通达知礼，德行光明。匡子过失，教以法理。仲尼贤焉，列为慈母。"①《贤明传》中描述周宣姜后"贤而有德，事非礼不言，行非礼不动"。《列女传》通过具体的事例来塑造知书达礼的女性形象以树立典范，作为当时对女性进行礼仪教育的素材。班昭很重视礼仪教育，她写《女诫》的目的是让未嫁女儿通晓妇礼，避免今后"失容于它门，取耻宗族。"②因此，《女诫》可以说是汉代女性礼仪教育的读本。班昭要求女性在夫家要懂礼仪，除了要孝敬善待公婆之外，还要处理好和丈夫的兄弟姐妹的关系。《女诫·和叔妹第七》曰："妇人之得益于夫主，由舅姑之爱己也；舅姑之爱己，由叔妹之誉己也。由此言之，我臧否誉毁，一由叔妹，叔妹之心，复不可失也。皆莫知叔妹之不可失，而不能和之以求亲，其蔽也哉！……夫嫂妹者，体敌而尊，恩疏而义亲。若淑媛谦顺之人，则能依义以笃好，崇恩以结援，使徽美显章，而瑕过隐塞，舅姑矜善，而夫主嘉美，声誉曜于邑邻，休光延于父母。……然则求叔妹之心，固莫尚于谦顺矣。谦则德之柄，顺则妇之行。凡斯二者，足以和矣。"③

其实班昭之所以要求在夫家的女性要知书达礼，对待丈夫的兄弟姐妹要尊重、谦让、友爱，即"若淑媛谦顺之人，则能依义以笃好，崇恩以结援"，这些要求是为了整个大家庭的和谐美满。女性这样做不仅能得到公婆和丈夫的肯定和认可，而且也会使自己的父母脸上有光彩，为自己的父母也增了光。说明女方家的父母教女有方，有良好的家庭教养。即"舅姑矜善，而夫主嘉美，声誉曜于邑邻，休光延于父母"。虽然班昭只是单方面要求女性在夫家表现出忠孝仁爱等礼仪，体现了"男尊女卑"的封建思想，但对夫妻双方两个大家庭的和睦友好无疑有一定的积极意义。

3. 经史书算教育

汉代"女子无才便是德"的观念还没有形成，人们一般对有文化、

---

①张涛. 列女传译注[M]. 济南: 山东大学出版社. 1990:27.

②范晔. 后汉书[M]. 北京: 中华书局. 1965:2786.

③范晔. 后汉书[M]. 北京: 中华书局. 1965:2791.

有才德的女性予以赏识和青睐。如据《后汉书·列女传》记载："时《汉书》始出，多未能通者，同郡马融伏于阁下，从昭受读，后又诏融兄续继昭成之。"由班昭得以被皇帝重用和赏识可见，汉代对知识女性的尊重和赞赏。《后汉书·西域传》记载："初，楚主侍者冯嫽能史书，习事，尝持汉节为公主使，行赏赐于城郭诸国，敬信之，号曰冯夫人。"①《后汉书·崔骃传》记载："（崔骃曾祖）母师氏，能通经学百家之言，莽宠以殊礼，赐号义成夫人，金印紫绶，文轩丹毂，显于新世。"这样的社会价值导向也给当时的女性接受文化教育，读书识字在客观上提供了机会和可能。虽然汉代女性教育以德育为主，但是很多女性也学经史书算等文化知识，她们学习的经史内容涉及《诗经》《尚书》《易经》《孝经》《论语》《礼记》《春秋》等儒家经典。例如孝成许皇后"聪慧，善史书。"②班婕妤"诵《诗》及《窈窕》《德象》《女师》之篇。"③《后汉书·皇后纪上》记载：明德马皇后"能诵《易》，好读《春秋》《楚辞》，尤善《周官》《董仲舒书》。"④和熹邓皇后"六岁能史书，十二通《诗》《论语》。"⑤家人称她为"诸生"。

　　除了上层女性有条件学习儒家经典外，汉代平民百姓家的女子通晓儒家经典的情况在史书中也有记载，如谢成的《后汉书》中记载了一位女性教弟弟读书的故事："（寿张县）女子张雨，早丧父母，年五十，留养孤弟二人，教其学问，各得通经。"⑥这个事例说明这位女性自己通经，具备一定的文化知识。《乐府诗集·焦仲卿妻》记载汉末焦仲卿妻刘兰芝："十六诵诗书"。又如《拾遗记》中记载了一位女子聪明好学、求知若渴，通过听邻居家读书的方式积极主动地学习文化的经历："贾逵年五

---

① 范晔. 后汉书[M]. 北京: 中华书局. 1965:3907.

② 班固. 汉书[M]. 北京: 中华书局. 1962:3973–3974.

③ 班固. 汉书[M]. 北京: 中华书局. 1962:3984.

④ 范晔. 后汉书[M]. 北京: 中华书局. 1965:409.

⑤ 范晔. 后汉书[M]. 北京: 中华书局. 1965:418.

⑥ 周天游. 八家后汉书辑注[M]. 上海: 上海古籍出版社. 1986:183.

岁，明慧过人。其姊韩瑶之妇，嫁瑶无嗣而归居焉，亦以贞明见称。闻邻中读书，旦夕抱逯隔篱而听之。逯静听不言，姊以为喜。至年十岁，乃暗诵六经。姊谓逯曰：'吾家贫困，未尝有教者入门，汝安知天下有《三坟》《五典》而诵无遗句耶？'逯曰：'忆昔姊抱逯于篱间听邻家读书，今万不遗一。'"①这位女子学习的方式虽然有点特殊，但也是平民女子接受文化教育的一种途径。

汉代女性不仅学习儒家经典，还学习书算知识。例如，据《后汉书·皇后纪》记载邓太后师从班昭学习文化："太后自入宫掖，从曹大家受经书，兼天文、算数。"②和帝阴皇后"少聪慧，善书艺"③，灵帝王美人"聪敏有才明，能书会计"④，章德窦皇后"年六岁能书，亲家皆奇之。"⑤《后汉书·列女传》记载："安定皇甫规妻者，不知何氏女也。规初丧室家，后更娶之，妻善属文，能草书，时为规答书记，众人怪其工。"皇甫规的第二任妻子，出生不详，可以推测出身不是名门，但她不仅擅长写作，书法亦精，能为皇甫规起草文书，人们为她的才华所惊异。再如，《后汉书·列女传》中记载，吴人许升的妻子吕荣屡次劝说许升"修学"，沛人刘长卿的妻子言谈之中随口引用《诗经》内容。这些都是汉代女性教育的实例。由此可见，虽然汉代女性被排除在学校教育之外，但具备一定文化知识的女性却屡见不鲜。

4. 艺术教育

这里的艺术教育主要指的是音乐和舞蹈。汉代由于宫廷和贵族喜欢观赏乐舞表演，大型庆典、宴会宾客都要请专门的歌舞艺人表演娱乐。在《汉书·元后传》中有这样的记载："王侯群弟，争为奢侈，……后廷姬妾，各数十人，僮奴以千百数，罗钟磬，舞郑女，作倡优，狗马驰逐。"

①王嘉撰，萧绮录，齐治平校注. 拾遗记[M]. 北京: 中华书局. 1981:154.

②范晔. 后汉书[M]. 北京: 中华书局. 1965:424.

③范晔. 后汉书[M]. 北京: 中华书局. 1965:417.

④范晔. 后汉书[M]. 北京: 中华书局. 1965:450.

⑤范晔. 后汉书[M]. 北京: 中华书局. 1965:415.

当时这种表演比较盛行。汉代平民女子由于擅长歌舞也可以被选入宫，甚至被封为皇后。这就提高了一些女性学习音乐和舞蹈的积极性，可以说汉代女性学会音乐舞蹈就具备了进宫的基本条件。当然有的女性学习音乐、舞蹈，是出于个人爱好和提高自身的修养素质，这样就间接地促进了汉代的音乐和舞蹈教育的蓬勃发展。除此之外，汉代统治者重视礼乐治国，礼乐是汉代统治者维护统治的社会规范。统治者重视礼乐的教化作用，通过音乐、舞蹈等艺术教育的形式对女性的情感进行道德的熏陶，提高艺术水平和品位，从而更好地服务于男权社会。这就促进了汉代艺术教育的普及。

汉代女性擅长乐器和舞蹈。如《汉书·西域传》中记载了乌孙公主派遣女儿来京师学习鼓琴："乌孙公主遣女来至京师学鼓琴"。由此可见，当时这种音乐学习比较流行。元后父亲教元后学琴："禁心以为然，乃教书，学鼓琴。"①汉代才女蔡琰就很擅长音乐，据《后汉书》记载："博学而有才辩，又妙于音律。"②例如卓文君通晓音律、琴技，王昭君擅琵琶；《乐府诗集·焦仲卿妻》记载汉末焦仲卿妻子刘兰芝："十五弹箜篌，十六诵诗书。"《史记·万石张叔列传》记载："奋独有母，不幸失明。家贫，有姊，能鼓琴。"又如《后汉书·货殖列传》记载："女子则鼓鸣瑟，跕屣，游媚富贵，入后宫，徧诸侯。"《汉书·杨恽传》记载："（杨恽）家本秦也，能为秦声。妇，赵女也，雅善鼓琴。"汉代出身于贫民，但由于擅长音乐舞蹈，演技出众，被选入宫后受皇帝宠幸封后的女性比较常见。例如高祖宠爱的戚夫人，是西汉初年的歌舞名家，善鼓琴击筑，而且善跳翘袖折腰之舞；据《汉书·张良传》记载：汉高祖想立赵王如意为太子不成，戚夫人涕泣，上曰："为我楚舞，吾为若楚歌。"汉武帝皇后卫子夫，曾是平阳公主蓄养的歌姬；汉武帝宠幸的李夫人，曾是歌舞乐倡，汉成帝的皇后赵飞燕，因擅长歌舞而得宠。

---

①班固. 汉书[M]. 北京: 中华书局. 1962:4015.

②范晔. 后汉书[M]. 北京: 中华书局. 1965:2800.

5. 生存技能教育

东汉著名的女教育家班昭在她的《女诫》中就把"专心纺绩"放在"妇功"的首位："专心纺绩，不好戏笑，絜齐酒食，以奉宾客，是谓妇功。"① "妇功"，同"女工""女红""妇工"，这里主要是指纺织技能的训练。班昭认为掌握纺织技术是女性生存的必备本领，是汉代女性生存技能教育的基本内容。这被认为是汉代女性的必修课，是女性必备的基本素质之一。"女性主义学者认为，在父权制文化中，从事家务劳动的主体大多是女性，'女主内，男主外'的说法听上去是一种非常合理的劳动分工。"②在中国的传统家庭教育中，很重视对女子在操持家务、勤劳贤惠、手工技艺等方面的训练和培养。班昭在《女诫·卑弱第一》中这样写道："古者生女三日，卧之床下，弄之砖瓦，而斋告焉。卧之床下，明其卑弱，主下人也，弄之砖瓦，明其习劳，主执勤也。"③虽然这段文字中封建男尊女卑的思想比较浓重，但可以说明对女性的生存技能教育的重视。"弄之砖瓦，明其习劳，主执勤也"，则说明班昭对女子勤俭持家、治家、理家的重视和推崇。在《诗经·斯干》中也有类似的描述："乃生女子，载寝之地。载衣之裼，载弄之瓦。无非无仪，唯酒食是议，无父母诒罹。"④

汉代家长重视从小对女子掌握"女工"技能的教育。例如顺烈梁皇后，"少善女工"。⑤和熹邓皇后"六岁能史书，十二通《诗》、《论语》。诸兄每读经传，辄下意难问。志在典籍，不问家居之事。母常非之曰：'汝不习女工以供衣服，乃更务学，宁当举博士邪？'后重违母言，昼修妇业，暮诵经典，家人号曰'诸生'。"⑥可见，当时认为女子"习

①范晔. 后汉书[M]. 北京: 中华书局. 1965:2789.

②骆晓戈. 女性学[M]. 长沙: 湖南大学出版社. 2004:153.

③范晔. 后汉书[M]. 北京: 中华书局. 1965:2787.

④程俊英，蒋见元. 诗经注析[M]. 北京: 中华书局. 1991:547-548.

⑤范晔. 后汉书[M]. 北京: 中华书局. 1965:438.

⑥范晔. 后汉书[M]. 北京: 中华书局. 1965:418.

女工"才是正业。所以汉代的女性一般都擅长纺织等女工技能。据《乐府诗集·焦仲卿妻》记载汉末焦仲卿妻刘兰芝："十三能织素，十四学裁衣。"①王充《论衡·程材》载："齐部世刺绣，恒女无不能；襄邑俗织锦，钝妇无不巧。"汉代不仅平民家的女子擅长纺织，上层贵族女性也精通纺织，可见纺织技能在女性中的普及性。如西汉张安世尊贵为公侯，家境殷实富足，资产丰厚，夫人亦纺织。据《汉书·张汤传》载："安世尊为公侯，食邑万户，然身衣弋绨，夫人自纺绩。"从某种程度上来说，纺织技能的高低是衡量汉代女性的一个重要指标。例如，汉乐府诗歌《上山采蘼芜》中说道："新人工织缣，故人工织素，织缣日一匹，织素五丈余。"②这首诗有一定的代表性，比较两个女性的纺织技能和效率。汉代女性学习纺织技能不仅可以提高自身生存能力，而且还可以补贴家用，增加家庭经济收入。

（三）汉代女性教育中素质教育理念的体现

教育有狭义和广义之分，广义的教育，即指凡是增进人们的知识和技能、影响人们的思想观念的活动，都属于教育的范畴。"教育要提升人的地位，亦即发现人的价值、发掘人的潜能、发挥人的力量、发展人的个性，实质上就是要实施素质教育，培养和提高人的素质。"③顾名思义，素质教育就是培养、提高人素质的教育。从汉代女性素质教育的内容分析，其体现了如下的素质教育理念。

1. 把道德教育放首位

汉代女性教育把德育放在首位，这一点体现了当下的素质教育理念。纵观古今中外的教育发展史，各个国家都把道德教育放在重要的地位。如我国古代教育家孔子明确地指出："为政以德，譬如北辰，居其所而众星共之。……道之以政，齐之以刑，民免而无耻。道之以德，齐之以礼，有

①郭茂倩. 乐府诗集[M]. 北京: 中华书局. 1979:1034.
②朱伯康, 施正康. 中国经济史[M]. 上海: 复旦大学出版社. 2005:211.
③袁振国. 当代教育学[M]. 北京: 教育科学出版社. 2004:75.

耻且格。"①明确告诫统治者，若以道德教化维护统治，要比用刑法统治更能得到老百姓的拥护，所以要重视教育。孔子对学生的要求是："弟子入则孝、出则悌、谨而信、泛爱众，而亲仁，行有余力，则以学文。"②提出把道德教养放在首位，行有余力，才学习文化。其实他在教学实践中也是把德育放在首位的。在《管子·牧民》中管仲曾精辟地论述了道德与国家安危的重要关系："国有四维，一维绝则倾，二维绝则危，三维绝则覆，四维绝则灭。何谓四维？一曰礼，二曰义，三曰廉，四曰耻。"③以德治国，提高人们的道德水平，是管仲治国思想的纲要之一。管仲所说的道德，就是国之四维：礼、义、廉、耻。管仲认为，有礼，人们就不会超越应守的规矩；有义，就不会妄自尊大；有廉，就不会掩饰过错；有耻，就不会屈从坏人。后来，儒家的这种道德伦理规范统治中华民族两千多年。我国古代也一直很重视德育，正如司马光说的："才者，德之资也；德者，才之帅也。"④才是德的辅助，德是才的统帅。他明确地告诉我们德与才之间的辩证关系，说明培养人才德的重要性。要成才就必须加强道德培养，使孩子成为德才兼备的人。古希腊雅典的思想家苏格拉底把道德修养作为教育的最高目的。他曾说："余之所谓富有者，富于道德学识，非谓金玉锦绣也。盖道德学识，人生最宝贵之物。"⑤19世纪德国的教育家赫尔巴特认为："道德普遍地被认为是人类的最高目的，因此也是教育的最高目的。"⑥他十分强调道德教育在整个教育中的地位，其至认为："教育的唯一工作和全部工作可以总结在这一概念之中——道德。"⑦英国教育家洛克也很重视德育，他认为良好的德行是一个人取得成就、体现价值的必备要素。他曾说："一个没有德行，不懂人情世故，没有礼仪，

①杨伯峻. 论语译注[M]. 北京: 中华书局. 1980:11-12.

②杨伯峻. 论语译注[M]. 北京: 中华书局. 1980:4-5.

③黎凤翔撰，梁运华整理. 管子校注[M]. 北京: 中华书局. 2004:11.

④司马光. 资治通鉴》[M]. 北京: 中华书局. 1956:14.

⑤许步曾. 西方思想家论教育[M]. 北京: 人民教育出版社. 1985:4-5.

⑥上海师范大学编译组编. 外国教育发展史资料[M]. 上海: 上海人民出版社. 1976:242.

⑦上海师范大学编译组编. 外国教育发展史资料[M]. 上海: 上海人民出版社. 1976:243.

却有成就，有价值的人，哪儿都是找不到的。"①对于德育的重要性，我们应该予以高度重视，品德是国家民族文明程度的体现。

2. 重视古代传统文化教育

汉代董仲舒提出"罢黜百家，独尊儒术"的主张被汉武帝采纳，武帝于建元五年（公元前136年），设置五经博士，以此确立儒家经典的法定地位。当然，这种文化政策也破坏了"百家争鸣"的学术环境。汉代女性教育涉及的文化内容一般是前朝历代的儒家经典，如《诗经》《尚书》《易经》《孝经》《论语》《礼记》《春秋》等。儒家经典中有很多思想精华可以提高人的思想品德和修养，至今都是我国民族精神的精华。例如："自强不息"出自《易经》中的《乾卦·象传》，原文是："天行健，君子以自强不息。""厚德载物"出自《易经》中的《坤卦·象传》，原文是："地势坤，君子以厚德载物。"还有"居安思危""革故鼎新""崇德广业""尚中贵和"等精神都是源于《易经》。再如，孔子明确肯定《孝经》的宗旨在"崇人伦之行。""《孝经》是一部伦理学著作，对我国古代道德教育产生过很大影响，曾被学人赞为'百行之宗，五教之要'。"②汉代女性教育文化课内容以儒家经典为主要教材，有如下几点好处：第一，可以让孩子从小知道中华文化的起源和发展历程。第二，儒家提倡孝道，提倡"孝为德本"，培养孩子的忠孝诚信意识。第三，了解中华文化的博大精深和增强民族自豪感。第四，有利于古代传统文化的保存、继承和发扬。第五，有利于培养责任意识，让孩子知道修身、齐家、治国、平天下的道理。

3. 着眼于培养高素质的人

汉代女性教育的特点是把道德教育放在首位，从小教育女子如何"学会做人"，注重"女德"教育，父母一般重视对女性的思想品德教育，孩子在进入社会之前，首先必须接受家庭良好的道德教育，使之懂得社会规

---

①(英)约翰·洛克著，傅任敢译. 教育漫话[M]. 北京: 人民教育出版社. 1985:96.

②黄钊. 儒家德育学说论纲[M]. 武汉: 武汉大学出版社. 2006:101.

范，顺利完成社会化过程，只有这样，才能适应复杂的社会生活，立身做人。除了进行道德教育外，还传授女性生产劳动技能。正如《礼记·内则》记载："子能食食，教以右手。能言，男唯女俞。男鞶革，女鞶丝。六年，教之数与方名。七年，男女不同席。不共食。八年，出入门户及即席饮食必后长者，始教之让。九年，教之数日。……女子十年不出，姆教婉娩听从。执麻枲，治丝茧，织纴组紃，学女事以共衣服。观于祭祀，纳酒、浆、笾、豆、菹、醢，礼相助奠。"①这段文字叙述了女孩子在十岁以前要学的生活技能和日常礼仪规范。可见，汉代的家庭教育比较重视对女子自身素质的培养和训练。正如班昭在《女诫》第四篇《妇行》中写道："女有四行，一曰妇德，二曰妇言，三曰妇容，四曰妇功。"分别从道德品行、言谈举止、形象气质、手工技艺、待人接物等方面对女性进行培养教育，着眼于提高女性的自身修养和素质。待人接物等日常礼仪规范体现个人修养和素质，汉代的女性教育是把日常教育与生活实践相结合，适应当时的社会环境，符合当时社会的需要。

4. 家庭是孩子的第一所学校，家长是子女的第一任教师

汉代女性教育的目标就是培养适应男权社会需要的"贤妻良母"式的女性。当时女性又被剥夺了和男子一样平等接受学校教育的权利，所以大多数女性接受的教育是家庭教育，家庭教育是当时女性接受教育的主要模式，家庭是女性受教育的主要场所。家长又是她们的第一任教师，甚至是终身的教师。家长在日常生活中的言谈举止潜移默化地对孩子是一种教育。汉代很多优秀的知识女性就是因为曾接受了良好的家庭教育。例如，班彪之女班昭，是东汉博学高才的女史学家、文学家、教育家。其父班彪是东汉著名的史学家和儒学大师，她的才华和知名度可谓得益于良好的家庭教育。她多次被皇帝召入宫中，在后宫教授皇后和其他嫔妃们，成为古代第一个载入史册的女教师；正如《后汉书·列女传》记载："帝数招入宫，令皇后诸贵人师事焉，号曰大家。"其兄班固去世后，她被汉和帝召

---

①阮元：十三经注疏[M]. 北京：中华书局. 1987:1471.

入东观(洛阳南宫)藏书阁，继续父兄未竟之作《汉书》的编纂工作，被后世赞誉"古代女子修史，唯此一人"。《汉书》编纂完以后，甚至当时的大文学家马融都在东观藏书阁听她讲解、传授。再如，蔡邕之女蔡文姬，东汉著名文学家，音乐造诣深，擅长音乐创作；其父是东汉著名学者、文学家。邓绥邓太后在执政期间政绩突出，她从小勤学好问，也得益于其父注重对她从小的培养教育。

可见，家长的素质决定孩子的素质，一个优秀的家长胜过若干个好老师。孩子的个性品德、生活习惯等一般在家庭教育中形成。"孟母三迁"的故事就是个很好的家教范例，可以说如果没有孟母这样的优秀的具备教育意识的母亲，就没有后来的"亚圣"孟子。因此，我们一定要注意提高家长的素质，让孩子在家庭——人生的第一所学校里接受良好的教育，为后来的学校教育奠定基础。

三、汉代女性教育对社会的影响

（一）积极影响：汉代女性对社会的重要贡献

自战国以来，一家一户的男耕女织的家庭生产形式逐渐稳定下来。到了汉代，伴随着自给自足自然经济的发展，纺织业普遍兴盛，广大农村中家家户户都从事纺绩，男耕女织是普遍现象。《汉书·食货志》记载："一夫不耕，或受之饥，一女不织，或受之寒。""中国古代女性不仅是家庭经济生活的负担者，社会财富的创造者，同时也是国家赋税的承担者。"[①]但她们对社会的贡献没有得到应有的认可和肯定。

东汉著名的女史学家班昭在她的《女诫》中就把"专心纺绩"放在"妇功"的首位："专心纺绩……是谓妇功。"[②]可见，班昭认为掌握纺织技术是女性生存的必备本领。"女性主义学者认为，在父权制文化中，从事家务劳动的主体大多是女性，'女主内，男主外'的说法听上去是一

---

①魏国英. 女性学概论[M]. 北京: 北京大学出版社. 2000:244.
②范晔. 《后汉书·列女传》[M]. 北京: 中华书局. 1965年版，第2789页.

种非常合理的劳动分工，但女性的劳动成果却被想当然的排除在经济学家的价值计算之外。"①女性的家务劳动就包括家庭纺织劳动。随着时代的发展和统治者的需要，后来出现了大量的官营纺织作坊，而不管在官营、私营的、还是家庭的纺织作坊中，女性则是纺织业的主要劳动力，为家庭和社会做出了很大的贡献。但当时女性的社会地位较低，她们的社会价值没有引起高度的重视。所谓社会价值就是指："个体的人生对社会和他人需要的实现和满足，主要表现为个人通过创造性的劳动，对社会和他人的物质和精神的需要所做的贡献。劳动、创造和贡献是人生社会价值的基本标志。人的社会价值是个人在社会生活中对他人、对社会的一种肯定关系。"②纺织技术是汉代女性教育的内容，属于"女红"，是当时女性的必修课，是生存的必备技能之一。汉代的纺织品享誉海内外，纺织业成为国家赋税收入的重要来源，从事纺织业的伟大女性，无论于国于家都发挥了重要作用，但她们的社会价值却没有得到应有的重视。她们的辛勤劳作为国家、社会做出的贡献是不可低估的。我们应该重新定位当时女性的社会价值。

1. 汉代女性在经济上的贡献

汉代女性纺织业是家庭经济收入的重要来源。纺织技术是女性教育内容之一，在汉代已经很普遍，据《乐府诗集·焦仲卿妻》记载汉末焦仲卿妻子刘兰芝："十三能织素，十四学裁衣。……鸡鸣入机织，夜夜不得息。三日断五匹，大人故嫌迟。"③显然，刘兰芝生产这么多纺织品，工作量这么大，自己家庭是用不完的。可见，当时女性从事纺织业生产的纺织品不仅只是为了满足家庭所用，主要是为了拿出去进行商品交换，销售赚钱。当时，个体手工业者经营纺织业的也不少。东汉时期，齐和襄邑的纺织品是极有名的。据王充《论衡·程材》载："齐部世刺绣，恒女无不能；襄邑俗织锦，钝妇无不巧。"不仅下层劳动妇女从事家庭纺织业，地

①骆晓戈.《女性学》[M]. 长沙: 湖南大学出版社.2004年版，第153页.

②魏国英.《女性学概论》[M]. 北京: 北京大学出版社.2000年版，第99页.

③郭茂倩.《乐府诗集》[M]. 北京: 中华书局，1979年版.第1034页.

主官僚家庭中妇女也从事纺织业。如西汉张安世尊贵为公侯，家境殷实富足，资产丰厚，夫人亦纺织。据《汉书·张汤传》载："安世尊为公侯，食邑万户，然身衣弋绨，夫人自纺绩。"因此，从某种程度上来说，纺织技艺是评价妇女的一个重要标准。汉乐府诗歌《上山采蘼芜》中说道："新人工织缣，故人工织素，织缣日一匹，织素五丈余。"[①]这首诗有一定的代表性，客观上反映了汉代家庭纺织业的普及性，当然也从另一个角度说明家庭纺织业的生产力不可小视。由此可见，纺织业是家庭经济收入的主要来源。又如，河南乐羊子之妻，不仅凭借家庭纺织业养家糊口，解决了温饱问题，还供养丈夫完成学业。《后汉书·列女传》记载："乐羊子远寻师学。一年来归，妻跪问其故。羊子曰：'久行怀思，无它异也。'妻引刀趋机而言曰：'此织生自蚕茧，成于机杼，一丝而累，以至于寸，累寸不已，遂成丈匹。今若断斯织也，则捐失成功，稽费时月。夫子积学，当日知其所亡，以就懿德。若中道而归，何异断斯织乎？'羊子感其言，复还终业，遂七年不反。妻尝躬勤养姑，又远馈羊子。"虽然乐羊之妻只是普通劳动妇女的一个代表，但汉代女性从事家庭纺织业对家庭经济收入的贡献可见一斑。此外，《汉书·翟方进传》记载："方进年十二三，失父孤学……欲西至京师受经。母怜其幼，随之长安织履以给方进读。"翟方进的母亲通过从事家庭纺织业除了要维持基本生活之外，还要供养儿子在外读书求学。可见，当时的纺织业已成为她家庭经济收入的主要来源。无论是乐羊之妻还是翟方进之母，这些伟大的中国古代女性，通过自己的纺织劳作的经济收入，不仅维持了家庭生活正常运作，而且为社会培养了有用的人才。她们的贡献，她们的社会价值，于国于家都是可敬可叹的，值得肯定和弘扬的。

2. 汉代女性在政治上的贡献

在漫长的中国封建社会，女性一直被排斥在政治之外，不能担任公职，其活动范围被限制在家庭之内，女性的价值也只能通过相夫教子来实

---

①郭茂倩. 乐府诗集[M]. 北京: 中华书局. 1979:211.

现。尽管如此，在历史上，也有一些女性通过自己的能力、学识和才华，推动了历史的进程，西汉时期的冯嫽就是一个典型的例子。她有别于皇后干政和外戚专权，她没有显赫的家庭背景，但她却是中国历史政坛上杰出的女外交家，为中国的外交事业做出了卓越的历史贡献。据《后汉书·西域传》记载："初，楚主侍者冯嫽能史书，习事，尝持汉节为公主使，行赏赐于城郭诸国，敬信之，号曰冯夫人。"冯嫽是我国有史料记载以来，第一个杰出的女外交家。她通晓历史，精明干练，是以解忧公主侍女的身份陪嫁来到乌孙。事实上，她是解忧公主的政治顾问，肩负重要政治任务。例如，汉宣帝亲自召见冯嫽，征求她对乌孙政局的意见。据《后汉书·西域传》记载："宣帝征冯夫人，自问状。遣谒者竺次、期门甘延寿为副，送冯夫人。冯夫人锦车持节，诏乌就屠诣长罗侯赤谷城，立元贵靡为大昆弥，乌就屠为小昆弥，皆赐印绶。"由于冯嫽的努力，汉和乌孙化干戈为玉帛。汉朝与乌孙军事联盟的形成，以及两国联兵协击匈奴的胜利，冯嫽功不可没。她关心国家的前途和命运。在国家面临危难之际，她主动请缨，身先士卒。据《后汉书·西域传》记载："元贵靡子星靡代为大昆靡，弱，冯夫人上书，愿使乌孙镇抚星，汉遣之，卒百人送焉。"这件事足以表现出冯嫽这位女性非凡的胆识和过人的勇气。由此可见，冯嫽不仅才华过人，而且在汉朝与西域的外交关系中做出了的重大贡献。

再如，西汉时的女子缇萦为了救自己的父亲，上书文帝陈述了国家刑法的不合理之处，文帝阅后，很受感动，于是赦免了缇萦的父亲，并于当年诏令全国废除了肉刑。据《汉书·刑法志》记载："（孝文帝）即位十三年，齐太仓令淳于公有罪当刑，诏狱逮系长安。淳于公无男，有五女，当行会逮，骂其女曰：'生子不生男，缓急非有益！'其少女缇萦，自伤悲泣，乃随其父至长安，上书曰：'妾父为吏，齐中皆称其廉平，今坐法当刑。妾伤夫死者不可复生，刑者不可复属，虽后欲改过自新，其道亡繇也。妾愿没入为官婢，以赎父刑罪，使得自新。'书奏天子，天子怜悲其意，……其除肉刑，有以易之；及令罪人各以轻重，不亡逃，有年而免。具为令。"从这件史实可以看出，缇萦虽然是个普通女子，但她通过自己的实际行动，不仅挽救了自己的父亲，参与了国家政治，而且为汉朝刑法制度的完善做出了贡献，同时也惠及了全国百姓。虽然当时平民女性参与国家政治只是个案，但她们参政的行为毕竟对国家政治的民主化管理产生了一定的影响，从而推动了国家的政治民主化建设进程。此外，还有汉代和亲的女性，尽管有些是被动地参与政治，但在一定程度上，她们为加强民族融合和团结，巩固边疆的安宁，稳定国家政局做出了重要贡献。如汉武帝末年，匈奴遣使云：“欲与汉闿大关，娶汉女为妻，岁给遗我蘖酒万石，稷米五千斛，杂缯万匹，它如故约，则边不相盗矣。”①

显然，女性参与政治，无论在历史还是现实的政治、社会生活中，都具有积极重要的历史意义。“首先，政治参与是女性运用自己的政治权利，实现自身利益的重要手段。其次，可以提高对国家的责任感和政治体系的宽容精神。再次，懂得更加关心民族国家的前途和发挥自己的政治作用。更重要的是，可以认识到自己的人格和价值，对于自身也有自我教育的作用。”②

3. 汉代女性在文化上的贡献

汉代女性在文化上的贡献主要体现在对历史文献的整理、保存和文化的传播交流方面。这方面的代表人物主要是班昭、蔡文姬、邓绥、和亲的女性等。例如，东汉时著名的女史学家、文学家、教育家班昭，曾继其兄班固续写《汉书》，因其“博学高才”，在汉和帝时数次被召入宫担任宫廷女教师。在当时大多数女性被排除在学校教育之外的历史条件下，班昭的工作意义重大，教授后宫女性具备一定的文化知识，提高自身修养，对皇帝的决策也能起到一定的积极作用。不仅如此，班昭还在皇家的藏书阁阅读点校大量的史料，续写完父兄留下的八表和《天文志》，完成了我国第一部断代史的著述工作。《汉书》初成后，读者多不通晓，班昭又进行了文字上的疏通工作，使整个《汉书》的词句更加严谨流畅，而且像出自

---

①班固. 汉书[M]. 北京: 中华书局. 1962:3780.

②魏国英. 女性学概论[M]. 北京: 北京大学出版社. 2000:118.

一人之手。自魏晋至唐末，《汉书》有时甚至比《史记》更受到正统派学者的推崇。

班昭不仅对古籍的整理做出了贡献，在文学方面也颇有成就，班昭还写了很多诗赋。她的作品由媳妇丁氏纂为《曹大家集》，共三卷十六篇。而且她写了第一本女教专著《女诫》，担任宫廷女教师，对汉代的女性教育及文化传播也产生了重要影响。再如，蔡文姬，对我国古典文献的整理和保存做出了卓越的贡献。她博闻强记，凭记忆书写其父留下的四百余篇典籍。"昔亡父赐书四千许卷，流离涂炭，罔有存者。今所诵忆，裁四百余篇耳。"①

邓绥作为太后，她重视文化教育，赏识重用有才华的人，并予以奖励。史载："太后自入宫掖，从曹大家受经书，兼天文、算数。书省王政，夜则诵读，而患其谬误，惧乖典章，乃博选诸儒刘珍等及博士、议郎、四府掾史五十余人，诣东观雠校传记。事毕奏御，赐葛布各有差。又诏中官近臣于东观受读经传，以教授宫人，左右习诵，朝夕济济。"②据《后汉书·皇后纪上》记载："六年，太后诏征和帝弟济北、河间王子男女年五岁以上四十余人，又邓氏近亲子孙三十余人，并为开邸第，教学经书，躬自监试。"邓太后这些举措，无疑在全国会起到很好的榜样示范效果，从而促进了文化教育的发展和普及。

此外，汉代和亲的女性为民族文化的交流和融合做出了贡献。中原王朝和边疆少数民族之间，尽管在社会形态、价值取向、风俗习惯等方面都有很多差异，但通过和亲，不仅改善了双方的政治关系，推动了双方的经济文化交流，而且汉代的和亲对少数民族文化产生了重要影响。如"汉和乌孙和亲后，解忧公主曾派其长女弟史到长安学习鼓琴，学了三年回到乌孙，对西域音乐有一定影响。"③还有解忧公主的长女弟史与龟兹王绛宾结婚后，夫妻常到长安朝贺，深受中原文化影响，在龟兹建造宫室时，

①范晔. 后汉书[M]. 北京: 中华书局. 1965:2801.

②范晔. 后汉书[M]. 北京: 中华书局. 1965:424.

③崔明德. 中国古代和亲史[M]. 北京: 人民出版社. 2005:579.

"作徽道周卫，出入传呼，撞钟鼓，如汉家仪。"①龟兹除了建筑风格受汉朝影响外，还有服饰制度方面也学习汉朝。绛宾与弟史因经常来往于长安，非常"乐汉衣服制度。"②

总而言之，汉代无论是普通的纺织女性、还是博学高才的知识女性、抑或和亲女性等，尽管由于当时客观社会条件的限制，她们虽然没有接受过正规的学校教育，但她们都分别以不同的方式实践着自己的人生价值和社会价值，为汉代社会做出了自己的贡献。汉代这些优秀的女性所具有的责任意识和使命意识是值得我们学习的。

（二）消极影响：导致女性主体意识的丧失

汉代女性虽然曾为社会做出了贡献，但大多数女性不是积极主动地去适应当时的社会环境，而是被动地接受现实的条件，长期以来，就导致汉代女性主体意识的丧失。"女性主体意识是女性作为主体对自己在客观世界中的地位，作用和价值的自觉意识。具体地说，就是女性能够自觉地意识并履行自己的历史使命、社会责任、人生义务，又清晰地知道自己的特点，并以独特的方式参与对自然与社会的改造，肯定和实现自己的需要和价值的意识。"③

1. 导致女性主体意识的淡化，缺乏独立意识

在汉代的女性教育中，虽然有积极的内容，如在女德教育中，就有尊老爱幼、夫妇和顺、敬兄爱弟，勤俭持家等家庭传统美德的内容。但对女性的要求苛刻，其中"男尊女卑"观念仍占主导地位，具体表现为对女性的"三从""四德"的教育，这种教育思想强化了"男尊女卑"的观念，置女性于被动地位。

所谓"三从"，是指未嫁从父，既嫁从夫，夫死从子。"三从"是当时女性的精神枷锁，损害了女性的人格尊严。久而久之，使女性丧失了主体意识，生活中丧失了自我，压抑自己独立思考的能力，在一定程度

①班固. 汉书[M]. 北京: 中华书局. 1962:3916-3917.

②班固. 汉书[M]. 北京: 中华书局. 1962:3916.

③魏国英. 女性学概论[M]. 北京: 北京大学出版社. 2000:89-90.

上，阻碍了社会的发展进步。当然这是当时特定的历史环境造成的。"四德"，是指妇德、妇容、妇言、妇功等内容，现在看来有其合理的因素，例如要求女性言谈举止、服饰装扮要表现出举止大方、仪表端庄、谈吐文明、讲究卫生等，现在仍然值得我们女性学习继承、发扬光大。我们要取其精华，去其糟粕。当然只有随着女性经济地位提高，受教育的程度增强，女性的独立意识才会增强，这和女性的受教育程度是成正比的。汉代女性主体意识的淡化，独立意识的缺乏与当时的女性社会地位低下，缺乏积极主动地参与社会实践的机会有密切关系。

2.阻碍社会进步和整体民族素质的提高

近代文明的落后，其原因之一是女性教育一直以来没有受到应有的重视。本文所写内容虽然是汉代女性教育，但是这里的教育指的是广义的教育，即凡是增进人们的知识和技能、影响人们的思想观念的活动，都属于教育的范畴。

汉代女性接受的教育主要是家庭教育和社会教育，尽管汉代有些博学高才的知识女性，但那也是得益于良好的家庭教育，大多数女性被排除在正规的学校教育之外。由于当时女性被限制在家庭的小范围内，家庭型的"贤妻良母"是对她们的角色定位。她们也因此失去了与外界接触的机会，社会环境为女性的成才之路设置了障碍，女性没有充分发挥自己价值的社会条件。不仅如此，而且由于当时女性教育没有受到应有的重视，从而也限制了广大女性在家庭中对子女的教育作用的发挥，因此，在一定程度上阻碍了社会进步和中华民族整体素质的提高。

四、研究汉代女性教育的现实意义

通过前文对汉代女性教育的总体论述可知，汉代大多数女性虽然没有接受过正规的学校教育，但是她们也通过自己的积极努力，接受了不同于学校教育的更广泛的教育。无论从教育模式、教育内容还是从对社会的贡献方面来说，汉代女性教育都取得了一定的成就，至今仍有一些教育思想值得我们学习和借鉴。

第一，重视家庭教育在教育中的重要作用。汉代女性接受教育的场所通常是以家庭教育为主，这一点值得我们学习。即使教育发展很快，教育设备先进，也不能忽视家庭教育对孩子的成长、成才的重要性。母亲教育研究专家王东华认为"家庭教育不仅是基础，而且是主导，其他都是补充。家庭教育对孩子的影响，以及它的精髓之处，学校教育似乎永远也替代不了。"[①]当然，重视家庭教育并不意味着轻视学校教育，成功的教育是家庭教育和学校教育相互协调的结果。

第二，把道德教育放在首位。汉代女性教育比较重视德育，把道德教育放在首位。尽管我们现在也重视道德教育，但是对道德教育的重视远不如汉代。道德体现和主宰我们的人生观、价值观以及对生活的理想与追求。道德教育不是一味地说教，而是要有榜样的示范作用，所以家长、学校、社会要有责任意识，用良好的道德行为给孩子以示范作用。为孩子身心的健康成长创造良好的社会环境。

第三，注重生存能力的培养训练。汉代女性教育重视对女性生存技能的培养训练，即"女红"教育。尤其是"纺织技能"教育，当时认为掌握纺织技术是女性生存的必备本领，是汉代女性的必修课，是女性必备的基本素质之一。而我们现在的教育体制过分追求分数，忽略了实践技能的培养训练，这就导致一部分高分低能的人产生。

第四，重视礼仪文化教育。随着经济的发展，时代的进步，我们现在的教育片面追求升学率，忽略了体现个人品德修养的礼仪文化教育，虽然有个别学校设置了礼仪文化课，但是有时也是为了追求某种商业目的。

当然汉代女性教育也有诸多不足之处。需要我们改进。

第一，汉代女性教育过分强调"妇德"教育，"三从四德""男尊女卑"思想占主导地位。导致女性主体意识的淡化甚至灭失。随着经济的发展，社会的进步，相信我国的教育体系能从制度上真正保证女性和男性享有平等的受教育权利，从而有效地增强女性的独立自主意识，更好地为社

---

①王东华. 发现母亲[M]. 北京: 中国妇女出版社. 2004:334.

会做贡献。

第二，轻视女性教育，漠视女性的人格和尊严，阻碍了社会进步和整体民族素质的提高。今后我们要汲取历史教训，对女性教育予以足够的重视，给女性提供充分的受教育机会，充分挖掘女性潜力，推动社会文明进步。

"教育也是一种资源，在现代社会中，教育机会往往决定一个人在系统中的位置，接受更多的教育意味着为跻身较高的社会层次创造了条件。"①女性的教育权利包括依法享有的求学、入学、升学、扫盲、职业教育、成人教育等权利。女性教育权利的多少并不完全取决于经济、政治等社会因素，也与一个国家的历史和社会传统文化有密切关系。女性受教育程度是女性解放与否的重要标志。女性的教育程度和文化水平，是女性独立生存的基础和前提，是根本改善女性生存状况的关键。纵观我国古代教育史，中国无疑是重视教育的国家，根据中国历史记载，中国早在4000多年前的夏代，就有了学校教育的形态。但女性教育却严重滞后，"男尊女卑""阴阳相克"等封建宗法等级和伦理观念严重阻碍了女性教育的发展。甚至连教育界的始祖大教育家孔子也暴露出对女性的歧视，断言"唯女子与小人为难养也"，而且他的三千弟子中没有一个女弟子。尽管《教育法》明确规定："凡年满六周岁儿童，不分性别、民族、种族，应当入学接受规定年限的义务教育。"但现实是女性受教育的程度普遍低于男性，法律上的平等并不等于事实上的平等。其实在教育学的层面上，母亲要比老师重要得多，母亲不仅是孩子的"第一任教师"，而且是终身的教师。因此，要想教育好孩子，先"教育母亲"。把每个女童当成未来的母亲去培养，在某种意义上，女性的素质提高了，就会促进全民族素质的提高，从而推动整个社会进步。以古鉴今，我们要对女性教育予以高度重视。重视女性教育，既有重大的现实意义，又有深远的历史意义。

①骆晓戈. 女性学[M]. 长沙: 湖南大学出版社. 2004:124.

（一）促进女性发展，构建和谐社会

1. 有利于提高全民族素质

研究汉代女性教育，有利于吸取历史教训，引起社会对女性教育的重视，有利于弘扬中华民族的传统美德，有利于提高全民族素质。中华民族的传统美德是指儒家学说所包含的思想精华，如"忠孝""仁爱""诚信""自强""民本""和谐"等，具有鲜明的民族性，是中华民族民族心理和民族性格的体现。儒家学说作为一种意识形态，是社会存在的反映，曾在历史上产生过积极作用，而且至今仍有现实价值。对此，我们今天要以科学的态度，合理扬弃。中华民族的传统美德不仅是汉代女性教育中"女德"教育的主要内容，而且也是以后历代女性教育中"女德"教育的内容。可见其经历了历史的检验有较强的生命力。

现代女性被称为"半边天"，比喻女性的巨大力量能顶半边天，多用来强调或称赞女性的作用大，也特指妇女或妻子。占全国人口的二分之一的女性的思想道德素质、文化素质，是衡量整个中华民族素质和国家文明进步的重要指标之一。继承和发扬中华民族传统美德，提高全民族素质，不能仅仅把希望寄托于像学校这样有限的教育场所。大部分女性将来会成为母亲，孩子从出生到长大成人，一般和母亲相处的时间比较长，母亲的素质决定孩子的素质。母亲的道德素质、文化素质越高，孩子的素质也越高。母亲的言谈举止、道德修养、行为习惯，潜移默化地会影响到下一代甚至几代。全国妇联主席陈慕华指出："女童的教育不仅关系到这一代，而且关系到下一代、下几代。一般来说，受教育程度越高的母亲，婴儿、儿童的死亡率越低，孩子更容易得到良好的抚养；受教育程度越高的母亲，越有能力帮助子女在各方面很好的成长，培养孩子成才；受教育程度越高的母亲还会努力确保自己的女儿有更为平等和公正地受教育机会，相应地她的女儿又接下去同样对待自己的女儿，让她(们)同男子一样成长与发展。这样一代接一代，忽视女性教育的恶性循环就会转变成男女平等地接受教育的良性循环，从而提高全民族的素质。"①我国女性是提高全民族素质的潜在群体，可以发挥主力军的作用。因此，我国女性道德素质、文化素质的高低，在一定程度上决定整个中华民族的素质。

2. 有利于和谐社会的构建

研究汉代女性教育，有利于深刻认识女性的潜力，促进社会和谐的构建。社会和谐是社会各种因素协调良性发展的综合体现。和谐社会的构建需要各种关系的相互协调、相互配合有机统一地和谐发展，和谐社会的发展不仅包括人与自然的和谐发展、人与社会的和谐发展，而且包括人与人的和谐发展。而男女平等、性别比例均衡，是衡量社会"和谐"的一个重要指标。"在许多国家和地区，都出现了就业率低、女性受歧视的现象，而消除性别歧视、保证社会公平是我国建设和谐社会的必然要求，因此我们需要给予女性群体更多关注。"②显然，只有高度重视女性教育，充分发展女性教育，女性才能和男性一样在事实上平等地享有生存权、发展权；才能公平、公正地参与社会竞争、享有就业、择业的机会；才能达到真正的社会和谐。因此，加强女性教育，是增强女性自强意识、主体意识，实现男女事实上的平等、构建和谐社会的根本途径之一，这也是社会进步、时代发展的根本需求。研究表明，女性受教育的程度与社会发展水平、子女的成长质量成正比，与生育水平成反比。也就是说，女性受教育的程度越高，越有利于提高人口质量和控制人口数量，从而更有利于促进人与自然、社会的和谐发展。

（二）提高生产力的发展和推动社会文明进步

1. 推动"性别教育"的发展和人力资源的充分开发

研究汉代女性教育，有利于推动"性别教育"的发展。"所谓性别教育，是指教育人们正确对待性别差异，认清由社会结构、传统文化和制度带来的性别歧视霸权；让在政治、经济、历史和文化教育上处于弱势的

---

①曾竞. 浅谈中国女性教育的和谐性发展[J]. 当代教育论坛. 2008(07): 18-19.

②岳昌君. 高等教育与就业的性别比较[J]. 清华大学教育研究. 2010(06): 74-81.

女性发出自己的声音，并在日常社会生活中积极、主动地参与社会活动，行使自己的权利。实际上，这也是一种'淡化性别界限'和'跳出性别框架'的教育。这种性别教育对于解放妇女、发挥女性'半边天'的聪明才智至关重要。"①由于历史的原因，在我国"男尊女卑"的观念根深蒂固，女性教育一直没有受到应有的重视，导致我国至今没有把人口大国的劣势转化为人力资源大国的优势。"所谓人力资源，是指能够推动组织进步和经济发展的具有智力劳动和体力劳动能力的人的总和，它包括数量和质量两个方面。这是人力资源的狭义定义。从广义上说，只要有工作能力或将会有工作能力的人都可视为人力资源。"②要想达到人力资源大国的优势这个目标，第一，要加强女性教育，消除性别歧视。第二，建立健全男女性别的协调发展机制，推动"性别教育"发展，建立完善舆论监督机制。第三，女性要增强自我意识，树立科学发展观，树立自强自立、自尊自爱的价值理念。显然，女性的受教育程度，是社会经济发展水平与文明程度进步的重要标志。"早在1991年，世界银行的发展报告中就指出：'女性教育是经济和社会发展的关键之一'联合国统计资料也证明：妇女教育如果无法提到接近男子教育水平的程度，由于提高男子的教育水平而取得的社会效益就会被抵销掉。"③

步入知识经济时代，国与国之间的竞争最终其实就是人才的竞争，由此我国提出科教兴国、人才强国战略。因此，对于一个国家来说，人才资源是最宝贵的资源。"一般来说，人才是指在某一社会实践活动中，有一定认识问题和解决实际问题能力的人。从心理学角度讲，人才是指一个具有专门知识、技能的人，有成效地完成某种活动所应具备的一系列心理特征——能力、才能、天才等。"④教育是人类所特有的培养和造就人才的基本方式，是其他方式所无法取代的。"教育对人的主体意识的发展起着

①骆晓戈. 女性学[M]. 长沙: 湖南大学出版社. 2004:135.

②李中斌，张向前，郭爱英等. 人力资源管理[M]. 北京: 中国社会科学出版社. 2006:1.

③郑杰. 再谈女性教育问题[J]. 网络财富. 2009(05): 195–196.

④任平安，赵艳屏. 妇女心理学[M]. 沈阳: 辽宁大学出版社. 1986:57.

重要作用。在某种意义上，教育正是通过对人的道德、智力、能力的培养而提高人对自我的认识。"[1]教育推动社会的整体发展和人类自身的不断完善。"教育是决定人力资源良性存量状态的基本条件"。[2]一直以来，我国的女性人力资源没有得到科学合理的开发和利用，这是阻碍我国社会经济发展的重要因素。而提升女性社会地位，实现真正意义上的男女平等，需要先突破思想上的障碍与束缚，重视女性教育，提高女性自身素质是根本途径。

2. 有利于改变一些地区重男轻女的陈旧观念

研究汉代女性教育，有利于改变"重男轻女"的观念，有利于提高女性的地位。由于我国封建社会持续了两千多年，"重男轻女"的观念是几千年来形成的传统，一些地区尤为严重，家庭里上学男孩优先，许多农村的父母往往舍女孩而确保男孩的就学机会。这种现状无疑会阻碍经济的发展和中华民族素质的提高。还有一些地区的人们认为男孩才能传宗接代、光宗耀祖，而对女孩则强调"读的好不如嫁的好"；女孩即使有机会读书，也不被父母重视，有的甚至因家庭贫困而较早辍学。这种现象在偏远落后地区的农村尤为严重。据一项调查，农村初中女生的辍学率为5%，而高中女生辍学率则高达15-20%。"一项10省文盲情况调查表明，由于重男轻女，导致女孩失去识字机会的占10.3%。"[3]"另据1993年的统计，全国15到54岁女性人口中，大专以上文化程度仅占2.33%，高中文化占11%，初中或初中以下则占86%。"[4]虽然随着经济的发展，时代的进步，女孩的受教育水平有了长足的发展，但是现实情况仍然严峻，不容乐观。

据2006年有关部门统计表明：全国未入学适龄儿童403万人，其中女

①袁振国. 当代教育学[M]. 北京: 教育科学出版社. 2004:74.

②毛晓碚. 人力资源存量研究[M]. 北京: 社会科学文献出版社. 2007:166.

③王岱. 妇女扫盲教育与脱贫的相关性研究. 载自康泠. 妇女发展与对策6第四次全国妇女理论研讨会论文集[M]. 北京: 当代中国出版社. 1998:82-83.

④国家统计局人口与就业统计司. 中国人口年鉴1993[M]. 北京: 中国统计出版社. 1994: 195.

孩就有253.9万人，占60.3%；宁夏南部4县8乡抽检结果，女童的辍学率高达16.3%。由于历史传统的原因，中国女性的教育在教育史上一直不被重视。我国广大女性几乎占总人口数的一半，而且各地自然条件、教育状况、传统观念不同，女性受教育的水平也参差不齐，总而言之，女性教育是我国教育的一个薄弱环节，由于受教育程度的影响，女性对家庭、民族、社会的重要作用没有被充分发挥出来，女性人力资源的潜力没有被充分挖掘出来。"人的潜能的充分实现，必须通过教育、学习才有可能。但对教育潜能的开发，又必然受到种种条件特别是社会文化历史条件的限制。"[1]"重男轻女"观念就是限制教育潜能开发的重要因素之一。因此，只有加强女性教育，才能改变"重男轻女"的落后状况，提高女性的主体意识，从而更好地体现自己的人生价值和社会价值。

3. 创造公平的就业机会，提高生产力的发展

汉代女性虽然没有接受正规的学校教育，但是她们通过自己的积极努力，对社会做出了重要贡献，也曾在历史上产生过重要影响。汉代女性尚且如此，我们现代女性更应该努力实现自己的人生价值。我们现代女性应该拥有更多的就业机会，社会应该给女性提供足够的发展空间。2011年《女大学生就业创业状况调查报告》显示，女大学生中56.7%的人在求职过程中感到"女生的就业机会少"，更有91.9%的被访女大学生感受到用人单位存在明显的性别偏见。文东茅曾对1998年和2003年两次全国性高校毕业生教育、学业、就业做过性别比较，调查数据分析显示，"发现男女在学业成绩和就业收入等方面没有显著差异，只是在入学机会和就业率方面女性明显低于男性。"[2]尽管《就业促进法》明确规定，女性享有与男性平等的劳动权利，用人单位不得有性别歧视。但在现实中，女性求职者在应聘过程中，仍然有不少人会因为这样那样的原因，遭到用人单位拒绝。

---

①袁振国. 当代教育学[M]. 北京: 教育科学出版社. 2004:72.

②文东茅. 我国高等教育机会、学业及就业的性别比较[J]. 清华大学教育研究. 2005(05): 16-21.

虽然我国法律在保障女性权利方面比较健全，但是女性的现实状况与法律规定有一定差距，这就要求我们不断建立健全各种社会机制，促进相关政策的落实。据《中国教育报》载："不同学历、性别、专业属性之间的'签约率'和'确定去向的落实率'之间存在差异。女性的签约率和落实率均明显低于男性，2009年女性签约率下降比较明显，分别比2007年和2008年下降5.3个百分点和7.6个百分点，到2010年又回升到22.7%。"①由于女性在就业时受歧视，缺乏平等的机会参与社会竞争和对社会的贡献，所以就影响我国生产力的充分发展和社会的文明进步。久而久之，这种不公平的就业环境会成为阻碍经济发展和社会和谐的重要原因。

"'把男女平等作为促进我国社会发展的一项基本国策'是1995年中国政府向国际社会所作的庄严承诺。实现男女两性的共同发展，促进社会全面进步，具有深远的历史意义和重要的现实意义。重视女性教育，消除常规教育中无意识性别歧视现象，在当前教育模式中导入健康性别教育视角，无疑是关系到将男女平等的基本国策落到实处的大问题。"②

因此，本文研究汉代女性教育的目的，就是以史为鉴，起到抛砖引玉的作用，呼吁社会重视女性教育。大力加强女性教育，是中国政府的重要责任，也是完善中国教育制度和政策的有效措施，更是亟待解决的重要社会问题。我们期待在不久的将来女性在职场上有更多的发展空间、更积极的工作环境、更平等的就业机会。

结　语

步入知识经济时代，国与国之间的竞争最终其实就是人才的竞争，由此我国提出科教兴国、人才强国战略。教育是人类所特有的培养和造就人才的基本方式。纵观中国古代教育史，可以说中国是最早建立学校的

---

① 孙百才，徐敬建,高欣秀. 西部地区的吸引力持续增强[N]. 中国教育报. 2011/02/24.
② 骆晓戈. 女性学[M]. 长沙: 湖南大学出版社. 2004:136.

国家，早在四千多年前的夏朝，就建立了学校。但是作为占人口总数几乎一半的女性，却一直被排除在学校教育之外。由于古代"男尊女卑"的思想占主导地位，女性教育没有受到应有的重视，因此女性的作用就没有被充分发挥出来。本文以汉代女性教育为研究对象，这里的教育是指广义的教育。本文就是从汉代女性发展的背景、表现、模式、内容、社会影响等方面对汉代女性教育展开探讨，从而肯定了汉代女性对当时社会的重要贡献。目的是想以此文引起人们对女性教育重要性的广泛关注，以古鉴今。

汉代女性虽然没有受到过正规的学校教育，但是并不意味着她们没有接受教育，她们接受的是来自家庭、宫廷、社会等多种形式的教育。她们的教育内容也比较丰富，包括女德教育、女红教育、礼仪教育、经史书算教育、艺术教育等。尽管汉代女性当时没有接受过正规的学校教育，但是她们以不同的方式为社会做出了重要贡献。例如为汉代经济做出贡献的广大纺织女性，汉代的政坛女杰：邓绥、冯嫽、缇萦，和亲的女性等；汉代文化上做出贡献的才女：班昭、蔡文姬等。

由于我国女性教育一直没有受到应有的关注和重视，女性人才的潜力就没有被充分挖掘出来，她们对家庭、社会的作用就没有充分发挥出来。因此，研究汉代女性教育有重要的现实意义和深远的历史意义。在某种程度上，女性的素质决定整个中华民族的素质，本文基于对汉代女性教育研究的探讨，把重视女性教育的现实意义归纳了以下几点：

第一、有利于提高全民族素质，促进女性自身发展，有利于和谐社会的构建。

第二、推动"性别教育"的发展和女性人力资源的充分开发。

第三、有利于改变一些地区重男轻女的陈旧观念，推动社会文明进步。

第四、有利于改变就业歧视，创造公平的就业机会，提高生产力的发展。

总之，重视女性教育，意义重大，关乎国家前途命运。以后我会继续关注女性教育、女性的发展，搞一些有关女性现状的社会问卷调研，掌握有关女性教育、生存状况的第一手资料，做一些有现实意义的研究课题，为促进我国女性教育的发展尽绵薄之力。

（本文作者为包头师范学院历史文化学院2011届秦汉史方向的研究生，指导教师为郝建平教授）

两汉时期地方官学的发展研究

◇ 刘　杨

前　言

（一）选题的意义

中国作为四大文明古国之一，和中国历来注重教育是分不开的，而汉代教育在古代教育中一直占有非常重要的地位。虽然汉代地方官学的地位不及太学，但其在教化方面发挥着不可忽视的作用。

汉代教育的发展主要表现在官学与私学的繁荣发展上，它创造了相当发达的精神文明和物质文明。在汉代，无论是太学还是地方官学，都投入了一定的人力、物力和财力用于兴办和发展教育，故而形成了从中央到地方的官学体系。汉初由于需要稳定政权和恢复经济，实行黄老政治，直到武帝实行"罢黜百家，独尊儒术"的政策之后，在中央建立太学、地方上令全国各郡县设立学校，自此地方官学逐步发展壮大。汉代官学的建立和发展，标志着中国封建官学制度的确立。虽然汉代地方官学属于中国古代地方官学的草创阶段，但是它仍为日后各朝各代的地方官办学校制度提供了基本框架，并被历代所沿用，在我国古代教育史上占有极其重要的地位。然而从古至今，学者对太学的研究数不胜数，但对汉代地方官学的研究却寥寥无几，它在汉代教育体系中处于非常尴尬的地位，相对于中央太学来说，无论是在中央政府的重视程度上，还是在师资、规章制度上等，远不如太学；相对于私学来说，它没有像私学一样的名噪一时的师资和源源不断的生源。正是因为这些不足，导致其呈现各地方办学水平参差不齐、区域分布不均以及发展不平衡的特点。

总的来说，在汉代教育研究中，汉代地方官学的建立在中国古代学校教育中占有着重要作用，虽然汉代地方官学属于中国古代地方官学的草创阶段，但是它仍为日后各朝各代的地方官办学校制度提供了基本框架，并被历代所沿用。而作为一名师范类院校学生的我，除了学习现代教育理论和专业知识外，还应该以史为鉴，在继承的基础上寻求创新。而汉代地方官学的研究正是能够为历代甚至是现代提供经验及教训，批判地吸收其合理因素，为我们现在的教育改革提供经验，具有一定的现实意义。例如汉代地方官学对教师的要求、对学生的激励政策等，都能够为现代地方教育提供经验。

（二）研究现状

关于两汉地方官学的研究，并没有专著进行系统的介绍，虽然《史记》以及《汉书》的《艺文志》《后汉书》的《儒林传》保存了知识阶层的教育活动和学习内容，但并没有对地方官学进行系统的介绍。直到唐代，杜佑开始关注学校制度，他在《通典》中将其归为选举制度加以论述，并对秦汉时期教育相关内容进行了介绍。宋代徐天麟《西汉会要》与《东汉会要》将汉代教育相关的内容归入学校一类，也是研究汉代教育的较为便利的史籍。宋元之际的历史学家马端临在《文献统考·学校考》中对汉代太学、鸿都门学以及地方官学的相关内容进行了介绍，为后世研究打下了坚实的基础。清朝也有不少学者对《史记》《汉书》《后汉书》作了深入研究，取得了巨大成果，如钱大昕的《廿二史考异》等，这些史籍中关于汉代教育内容的记载是我们研究汉代教育的重要基础。除此之外，在《尹湾汉墓简牍》（中华书局，1997年版）和《张家山汉墓竹简（二四七号墓）释文修订本》（文物出版社，2006年版）对地方官学的相关内容也有部分介绍。

到了近代，许多有关汉代学校的著作出现。如周予同先生的《中国学校制度》（商务印书馆1933年版）系统地研究汉代教育制度，其中包括对郡国学校的相关介绍。还有蔡芹香先生的《中国学制史》（世界书局1933年版）对地方官学也做了综述性的介绍。吕思勉先生虽没有这方面的专著，但在他的《秦汉史》（商务印书馆，2010年版）中拿出一个专题进行了系统研究。虽然这些书籍都有对汉代地方官学进行介绍的内容，但所占的篇幅很小。

时至当代，中国教育史研究进入新的发展阶段。其中由李国均、王炳照主编，俞启定、施克灿共同完成的《中国教育制度通史·先秦、秦汉卷》（山东教育出版社，2000年版）论述了汉代的文教政策、学校教育制度等，并系统地介绍了地方官学的设置、教化功能等内容。毛礼锐、沈灌群主编的《中国教育通史》（山东教育出版社，1986年版）对汉代的文教政策和官学制度做了系统的介绍。刘霄《汉代教育文化》（河南文艺出版社，2008年版）中，对汉代的学校系统、学术风气等也做了细致的论述。孙培青主编的《中国教育管理史》（人民教育出版社，2013年版），该书主要研究教育管理制度、管理方法的产生、发展变化的历史过程。其中对汉代的文教政策以及学校管理进行介绍，还指出正式生与非正式生的差别待遇问题。郝建平教授的《教育与两汉社会的整合研究》（中华书局，2014年版），该书在广泛收集史料的基础上，运用多种学科交叉研究的方法，详细介绍了汉代教育发展以及教育与政治、经济、文化的互动。通过这些著作可看出，学者们对地方官学的研究逐渐重视起来。

除此之外，姜维公的《汉代学制研究》（吉林大学2004年）也对汉代地方郡县学的发展进行了考察。曾泽的《汉代地方官学研究》（陕西师范大学2014年）中对地方官学的兴起与发展、体系设置、特点与影响进行介绍。我在此研究的基础上，对西汉末期教师的工资进行了估算，并且将地方官学的影响做了更细化的总结。还有张连生《汉代江苏地区教育概述》（《扬州大学学报》2000年第3期），鞠传文《汉代教育制度与汉代文学创作》（山东大学，2011年），郭海燕《汉代平民教育》（山东大学2011年）和《汉代地方官学略论》（《湖北工程学院学报》2013年第3期）都有涉及到汉代的地方官学的部分介绍，这些文章的发表为汉代地方官学的研究做了贡献。还有一些研究生在2018年的学位论文中，也专门分出一章对地方官学做了相关的介绍，如何静苗的《汉代河西治理研究》（兰州大学硕士学位论文，2018年）以及郭欣欣的《西汉郡县治理研究》（陕西师范大学硕士学位论文，2018年）等。

综上，前人对两汉教育制度的研究主要集中在中央太学、私学上，对地方官学的研究主要附于通史中，且所占比重非常小。而汉代地方官学作为汉代官学体系中的重要组成部分，对后代的官学教育体系的建立有重要的借鉴意义，应对其做进一步研究。

（三）文章的基本框架、思路及创新之处

本文以东西两汉为时间断代，在前人研究的基础上，搜集更多的文献资料对其整理和分析，以地方官学的发展为切入点，将文章主体分为四部分，介绍地方官学从西汉到东汉是如何发展的。在第一部分"汉代官学的教育概况及教育目的"中，主要介绍了从西汉到东汉官学在中央和地方发展的状况以及其培养人才和教化子民的目的。第二部分"两汉时期地方官学的发展"主要介绍了文翁作为中国历史上第一个创立公立学校的人，其事件影响深远，并考察了公立学校从西汉到东汉，其规模、分布区域（通过地图可以更直观的看出）等的变化展现学校的发展。第三部分"汉代地方官学的师资和生源"主要论证了地方官学的规模、师资、生源及教学内容。第四部分"汉代地方官学发展的影响及启示"主要是在前面论述的基础之上，进行了归纳总结。最后一部分"结语"，总结全文，归纳论点。

本文的创新之处有：第一，将地方官学的影响、启示以及对郡文学俸禄的推断作为创新点来写；第二，本文以"发展"为中心词，论述地方官学从西汉到东汉是如何发展，从规模、分布区域的变化上体现其发展，以此展现汉代地方官学在整个大汉王朝教育中的作用。

一、汉代官学的教育概况及教育目的

汉代教育是封建教育发展的蓬勃时期，在我国古代占据重要地位，它作为上层建筑的重要组成部分，不仅仅是受政治发展的约束，同时也促进政治的发展，毕竟教育的发展有其自身的规律，并不是完全受政治的约束而发展。汉代教育的发展是一个循序渐进的过程，即使是西汉衰微和新莽时期，教育也呈平稳发展的趋势。

（一）汉代官学教育的发展概况

1.西汉时期官学教育的发展概况

西汉初期，由于经过陈胜吴广起义和楚汉相争长期战乱的洗礼，经济凋敝，人口锐减，生产萎缩，物资匮乏，物价飞涨，如果不经过长时间的"疗伤"，根本就没有实力来办教育。而且当时中央集权尚没得到巩固，加上朝廷存在内忧外患的情况，所以统治者也无暇顾及兴办官学。在这种情况下，汉代统治阶级为了巩固政权，陆贾提出了与民休息的"无为之治"与文武并用，并在萧何任汉相时，继续推行了黄老之术，使得经济得到了迅速的恢复和发展，并出现了历史上著名的"文景之治"。在这里也不得不说，西汉初年，在黄老之学占优势的情况下，使得儒学也逐步恢复起来。早在秦汉时期的农民起义，就有许多儒生投奔了刘邦，但是由于刘邦不喜欢这个群体，所以没有受到重用。后来随着儒生在政治上的作用越来越凸显时，他不得不重视儒生，尤其是开国之初，叔孙通和陆贾对他起到了一定的影响：叔孙通曾率领弟子归附汉高祖，由于其政绩突出，颇受高祖赏识，因而他和弟子纷纷得到提拔。同样，陆贾也因推动了无为政策的实施，而受到了重用，后来就有汉初的儒家编写了许多论文，这为以后儒学的发展起到了积极的作用。尤其是在惠、文两帝时期，"惠帝时，使除挟书之令，当时叔孙通以儒宗见称。文帝颇征用儒者，置博士，教授诸生；于诸博士中选聪明威重者一人为祭酒，总领纲纪。"①这也说明即使在当时"景帝则不任儒生，窦太后最好黄老"②的情况下，汉初儒家思想也在夹缝中得到了初步的萌芽，与此同时也说明在古代一个时期实行什么样的政策，与掌权者的喜好有直接的关系。

到了武帝时期，这位雄才大略的皇帝接受了董仲舒和布衣宰相公孙弘两大才臣的建议，开始建立学校。中央建太学，地方政府在武帝的倡导下

---

① 蔡芹香. 中国学制史[M]. 上海: 世界书局. 1933:24.

② 蔡芹香. 中国学制史[M]. 上海: 世界书局. 1933:24.

也积极创办郡国学，使教育得到初步的发展。在其之后的昭帝、宣帝、元帝、成帝时期儒学得到了进一步的发展，尤其是元帝好儒学，只要是能精通一经的学者都被聘为地方官学的老师。地方官学在西汉时期也有了小规模的发展，直到30多年后王莽篡位，西汉灭亡。

2.东汉时期官学教育的发展概况

到了东汉以后，官学才得到了逐步发展。东汉建立者光武帝刘秀，由于他曾经到长安游学，深受儒家思想的影响，即使在经济困难的时期，仍在洛阳创办太学；除此之外此时的地方官学相较于西汉时期也逐步发展起来，如魏应、杨伦等都曾担任郡文学，尤其是在明帝时期，地方教育的发展是东汉的鼎盛阶段，各级地方官吏纷纷创办地方官学，地方官学如雨后春笋般茁壮成长。而且明帝本人就好儒学，通晓《春秋》和《尚书》，在闲暇时间甚至会亲自讲授经学知识，也是这一时期，匈奴派遣弟子来京师游学，可见当时教育的发达程度。东汉的教育发展相较于西汉有一大进步是县学校在此时发展了起来，甚至出现一个郡往往不止一个县设有学校的情况。如广汉郡的什邡，左冯翊的高陵，会稽的余姚等县都设立了官学学校，甚至基层单位亭也设立了官学学校，如陈留郡蒲亭都有学官的设立。但在安帝时期，"学政废弛，校舍颓废。至顺帝复兴学政，更修黉宇……为往古仅见之大校舍也。"①在后期由于政治日趋腐化，统治阶层内部忙于权利的争夺，对教育的重视远不如以前，地方官吏对兴办地方官学的积极性也逐渐消减，地方官学的发展步伐也减慢了。即使在灵帝时期做了一些努力，但起到的作用微乎其微。从这里也可以看出汉代教育的发展，除了与当时的政治背景有很大的关系外，统治者对教育的重视程度及其爱好也起着决定性作用。

除了以上说到的汉代教育的发展，统治者起决定作用之外，汉代教育的繁荣发展，还体现在学生人数的变化以及学生的住宿等方面。

在汉代，太学生名额的设置各朝代有所不同：在汉武帝元朔五年为

---

①蔡芹香. 中国学制史[M]. 上海: 世界书局. 1933:25.

50人；昭帝时增加到了百人；宣帝末年，数量增加为二百人；元帝爱好儒家经典，儒生增加到千人；成帝末年，儒生的数量甚至增至三千人；平帝时学生人数亦有所增加。到了东汉初年，尤以光武帝、明帝、章帝更甚，他们爱好儒学，太学生的人数也日益增加，并且当时的官吏和学者都喜欢收受学生，所以在顺帝（126-144年）以后，太学生的人数竟达到三万余人，甚至远及匈奴也派遣子弟入太学学习，这种盛况在中国古代教育史上也是极为辉煌的一页。随之而来的问题也出现了，由于太学生的逐年增加，太学房舍出现了供不应求的状况。尤其是在顺帝后，虽然太学有二百四十房，一千八百五十室，也不能容纳三万余人的太学生，他们就不得不自行在太学附近租赁房舍居住。

（二）汉代发展官学教育的目的

所谓汉代教育的目的，其实就是指统治者以教育为手段，达到统一人民群众思想的效果，从而使国家稳定运行。无论是社会教化还是培养人才，其出发点都是达到国家政权稳定运行的政治目的，通过教育的统一，以儒家经典为唯一教科书和考试内容，固化思想，既可以为国家培养大量的才臣，也达到了国家长治久安的目的。

1.教化子民，移风易俗

汉代教育的首要目的就是教化子民。提到汉代的社会教化，不得不提到汉代的文教政策，它是由"国家政府制定、颁布和施行的发展文化教育事业的总方针或总策略，它体现了一定社会、不同历史时期教育的性质、任务和基本内容，规定了办学的总的指导思想，也影响着学校教育的体制、发展规模和侧重点，是教育制度的重要组成部分，具有纲领性的意义。"①也就是说，汉代统治者利用文教政策来引导、协调、规范和推动当时文化教育发展，于此同时，也起到了引导和规范人民群众道德品质和行为举止的作用。从这里可以看出，文教政策是为统治阶级服务、维护统治阶级利益而制定的，同时这种政策的施行，也是中央政府利用儒家思

①毛礼锐: 中国教育史简编[M]. 北京: 教育科学出版社. 1984:2.

想，来统一人们的思想，以达到稳定统治和加强中央集权的目的。所以说，每个朝代的文教政策不外乎是为了更好地为统治阶级服务，维护专制主义中央集权的稳定发展而制定的。

在汉代之前，教育对人的教化就备受重视。在《诗·小雅·绵蛮》中，每段诗文中的后两句都写了"饮之食之，教之诲之"这一句，可见作者将教化与饮食放在了同等重要的位置。而在《汉书·食货志》中有："食足货通，然后国实民富，而教化成"和"殷周之盛，《诗》、《书》所述，要在安民，富而教之"的记载。从这两句中可以看出，经济的发展可以促使社会教化的实施，以建立良好的社会风气，促进国家的长治久安局面的形成，可见教化在当时社会上有着举足轻重的地位。

同样，汉朝的统治者为了稳定社会统治也比较重视社会教化对人的影响，他们是社会教化政策的最高制定者。汉代许多的统治者针对社会教化采取措施或颁布诏令，例如，"昭帝即位六年，诏郡国举贤良文学之士，问以民所疾苦，教化之要。皆对愿罢盐铁酒榷均输官，毋与天下争利，视以俭节，然后教化可兴"[1]，将教化百姓放在首位。平帝时也颁布诏令，提出了教化对宗室子弟也极其重要，可见教化对各阶层人都起着重要的作用。

在《史记·乐书》中写到："天地之道，寒暑不时则疾，风雨不节则饥。教者，民之寒暑也，教不时则伤世。事者，民之风雨也，事不节则无功。"司马迁将教化与天道、气候变化相结合作比对，认为教化不时则"伤世"，由此可见教化的重要性。《诗经·周南·关雎序》曰："美教化，移风俗。"可见教化的实施可以移风易俗，通过教化民众，以达到社会的长治久安。

以史为镜，可以知兴替。西汉建立之后，经过六十多年的恢复与发展，政治、经济、文化都得到了恢复。在这些条件日益成熟的情况下，汉武帝执政后，他吸取秦朝"焚书坑儒、以法为教、以吏为师"的经验教

---

①班固. 汉书[M]. 北京: 中华书局. 1962:1176.

训，更加强化了社会教化的重要性，并将其作为治理教育的基本方针，特别是他的儒臣董仲舒的《对贤良策》给汉武帝提出的建议中指出了德教的重要性：

凡以教化不立而万民不正也。夫万民之从利也，如水之走下，不以教化堤防之，不能止也。是故教化立而奸邪皆止者，其堤防完也；教化废而奸邪并出，刑罚不能胜者，其堤防坏也。古之王者明于此，是故南面而治天下，莫不以教化为大务。①

董仲舒明确地提出了国家的长治久安、人们道德品行的约束，离不开社会教化。正如"堤防"可以防止洪水泛滥，教化可以防止"奸邪"，教化不成，则"奸邪"生，"刑罚不能胜"，所以教化是国之"大务"，也是治理之本，关系着社会的长治久安。把教化与国家兴亡联系在一起，可见教化极其重要。可以说董仲舒"独尊儒术"的建议和兴立太学、创办郡国学的措施，使汉代形成了崇尚儒术，重视教化的局面，反过来说，也正是统治者重视教化，才确立起了独尊儒术的方针。当然这并不意味着放弃了刑法律令，而是形成了适合当时统治需要的"外儒内法"，也就是说，将两者相结合，相互作用，发挥其作用。到了东汉，教化已经形成一种社会风气，广泛行之于社会。

除此之外，汉承秦制，在地方设置"三老"，掌管教化。"三老"是一种乡官，是中央集权统治机构的基层组织中的官职之一。据记载，汉代的乡、亭也极其重视教化，并成为教化的重要场所。汉代在三老的选择上也有一定的标准，三老必须是德高望重、在乡里有一定威望的人担任，在《后汉书·秦彭传》中写到："有尊奉教化者，擢为乡三老。"

与此同时，汉代的三老职责明确。《后汉书·百官志》中描述："三老掌教化，凡有孝子顺孙，贞女义妇，让财救患，及学士为民法式者，皆扁表其门，以兴善行。"这里体现出了，三老的职责主要是表彰那些孝顺、讲义气、做善事的好人。同时，在《尹湾汉墓简牍》中记载："县三

---

①班固. 汉书[M]. 北京: 中华书局. 1962:2503.

老三十人，乡三老百七十人……"①从以上的记载可以看出，当时县、乡都已经设置三老来掌管教化，并且人数众多，从侧面也反映出当时统治者对社会教化的重视。

文教政策是教育发展的核心。汉代的统治者对文教政策的制定是非常重视的，甚至皇帝会亲自参与文教政策的制定，最终制定出符合自身发展和社会需要的文化发展方针。我国古代文教政策鼓励官学的发展，所以才有了汉代官学的建立和繁荣发展，从而为国家培养了大量的人才，这些由官学培养出来的人才，成为了中央选拔官吏的主要来源，从此影响后世两千多年的文教政策形成了。虽然在两汉之后，历代王朝对其做了一些修改和补充，但其本质上是没有改变的，依然是以崇尚儒家思想作为封建统治阶级创办教育和培养人才的工具。而且自从武帝实行"独尊儒术"的政策以后，汉代的教育得到了空前的发展，并逐渐建立了中央和地方的学校制度，为以后历代封建王朝的学校制度的发展奠定了初步基础。

2.培养人才

汉代教育的另一目的是培养人才，为国家的官吏选拔提供大量的后备力量。也正是统治者对教化和人才培养的重视，汉武帝于元朔五年（公元前124年）"夏六月，诏曰：盖闻导民以礼，风之以乐，今礼坏乐崩，朕甚闵焉。故详延天下方闻之士，咸荐诸朝。其令礼官劝学，讲义洽闻，举遗兴礼，以为天下先。太常其议予博士弟子，崇乡党之化，以厉贤才焉。"②这里说到了教育首先要重教化，然后才"厉贤才"，而且董仲舒也提出了"故养士之大者，莫大乎太学；太学者，贤士之所关也，教化之本原也。……臣愿陛下兴太学，置明师，以养天下之士，数考问以尽其材，则英俊宜可得矣。"③从这里可以看出，通过办教育可以培养人才，从而为中央输送了大量的符合统治者要求的青年才俊。

①连云港市博物馆等. 尹湾汉墓简牍·尹湾六号汉墓出土木牍[M]. 北京: 中华书局. 1997:77.

②班固. 汉书[M]. 北京: 中华书局. 1962:171–172.

③班固. 汉书[M]. 北京: 中华书局. 1962:2512.

　　所以说教育的目的无论是社会教化还是培养人才，它都为统治者提供了大量的人才同时，也达到了国家长治久安的目的。

二、两汉时期地方官学的发展

　　汉代地方官学是指由地方政府主办的学校教育，根据行政制度可划分为州学、郡学、县学三级地方官学。西汉建立之初，继承了秦朝的地方行政制度，实行的是郡县二级制，到了东汉，逐渐形成了州（国）郡县三级制。两汉时期的地方官学是按地方行政区划设置的，在郡国设"学"，县、道、邑设"校"，乡设"庠"，聚设"序"。学与校程度相当，属于中学性质；庠与序程度相当，属于小学性质，比学和校低一级。这里所说的中学和小学并不是指现在我们所说的中小学，而是根据教学程度的高低而定的[①]。

　　两汉地方官学的发展，体现在学校的数量、规模以及区域分布的变化上。通过发展地方官学，以起到移风易俗、推进当地社会教化以及为国家培养官吏后备力量的作用，与此同时也使得地方的发展更加稳定。并且汉代官学的建立是开中国封建教育制度之先河，以后各朝代就沿着汉代教育的发展模式继续完善和发展。毛礼锐、沈灌群主编的《中国教育通史》即认为："汉代官学的建立，标志着中国封建官学制度的确立，以后中国的封建官学就循着他的形式与格局继续完善、发展。"可见汉代官学的重要性以及对后代的影响之深。

　　（一）西汉时期地方官学的萌芽与初步发展

　　1.西汉时期地方官学的萌芽

　　西汉初期，由于经过了战争的洗礼，经济凋敝，中央集权尚不稳固，根本无暇顾及教育，直至武帝时，经济逐渐恢复，政权统一，才开始兴办教育。但是地方官学的萌芽是在景帝末年，当时文翁任蜀郡（今四川）太守，他深感蜀郡偏僻、荒芜，文化落后，人称"蜀地辟陋有蛮夷之

---

①毛礼锐，沈灌群. 中国教育通史（2）[M]. 济南: 山东教育出版社. 1986:93.

风"①。再加上交通闭塞，就像李白的《蜀道难》中说的："蜀道难，难于上青天！……尔来四万八千岁，不与秦塞通人烟。"可以看出在蜀地人们想与外地交流沟通是非常困难的，而且当时的蜀地有"民食稻鱼，亡凶年忧，俗不愁苦，而轻易淫佚，柔弱褊厄"②之称。为了改变蜀郡文化落后的状况，文翁着手发展教育。首先他从属县中选择了有聪明才智的张叔等十余人到京师学习先进的中原文化，由于当时没实行博士弟子制度，派遣到京师学习的学生需要缴纳学费，所以文翁倡导"减省少府用度"③，将省下来的钱带给博士以充当学费。这一举措鼓励了学生学习的积极性，减轻了学生及家长的经济压力，同时也为后来创办地方官学的官员提供了思路。在被派去京师学习的有才之士学成之后，回到四川，根据学习成绩给予学生不同的官职。其次，文翁"又修起学官于成都市中，招下县子弟以为学官弟子，为除更徭"④，学成后按成绩高低任职，"高者以补郡县吏，次为孝弟力田。"与此同时，文翁为了加强学生的基层工作能力，在处理政务的时候，选一些学生伴于左右协助他，更甚的是，在他去县里考察时，带上弟子和他一起出行，这既可以加强学生的实践能力和提高社会地位，也让学生对广大人民群众的生存状况有了进一步的了解。也正是因为文翁实行的一系列的措施和政策，才促使大量官吏的子弟和广大人民群众积极投入到学习中去，对改变当地的精神面貌产生了积极影响。

综上所述，文翁兴办地方官学的措施产生了一系列的积极影响。第一，通过免除学生的徭役和节省政府开销，减轻了家长及学生的经济负担，同时也开创了官学子弟免除差役的制度先河，这些无不鼓舞了民众的向学之风，也刺激了学生们学习的积极性。文翁以"利禄"作为吸引人们向学的筹码，在此时此地无疑是非常巧妙的。这一制度在蜀郡起自文翁，一直延续到东汉，如东汉杨终，"蜀郡成都人也。年十三，为郡小吏，太

①班固. 汉书[M]. 北京: 中华书局. 1962:3625.

②班固. 汉书[M]. 北京: 中华书局. 1962:1645.

③班固. 汉书[M]. 北京: 中华书局. 1962:3625.

④班固. 汉书[M]. 北京: 中华书局. 1962:3625.

守奇其才，遣诣京师受业，习《春秋》"①，他的做法与当时文翁的做法如出一辙。第二，文翁兴办地方官学，使大量地方上的民众享有接受教育的权利，使蜀郡教育开化，为国家官吏的选拔提供了大量的人才，也提高了蜀郡地方官员以及教师的整体素质，这对地方政府办事效率的提高和郡国学校教学质量的提高都有着积极作用。第三，通过创办学校，使四川从原来的"蛮夷之风"变成现在的"蜀地学于京师者比齐鲁焉"②，使蜀郡的教育得到了发展，摘掉了蜀郡文化落后的帽子，并把中原文化带到了巴蜀地区，促进了文化的传播。也正是地方教育的发展，使得蜀郡名声大噪，在武帝继位后不久，诏令"天下郡国皆立学校官③"。最后，文翁注重培养学生处理政务的能力和实践能力。他经常选一些学官僮子和他处理政务，并且每次出行巡视各县的时候，都会带领有才能的学官诸生同行。文翁带领学生出行，他们直接与基层群众接触了解实情的做法不仅便于地方的管理和稳固地方的统治，而且为强化学生基层工作能力、积累了大量的社会经验打下基础。所以说，文翁兴办官学是非常成功的，他摘掉了蜀郡文化落后的"帽子"，此举也促使由中央政府统一管辖的封建社会的地方官学的产生，使汉代教育逐渐迈入正规化、系统化，并形成了中央与地方的学制系统，对以后各朝各代地方官学学校制度的发展产生了重大的影响。更让我们值得佩服的是，文翁在如此艰苦的条件下，创立了中国历史上第一所公立学校，由他任校长将地方教育事业发展成这样，其精神令人折服，所以当地的吏民为他建祠堂，以歌颂其功德。

文翁创办公立学校开启了汉代甚至以后各朝各代建立地方官学的模式，他既是在地方创办公立学校的先驱，也是以后各朝各代创办地方官学的典范。虽未能得到普及，但作为由朝廷统一管理的封建社会的地方官学，却由此产生。文翁于成都创立公立学校，将儒学正式纳入地方官学体系，至汉武帝时，在此基础上吸取其经验，再加上董仲舒的倡议，下令全

①范晔. 后汉书[M]. 北京: 中华书局. 1965:1597.

②班固. 汉书[M]. 北京: 中华书局. 1962:3625.

③班固. 汉书[M]. 北京: 中华书局. 1962:3625.

国设立地方官学。

2.西汉时期地方官学的初步发展

西汉时期地方官学的建立和发展并没得到普及，它属于地方官学的萌芽和初步发展时期。从景帝时期文翁在蜀郡创办官学到武帝令全国各地设立学校，这是中国古代历史上第一次官方发布的建立地方官学的诏令。随后的昭帝、宣帝、元帝、成帝时期地方官学有了小规模的发展，但此时的地方官学并没有制度性的规定，直到汉平帝元始三年（公元3年）才开始建立了地方官学制度。学校的规模、数量相较之前也有所变化，区域的分布也越来越广，这可以看出，虽然西汉时期的地方官学的建立和发展没得到普及，但在规模、人数以及区域分布上也有了初步的发展，尤其是在制度上的变化有了质的飞跃。

（1）西汉时期地方官学的制度性变化发展

汉代地方官学的发展也有一个循序渐进的过程。在刘邦称帝之初，陆贾曾提到过创建地方学校的主张："民知畏法而无礼义，于是中圣乃设辟雍、庠、序之教，以正上下仪，明父子之义，君臣之义，使强不凌弱，众不暴寡，弃贪鄙之心，兴清洁之行。"[1]这是陆贾在西汉之初提出的用建学校来教化民众的建议，可见在西汉建立之初，就有一部分有识之士意识到在地方发展官方教育的重要性。但是由于西汉初年经济凋敝，政治上对内削藩，对外需要应对匈奴的侵扰，统治者无暇顾及教育。后来在文帝执政时期，贾山提出了"定明堂，造太学，修先王之道"以及晁错等也提出了皇帝及太子接受教育的重要性，虽然在当时没有付诸实践，但对之后官学的建立起到了重要作用。武帝时期，董仲舒再次提出了建立学校的重要性，还阐明了"设庠序以化于邑"，以达到"教化行而习俗美"[2]的目的，要求在地方也应该建立学校发展教育。

汉武帝即位后，在经济得到了恢复和发展、政权稳定的前提下，开始

---

①陆贾撰,王利器校注. 新语校注. 新编诸子集成[M]. 北京: 中华书局. 1986:17.

②班固. 汉书[M]. 北京: 中华书局. 1962:2503.

着手发展教育。在中央建立太学，地方上由于文翁创办的地方官学影响巨大，这一做法得到了武帝的赞赏，"乃令天下郡国皆立学校官"①，这是中国古代教育史上第一次由皇帝亲自下达的有关地方创办官学的诏令。这一诏令在《史记》和《汉书·武帝纪》中并没有记载，而是在《汉书·循吏传·文翁传》中有所记载，但是在《汉书》的人物传记中可以发现，地方上只有一部分郡国里设有学校和郡文学，并不是诏令一经下达全国各地都设立郡国学校，那这又是为什么呢？实际上要使天下郡国皆设立学校是十分困难的，首先武帝令全国各地设立学校，只是发出各地方官积极办学的号召，并没有给予足够的关注和制定相关的制度来管理地方官学的建立和发展，办不办学校全凭地方官员自己的意愿而决定，就像文翁兴学也只是属于个人行为；其次，兴办郡国学校需要一定的人力、物力和财力上的支持，而各地方的经济发展比较落后，中央号召兴办学校又没有给予财务上的支持，这对于地方兴学也是极为困难的一件事。虽然没有制度性的明确规定，但也为地方官学的创办提供了保障，增强了地方官员对办学的信心，使一部分地方官员纷纷投入到兴学这件事情中。自此以后，郡县学校的规模逐步扩大，如汉昭帝、汉宣帝、汉元帝、汉成帝时部分郡县出现了文学官，但此时的地方官学尚未成型，它没有学制上的规定，也没有普及到各个郡县，它只是部分郡县的地方官员由于热衷兴学，而建立的儒者集会的场所，直到平帝时期，地方官学才有了制度上的变化。

西汉时期地方官学的发展离不开统治者对教育的重视，而西汉政府曾三次颁布了有关兴建地方官学的命令就体现了这一点。第一次是文翁兴学取得巨大的成功得到了武帝的赞赏，在他执政后，令全国各地设立学校，虽然在《汉书·武帝纪》中并没有提到地方官学的建立状况，但是在《汉书·循吏传·文翁》中提到："至武帝时，乃令天下郡国皆立学校官，自文翁为之始云。"还有就是在《汉书》的人物传记也有所体现，如儿宽、隽不疑、何武等都在地方任郡文学。在皇帝颁布诏令后，一些地方官

①班固. 汉书[M]. 北京: 中华书局. 1962:3626.

纷纷效仿文翁，开始在各地区创办郡国学。第二次是在元帝时，令"郡国置《五经》百石卒史"①。这里的《五经》百石卒史和我们平时所说的郡文学、郡文学卒吏、郡文学掾、郡文学史等是同一个职官的不同称谓，都要承担地方官学的教学任务，尤其是在元帝之后，其教师身份更突出。在这之前关于地方官学的教师工资并没有明确的记载和规定，这是中国古代教育史上第一次由中央政府制定的地方官学老师的俸禄。通过政府的明令规定地方学校的老师的工资，来体现统治者对教育的重视，鼓励地方的官吏和有才之士积极投身于地方官学的创办和培养人才的事业中，不仅对地方教育的发展起到了积极作用，也为国家培养了大量的人才。第三次是在汉平帝元始三年（公元3年），由王莽提倡和主持，朝廷颁布地方官学制度。据史书记载："立官稷及学官。郡国曰学，县、道、邑、侯国曰校。校、学置经师一人。乡曰庠，聚曰序。序、庠置《孝经》师一人。"②在此之前，地方官学尚未成型，它没有学制的规定，它只是部分郡县的地方官员由于热衷兴学，而建立的儒者集会的场所，直到元始三年，朝廷颁布了地方官学制度，地方官学才有了制度上的变化。从这里可以看出，地方官学的创办由郡国延伸到乡里，并明确了老师要分科教学以及教授内容。在前文中说到了两汉时期的地方官学学校的设立是按当时的地方行政区划而设置的，而不同级别的行政单位，所设置的学校属性也不同，根据教学程度的高低有中学和小学之分。也就是说，当时地方政府所创办的中学与小学已经初步形成，同时这也为东汉州、县学校的建立奠定初步的基础。

综上所述，西汉时期的地方官学无论是其建立和发展，还是学校制度的形成，都是在不断地摸索中前进。西汉政府通过一次次的颁布有关地方官学的诏令，使地方官学的发展在制度上有了质的飞跃。在平帝元始三年之前的地方官学没有中央政府的颁布的制度性规定，任其发展，到平帝时期地方官学已经逐渐体系化，这体现了地方官学在制度上的变化，也正是

①班固. 汉书[M]. 北京: 中华书局. 1962:3596.
②班固. 汉书[M]. 北京: 中华书局. 1962:355.

这种变化为东汉及以后的各朝各代地方官学的建立和发展提供了经验。

（2）西汉时期地方官学的规模、数量以及区域分布的发展

西汉时期地方官学的发展变化不仅体现在制度上，还体现在数量，规模和地域分布上。即使在地方官学没有普及的情况下，地方官学数量也逐年增加，规模也逐步扩大，区域的分布也越来越广，具体表现如下。

在武帝时期，地方已出现"郡文学"，如千乘（属青州，今山东高青东北）人兒宽，"治《尚书》，事欧阳生。以郡国选诣博士，受业孔安国。……休息辄读诵，其精如此。以射策为掌故，功次补廷尉文学卒史。"①隽不疑"字曼倩，勃海（属幽州，今河北沧州）人也。治《春秋》，为郡文学，进退必以礼，名闻州郡。"②又如燕人韩延寿，少为郡文学。据史书记载，他任文学官大约是在武帝、昭帝时期。后来他在昭帝时，迁到颍川（属豫州，今山河南禹州）任太守，除此之外他还先后任淮阳（属兖州，今河南淮阳）、东郡（属兖州，今河南濮阳）太守。他在任职期间，"上礼义，好古教化，所至必聘其贤士，以礼待用，广谋议，纳谏争；举行丧让财，表孝弟有行；修治学官，春秋乡射，陈钟鼓管弦，盛升降揖让，及都试讲武，设斧钺旌旗，习射御之事"③和"延寿于是令文学校官诸生皮弁执俎豆，为吏民行丧嫁娶礼。百姓遵用其教，卖偶车马下里伪物者，弃之市道。"④从"诸生"两字可以看出，这时学校的学生数量应该有很多，但其具体的数量并无明确记载，这是史书上仅有的记载——武帝时期地方官学的老师。有郡文学的地方，就意味着有地方官学的设置，所以说在武帝时期，虽然没有明确的记载地方官学的设置情况，但从郡文学的设置上可以看出武帝时期已经存在地方官学，且其主要集中在北部的幽州、豫州和兖州等不发达地区，也就是现在的河北、河南一带。但在学校的规模和地方官学的教育经费上并没有明确的记载，这也恰

---

① 班固. 汉书[M]. 北京: 中华书局. 1962:2628.

② 班固. 汉书[M]. 北京: 中华书局. 1962:3035.

③ 班固. 汉书[M]. 北京: 中华书局. 1962:3211.

④ 班固. 汉书[M]. 北京: 中华书局. 1962:3211.

恰说明了当时人们并没有意识到地方官学的重要性。

除此之外，汉代地方官学在昭帝、宣帝、元帝、成帝这几个时期也有所发展，而郡国学校普遍设立学官是在平帝元始三年，官方正式颁布了学校制度，这使地方官学的发展逐步走向正规化。在《宣帝纪》中有："池崇未御幸者，假与贫民。郡国宫馆，勿复修治"和"夏四月庚午，地震。诏内郡国举文学高第各一人"的记载。文中的"文学"指的是地方官学的老师，"郡国宫、馆"指的是当时的地方学校。也如"王章字仲卿，泰山钜平人也。少以文学为官，稍迁至谏大夫，在朝廷名敢直言。"①王尊在称病辞官后，在地方任职郡文学官，可见郡文学官已在执行教师职能了。而魏郡人盖宽饶和元帝时的琅邪人诸葛丰也因通晓《五经》，成为了郡文学。还有当时的匡衡"以不应令除为太常掌故，调补平原文学。学者多上书荐衡经明，当世少双，令为文学就官京师。"②张禹"至长安学，从沛郡（属豫州，今安徽萧县）施雠受《易》，琅邪王阳、胶东庸生问《论语》，既皆明习，有徒众，举为郡文学。"③翟方进"家世微贱，至方进父翟公，好学，为郡文学。"④这里可以看出，在昭帝、宣帝时，地方官学虽然仍集中在北部的幽州、豫州和兖州等不发达地区，但其范围有所扩大，它在武帝时期的基础上，在青州增加了两处，幽州增加了两处，这说明此时地方官学的规模与之前相比有所扩大。在区域分布上，地方官学的建立涉及今河南、山东、河北、安徽、陕西等地区。而在汉元帝时期，郡国置"《五经》百石卒史"⑤，规定郡国学校老师的工资，也说明地方官学有了进一步发展。

到了成帝时也出现了一些地方官学。据《汉书·梅福传》载："梅福字子真，九江寿春人也（属扬州，今安徽凤阳宋集附近）。少学长安，

①班固. 汉书[M]. 北京: 中华书局. 1962:3238.

②班固. 汉书[M]. 北京: 中华书局. 1962:3331.

③班固. 汉书[M]. 北京: 中华书局. 1962:3347.

④班固. 汉书[M]. 北京: 中华书局. 1962:3411.

⑤班固. 汉书[M]. 北京: 中华书局. 1962:3596.

明《尚书》、《谷梁春秋》，为郡文学，补南昌尉。"《汉书·郑崇传》载："郑崇字子游，本高密大族（属青州，今山东高密），……崇少为郡文学史，至丞相大车属。"这里的"郡文学"和"郡文学史"都是地方官学的教官，这说明了当时这两个郡设置了官学学校。还有成帝时扬州九江郡（今安徽凤阳宋集附近）刺史何武"行部必先即学官见诸生，试其诵论，问以得失。"①可得出，何武为刺史时不只有一所地方学校，而且每所学校已有相当数量的学生，也就是说成帝时学校的数量以及学校里学生的数量又有所增加，分布区域的范围又进一步扩大，而且何武亲自去地方学校考查，也体现其对地方官学教育的重视。除此之外，在汉墓的考古挖掘中，也发现了地方官学的印迹。在河西武威磨嘴子墓地的考古挖掘中，在六号墓中发现了木简《礼仪》（与郑玄所注的《礼仪》不同），更有趣的是，在这本简册上有削改和读书时的记号，据考证发现这可能是墓主人平日里诵读研习所作的批注。从同出的"河平□年"纪事简和"大泉五十"铜钱，可判定墓主活动于成帝至王莽时，下葬时间当在王莽或晚至东汉初，其人可能是所谓文学弟子，但更可能是一位经师，或者就是西汉末年武威郡（属凉州，今甘肃武威）的文学官。《礼仪》简本的发现，使我们第一次看到西汉经师所诵习的经书的样式，这也为我所写的地方官学的教学内容提供了证据②。甚至到了新莽时期，地方官学仍处于发展的状态中。当时郡级的官学教师仍称文学，如幽州涿郡"舒小子篆，王莽时为郡文学，以明经征诣公车。"③涿郡安平人崔篆，王莽时为郡文学。在汉平帝元始三年（公元3年），朝廷颁布了地方官学制度就是由王莽提倡和主持，再加上王莽执政后大力兴学的举动，可以看出王莽对教育的重视程度。从成帝时期一直到王莽时期，地方官学的规模又一次呈现扩大的趋势，其分布范围也扩大到东南的扬州、中部的凉州等地，且教师的数量也不断的增加。在西汉末年，国家已呈现一片末世之相的情况下，让我们感

①班固. 汉书[M]. 北京: 中华书局. 1962:3483.

②中国社会科学院考古研究所. 新中国的考古发现和研究[M]. 北京: 方志出版社. 2007:415.

③范晔. 后汉书[M]. 北京: 中华书局. 1965:1703.

到欣慰的是地方官学仍然在逐步发展，教育依然没有止步。

总的来说，西汉时期的地方官学的发展是循序渐进的。随着政权的稳定发展，地方官学的规模不断扩大，范围又越来越广，教师的数量也呈现一年比一年多的现象，不得不说，西汉后期地方官学得到了初步的发展。随着文翁兴学的火花，地方官学呈现星火燎原的趋势，到了王莽时，西汉已有23个郡设立了学校。但是在当时要在那么多的郡、县、道、邑以及乡里办学校并配备博才多学的老师，对于地方上人力、物力、财力的需求都是极大的挑战，尤其是当时学者比较缺乏，地方经济的发展又极为不发达的情况下，再加上当时中央政府对地方办学只是提倡，并没有人才和财政方面上的支持，使郡国学校的创办寸步难行。正如李国均、王炳照主编的《中国教育制度通史》中写到的："地方官学的兴办客观上主要取决于地方财政状况和师资条件，而地方长官本能的意愿和积极性则是决定性因素。朝廷固然可以号召、鼓励地方办学，但只要不能对师资和经费给予切实保证就无法要求地方必须立学，只能由地方酌情去自行办理。"①也正是因为这样，使得西汉地方官学的发展呈现低水平、区域分布不均（主要集中在东部和北部）以及发展不平衡的特点。

（二）东汉时期地方官学的普及

星星之火，可以燎原。景帝时期文翁在蜀地创办地方官学就是这"星星之火"，到了武帝时期令全国各地设立地方官学，之后地方官学的到了普遍的发展，尤其是到了王莽时，西汉已经有23个郡设立了学校。直到东汉，地方官学呈现星火燎原之势，郡国学校已经遍布于各个州部，甚至边远地区（武威、九真、交趾、西南夷等少数民族地区，均出现官学，更甚的是县和亭也出现了官学，可见地方官学的规模不断扩大，数量不断增加，分布区域也越来越广。但这一时期的地方官学仍存在发展低水平、区域分布不均以及发展不平衡的特点。

西汉武帝时就把全国划分为十三州部，但当时每个州部的刺史与东汉

---

①李国均，王炳照. 中国教育制度通史[M]. 济南: 山东教育出版社. 2000:387.

时的刺史相比，地位并不高，他们只是在每年的8月去所属的郡国巡视。到了东汉，随着州地位的变化，刺史的权力也随之扩大①。东汉在西汉的基础上，不仅郡国学校得到了发展，而且州、县学校也广泛的建立起郡国学校，呈现出像东汉班固在《东都赋》中所说的"四海之内，学校如林，庠序盈门"②的现象。

光武帝初期，地方上仍存在割据势力，中央政权的发展还不稳定，在这种情况下，光武帝仍没有放弃教育，他除了在中央建立太学外，地方官学也得到了恢复发展，不仅内地比比皆是，就连边远地区也有诸多学校出现。例如：任延为凉州武威郡（今属甘肃）太守时，"又造立校官，自掾史子孙，皆令诣学受业，复其徭役。"③此后，任延在九真任职，教他们耕种和嫁娶之礼，并设立学校，教授民众礼义，任延在职期间设立学校，设置专门的教育人员，令掾吏子孙都来学校学习，开教化风气之先河。卫飒任荆州桂阳郡（今湖南郴州）太守时，因为紧邻交州，风俗礼仪受到影响，所以他"修庠序之教，设婚姻之礼。"④数年后，此郡的风俗礼仪得到了改善。寇恂任豫州汝南（今属河南）太守时，"恂素好学，乃修乡校，教生徒，聘能为《左氏春秋》者，亲受学焉。"⑤伏恭在冀州常山郡（今河北）任太守时，"敦修学校，教授不辍，由是北州多为伏氏学。"⑥李忠在扬州丹阳郡（今安徽）任太守时，他以丹阳礼仪风俗衰败为由"起学校，习礼容，春秋乡饮。"⑦

在当时天下尚未平定的情况下，地方官学能得到如此的发展，可见当

---

①东汉时，州的地位由监察区域逐步渐变为具有郡以上一级地方政权性质的行政区域，刺史也转变为具有统郡职能的长官，与此同时，刺史的权力逐步扩大，也有了固定的治所和属官，其行政区划内也变成了州、郡、县三级。

②范晔. 后汉书[M]. 北京: 中华书局. 1965:1368.

③范晔. 后汉书[M]. 北京: 中华书局. 1965:2463.

④范晔. 后汉书[M]. 北京: 中华书局. 1965:2459.

⑤范晔. 后汉书[M]. 北京: 中华书局. 1965:624.

⑥范晔.《后汉书·儒林传传·伏恭传》[M]. 北京: 中华书局，1965年版，第2571页.

⑦范晔. 后汉书[M]. 北京: 中华书局. 1965:756.

时地方官员对办学的重视和积极性，这是难能可贵的。

表1 史书记载的东汉时期地方官学的发展情况表

皇帝	人物	地点/职位	文献资料	文献出处	备注
光武帝	张玄	弘农郡（河南灵宝）	建武初，举明经，补弘农文学，迁陈仓县丞。	《后汉书·儒林传·张玄》，卷七十九，第2581页	
	魏应	兖州济阴国（山东菏泽）	魏应字君伯……后归为郡吏，举明经，除济阴王文学。	《后汉书·儒林传·魏应》，卷七十九，第2571页	
	杨伦	兖州陈留郡（河南开封）	少为诸生，师事司徒丁鸿，习《古文尚书》，为郡文学掾。	《后汉书·儒林传·杨伦》，卷七十九，第2564页	
	吴祐		太守冷宏召补文学，宏见异之，擢举孝廉。	《后汉书·吴祐传》，注引《陈留耆旧传》，卷六十四，第2100页	
	宋均	辰阳长（湖南怀化）	其俗少学者而信巫鬼，均为立学校，禁绝淫祀，人皆安之。	《后汉书·宋均传》，卷四十一，第1411页	县学校
光武帝	杜笃	凉州京兆兴学（西安）	"杜笃字季雅，京兆杜陵人也……笃后仕郡文学掾，以目疾，二十余年不窥京师"。	《后汉书·文苑传·杜笃》，第2595、2609页	

续表

皇帝	人物	地点/职位	文献资料	文献出处	备注
孝明帝			郡、县、道行乡饮酒礼学校，明祀圣师周公、孔子。	《后汉书·礼仪》志第四，第3108页	开创了学校祭孔的制度
		南阳	（永平）十年，南巡狩，幸南阳。"召校官弟子作雅乐，奏《鹿鸣》，帝自御埙篪和之，以娱嘉宾。"	《后汉书·显宗孝明帝纪》卷二	
孝章帝	秦彭	兖州山阳郡太守（山东巨野）	崇好儒雅，敦明庠序。每春秋乡射，辄修升降揖让之仪。	《后汉书·循吏列传·秦彭传》，卷七十六，第2467页	
	鲍德	荆州南阳太守（河南南阳）	郡学久废，德乃修起横舍，备俎豆黻冕，行礼奏乐。	《后汉书·鲍德传》，卷二十九，第1023页	
		荆州零陵郡（广西、湖南一带）	章帝时，零陵文学奚景于泠道县舜祠下得白玉琯。	《后汉书·律历》注引《汉书》，第958页	
	王追	益州蜀郡太守	政化尤异，有神马四匹出滇池河中，甘露降，白鸟见，始兴起学校，渐迁其俗。	《后汉书西南蛮夷列传》，卷八十六，第2847页	西南夷有了官学
孝和帝	张霸	扬州会稽郡（长江下游一带）	张霸为会稽太守，"拨乱兴治，立文学，学徒以千数，风教大行"。	《华阳国志》卷十上，第133页	
	黄昌		居近学官，数见诸生修庠序之礼，因好之，遂就经学。	《后汉书·酷吏传·黄昌》，卷77第2496页	

续表

皇帝	人物	地点/职位	文献资料	文献出处	备注
顺帝	栾巴	荆州桂阳太守（湖南郴州）	以郡处南垂，不闲典训，为吏人定婚姻丧纪之礼，兴立学校，以奖进之。	《后汉书·栾巴传》卷五十七，第1841页	
孝桓帝	刘梁	北新城长	乃更大作讲舍，延聚生徒数百人，朝夕亲自劝诫，身执经卷，试策殿最，儒化大行。	《后汉书·文苑列传·刘梁传》卷八十，第2639页	县学校
	应奉	武陵太守（湖南、湖北一带）	到官慰纳，山等皆悉降散。于是兴学校，举仄陋，政称变俗。	《后汉书·应奉传》卷四十八	
	尹珍		郡人尹珍自以生于荒裔，不知礼义，乃从汝南许慎、应奉受经书图纬，学成，还乡里教授，于是南域始有学焉。	《后汉书·南蛮西南夷列传》卷一百一十六	西南夷地区设有学校
孝灵帝	刘焉	益州牧（四川）	州夺郡文学为州学，郡更于夷里桥南岸道东边起文学，有女墙。	《华阳国志校注·蜀志》，卷三，第235页	州学
孝灵帝	仇览	蒲亭长	农事既毕，乃令子弟群居，还就黉学。	《后汉书·循吏列传·仇览传》卷七十六，第2479-2480页	亭学校
孝献帝	贾洪		洪历守三县令，所在辄开除厩舍，亲授诸生。	《三国志·魏书·王肃传》引《魏略》卷十三，第421页	县学校

皇帝	人物	地点/职位	文献资料	文献出处	备注
孝献帝	刘馥	扬州刺史	于是聚诸生，立学校，广屯田，兴治芍陂及茹陂、七门、吴塘诸堨以溉稻田，官民有畜。	《三国志·魏书·刘司马梁张温贾传》卷十五，第463页	
	杜畿	建安十年任太守	百姓勤农，家家丰实。畿乃曰："民富矣，不可不教也。"于是冬月修戎讲武，又开学宫，亲自执经教授，郡中化之。	《三国志·魏书·任苏杜郑仓传》卷十六，第496页	
	孔融	青州北海相（山东）	立学校，表显儒术，荐举贤良郑玄、彭璆、邴原等。	《后汉书·孔融传》卷七十，第2263页	

注：本表参考郝建平教授《教育与两汉社会的整合研究》、刘霄《汉代教育文化》以及史书的记载制作。

　　需要指出的是，在东汉中期，朝政动荡不安，已无暇顾及教育的发展，尤其是安帝执政时期，"学政废弛，校舍颓废。至顺帝复兴学政更修黉宇。"所以在这期间地方官学也受到了很大的影响。直到桓帝、灵帝时期，虽然当时仍然存在政治动乱的情况，但地方官员仍然投身于办学校的热潮中，这是很难能可贵的一点。就像蔡芹香在《中国学制史》中说到的："至顺帝复兴学政更修黉宇，凡所造构二百四十房，千八百五十室，为往古仅见之大校舍也。桓帝时，游学增至三万余人，约六室居百人，室中甚宽，日可于其中见宾客，夜可留客住宿，舍中有客在，学生照常升讲舍听讲，不得与宾客周旋，盖讲学有定时，不可缺席也。"从这里看出，当时的学校已经有了初步的规则来约束学生的学习行为，同时也说明了当时官学繁荣发展的状况。

　　从上表可以看出东汉学校发展迅速，已经遍布了像西南夷等少数民族的偏远的经济、教育不发达地区，这时的郡国学遍布全国各地，其中充、扬、益、荆四州学校的分布最多。还有安帝时辽东（辽宁辽阳）太守陈禅教授北匈奴人中原的礼仪，这为中原文化向其他少数民族的传播做出了贡献，同时也有利于民族关系发展。也如刘表巩固统治后，在荆州办州学，表明这时东汉已经有州学出现。

随着郡国学校的发展，县学校也随之发展起来。除了上表中的宋均、刘梁和仇览办的县学校之外，东汉的杨仁在肃宗继位之后，因皇帝知道他的忠诚，拜他为什邡令（在益州）。据《后汉书·儒林传·杨仁》记载：（杨仁）"宽惠为政，劝课掾史弟子，悉令就学。……由是义学大兴。"整个东汉时期一直存在县学，而且呈现繁荣发展的景象，在《后汉书·刘宽传》中记载，刘宽在任南阳太守时，"每行县止息亭传，辄饮学官祭酒及处士诸生执经对讲"，也就是说他每到一个县都要到学校和学生进行交流学习，这也从侧面反映出，当时的南阳郡各县都普遍设立了学校。此外，在东汉末期的战乱情况下，掌权者曹操于建安八年（203年）下令兴建学校。《三国志·魏书·魏武帝纪》写到：

其令郡国各修文学，县满五百户置校官，选其乡之俊造而教学之，庶几先王之道不废，而有以益于天下。

在这种社会环境下，地方学校还能发展起来，这与曹操对教育的重视和支持办学是分不开的。除此之外，还有令狐邵在建安九年出任为弘农太守时，为了改变郡里没有通晓经学之人的状况，于是"令诣河东就乐详学经，粗明乃还，因设文学"。不得不说，随着教育的发展，人们已经开始自发创办学校教育，对教育的认识也逐渐加深。

东汉是整个汉代地方官学的繁荣发展时期，地方官学呈现了从郡国向县延伸的趋势，形成了中央太学—地方郡国学—州、县、亭学校的汉代地方官学体系。此时地方官学的规模也越来越大，其分布范围几乎已经遍布全国各地，尤其是荆州、扬州、兖州、益州，学校的发展最快，数量最多，就像有的书中记载的那样"以《后汉书》诸传征之：北至武威，南至桂阳，僻壤蛮陬，并有学校。"而随着学校数量的增多，对师资的要求也越来越高，这里不多做介绍，在下一章具体说明。

　　从汉武帝令全国各地设立学校，一直到东汉郡国、州县学校的发展，汉代的地方官学得到了进一步的发展，促使两汉的教育走向繁荣。虽然建立地方官学的任务十分艰难，但各地方官员秉持着积极办学、积极推行教化的态度，使得地方官学呈现繁荣发展的趋势，也正是各地方官员积极响应国家办学的号召，使得东汉地方官学几乎普及各州部和郡县。从以上也可以看出，地方官学的规模也比较大，这不仅表现在区域分布上，还表现在一个县里或郡里存在多个学校，例如刘宽在任南阳太守时，每到一个县，都会亲自去学校与学生讲经辩论，可以看出来郡下的每个县几乎都设立了学校。但是汉代的地方官学没有专官管理，所有的学校都由地方官兼管，而且与中央官学也没有建立起从属关系，只是凭地方官的意愿发展，即使这样我们也不能忽视其对教育做出的贡献。下列两图为两汉时期地方官学分布图，从图中可以看出从西汉到东汉，地方官学的分布区域越来越广，规模逐步扩大。

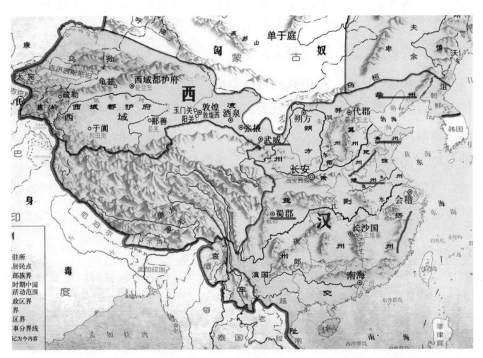

图1　西汉时期地方官学分布图

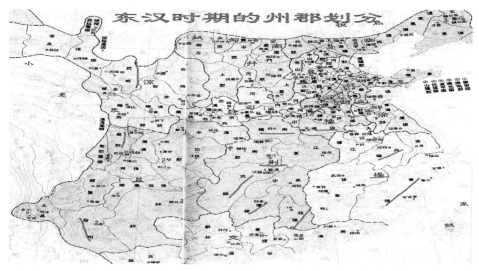

图2　东汉时期地方官学分布图

　　注：地图由本人根据谭其骧的《中国历史地图集》以及对史书搜集的资料绘制而成，划线的地区为建立地方官学学校的地方，或有资料尚可补充。

　　另外，我以两汉书的《循吏传》和《儒林传》为例，计算出兴学人数占立传总人数的比重，从中我们可以看出，无论是《循吏传》还是《儒林传》，后汉书所占的比重都比较大，可以得出东汉时，地方官学的规模和数量较西汉来说，都有重大的变化。但是由于缺乏朝廷的鼓励与支持，再加上地方官学缺乏与中央太学的联系，未能使汉代官学形成一个完善的系统，导致其出现规模大、发展水平较低（太学学生中成绩最差的充当地方学校的教师）、办学水平也比较低，且发展不平衡的现象。

表2　以《汉书》为例

	立传总人数	兴学人数	兴学人数占总人数的比重（％）
儒林传	27	0	0
循吏传	6	1（文翁）	16.7

表3　以《后汉书》为例

	立传总人数	兴学人数	兴学人数占总人数的比重（％）
儒林列传	42	5	11.9
循吏列传	12	4	33.3

注：以上表格是我本人根据两汉书自行总结和计算，如有失偏颇，望加指正。

三、汉代地方官学的师资与生源

教师和学生是学校的主体，而汉代的教师和学生在教育事业中占有重要地位。

（一）汉代地方官学的师资

汉代地方官学的创办主要是为了推行教化，而推行教化的主体除了学校之外，最主要就是教师，他们承担着地方教育的重要责任，是地方官学最主要的构成部分之一，文学官在任命与升迁的途径等方面均体现出其官吏属性。

两汉时期地方官学设有学官(现在的老师)，主要负责地方教育的任务，他们相当于地方上的五经博士，教授地方官学的学生学习儒家经典。这些学官普遍被称为"郡文学""郡文学史""文学卒史"（东汉没出现过）"五经百石"（东汉没出现过）"文学掾""文学史""郡文学祭酒"等，简称为"文学"。虽然他们的名称不同，但他们作为地方上优秀的教师，都有各自擅长的领域，但大多数中的他们由经学之士充任。例如我们上一章提到的西汉的诸葛丰、匡衡、张禹、盖宽饶，东汉的魏应、张玄等，都是因为精通五经中的某一经或几经而被任命为郡文学。也有因为在某一领域有所建树，而成为了郡文学。像成帝时的梅福因精通《尚书》《谷梁春秋》被任命为郡文学；武帝时的隽不疑因治《春秋》，为郡文学；王尊"治《尚书》《论语》，略通大义"，师古曰："郡有文学官，而尊事之以为师也。"①也如东汉的杨伦因为精通《古文尚书》，被任命为郡文学掾；在地方，老师可以招收学徒，他们招收的文学弟子不像中央太学招收博士弟子那样，需要一定名额的限制和录取条件的限制，有比较大的随意性。像西汉时的张禹"既皆明习，有生徒。"②这里虽没有明确的记载生徒的数量，但可以看出，地方学校的老师可随时随地招收一些生徒。也如《史晨后碑》记载："并畔宫文学先生，执事诸弟子，合九百七人。"③又如东汉时期的寇恂修建学校，聘请擅长《左氏春秋》的学者，亲自教授所招收学生。也如张霸招收了数千人来教授其知识，可见当时地方官学的规模之大、学生数量之多。

通过史料的搜集，可以发现在西汉晚期，记载有"学师"。据马智全推测，所谓的"学师"就是官方教育者的称谓，而"学师张卿"很可能是河西边塞官办教育机构的教育者④。与此同时，张家山汉简中也有"学师"这一称谓的记载：

公士、公卒及士五（伍）、司寇、隐官自，皆为士五（伍）。畴官各从其父畴，有学师者学之⑤。

这里的"学师"也是地方官学的教育者，这也说明了河西地区也创办了地方官学。除此之外，我们还发现，里部也设有官学，其教师称为"里（右、左）师"，负责券书的书写工作⑥。其从事的职业在《白虎通·辟雍》中记载："乡曰庠，里曰序……古者教民者，里皆有师，里中之老有道德者为里右师，其次为左师，教里中之子弟以道艺、孝悌、仁义。"亦可知，汉代最基层的行政单位——乡里已经存在地方官学。

随着地方官学如雨后春笋般涌现出来后，汉代地方官学的教师的设

①班固. 汉书[M]. 北京: 中华书局. 1962:3227——.

②班固. 汉书[M]. 北京: 中华书局. 1962:3347.

③高文. 汉碑集释[M]. 开封: 河南大学出版社. 1978:339.

④何静苗. 汉代河西治理研究[D]. 兰州大学. 2018: 97.

⑤张家山二四七号汉墓竹简整理小组. 张家山汉墓竹简（二四七号墓）释文修订本[M]. 北京: 文物出版社. 2006:58.

⑥张信通. 秦汉里治研究[M]. 北京: 中国社会科学出版社. 2019:307.

置也随着各地学校以及经学的发展而呈现多样化。例如汉平帝元始三年（公元3年），建立地方学校，并且在校和学各设置经师一人以及在序、庠也设置了《孝经》师一人。这是西汉第一次对地方教师设置有了具体的规定，其乡、聚的教授内容也规定为《孝经》。《蜀学师宋恩等题名碑》中有明确的记载："孝义掾王山□□业掾□卋□□易掾□□□□易掾胡□□□易师张□元□易师求□进□易师□孝□尚书掾吕□□□尚书掾□□□□尚书师张□□尚书师杨□□□尚书师司马□□□□诗掾杨□□□师掾张□□□□掾赵摄道明□掾王兴纪□春秋掾常宠□□议掾刘□□文学孝掾周治元经文学掾犹玉子……"①从这里我们可以看到，汉代的蜀地除了有文学掾之外，还存在许多其他称谓的老师，这表明了当时的地方官学已经具备分科教学的条件，教师各司其职教授学生不同的科目，这可以说明当时蜀地的地方官学的教师设置已经初步具有现代教师的特点，从而也体现了地方官学教育也在逐步完善。而且在《隶释隶续》这本书中也提到了有关各学科教官的人数的规定，例如文中写道："序蜀人谓之学师题名，其称师者二十人。史二人，孝义掾、业掾各一人，易掾二人，易师三人，尚书掾、尚书师各三人，诗掾四人，春秋掾、议掾、文学孝掾、文学掾各一人，文学师四人，从掾位及集曹法曹贼曹辞曹史又三十二人，其漫灭不可辨者十三人。"②这里对各科教师人数的规定和对教师教授科目的规定，可以体现出当时蜀地的教师已经有了一定的编制，而且教师的数量也有了较大的变化。

对于地方官学的教师待遇问题，在西汉后期元帝时的"五经百石卒史"有涉及到，同时，在汉武帝执政时，也有提到过地方官学老师的官等官阶为百石，从这里我们可以看出，当时地方官学的教官的工资是百石。据史书记载，中央官学的五经博士的工资也不高，"博士的官等官阶并不高，秩六百石，只是个中级官吏"③。也有"宣帝改为秩六百石，月俸

①洪适. 隶释隶续[M]. 北京: 中华书局. 1985:156.

②洪适. 隶释隶续[M]. 北京: 中华书局. 1985:157.

③马大英. 汉代财政史[M]. 北京: 中国财政经济出版社. 1983:243.

七十斛……博士的秩级与县令相等"①的记载,可以得出当时的教师这个职业地位比较低,俸禄比较少,也就是说五经博士的俸禄相当于地方的长史、丞或县令,而地方官学的教师不仅承担地方学校的学生教育问题,他们还是郡县长官的政治助手,由此可以推断出,他们的俸禄一定是在地方长官和五经博士的秩级和俸禄之下。还有规定说:"郡文学掾为郡府属吏,本与诸曹掾史地位相当……按《巴郡太守张纳碑阴》中的排列名次,文学主事掾史仅次于主簿、主计掾、上计掾、议曹掾……郡文学的实际地位还是很低,资深文学以百石为秩,在正式官员中属最低一级,还不如县里的丞、尉。"②也如在《史记·儒林列传》司马贞《索隐》引如淳云:"《汉仪》弟子射策,甲科百人补郎中,乙科二百人补太子舍人,皆秩比二百石;次郡国文学,秩百石也。"可得出当时郡国文学的秩级比十三级比二百石要低。毛礼锐、沈灌群主编的《中国教育通史》也曾指出:"汉代地方官学的教官其俸禄相当于卒史。汉元帝时,由于郡国学有所发展,朝廷颁布'郡国置《五经》百石卒史'。说明郡国经师俸禄大约为百石,俸月为十六斛,享受中等官吏的待遇。"③从表4中可以看出,郡国学校的老师秩级位于十四级一百石,综上分析可以得出地方官学的教官秩级大约在比二百石至一百石之间,俸禄是在16-27斛之间。下表为西汉末期官等官俸标准和地方官吏俸禄标准表:

表4　西汉末期各级官吏官等官俸标准表

秩级	秩	俸禄（秩所对应的粮食数量/每月/斛）
一	大将军、三公俸	350
二	中二千石	180
三	二千石	120
四	比二千石	100

①孙培青. 中国教育管理史[M]. 北京: 人民教育出版社. 2013:59.

②俞启定, 施克灿. 中国教育制度通史（1）[M]. 济南: 山东教育出版社. 2000:395.

③俞启定, 施克灿. 中国教育制度通史（2）[M]. 济南: 山东教育出版社. 2000:93.

秩级	秩	俸禄（秩所对应的粮食数量/每月/斛）
五	千石	80
六	六百石	70
七	比六百石	50
八	四百石	45
九	比四百石	40
十	三百石	40
十一	比三百石	37
十二	二百石	30
十三	比二百石	27
十四	一百石	16
十五	斗食	11

注：本表格参考马大英先生的《汉代财政史》、郭浩《汉代地方财政研究》，结合《汉书》《后汉书》等史书，或有资料尚可补充。本表斗食禄日以斗为计。石是重量单位，一石为一百二十斤；斛是容量单位，汉制一斛为十斗，一斛谷粟重为一石。汉代官吏的秩级与月俸之数有对应关系，秩级之数大约就是一年月俸之数的总和。

表5　西汉末期地方官吏俸禄标准表

	官名	俸禄
州郡	州牧/刺史	二千石
	郡守	二千石
	长史、丞	六百石
县及县以下	县令	六百石至千石
	县长	三百石至五百石
	长吏（丞、尉）	二百石至四百石
	少吏	百石以下

注：本表格参考马大英先生的《汉代财政史》，结合《汉书》《后汉书》等史书，或有资料尚可补充。

地方官学的教师任职途径也不尽相同，有的是由朝廷直接选调过来地方任郡文学，如西汉时期的匡衡，起初为太常掌故，后来被调补为平原文学。在汉代太常是九卿之首，地位是十分高的，它既掌管文化教育、郡县行政，也统辖博士和太学；而掌故顾名思义掌握故事，在汉代的时候，掌故是太常所属太史令的官，专门负责管理本朝代的历史故事。据《汉书·儒林传》载，太学生经过课试后，考试合格的人给予相应的官职，能通一经以上的太学生，补文学掌故。从这里也可以看出，由朝廷选调过来的文学官来源于中央太学的博士弟子，而由博士弟子补选为地方官学的教师，其学识相对来说是比较低的。这些由太学生补为地方官学的教师在太学射策考试中是获得丙科或下第等级者，如汉代太学建立之初，规定"一岁皆辄课，能通一艺以上，补文学掌故缺"。可看出地方官学的教师的文凭相对于中央太学的五经博士来说是比较低的，也从侧面反映出，地方官学的教育是比较落后的。地方官学的老师也有的是通过察举的方式，补为地方学校的老师，例如在建武初期，张玄、魏应等人，都是通过"举明经"之后补为文学官迁往他县任职。还有的是由太守直接任命的教官，例如陈留人吴祐就是因为太守冷宏赏识他的才华而被召补为文学，后来因其能力出众，又被太守提拔为孝廉，而这也可以作为其官职升迁的一种方式。也有直接征召为地方学校教师的，例如隽不疑武帝时被任命为渤海的郡文学，等等。

我国自古以来就有尊师重教的传统，汉代也不例外。无论是天子、王侯还是普通百姓，不分地位的高低，在对待老师的态度上都是十分尊重的，而这离不开统治者的以身作则、以礼待师的做法。从这里我们也可以看出，尊师重教就是对教育的重视以及肯定，也是这股风气促进了汉代教育的大发展。在上面的表格中也看出了，汉代教师的地位是比较低的，但是上至统治者，下至普通百姓对待教师的态度是十分尊重的，也就是说虽然教师的地位低，但教师这个职业是受人敬仰的。

（二）汉代地方官学的生源

学生是汉代地方官学的重要组成部分，只有有了学生，地方官学的教育才能顺利开展。地方官学的学生一般被称为文学弟子、郡学生等，其来源史书中并无明确的规定，但如《汉书·循吏传·文翁》中记载的那样，许多富裕的家庭为了孩子甚至情愿出钱，也要把他们送进学校学习。《后汉书·循吏传·任延》中写道："自掾史子孙，皆令诣学受业。"这说明，郡学生中的大部分是由地方官吏的子弟或者比较富裕家庭的子弟组成，也有一小部分郡学生的家庭条件可能是比较艰苦的，这从文翁兴学中通过免除学生的徭役来减轻家长及学生的负担可以看出，而且通过实行一系政策措施来激励人们积极响应地方官员办学的号召，这也避免不了地方官学学校存在一部分家境贫寒的郡学生。而自从文翁开创了免除学生徭役的制度，自此之后汉代就一直实行此制度，这也为地方官学的发展创造了有利条件。此制的实行促进了民间向学之风，激发了学生的积极性，与此同时，也减轻了那些家境贫寒的学生及学生家长的经济负担，使部分贫苦学生有了接受教育的机会，从而促进了地方官学的发展。

地方的学生通过地方官学学校的教育，学成后一部分学生在地方任职，这部分学生中有的为地方官，有的继续为地方教育做贡献；也有一小部分学生通过地方长官选补"好文学，敬长上，肃政教，顺乡里"的优秀者为博士弟子，去中央太学继续深造，学成后在中央任职或回到地方任职，如："（兒宽）以郡国选诣博士，受业孔安国"和蜀郡文翁委派郡县里的有才之士到京师学习都有体现。除此之外，在汉代州郡的太守有辟除掾属的权力，像王尊就是因其才能出众，得到了太守的赏识，而推荐为幽州刺史。就像刘霄在《汉代教育文化》中说地方官学的主要功能："一是培养能通晓儒家经术的郡国的属吏，同时也向朝廷和中央太学推荐地方学校中特别突出的优秀学生。二是通过学校定期举行的'乡饮酒''乡射'等传统的行礼活动，向社会普遍推行道德教化"。这里不仅可以看出地方官学学校的学生出路，也可以看出地方官学的社会功能主要是推行教化。通过这种方式，可以调动学生入学学习的积极性，但在当时地方官学与中央官学的联系并不是十分密切，导致地方官学的学生入太学的人数极少。即使这样，地方官学的学生仍为地方的教育事业做出了巨大贡献，也为地方的稳定发展贡献了自己的力量。但这也为地方官员培植自己在地方的势力创造了有利的条件，他们在人员的任用上尽力提拔和录用自己的学生或亲人，以此为自己在地方行事上减少阻碍。

当然，郡国学校也为学生建立了房舍，作为学生日常学习和居住的场所，但是具体的规模并没有明确的记载。除了以上说到了教师和学生之外，教学内容也是汉代地方官学的重要组成部分。虽然地方官学的学习内容无从考证，但是汉代确立了儒学独尊的地位，其教学内容也应与汉代察举制的取士标准相符合，并且汉代中央太学学习的内容也是儒家的经典，当时地方官学老师的选拔也是以精通儒家经典为标准，根据这些标准我们也可以推断出汉代地方官学的学生所学内容无非也是儒家经典。这符合时代发展的需要，也与统治者发展地方教育的目的相契合。地方官学的教学内容虽然确定为五经，但在地方人才匮乏的情况下，几乎不可能将五经的老师设置齐全，往往是根据文学官的文学修养而设定学生所学科目。其授课方式是口授，而且当时的书本以竹简为主，书籍的传播借阅全靠学生自己手抄，这就避免不了有抄错、漏抄现象的出现。虽然地方官学的创办存在各种问题，但也不能忽视其作用。下图是汉代讲经画像砖，描述了汉代讲经和学生学习的情形。

图3　汉代讲经画像砖

从总体上来看，汉代地方官学处于初步发展的阶段，朝廷对地方官学的创建和发展没有制定相关的制度，而是由地方官员的个人意愿来决定是否创办地方官学和如何创办地方官学等问题，具有较大的随意性，也正是由于朝廷对地方官学的支持力度小，再加上地方的教育落后，地方官学的师资力量比较薄弱以及大量有才之士纷纷奔赴太学学习或拜私学大师为师，导致地方的人才流失严重，并且从史书上也很难找出地方官学培养出来的高材生。就像毛礼锐等主编的《中国古代教育史》中所写的那样："它（汉代地方官学）没有正规的课程设置，有的学官只有在一年的某些时节招集一些知识分子讲经，也有些知识青年常常自动地、个别地到学官那里去问业。地方官学对中央官学并没有从属的关系，师资也较差。所以从严格意义上说，汉代的学校并没有形成一个真正的系统，却为后代学校的进一步发展，奠定了基础。"①

四、汉代地方官学发展的影响及启示

汉代地方教育的发展对当时的社会及以后各朝各代教育制度的制定都产生了一定的影响，在中国古代社会占有重要的地位。

（一）汉代地方官学发展的影响

1.汉代地方官学发展的原因

汉代地方官学能够发展起来，原因主要有以下几个方面。

第一，汉代在地方建立官学，是封建王朝稳定社会统治的需要。当社会经济得到发展和社会秩序稳定的时候，就需要发展文化教育事业来满足人民的精神需求。通过发展地方教育事业，来提高地方普通士人的文化水平，以达到思想上的统一，从而稳定地方的统治。

第二，统治者鼓励地方官学的创建。自景帝时文翁创办地方官学，使蜀地改变了文化落后的面貌后，统治者开始关注并支持地方官学的发展，这刺激了地方官办学的热情。

第三，地方官员的重视。发展地方教育是地方官职责所在，地方官吏通过创办学校，以达到推广礼乐教化的主要目的。同时通过发展地方教育，来改变地方文化落后的局面，这也是衡量地方官员政绩的标准之一。

①毛礼锐，邵鹤亭，瞿菊农.中国古代教育史[M].北京：人民教育出版社，1979:189.

而且汉代太守有向中央推荐人才的义务，所以发展地方官学也是地方官员培植个人势力的途径之一，就如"在儒家经学地位日益尊显的形势下，兴办学校既符合治国的一贯原则，又可以作为主管官员的政绩而谋求嘉奖升迁，还可以借办学培植个人的政治势力，利益甚多"。[①]

以上三点原因，促使地方官学逐步发展起来。

2.汉代地方官学发展的影响

教育从古至今都备受人们的关注，而中国之所以能成为四大文明古国之一，这和我国历来注重教育的建设和发展问题是分不开的。中华民族有着悠久的历史，同时，我国的教育史也源远流长，尤其是汉代教育在中国古代教育史中占有举足轻重的地位。而汉代教育的发展主要表现在官学的建立，它标志着中国封建官学制度的确立，为以后的封建官学的发展奠定了基础。两汉时期形成了中央太学与地方官学的官学体系，虽然地方官学的地位不及中央太学，但它对整个汉王朝教育的发展起着不可忽视的作用。

第一，汉代地方官学以儒家经典为教学内容，它将儒家提倡的"德化""修身律己""礼"等观念贯彻到日常学习和生活中，不仅为"独尊儒术"的推行和落实提供了保障，而且对提高学生的文化素养具有导向作用，极大地促进了讲习儒经的社会风气的形成和地方教育的发展。

第二，汉代地方官学的学生也定时举行考试，这不仅体现了地方的学生在任职上具有一定的公平性，而且通过实行这种考试的方式，具有选拔贤才和督促学生学习的双重作用，同时通过学习，使学生的学识渊博，树立起正确的价值观。

第三，汉代地方官学的发展促进了尊师重教风气的形成。受儒家思想的影响，不仅使接受教育的儒士形成了尊敬师长的良好风气，甚至许多帝王也养成了此种风气。而教化的一个重要因素就是"上行下效"，即我们现在所说的榜样的力量，也正是最高统治者的言行举止对地方官学学生的

---

①俞启定. 先秦两汉儒家教育[M]. 济南: 齐鲁书社. 1987:150.

行为举止起到了引领的作用。可见两汉时期的这种风气已经渗透到各个阶层，这种对教师的尊重，就是对教育重视，这种风气也成为了地方官学教育发展的强大动力。这从侧面反映了两汉时期的教师位卑而职尊。

第四，汉代建立了一套独有的学校制度，使学校制度与选举制度并行。通过察举制的的实施，将培养人才与选拔人才有机的结合起来，使地方官学的学生有了用武之地。国家将地方官学的人才选拔出来委派到太学学习，学成后充实到各级行政部门或继续去地方官学的学校从事教育工作，这不仅扩大了朝廷的统治基础，也为地方政府办学提供了人才的支持。汉代的选举制度有两种选补博士弟子的方式，其中一种是"由郡国、县、道、邑选送，凡遇有'郡国县官有好文学、敬长上、肃政教、顺乡里、出入不悖，所闻，令乡长丞上属所二千石'者，都可以选入太学……因太学设于京师，路途遥远，平民弟子就无法径达，则由郡国遣送。"[①]从这里可以看出，当时的太学生也可以从郡县选举，这使得地方官学的一小部分学生有入中央太学学习的机会，而太学生学成之后可以有一部分入朝为官。可以说这种选举方式促进了地方官学的发展，使得地方学校的学生有入朝为官的机会。但是也由于汉代选士制度的选拔与财富挂钩，再加上地方学校的学生数量多，又有太学生的竞争，所以地方学校的学生进入中央太学的机会十分有限，留在中央任职的学生也很少。所以我们很难发现有地方官学培养的人才在中央官居高位。这也可能与地方官学主要是推广社会教化有关，而太学则更注重人才的培养有关。正如有的学者所指出："汉代地方官学最主要的功能是移风易俗，推进当地社会教化，故载于史册的主要主要是那些在教化方面有突出贡献的学校，培养人才的功能实际上并不占重要位置。……但汉代地方官学毕竟在设立宗旨、办学途径方面形成了固定的准则和模式，在教学和管理方面也有一些建树，为历代地方官学的发展奠定了最初的基础。"[②]

---

①顾树森. 中国历代教育制度[M]. 南京: 江苏人民出版社, 1984:66.

②李国均, 王炳照. 中国教育制度通史（1）[M]. 济南: 山东教育出版社. 2000:378.

第五，由于地方官学以推广社会教化为主要任务，因此它的设立和发展，在促进了社会教化的同时，对地方文化的发展和人才培养起到了积极作用，也使地方人民接受符合社会需要的文化知识，达到思想的统一，同时也改变了地方文化落后的局面，促进地方的稳定、国家的太平。

第六，汉代地方官学的发展，吸纳了许多普通士人纷纷来到地方学校接受文化知识的洗礼，学成后按成绩高低授予相应的官职，学习突出的甚至有入太学学习的机会。可以说，两汉时期的地方官学作为普通士人向上流动的平台，为士人提供了入朝为官的机会，如黄昌受当地学风的影响，入学学习经学，学成之后被任命为决曹。

第七，随着地方官学的发展，边远地区及少数民族地区也出现了地方官学，这不仅整改了地方的陋俗，使少数民族的风俗向中原靠拢，而且促进了中原文化的传播，有利于中华民族文化共同体的形成。像匈奴派遣子弟来汉学习，把中原文化带到了匈奴，使中原文化得到传播与发展，同时也扩大了中原文化的影响力。

第八，地方官学的建立和发展，促进了礼教的发展。如宣帝时期，颍川太守韩延寿"令文学校官诸生皮弁执俎豆，为吏民行丧嫁娶礼。百姓遵用其教，买偶车马下里伪物者，弃之市道。"[1]杜佑《通典》记载："后汉永平二年，郡县行乡饮酒于学校，祀先圣先师周公、孔子，牲以犬。"[2]也如在《敦煌汉简》中有这样的记载：

故建明堂，立辟雍，设学校详【庠】序之官，兴礼乐，以风天下，诸生、庶民，熙然响应。《敦》481A

这里写到地方学校的老师通过教授礼仪，移风易俗，使当地人纷纷响应。正如吕思勉先生所说："古代学校，本讲教化，非重学业，汉人犹有此见解……学校既讲教化，故其所最重者为行礼。"[3]这里指出了社会教化的实行，其重点在于礼教。不仅如此，徐天麟也曾写道："四海之内，

---

①班固. 汉书[M]. 北京: 中华书局. 1962:3210.

②杜佑. 通典[M]. 北京: 中华书局, 1988:2002–2008.

③吕思勉. 秦汉史[M]. 上海: 上海古籍出版社, 2005:649.

学校如林，庠序盈门，献酬交错，俎豆莘莘，下舞上歌，蹈德咏仁。”①这里的"献酬交错，俎豆莘莘，下舞上歌，蹈德咏仁"所描述的就是乡饮酒礼和乡射礼在"庠""序"举行的场景，对地方教化的兴盛起到了很大的作用。

第九，地方官学教育的发展，为国家官吏的选拔提供了大量的人才。前面提到通过郡国、县、道、邑选送地方学校的人才，可以入太学学习，学成后可以得到相当的官职，所以地方官学的学生成为了中央选拔人才的后备军。与此同时，虽然汉代地方官学属于草创阶段，但仍为以后各朝各代地方官学的建立和发展奠定基础。但由于汉代是地方官学初创的时期，地方官学的各项规制尚未成熟，再加上与中央太学的衔接比较弱，导致其常常为后世学者忽略，这是令人比较遗憾的。

从以上几点可知，汉代地方官学不仅起到了推行教化、移风易俗的作用，还为汉代教育的人才培养、儒学的传播和保障地方的稳定发展做出了贡献，这是我们不可忽视的。

（二）汉代地方官学发展的启示

地方官学在汉代属于刚刚起步的阶段，虽然到了东汉时期几乎遍布十三州部，但是由于当时它的主要任务是推行教化，以及它的建立和发展没有受到中央及儒学大家的重视，再加上师资力量比较薄弱，导致各地官学学校办学水平参差不齐。即使史书对其并没有专门的记载，也没有文学大家对其专门的研究和著书，但地方官学作为汉代官学的组成部分，我们不能忽略其发展对教育做出的贡献。

在汉代教育研究中，汉代地方官学的建立在中国古代学校教育中起着重要作用。学者们对汉代地方官学的研究，也无非就是为以后地方教育的发展提供经验教训，而作为一名师范类院校学生，除了学习现代教育理论和专业知识外，还应该思考如何做一名合格的教育者。我们现代教育的发展也应以史为鉴，在继承的基础上创新，而汉代地方官学的研究正是能够

---

①徐天麟. 东汉会要[M]. 上海：上海古籍出版社. 2006:165.

为历代甚至是现代提供经验及教训，批判地吸收其合理因素，为我们现在的教育改革提供经验，具有一定的现实意义。

汉代地方官学对教师的要求上，除了具备一定的专业知识外，必须对维护封建制度有积极作用，才能从事教育事业。我们现在学校招聘老师，也有相应的招聘原则，其中就有作风正派，品行端正以及相应的学历和从事教育工作的基本能力等条件，只有基本条件过关，才可以参加教师招考。在选拔方式上，现代教师主要是通过考试，优中择优，使师资得到了有效的保障。而汉代时期地方官学的教师由地方官员任命，这会存在任人唯亲的问题，也有的教师是从太学分配到地方的，这部分教师是太学中学习成绩差的，所以说地方学校的教育水平是比较低的；而我们现在学校教师的选拔在遵循公平、公正的原则基础上，通过考试择优录取教师，改变了这种教育水平低的局面，但由于地区间仍存在差距，所以各地区教育的发展仍不是十分平衡。在对学生的激励政策上也是值得我们学习的，汉代自文翁实行免除学生徭役、节省政府开销来鼓励学生积极向学的措施之后，汉代各个创办地方官学的官员就模仿文翁的做法，鼓励学生学习。这和我们现在的助学政策不谋而合；在学术氛围方面，虽然汉代学术研究相对来说是比较自由的，但地方官学并没有实现学生的全面发展，而现代教育要求学生全面发展，以更好地适应国家对人才的需要。在中央政府对地方官学教育的支持度上，史书记载的并不是很多，支持力度更是很小，而现在国家对各地的教育极其重视，对教育投入的资金比重也很大。汉代在学制系统的设置上，形成了中央与地方的学制系统，使学校教育得到了普遍的发展，这也为以后各朝各代建立学校奠定了基础。

从以上这几方面来看，对汉代地方学校的研究为我们现在的教育发展提供了借鉴意义。汉代地方官学的学生所学内容是儒家经典，这对传承传统文化有重要作用，而儒家经典的核心思想是仁、义、礼、智、信。当今社会的一些企业缺乏诚信，为谋取利益不惜牺牲个人的健康，这也是道德缺失的表现，而且现在我们往往忽视传统文化的作用，这也警醒我们要继承和发扬中华民族优秀的传统文化，以增强民族的文化自信。

结　语

汉代地方官学指由地方政府长官兴办、与中央太学共同构成的汉代官学系统。它以儒家经典为主要教授内容，是汉代官学体系的重要组成部分，其主要职责是推行教化，移风易俗。本文以"发展"为中心，来论述从西汉到东汉地方官学是如何发展的，主要表现在地方官学的规模、数量、分布区域的变化以及师资和生源几方面，并论述了汉代地方官学的影响及启示。通过对以上几个方面的描述和分析，得出以下三点结论。

从发展的规模上来看，汉代地方官学是汉代学校系统的重要组成部分，它以当时的行政区划为标准，在地方建立学校。西汉时期地方上只有郡国学，到了东汉，州、县以及乡、里的学校都随之建立。经过以上的论述，我们可以发现西汉时期，地方官学得到了初步的发展，后来在政府的影响下，地方官员投身于办学的热潮中。到了东汉，地方官学普遍发展起来，当时的学校已经几乎遍及13个州，尤其是兖、扬、益、荆四州学校的分布最广，甚至当时的边远地区也出现了学校。不仅如此，亭也出现了学校，虽然没有得到普及，但也使当地摘掉了文化落后的"帽子"。官学教育的发展，使得民风开化，促进了地方的稳定发展，有利于中央政府对地方的统治。

第二，从汉代地方官学的师资、生源、教学内容方面来看，汉代地方官学的教员主要由地方长官的征辟，或由太学生中成绩差的充任，这使得地方官学的师资相较于太学来说是薄弱的。而地方学校的学生，人数虽多，但主要由当地的官吏子弟及富家子弟组成，普通的穷苦士人入学的机会比较少，且相比太学而言，学生出路比较窄，且很少有入太学的机会，因此导致地方学生缺乏学习的动力，尤其是汉代地方官学以推广教化为主，培养人才为辅，所以在中央任职的高官几乎没有从地方官学培养出来的。其教学内容虽然以学习儒家礼仪为主，但由于地方上很少能找出全能型人才，所以其课程的设置不全面，且上课的时间也有很大的随意性，这也是为什么地方官学的发展不受重视和培养不出高官的原因。

第三，汉代地方官学的影响主要是促进了社会教化，整改陋俗，宣传了儒家经典，保障了地方的稳定与发展，巩固了汉王朝在地方的统治，扩大了政府统治基础。地方官学主要以儒家经典为教授内容，宣传了儒家经典的同时，也规范了百姓的行为礼仪。边远地区通过创办官学教育，使中原文化得到了传播和发展，有利于形成中华民族文化共同体。同时，地方官学的广泛建立与发展，提高了国民的文化素养，促进地方的文化发展，并培养了大批基层官吏，扩大了汉王朝的统治基础。

综上所述，汉代地方官学的发展是中国古代教育发展史中的一个重要环节，它的发展改变了地方文化教育事业落后的局面，扩大了汉代的统治基础。本文从上述几方面对汉代地方官学的发展进行了一定程度的论述，如有失偏颇，望加指正。

（本文作者为包头师范学院历史文化学院2020届秦汉史方向的研究生，指导教师为郝建平教授）

王充教育思想研究

◇牛　键

引　言

（一）研究意义及要解决的问题

目前国内对教育思想研究的学者颇多，但系统研究王充教育思想的学者并不多。后人热衷于对王充的政治、哲学思想研究，而他的教育思想却少有人述及，没有引起足够的重视。系统、全面地对王充教育思想进行研究，并发掘其对当代教育的借鉴意义是相当重要的。

本文试从王充的教学思想中的形成背景、获取知识的方法、人才的培养、学习的态度及教育的意义几方面入手，对其教育思想进行研究。

（二）研究概况

本文将以王充的《论衡》为主要文献资料，他所著《论衡》思想丰富，内容驳杂，在中国思想史上占有重要的地位，千百年来无数学者不断从中探寻着王充丰富的思想。《论衡》主要是从政论角度而涉及教育的，专门论述教育的篇章不多，本文希望借助此书，来分析与探究王充的教育思想。探求王充教育思想产生的社会历史背景及其思想渊源，更重要的是要从王充的哲学理论入手，认识他的教育思想，来揭示王充教育思想的内在逻辑，使大家对王充的教育思想有一个更加系统、完整的认识，挖掘王充教育思想的真正价值。

教育史中关于王充教育思想的专著笔者尚未得见，散落于诸多中国教育史中关于王充的教育思想也不甚丰富，经整理大致有：毛礼锐、瞿菊农、邵鹤亭的《中国古代教育史》（人民教育出版社，1983年），赵家骥、俞启定、张汝珍的《中国教育思想通史（第二卷）》（湖南教育出版社，1996年），这两套著作都对王充的教育思想和内容做了介绍。孙培青的《中国教育思想史（第一卷）》（华东师范大学出版社，1995年）和《中国教育史》（华东师范大学出版社，2000年）详细地介绍了王充教育思想中人性和教育的作用、培养"文人"和"鸿儒"的教育目标、"博通百家"的教育内容。陈青之的《中国教育史》（东方出版社，2008年）认为王充的教育思想依然是以儒学教育为主题的。从以上著作中笔者希冀系统地探寻出有关王充教育思想的脉络。

近年来国内期刊发表的关于王充教育思想研究的文章逐年递增，但较全面地研究王充教育思想的成果还不是很多，尚处于薄弱阶段。一类是研究王充著作的博士或硕士论文中涉及王充教育思想。主要有，岳宗伟的博士论文《〈论衡〉引书研究》（复旦大学，2006年）、张新萍的硕士论文《王充思想融合性研究》（郑州大学，2006年）、李玉玉的硕士论文《〈论衡〉校读记》（黑龙江大学，2007年）、吕兆厂的硕士论文《王充生平和思想研究》（山东大学，2008年）、陈婷的硕士论文《王充教育思想研究》（华中师范大学，2009年）。二类是对王充教育思想某一方面进行研究的论文。主要有，竺扬雄《王充的教育思想》（《宁波师范学院学报》1991年第2期)、应坚志《王充教育思想析议》（《教育评论》1992年第6期)、郑先兴《王充的教育思想——王充系列研究之三》（《南都学坛》1995年第5期)、许士密《王充的学习思想》（《枣庄师范专科学校学报》2004年第2期)、庞桥《王充的教师道德思想浅析》（《哈尔滨学院学报》2004年第7期)、魏平《王充教育思想浅析》（《中华文化》2007年第5期)、郭丽萍《王充教育思想对当代创新教育的启示》（《邯郸职业技术学院学报》2008年第3期)、张燕《王充及其教育思想》（《民办教育研究》2008年第6期)。

这些论文或对王充教育思想的历史渊源、特征、内容、历史价值等进行探讨，或将王充的教育思想与其他教育家的教育思想进行比较。但是，在上述研究成果中，本人认为，对王充教育思想产生的背景、王充教育思想的哲学基础、王充教育思想对当代教育的现实意义、从教育学的角度对王充教育思想内容的分析及其教育思想的不足与缺憾等问题的研究还比较薄弱，因此，对王充教育思想有进一步深入研究的必要，需要对他进行全面地挖掘和系统地整理，使王充的教育思想彰显出来，得到实事求是的评价。

一、王充教育思想的形成

（一）王充的生平

王充，字仲任，汉光武帝建武三年(公元27年)生于会稽上虞，即今浙江上虞，于汉和帝永元中病逝。其祖上原住魏郡元城即今河北南部、北部一带，因凭借军功晋身，获得封号与封地，其后南迁到浙江一带，从此走上仕途。其间祖上又遭遇变乱，得罪豪强，为避祸乱迁至会稽钱塘，以经营小本生意维持生计。后又因父辈与人结下仇怨，最终定居会稽上虞，王充在那里出生。王充虽自讽家道中落，出身"细族孤门"，却并没有就此不振，而是从小志向坚定，勤奋好学，博闻强记，出类拔萃。在《论衡·自纪篇》中他写自己"受《论语》、《尚书》，日讽千字，经明德就，谢师而专门，援笔而众奇。"王充从小受到儒家思想的深刻影响，熟读并融会贯通一系列儒家经典经书是他治学的基础。《后汉书·王充传》中描述，成年后的王充到达京师，在太学中继续学习，受到扶风班彪的教导。班彪出身以儒学传家的汉代显贵家族，自身受其家学的深刻影响，是一位著名的儒家学者，其所著的《前史略论》代表了儒家正统的史学观点。在班彪的悉心指导下，王充自然更深入地学习了儒家思想。从王充的求学经历及所学知识构成上来看，他思想中最根本最主体的应当是儒家思想。

王充不仅积极学习和吸收儒家思想，还"好博览而不守章句，家贫无书，常游洛阳市肆，阅所卖书，一见辄能诵忆。遂博通众流百家之言。"①他利用阅读扩大了自己的知识面，又不固守一家之言，将各个流派的言论观点进行积累并融会贯通，可以说是一个博学多才的人。《后汉书·王充传》记载王充好友谢夷吾上书推荐王充，对王充的才华进行高度赞扬，认为王充才学可以与扬雄、刘向、司马迁并论，"（王）充之天才，非学所加，虽前世孟柯、孙卿，近汉扬雄、刘向、司马迁，不能过也。"②学有所成之后，王充回到家乡教书。其间曾在县郡参与政务，也做过刺史的属官，但由于与长官的意见不合，又遭到小人诬陷，于章和二年（公元88年），辞官回乡。后来王充因为身体原因，即使肃宗皇帝特诏公车征辟为官，也因病不能成行。此时年近七十的王充虽仍有报国之心，但已有心无力。在《论衡·自纪篇》中他自己描述了其晚年处境穷困、抑郁不得志的生活："发白齿落，日月逾迈，铸伦弥索，鲜所恃赖，贫无供养，志不娱快。"③最终他在永元八年（公元97年），在家中病逝。当时的社会现实是，世间贤才不得重用，奸佞小人却得志猖狂；他虽有建功立业热情，却又怀才不遇。在这种情况下，他伏案著书，其著作涵盖广泛，不仅包括王充从哲学角度上对命运与人生、机遇的关系进行的深思，研究儒家学术经典对社会的影响，并且还有对当时的社会现实、人生百态、自然万物产生的独到见解等。他以广博的学识和雄厚的积累为底蕴，采百家之论，成一家之言，王充作为中国古代杰出的思想家与教育家，其思想不仅是在东汉时期，而且在整个中国古代思想史的发展进程中都占有重要地位。

王充著述颇丰，虽然除《论衡》外，其他的《政务》《讥俗》《养性》等著作均已散佚失传，但王充的思想精华我们都可以从《论衡》这部旷世奇作中得以一窥究竟。

（二）王充教育思想形成的社会背景

汉武帝时，统一思想和加强中央集权已成为时代的需要。在这样的

---

①范晔. 后汉书[M]. 北京: 中华书局. 1979:56.

②范晔. 后汉书[M]. 北京: 中华书局. 1979:135.

③王充. 论衡[M]. 上海: 上海人民出版社. 1974:26.

大背景下，诸子百家思想与学说的流行已经不能适应社会的发展。至此董仲舒"罢黜百家，独尊儒术"的建议被汉武帝采纳，并且儒学在建元五年(公元前136年)被列为官学，同时设置五经博士教授弟子，以儒家经学为主要的教学内容。从此，儒家思想成为主流意识形态，经学成为了统治者控制思想的手段、学校教育学生的基本内容及朝廷选拔官吏的重要标准。由于儒学思想都通过儒家经典著作得以集中体现，所以儒家经典著作成为汉代的教育、进仕内容甚至官方文件纲领。东汉时期还出现了一些世代专门学习儒术，熟悉儒家经典的家族，这些家族的成员通过钻研经学被朝廷选拔入仕，占据要职，形成累世公卿的豪门望族。儒学在整个东汉时期所占据的突出地位、表现出的巨大力量也从这一侧面得以体现。东汉王朝"崇儒尊经"的风气相当浓厚，使得儒学对于整个东汉社会的影响达到新的高峰。"崇儒尊经"的社会主流思想带来的负面影响非常恶劣，原本百家争鸣的思想被绝对的官方意识形态束缚，丰富多彩的文化被摧残。甚而，谶纬迷信思想在当时社会上各阶层泛滥盛行，许多以儒生自居的欺世盗名之徒极力宣扬君权神授、天人感应、鬼神迷信等思想。所谓的"谶纬"，其实是"谶"与"纬"的合称。"谶"是用诡秘的隐语、预言作为上天的启示，向人们昭示未来的吉凶祸福、治乱兴衰；"纬"即纬书，是汉代儒生假托古代圣人之名制造的依附于"经"的各种著作。而所有这些都是虚妄迷信之言，把儒学神秘化或宗教化，给整个国家政治和思想都带来极大的危害。正因为切身体会到社会趋炎附势而不辨贤人的恶劣风气，所以王充对社会上无德无才的小人得志深恶痛绝，对整个治国制度及人才培养进行了深刻反思。

（三）王充教育思想形成的理论来源

在谶纬迷信思想大肆泛滥、儒家思想神学化神秘化的时代，王充在对先秦诸子的学说批判地吸收的前提下，把春秋战国时期朴素的唯物主义学说向前推进了一步，为后世我国唯物主义思想进一步发展奠定了基础。在教育思想上，他从人性论出发，提出"尽材成德"的教育目标，重视教育对人性的改变改造作用，强调人是教育和环境的产物。王充的教育思想是建立在他的"人贵论"思想基础之上的，认为教育可以改变人性，可以陶冶人的性情，可以发展人的才能，最终培养出德才兼备的贤达之人。王充认为，天地之间，生物的种类虽然成千上万，但人作为万物之长，最有灵性，最为尊贵。他在《诘术篇》中提出："夫人在天地之间也，万物之贵也。天地之性唯人为贵，则物贱矣。"[①]人之所以与其他物种相比更为尊贵，是因为人具有思维和意识，可以对事物进行认识和获得知识。王充认为，教育可以改变人，可以造就人才，而人才的培养与发展是多规格、多层次的。

二、王充教育思想的主要内容

（一）教育与环境、人性的关系

王充肯定了教育、环境对人的成长、发展的重要作用。他从朴素的唯物主义观点出发，比较正确地揭示了人性与教育、环境的关系，充分地肯定了教育、环境对人的成长、发展的重要作用。

首先，在人性的问题上，王充不同于孟子"人性善"的说法，也不同于荀子"人性恶"的说法，更不认同董仲舒"性三品"的说法，而是提出人性有善恶之分。王充认为，由于人先天承受的"气"各不相同，人的生理素质是有差异的。他说："实则人性有善有恶，犹人才有高有下也。"又说："人之善恶，共一元气；气有多少，故性有贤愚。"[②]由于时代的局限，尤其是受科学发展水平的局限，王充所说的"气"还谈不上就是我们今天所说的遗传素质，但却包含着这种意思。不管怎样，王充对人性问题的认识是唯物主义的，是比较科学的。

在承认人性有善恶、人才有高下的基础上，王充首先阐发了教育与人性的关系。他说："论人之性，定有善有恶。其善者，固自善矣；其恶者，故可教告率勉，使之为善。"[③]意思是说，人性虽然有善恶之分，但

---

①王充. 论衡[M]. 上海: 上海人民出版社. 1974:26.

②王充. 论衡[M]. 上海: 上海人民出版社. 1974:189.

③王充. 论衡[M]. 上海: 上海人民出版社. 1974:189.

是通过教育是可以改变的，这种"性可教而为善"的观点是含有唯物辩证法的合理内核的。

王充特别强调外部力量对人性的改造："论人之性，定有善有恶，其善者，固自善矣；其恶者，故可教告率勉，使之为善。凡人君父审观臣子之性，善则养育劝率，无令近恶；近恶则辅保禁防，令渐于善，善渐于恶，恶化于善，成为性行。人之性，善可变为恶，恶可变为善，犹此类也。蓬生麻间，不扶自直；白纱入缁，不练自黑。彼蓬之性不直，纱之质不黑，麻扶缁染，使之直黑。夫人之性犹蓬纱也，在所染而善恶变矣。"①社会风气和旁人的影响对教育的有效性也起到至关重要的作用。比如一个好的榜样会促使人们弃恶扬善。具体到个人，人性则或善或恶，善者可变为恶，恶者亦可变善。所以，外在的教化就显得十分重要。王充举例，"闻伯夷之风者，贪夫廉而懦夫有立志；闻柳下惠之风者，薄夫敦而鄙夫宽。"②正因为伯夷和柳下惠自身具有高尚的德行，可以对他人产生积极的正面影响，若以伯夷为榜样，即使是贪婪的人也会变得廉洁，即使是胆怯懦弱的人也会变得意志坚定，若以柳下惠为榜样，即使是刻薄的人也会变得宽容，即使是器量狭小的人也会变得胸怀广阔，所以一定要以德行高尚的人为榜样去接近、去效仿。王充以孟母三迁的故事为例说道："迫近君子，而仁义之道教加于身。孟母之徒宅，盖得其验。"③王充在这里借用这个故事再次强调了环境对教育的有利作用。

王充继续进行比喻说，人的本性有善恶之分，但如同土地有贫瘠和肥沃的差异，只要精耕细作，耐心培育，不毛之地也能变成一片沃土，所以"使人之性有善有恶，彼地有高有下，勉致其教令之善，则将善者同之矣。善以化渥，酿其教令，变更为善，善则且更宜反过于往善，犹下地增加镬、锸，更崇于高地也。赐不受命而货殖焉，赐本不受天之富命，所加货财积聚，为世富人者，得货殖之术也。夫得其术，虽不受命，犹自益饶

①王充. 论衡[M]. 上海: 上海人民出版社. 1974:26.

②王充. 论衡[M]. 上海: 上海人民出版社. 1974:26.

③王充. 论衡[M]. 上海: 上海人民出版社. 1974:38.

富。性恶之人，益不禀天善性，得圣人之教，志行变化。"①王充还以利剑出自锤炼后的铁石作比，得出人也要通过贤圣的多方煅造和历练方能成才的结论。他说，"今夫性恶之人，使与性善者同类乎？可率勉之令其为善；使之异类乎？亦可令与道人之所铸玉、随侯之作珠、人之所摩刀剑月焉，教导以学，渐渍以德，亦将日有仁义之操……凡含血气者，教之所以异化也，三苗之民，或贤或不肖，尧舜齐之，恩教加也。楚、越之人，处庄、岳之间，经历岁月，变为舒缓，风俗移也。"②王充又认为，一个人性情凶恶并不可怕，可怕的是他不服从圣人的教化。只要经过教育，性情凶恶之人也可以向善。王充引《史记·叔孙通列传》所述，西汉初，因有功的从龙之臣大部分出身社会底层，不通礼仪，恃功自傲，叔孙通根据秦法规范了朝廷礼仪，对朝廷秩序进行了整顿，使那些桀骜不驯的臣子变得恭顺有礼。正是依靠圣贤的教化和帝王的威严，使人的性情得以改变。所以，王充指出，只要接受圣贤的教诲，即使性情凶恶的人也可以向好的一面转变。

在王充看来，受到外部因素影响而形成的习以为常后天习惯，是人有时会体现出的"若性"之举。这种后天形成的性格、习惯也是可以通过教育改变的。他举例说："南越王赵他，本汉贤人也，化南夷之俗，背畔王制，椎髻箕坐，好之若性。陆贾说以汉德，惧以圣威，撅然起坐，心觉改悔，奉制称蕃，其于椎髻箕坐也，恶之若性。前则若彼，后则若此。由此言之，亦在于教，不独在性也。"③可见，教育对于改变一个人的性情有相当大的作用。在《程材篇》中，对这个观点王充作了更深一层的阐述："儒生之性，非能皆善也，被服圣教，日夜讽咏，得圣人之操矣。文吏幼则笔墨，手习而行，无篇章之诵，不闻仁义之语，长大成吏，舞文巧法，拘私为己，勉赴权利，考事则受赂，临民则采渔，处右则弄权，幸上则卖将，一旦在位，鲜冠利剑，一岁典职，田宅并兼。性非皆恶，所习为者，

①王充. 论衡[M]. 上海: 上海人民出版社. 1974:38.

②王充. 论衡[M]. 上海: 上海人民出版社. 1974:38.

③王充. 论衡[M]. 上海: 上海人民出版社. 1974:38.

违圣教也。"①儒生并非天生都是善良仁义的，他们是在天长日久学习圣贤的道理的过程中，才使得自己的性情变得善良。那些文史并非本性凶恶，而是在后天的学习过程中没有学习过圣贤的典籍，没有受到圣人有关"仁义"的教诲，他们习以为常的举动，都违背了圣人的教化。

王充在充分肯定了环境、教育对人性的影响作用的同时，提出要通过法律手段，运用政权的力量保障学校教育的实施。王充说道："是故王法不废学校之官，不除狱理之吏，欲令凡众见礼义之教。学校勉其前，法禁防其后，使丹朱之志亦将可勉。"②一方面社会法度上不废除负责教育学校的官吏，另一方面也不废除司法官吏，起到监督与威慑作用。如果要让一般人受到礼义的教育，学校应当起到劝导作用，司法应当对其进行防范。只有这样两者有效的配合，才能使即使是具有丹朱那样品质恶劣的人也可以通过勉励而令其从善。

在实施教化的过程中，除了教师以外，不论是一国之君或者一家之主，都有对臣民和家人进行观察与劝导的责任。王充说："审观臣子之性，善则养育劝率，无令近恶；恶则辅保禁防，令渐于善。"③不仅如此，统治者所推行的社会教化毫无疑问会对国家与社会产生巨大的影响，不论社会风气还是百姓教育都会受到广泛的影响。王充以百姓在贤王尧舜的统治下，家家户户都可以加官进爵，而百姓在暴君桀纣的统治下，则家家户户都难逃诛杀的故事，说明了社会风气的形成、百姓品德的培养和百姓性情的善恶之变都会受到统治者所推行的教化的影响。王充举出具体事例，他说《论语·卫灵公》里评道，"斯民也，三代所以直道而行也"④，说的是百姓的本性并非一成不变，是可以通过教化改变的，所以才能够按照圣贤的道理对这样的百姓进行教化，又正是因为圣王时期按正道进行教化百姓，百姓才都能够有善良的性情和行为。

①王充. 论衡[M]. 上海: 上海人民出版社. 1974:55.

②王充. 论衡[M]. 上海: 上海人民出版社. 1974:38.

③王充. 论衡[M]. 上海: 上海人民出版社. 1974:38.

④王充. 论衡[M]. 上海: 上海人民出版社. 1974:38.

（二）如何获取知识

1.知识的来源

王充认为知识来源于实践。主张通过学习获得知识，反对"生而知之"。王充认为获得知识的过程包括感性认识和理性认识，即"见闻为"和"开心意"两个阶段。所谓"见闻为"，就是说，教学中首先要听取、观察、提问、实践，对客观事物有实际接触。人要获得知识，就必须要先与外界事物进行实际接触，才能够认识事物。他说："须任耳目，以定情实"①，要经过感官接触来了解事物的具体情况。反之"如无闻见，则无所状"。如果不是亲眼所见、亲耳所闻，就不能够获得对事物的认识。这个"状"字，指的就是依据自己所闻所见获得的感性认识在脑子里的反映。"状"有描写、复写的意思，即感官在接触外界事物时产生的感觉和印象。"见闻为"是认识的最根本的条件，所以他说："不目见口问，不能尽知也。"②这是获得知识的必须条件，即使那些圣贤也不能例外。他很重视见为的作用，他说，"齐部世刺绣，恒女无不能。襄邑俗织锦，钝妇无不巧。日见之，日为之，手狎也。"③一个普通的女子经过长时间的观察和实践，也能刺绣织锦，并且熟能生巧。相反，如果不是日见日为，即使是聪明的"材士"和"巧女"，叫他们去刺绣织锦，也不能跟那些普通人相比。不与外界事物相接触，不亲眼见到、亲耳听到、自己问过、自己做过，就不能学得知识。

所谓"开心意"，就是说，学习中不能仅仅停留在感性认识阶段，认识一件事物时应当加深对事物的认识，达到理性认识的阶段。王充认为如果只凭观察与接触，只能得到片面的、不完整的或不完全正确的知识，所以还必须把感性认识加以深化提高。他说："故是非者，不徒耳目，必开心意。"④即要求开动脑筋，进行理性思考。这就要多问、多学、多

---

①王充. 论衡[M]. 上海: 上海人民出版社. 1974:62.

②王充. 论衡[M]. 上海: 上海人民出版社. 1974:62.

③王充. 论衡[M]. 上海: 上海人民出版社. 1974:55.

④王充. 论衡[M]. 上海: 上海人民出版社. 1974:62.

思。《实知篇》中提到"故夫可知之事者，思虑所能见也。不可知之事，不学、不问不能知也。"①他曾批评过墨子过于强调感性经验，过于相信所谓"耳目之实"的错觉迷信，以致墨子也承认鬼神，认为有鬼神存在。王充主张"铨订于内""以心意议"，这样才能"知一通二，达左见右"②，即用理性的认识加以审查，才能分清是非，判定真假。

另一方面，王充认为知识是通过后天学习获得的。批判了孔子的"生而知之上也，学而知之其次也"的形而上学的先验论。王充认为，人的才能见识或有不同，但应当都是通过学习来获取知识，认识世界。他在《论衡·实知篇》中对这种观点进行了详细论述："以今论之，故夫可知之事者，思虑所能见也；不可知之事，不学不问不能知也。不学自知，不问自晓，古今行事，未之有也。夫可知之事，惟静思之，虽大无难；不可知之事，厉心学问，虽小无易。故智能之士，不学不成，不问不知，人才有高下，知物由学，学之乃知，不问不识。"③他在此明确地指出了人若是想要获得知识、增长才干，就必须努力学习、认真思考，不经过学习就获取知识是不可能的。

他明确地反驳了一些人提出的圣人可"前知千岁，后知万世"的观点。王充认为圣贤是通过学习以后拥有丰富的知识和经验，才能够说出具有先知性的正确的言语。他在《论衡·知实篇》指出："贤圣之才，皆能先知，其先知也，任术用数，或善商而巧意，非圣人空知。"王充在《论衡·实知篇》中说到，先贤们可以"放象事类以见祸，推原往验以处来"，正是由于他们比一般人更加有知识，通过学习可以对事物的发展趋势进行推断与预测，可以根据自己已经掌握的丰富经验与知识来判断未来事物的发展变化，而一般人看到圣人的话语常常应验便将其夸大进而神化。王充明确断言，"先知之见方来之事，无达视洞听之聪明，皆案兆察

①王充. 论衡[M]. 上海: 上海人民出版社. 1974:62.

②王充. 论衡[M]. 上海: 上海人民出版社. 1974:62.

③王充. 论衡[M]. 上海: 上海人民出版社. 1974:62.

迹，推原事类。"①先贤和圣人，还是因为接受了教育，进行了或多或少的学习过才能获得知识的。所以就算是圣人也需要学习，通过学习不断地完善品行、培养才能最终成为圣人的。社会上吹嘘的任何不需要学习就获得知识学问的天才事例都是不切实际的。

2.知识的力量

王充重视知识的力量，认为有知识就有力量，"人有知学，则有力矣。"②他指出没有学问的人，好像谷和米，不能食用，价值不大；有学问的人，好像谷已成粟，米已成饭，可以直接利用了。他在当时就有了"知识就是力量"的认识，是非常难得的。所以他对人具有学习与认识的能力非常重视，他说："天地之性人为贵，贵其识知也"③，人这种生物是万物之中有智慧的存在，"人之学问，知能成就，犹骨象玉石，切磋琢磨。"④

在王充看来，是否具有知力，是区别人与动物的根本标志。他在《论衡·别通篇》提到，"倮虫三百，人为之长，天地之性，人为贵，贵其识知也。"⑤如果没有"识知"这个标志，那么人跟其他的生物又有什么区别呢？王充在《效力篇》进一步以汉初开国大臣萧何、樊哙、郦食其等人的不同作为，说明了"知为力"的作用。他说："夫萧何安坐，樊、郦俛驰走，封不及驰走而先安坐者，萧何以知为力，而樊哙以力为功也。萧何所以能使樊、郦者、以入秦收敛文书也。众将拾金，何独掇书，坐知秦之形势，是以能图其利害。众将驰走者，何驱之也。"⑥萧何、樊哙、郦食其都参加了秦末刘邦领导的农民起义，当起义军进入咸阳时，其他将领都争相取得金帛器物，唯独萧何将秦国的律令和图书全部接收，仔细保存起

①王充. 论衡[M]. 上海: 上海人民出版社. 1974:62.

②王充. 论衡[M]. 上海: 上海人民出版社. 1974:54.

③王充. 论衡[M]. 上海: 上海人民出版社. 1974:73.

④王充. 论衡[M]. 上海: 上海人民出版社. 1974:81.

⑤王充. 论衡[M]. 上海: 上海人民出版社. 1974:93.

⑥王充. 论衡[M]. 上海: 上海人民出版社. 1974:97.

来。这样，他就掌握了全国的山川险要、郡县户口及社会状况，所以"能图其利害"，驱使"众将驰走"。王充由此指出："仪律之功，重于野战"，并得出结论说："知夫筋骨之力，不知仁义之力。"①比较起来，脑力比体力更为重要。

3.重视知识的检验

在学习当中，应当重视对知识的检验。"订其真伪、辩其虚实"②的标准是什么呢？王充说："事莫明于不效，论莫定于有证。"③所谓"有效"就是与事实相符合；所谓"有证"就是要有确实的证据。王充认为教学过程还应包括以实际效果来检验知识真伪的功夫。他对这一点很重视。他说："凡论事者，违实不引效验，则虽甘义繁说，众不见信。"④这就是说，认识和理论必须符合客观事实，必须通过实际效果来检验，凡是符合事实效果就是正确的；否则就是错误的。违背事实效果的思想理论，即使说得再好听再动人，也是不能令人信服的。他说，"引物事以验其言行"⑤，即引用实际事物来证实他的言论行动，这就是他注重"效验"的教学方法论。

（三）如何培养人才

1.评判人才的标准

王充在《超奇篇》中将人才大致划为四等："能说一经者为儒生；博览古今者为通人；采掇传书以上奏记者为文人；能精思著文连结篇章者为鸿儒。故儒生过俗人，通人胜儒生，文人逾通人，鸿儒超文人。故夫鸿儒，所谓超而又超者也。"⑥王充认为这四等人才的培养都要通过教育，第一等是"鸿儒"，此类人才能够"精思著文，连结篇章，兴论立

---

①王充. 论衡[M]. 上海: 上海人民出版社. 1974:97.

②王充. 论衡[M]. 上海: 上海人民出版社. 1974:62.

③王充. 论衡［M]. 上海: 上海人民出版社. 1974:53.

④王充. 论衡[M]. 上海: 上海人民出版社. 1974:73.

⑤王充. 论衡[M]. 上海: 上海人民出版社. 1974:73.

⑥王充. 论衡[M]. 上海: 上海人民出版社. 1974:83.

说"。①既具有创造性的理论思维能力，又善于实践，他们不受前人思想束缚，敢于创新，可以创立自己的学说，被王充界定为"超奇"人才；第二等是"文人"，这些学生能够"采掇传书，上书奏记"②，是能够博学通达、精通文史，并能上奏治章的人物，能把各种社会知识融会贯通，能把书本知识运用于社会生活实践，成为称职的行政管理人才；第三等是"通人"，这种人能够博览古今之书，作为老师去教授学问，但不能创造新的学说加以应用，所以王充认为他们的能力仅仅像鹦鹉一样只是重复前人的言论罢了；第四等是"儒生"，他们在学问修养上，仅能通晓一经，所以，在知识方面也相对偏于狭隘，"不好广观，守隅不览"③，无"温故知新之明"。王充认为，教育的根本任务就是"反情治性，尽材成德。"④通过教育，把无知识的人培养成为既知晓圣贤的道理、又通晓生活的俗务，并且"修德立化"的有用人才。

王充衡量人才的前提是其人是否有品行和才华。他赞扬品行和才华优秀的"贤人"或"君子"，鄙夷品行和才华低劣的"佞人"或"小人"。他在《论衡·答佞篇》中说："夫贤者，君子也；佞人，小人也。君子与小人本殊操异行，取舍不同。"贤人才能出众品行高洁，而佞人却是才能浅薄品行污浊；贤人治学入仕目的是为了替国分忧，而佞人追名逐利却只为一己私利。王充具体说到，"贤者之有权，后有应。佞人之有权，亦反经，后有恶。故贤人之权，为事为国；佞人之权，为身为家。"⑤

他按照才能品行的标准具体对比了"儒生"和"文吏"。在才能的评定上，他认为儒生和文吏皆有才智，"非文吏材高而儒生智下也。文吏更事，儒生不习也。谓文吏深长，儒生浅短，知妄矣。"⑥他站在客观的

---

①王充. 论衡[M]. 上海: 上海人民出版社. 1974:83.

②王充. 论衡[M]. 上海: 上海人民出版社. 1974:83.

③王充. 论衡[M]. 上海: 上海人民出版社. 1974:83.

④王充. 论衡[M]. 上海: 上海人民出版社. 1974:81.

⑤王充. 论衡[M]. 上海: 上海人民出版社. 1974:102.

⑥王充. 论衡[M]. 上海: 上海人民出版社. 1974:108.

角度评价出儒生和文吏在才干与智力方面不相上下，而只是二者所擅长的领域不一样，术业专攻不同，各有所长罢了。他在《论衡·程材篇》中对二者进行分析："文吏治事，必问法家。县官事务，莫大法令。必以吏职程高。是则法令之家宜最为上。"①文吏善于处理政事、书写公文，熟悉律法，行政能力突出。相比之下，儒生主要专研儒家经典，善于解读圣贤的言论、传播圣贤的道理。王充对两者的优劣进一步分析对比，他在《程材篇》中提到，"吏以事胜，以忠负；儒生以节优，以职劣。二者长短，各有所宜；世之将相，各有所取。取儒生者，必轨德立化者；取文吏者，必优事理乱者也。"②然而在品行与操守的比较上，王充则认为"儒生"优于"文吏"。他在《论衡·量知篇》中断言："儒生不为非而文吏好为奸者，文吏少道德而儒生多仁义也。"他还对社会上一些文吏的丑恶行径提出了尖锐批评。他在《程材篇》中说："文吏幼则笔墨，手习而行，无篇章之诵，不闻仁义之语。长大成吏，舞文巧法，徇私为己，勉赴权利。考事则受赂，临民则采渔，处右则弄权，幸上则卖将。一旦在位，鲜冠利剑；一岁典职，田宅并兼。"这类不受圣贤教化、徇私舞弊的文吏就是王充所言的"佞人"，受其鄙夷唾弃。由此可以看出品行和操守对评判一个人时所起的决定性作用。

王充一方面对贤人充满了赞叹和歌颂，认为应当培养贤人并重用他们。另一方面却为他们在现实生活中的不平境遇鸣不平。他深刻揭露了社会上的小人们不仅为一己之私专营谋利，还口出谗言污蔑别人，捏造事实构陷别人，对德行纯良的君子进行陷害。王充认为正因为能打动君子的是大义，能打动小人的是微利。"佞人贪利名之显，君子不安下则身危。举世为佞者，皆以祸众，不能养其身，安能养其名。"③所以社会上众多的贤人君子常常受到污蔑和构陷却难以脱身自保，虽然才华卓越却得不到重用。而小人正好相反，王充说："夫小人性患耻者也，含邪而生，怀伪而

---

①王充. 论衡[M]. 上海: 上海人民出版社. 1974. 108.

②王充. 论衡[M]. 上海: 上海人民出版社. 1974:108.

③王充. 论衡[M]. 上海: 上海人民出版社. 1974:102.

游，沐浴累害之中，何召之有固！"①

王充认为真正的人才未必会受到重用，一个人能否受到重用只在于他们究竟是贤人或是佞人。而社会上的人却以一个人能否受到重用、能否担任要职来评定一个人的才学和品行。他在《论衡·逢遇篇》中深刻地揭露了社会上的种种不平，他认为社会上贤能的人辅佐品行低劣的人、有才华的人屈居在无才者之下、"或俱大才，道有清浊；或无道德而以技合；或无技能而以色幸"②的现象是普遍情况。他面对残酷的现实，看到那些小人利用谄媚等手段争权夺利、横行霸道。他鄙视小人们才德浅薄，只以奸佞的手段迎合上位者的喜好；或是连浅薄的才德都不具备，"偶以形佳骨娴，皮媚色称"③，只凭借优秀的皮相就能够得到社会的认可。而当时的人却常常被这些品行低劣、才华浅薄的小人们所蒙蔽，认为他们是人才而对其尊重和吹捧。

2.培养怎样的人才

精通文史。王充提出要精通文史之事和历史学知识。也就是主要培养能辅助长官处理繁琐的日常事务，判理案件的官员。这方面是当时社会的热门专业。王充在《程材篇》中提到，"非文吏，忧不除；非文吏，患不救，是以选举取常故，案吏取无害。"于是，人们争相学习"聪慧捷疾者，随时变化，学知吏事。"④他在《谢短篇》中说："夫知古不知今，谓之陆沉；……夫知今不知古，谓之盲瞽。"⑤不懂历史知识就是无知、瞎子、聋子。王充所说的历史，一是指五经出现之前，天地初开，传说中的帝王初立时期的历史；二是指五经著立时期的历史；三是指五经之后，秦汉时期的历史；四是指文化史，如《诗》《春秋》是何时、如何产生的；五是指政治制度史，比如，从古代诸侯分封，各自为政到后世郡县制

①王充. 论衡[M]. 上海: 上海人民出版社. 1974:108.

②王充. 论衡[M]. 上海: 上海人民出版社. 1974:115.

③王充. 论衡[M]. 上海: 上海人民出版社. 1974:115.

④王充. 论衡[M]. 上海: 上海人民出版社. 1974:108.

⑤王充. 论衡[M]. 上海: 上海人民出版社. 1974:117.

产生，其变迁的过程与意义是什么。

　　勤学经典辨明是非。在进行知识与学问的比较过程中，王充认为儒生优于文吏。原因在于儒生以儒家经典为主要的学习内容，儒生能够用其所学帮助文吏们传播圣贤的道理，对百姓进行教化。对于儒生而言，研习儒家经典是他们的主要任务，他们也擅长研究儒家经典，并希冀在学习儒家经典的过程中完善品行、提高才学。王充在《谢短篇》中做了说明："夫儒生之也，五经也，南面为师，旦夕讲授，章句滑习，义理究备，于五经，可也。"儒生们经过锻炼与学习能够使他们的品行得到锻炼，使他们的才学得到升华。最终"反情治性，尽材成德。"①

　　王充认为，使人能够辨明是非体现出了儒家经典的重要作用。"夫先王之道，非徒农商之货也，其为长吏立功致化，非徒富多出溢之荣也，其身简练，知虑光明，见是非审，尤可奇也。"②通过对儒家经典的研习，儒生不仅要提高自身的才能与品行，更应该明辨是非，积极有效地处理问题。王充认为，一个人即使品性高尚、才能杰出，如果不能知晓是非、明理处事，那就跟操守低劣、愚昧无能的人是一样的。他在这里对人才提出了很高的要求——学习者不仅要掌握知识与学问，更要能明辨是非，并随机应变地、有效地去处理事情。这要求儒生们除了善于学习儒家经典，更要有处理实际事务的能力。

　　王充不仅对儒生提出勤学儒家经典的要求，并进一步要求他们在处理实际事务中能够辨明是非。由此他在《定贤篇》中指出了儒生的缺点："儒者，学之所为也。传先师之业，习口说以教，无胸中之造，思定然否之论。"认为儒生们对儒家经典的研习局限于传承先贤的言论而没有自己的思索创新，在辨明是非与处理问题上有待加强。

　　博通古今百家之言。钻研儒家经典是汉代学风的一大特点，儒生们执著于追求对章句的精通。东汉的学者进一步沿袭了西汉索求章句的传统学

---

①王充. 论衡[M]. 上海: 上海人民出版社. 1974:83.

②王充. 论衡[M]. 上海: 上海人民出版社. 1974:81.

风，钻研繁琐的章句之学。东汉社会极力推崇儒家思想和儒学经典，而那些世代专门研究儒家经典的家族在政治上以经学入仕，占居要职；在学术上专攻儒术，成一家之言。在以师法和家法为教学方法的前提下，儒生们被名师和世家能提供的政治前途和学术发现所吸引着，积极投身于研究一家之言。

王充虽然认为应当勤学儒家经典，却非常反对固守章句的研究学问。他认为章句的产生，不能够跟历史的前后发展相联系，固守章句，就会造成断章取义，对事物的认识失实。所以他极力提倡做学问应当博览古今百家之言。因为一个人如果不博览则不知晓事理，闭塞昏暗。他在《论衡·别通篇》中详细说明了博览百家古今之言的重要性，"人不博览者，不闻古今，不见事类，不知然否，犹目盲、耳聋、鼻痈者也。儒生不博览，犹为闭暗，况庸人无篇章之业，不知是非，其为闭暗甚矣！"反之如果一个人能够博览百家之言，就能获得渊博的学识，他以海纳百川做了比喻："夫人含百家之言，犹海怀百川之流也，不谓之大者，是谓海小于百川也。"①还可以使人通达明理、广闻博见，更加可以学以致用而大有作为。

然而"儒生"和"文吏"的缺点都在于他们不能博览百家之言。王充在《谢短篇》中具体说到，儒生能掌握一经，就自认为通晓了圣贤之道而优于文吏；文吏能熟悉律令，就自认为通晓了处世法则而看不起儒生，"各持满而自藏，非彼而是我，不知所为短，不悟于己未足。反以闭暗不览古今，不能各自知其所业之事未具足也。"②他们的缺点都在于只专注于自己的专业长处，知识偏狭。儒生能够通过自己的刻苦学习精通儒家经典，也可以知晓封建法律制度，但也局限于熟知这两类学问。王充在《谢短篇》中也对文吏提出质疑，认为"文吏所当知，然而不知，亦不博览之过也"。可以说，这二者在其所应当掌握的专业知识尚且不能博览古今，

---

①王充. 论衡[M]. 上海: 上海人民出版社. 1974:756.

②王充. 论衡[M]. 上海: 上海人民出版社. 1974:117.

就更难以谈及将百家之言广纳于胸，将百家之言融会贯通了。

　　通人在知识的广博度上要优于儒生与文吏。王充认为，通人在人才的等级评定上优于文吏的地方是"以立难之材，含怀章句，十万以上，行有余力。博学览古今，计胸中之颖，出溢十万。文吏所知，不过辨解薄书。"①王充在《论衡·别通篇》中概括了通人的长处："胸怀非一，才高知大，故其于道术无所不包……知经指深，晓师言多也。夫古今之事，百家之言，其为深多也。"认为通人是博古通今的典型。所以，王充对于评定几等人才明确断言："夫富人不如儒生，儒生不如通人。通人积文十箧以上，圣人之言，贤者之语，上自黄帝，下至秦、汉，治国肥家之术，刺世讥俗之言，备矣。"②王充高度赞扬了通人博学多才、通晓百家古今之言的长处，这也是他们拥有卓越品德与才能的证明。他说道，德行不优秀的人不能够志存高远，才能不杰出的人不能够广闻博见，"故多闻博识，无顽鄙之警；深知道术，无浅暗之毁也。"③而且王充认为如果一个人能够博览古今百家之言，并将其融会贯通，那么他就有了做老师的资格。

　　3.教师的作用

　　王充重视教师的作用，在《自纪篇》强调："深鸿优雅，须师乃学……学者简练于学，成熟于师。"认为不接受老师的指导、没有受过经学教育的人，就不会通晓为人处世的礼义，对国家也不会有多大贡献。而如果人在学习过程中没有受到来自于贤德的老师的教导，是无法成为有用之才的。"不入师门，无经传之教，以郁朴之实，不晓礼义，立之朝庭，植竿树表之类也，其何益哉？"④如果脱离老师的悉心指导，没有圣贤经典的熏陶，光凭个人的勤奋努力，就难以通晓礼义，无法有所作为。王充

---

①王充. 论衡[M]. 上海: 上海人民出版社. 1974:108.

②王充. 论衡[M]. 上海: 上海人民出版社. 1974:756.

③王充. 论衡[M]. 上海: 上海人民出版社. 1974:763.

④王充. 论衡[M]. 上海: 上海人民出版社. 1974:709.

说道："贤圣未之熟锻炼耳，奚患性之不善哉？"①在接受先贤的教育之前，即使一个人天性为恶也不必忧虑，只要有圣贤对其进行教导，就不必担心他的天性不能变善。王充在《程材篇》中具体指出了老师的教导对于一个人品行培养的重要性："儒生之性，非能皆善也，被服圣教，日夜讽咏，得圣人之操矣……（文吏）性非皆恶，所习为者违圣教也。故习善儒路，归化慕义，志操则励变从高，明将见之，显用儒生。"②普通人的性情有善有恶，要想将普通人培养成为品行高洁、才干出众的儒生，就离不开老师的教导。可以说，教师是推动教育改变社会进程中相当关键的环节。

王充对教师提出了严格的要求。一是教师要博古通今，"诸生能传百万言，不能览古今，守信师法，虽辞说多，终不为博……温故知新，可以为师。古今不知，称师如何！"③王充倡导教师博古通今，原因在于，他认为一个学者的知识达到博通众家流派观点，就可以融会贯通、学以致用，最终将学问用于社会实践。同时，学者有了博达疏通的知识，就是有力量的人，即他在《效力篇》提到的"人有学知，则有力矣。"学者用自身的知识回报社会，则可建功立业，进行社会改革，推动社会发展。知识的价值与力量由此得以体现。在这种教育的实践中，老师的作用是非常重要的。他认为孔子的七十二名著名弟子，虽都有着能胜任卿相职位的才能，但他们的杰出都应当归功于孔子的教导。虽然他们原本都是一般的普通百姓，并没有出众之处，但就因为他们"被服圣教，文才雕琢，知能十倍，教训之功而渐渍之力也。"④他们蒙受着孔子的悉心教导，受到儒家经典的熏陶，天性逐渐被感化，最终出类拔萃，获得不凡的才智。王充假设"使无孔子，则七十子之徒，今之儒生也。"⑤如果没有孔子的教导的

---

①王充. 论衡[M]. 上海: 上海人民出版社. 1974:111.

②王充. 论衡[M]. 上海: 上海人民出版社. 1974:108.

③王充. 论衡[M]. 上海: 上海人民出版社. 1974:83.

④王充. 论衡[M]. 上海: 上海人民出版社. 1974:501.

⑤王充. 论衡[M]. 上海: 上海人民出版社. 1974:502.

话，那么孔门七十二贤者也许只不过是普通的儒生，根本无法取得很高的成就了。

二是教师要不断学习充实自己。王充在《定贤篇》中对那些为了教人、为了仕进的"经师"提出了严格的批评："邮人之过书，门者之传教也，封完书不遗，教审令不误者，则为善矣。儒者传学，不妄一言，先师古语，到今具存，虽带徒百人以上，位博士、文学、邮人、门者之类也。"①王充认为，这类对前人典籍论著不多加评论的经师，其作用仅仅在于保存"先师古语"，使其能够相传不绝而已，他同送书信的"邮人"或传教令的"门者"实际上没有什么差别，根本算不上是真正的教师。但他还认为，如果教师的才学出众、志向远大、学识广博，那么学生还是应当从师、尊师的。这也从侧面说明，教师要想赢得学生的尊敬，首先应当提高自身的素质修养。

三是老师要讲究教学方法。王充认为，在教学过程中，无论是教师与学生，都要本着实事求是的态度，不盲从经典，不迷信权威。"凡论事者，违实不引效验，则虽甘文繁说，众不见信。"②他认为，无论课讲得多么生动，如果缺乏事实的根据就难以令人相信。王充主张用典型的实例去诱导和感化，"闻伯夷风者，贪夫廉，懦夫有立志；闻柳下惠风者，薄夫敦，鄙夫宽。"③王充还在自己长期的教育实践中，认识到教育的对象是有差异的不同个体，认为教师应当对不同学生的个性作具体的掌握和了解，因材施教。他曾说："西门豹急，佩韦以自缓；董安于缓，带弦以自足。急之与缓，俱失中和，然而韦弦附身，成为完具之人，能纳韦弦之教，补接不足，则豹、安于之名可得参也。"④意思就是，教师面对个性不同的学生要采用不同的教育方法，主要在于了解学生的个性，针对不同学生各自的特点进行不同的教育。

---

① 王充. 论衡[M]. 上海: 上海人民出版社. 1974:132.

② 王充. 论衡[M]. 上海: 上海人民出版社. 1974:73.

③ 王充. 论衡[M]. 上海: 上海人民出版社. 1974:28.

④ 王充. 论衡[M]. 上海: 上海人民出版社. 1974:111.

（四）关于学习的态度

1.奋发进取，勤学不舍

知识的获得靠学习，学习必须要有奋发进取，锲而不舍的精神才能获得成功。王充曾在《状留篇》以河水结冰，积土成山为例，说明学习应当勤奋，必须靠日积月累之功。他说："河冰结合，非一日之寒；积土成山，非斯须之作。干将之剑，久在炉炭，铦锋利刃，百熟炼厉。"他又在《量知篇》作了比喻："骨曰切，象曰磋，玉曰琢，石曰磨，切磋琢磨，乃成宝器。人之学问知能成就，犹骨象玉石切磋琢磨也。"王充由物及人形象地说明人要学有所成的话必须经过磨砺和雕琢，只有经过不断地刻苦锻炼，学习者才能不断地前进。在学习过程中，王充强调持续努力，反对一曝十寒。对于学习者来讲如果仓促地学习，没有长时间的学习积累，是不能够学有所成的。他说到："文与言，尚可暴习；行与能，不可卒成。学不宿习，无以明名。名不素著，无以遇主。仓猝之业，须臾之名，日力不足，不预闻，何以准主而纳其说，进身而托其能哉？"[1]为了进一步强调持续努力对学习的重要意义，王充又以树木为例来阐发道理。他说：枫树、桐树生长快，但木质不坚固，檀树生长虽慢，但其木质强劲。学习也是一样，如果一味求快而不踏实地掌握知识，那就会很快地忘掉所学的东西。要想有所成就，必须长期下踏实艰苦的工夫。这是王充长期从事学术研究的经验之谈。

2.精思极问，敢于距师

所谓"极问"，王充在《论衡·问孔篇》中将其具体阐述为"不能辄形，宜问以发之；不能尽解，宜难以极之。"也就是说，当学生对于老师讲述的道理不能马上理解的时候，应该通过提问和责难的方式来求得对于道理的透彻解释，把道理搞清楚。"盖起问难，此说激而深切，触而著名也。"[2]这是王充对"极问"作用的概括。只有对不清楚的问题通过提问

---

[1]王充. 论衡[M]. 上海: 上海人民出版社. 1974:115.

[2]王充. 论衡[M]. 上海: 上海人民出版社. 1974:502.

和责难的学习方式，才能真正理解老师讲授的道理。只有反复的思考、追问才能使问题讲述明白透彻，使道理得到理解。

在这方面，王充举了一个反例，就是被称为贤者的"孔子七十二弟子"。相传，孔子传授儒学收弟子三千，其中培养了出类拔萃的贤者七十二人。在汉代儒家思想占绝对统治地位的时期，孔子七十二弟子也受到了相当高的推崇。但王充认为这些弟子虽得孔子面授学业，整天与孔子讨论学问，但他们还是无法真正理解孔子的言论，对孔子所讲述的道理不能真正理解和陈述，无法成为当今儒生们学习的榜样。关键是因为这些弟子们在跟随孔子周游列国学习的过程中，"以学于孔子，不能极问也。"[1]王充指出，由于这些弟子们缺乏极问的精神，就无法深入地探讨学问。正因为他们在学习的过程中没有提出疑问，没有对学问进行仔细思考和深入探究，结果就造成了"圣人之言，不能尽解，说道陈义，不能辄形……孔子之言，遂结不解……世之儒生，不能实道是非也"[2]的局面。不仅他们个人对于孔子传授的学问在理解时产生偏差，更造成了后人在对儒家思想进行解读时遇到障碍。

不迷信教师。在这方面，王充提出了"距师"说。所谓"距师"，就是学习者不要盲目地相信教师，要敢于对教师进行反驳、批判。此外，对于古人、权威、书本的也不应当盲目崇拜。

不迷信古代。哪一个时代都总会有一些人褒古贬今，认为古代的意识思想比现今的好。王充所生活的汉代也莫不如此。他在《齐世篇》中针对此种"好高古而下今"的学风提出了尖锐的批评："夫上世之士，今世之士也，俱含仁义之性，则其遭事并有奋身之节。古有无义之人，今有建节之士。善恶杂厕，何世无有。述事者好高古而下今，贵所闻而贱所见。辨士则谈其久者，文人则著其远者。近有奇而辨不称，今有异而笔不记。"他对于这种风气形成的原因进行了详细分析。他说："世俗之性，好褒古

---

①王充. 论衡[M]. 上海: 上海人民出版社. 1974:502.

②王充. 论衡[M]. 上海: 上海人民出版社. 1974:502.

而毁今，少所见而多所闻，又见经传增贤圣之美，孔子尤大尧、舜之功，又闻尧、舜禅而相让，汤、武伐而相夺，则谓古圣优于今，功化渥于后矣。夫经有褒增之文，世有空加之言，读经览书者所共见也。"①他认为世人"谓古圣优而功大，后世劣而化薄"②的原因在于人们对于儒家经典中美化贤圣品行的记载盲目迷信和人们夸大其辞。在他看来，古今天体一样，人性也无差别，不可能古代胜过今世，古人比今人更贤达。不仅如此，他还从符瑞、治乱、农作、衣着、教化等各个方面，论证汉代比古代大有进步。因此，他认为不应该"好褒远古"③"好珍古不贵今"④。王充的这种不迷信古代的思想是相当宝贵的，学习者具有此种思想，在学习上就一定会独立思考，不断创新。

不迷信权威。王充的这一思想充分反映在其所写的《问孔》《刺孟》与《非韩》诸篇中。如在《问孔篇》开篇就明确提出："世儒学者，好信师而是古，以为贤圣所言皆无非，专精讲习，不知难问。夫贤圣下笔造文，用意详审，尚未可谓尽得实，况仓卒吐言，安能皆是？不能皆是，时人不知难；或是，而意沉难见，时人不知问。案贤圣之言，上下多相违；其文，前后多相伐者。世之学者，不能知也。"这段话可以说是王充批判孔孟思想与学说的指导思想，也是他撰写《问孔》《刺孟》与《非韩》三篇批判性论著的提纲挈领之论。其要义是，在学习中，学习者应当秉持务实的态度，独立思考，不避权威。也可以这样认为，在学习过程中，要想在学业上有所突破，获得真知，就必须破除对学术权威的盲从。

不迷信书本。"五经"作为儒家学说的经典内容，受到当时学者的极度推崇。王充针对这种学习风气，提出"论贵是而不务华，事尚然而不高合"⑤的主张，即使是受到大众的非议，被主流思想否定，只求"黜其

①王充. 论衡[M]. 上海: 上海人民出版社. 1974:316.

②王充. 论衡[M]. 上海: 上海人民出版社. 1974:316.

③王充. 论衡[M]. 上海: 上海人民出版社. 1974:341.

④王充. 论衡[M]. 上海: 上海人民出版社. 1974:372.

⑤王充. 论衡[M]. 上海: 上海人民出版社. 1974:573.

伪、存其真。"①正是从这种思想出发，他大胆地对"五经"提出怀疑，号召人们对它不要迷信。自汉武帝设立五经博士，招收博士弟子之后，不少人选取一经专门攻读，自成一派，将此作为晋身仕途的手段，治学目的极其具有功利性。本来五经就有很多失实之处，而这些将名利置于治学之上的功利的人，又根本不对五经进行细致的考证核实，放任五经中的错漏在世间流传。所以王充便号召学者不要迷信书本，期待人们以去伪存真、求真务实的精神，对所学知识下一番虚实是非之辨的功夫。这样，才会有创新的学习，有学习的创新。

3.博学通达，学为世用

王充提出："能多种谷，谓之上农，能博学问，谓之上儒。"②认为一个人到水浅的地方去游泳，只能看见细小的虾，到较深的地方，可看见鱼和鳖，到更深的地方，竟可看见蛟和龙。足迹不同，所见便异。学术途径的浅深也是这样。他非常强调学习要"博"和"通"，一个人的知识，只有达到"博"和"通"，才能驾驭知识，融会贯通，学以致用。他称知识渊博的人为"文力之人"，"文力之人"和"有力之将"配合即可为国建功立业，推动社会向前发展。王充以大海为例说明人的学习要像大海汇合百川一样，兼收并蓄。他说："海不通于百川，安得巨大之名？夫人含百家之言，犹海怀百川之流也。"③善于学习的人，对于知识的掌握包罗万象。只有这样，才能成为才高、智大，"博达疏通"，能担负起治国治学重任的有用人才。否则，固守一门学问而"不好广观"，只能孤陋寡闻，固步自封，不为世用。

其次，王充在强调"博达疏通"的同时，明确提出了"学为世用"的治学目的论。他指出，学习的目的是为了济世利民，著书立说是为了服务社会。"良医服百病之方，治百人之疾；大才怀百家之言，故能治百族之乱。"他说："圣人作经，贤者传记，匡济薄俗，驱民使之归实

---

①王充. 论衡[M]. 上海：上海人民出版社. 1974:548.

②王充. 论衡[M]. 上海：上海人民出版社. 1974:709.

③王充. 论衡[M]. 上海：上海人民出版社. 1974:756.

诚也。"①如果著书立说，兴学设教不能惩恶劝善，有益于国家和社会，即使作得出锦绣文章、学识广博如浩瀚星海，也毫无价值。所以他说："盖寡言无多，而华文无寡。为世用者，百篇无害，不为用者，一章无补。"②

三、王充教育思想的历史地位和现代价值

（一）王充教育思想的历史地位

1.王充教育思想的历史价值

王充教育思想对后世产生较大影响，当时很多学者都采纳了他的思想。郑玄就是其中之一。

（1）教育对治理国家的重要意义与郑玄的"学以化民"

王充在治理国家方针的思索上，极其重视教育的地位。教育与他的政治方略是紧密联系的。

王充认为应当发挥道德教化的重要作用来以德治国。他在《非韩篇》说道："治国犹治身也，推治身以况治国，治国之道当任德也。韩子任刑，独以治世，是则治身之人，任伤害也。"他在治国方略上并不赞成韩非子的"以法治国"。王充认为韩非子用刑罚来治理社会的主张，是一种伤害人的办法而不可取。他肯定人性中还是有一定的道德标准的，教育可以完善人的道德修养，由个人道德的修养推及到国家的治理，王充认为国家的治理也是可以采取道德教化的方式。王充一贯秉持以德治国的政治主张，而这一主张的实施更是有赖于教育的施行。

王充提倡对人民要用礼义来进行教化，而不是用刑罚进行震慑。他认为对于一个国家而言，用礼义来教化百姓是非常重要的。王充在《非韩篇》说道："国之所以存者，礼义也。民无礼义，倾国危主。"他认为礼义是国家赖以存在的根本，如果百姓不遵守礼义，国家就会走向衰败。王

---

①王充. 论衡[M]. 上海: 上海人民出版社. 1974:618.

②王充. 论衡[M]. 上海: 上海人民出版社. 1974:618.

充还特别提到了儒生在教化百姓及传播礼义的过程中所起到的重要作用。他认为儒生应当以自身的才能与品行为榜样，劝导百姓向善，传播儒家礼义。由此才是行事为国的表现。他说，"今儒者之操，重礼爱义，率无礼之士，激无义之人，人民为善，爱其主上，此亦有益也。此上化也，非人所见。"①

王充提倡为达到文治武功的治国目标，国家培养、选拔人才应以文武兼顾为战略目标。他指出，"治国之道，所养有二：一曰养德，二曰养力。养德者，养名高之人，以示能敬贤；养力者，养气力之士，以明能用兵。此所谓文武张设，德力具足者也。"②也就是强调了要在选拔文臣的同时培养武将，文臣教化百姓，弘扬道德；而武将抵御外敌，保家卫国。国家的稳定与发展离不开文臣武将的辅佐与配合。国家的强大需要依靠有才华的文臣和勇猛的武将，而只有通过教育，才能培养出优秀的将相之才。

王充认为对于国家教育而言，为保证教育的有力实施，需要设置专门的机构与官员来有效地管理教育事业。王充强调："庠序之设，自古有之，重本尊始，故立官置吏。官不可废，道不可弃。"③在对教育的事业的管理方面，除了设置专门的管理机关和官员外，王充进一步提出了儒生也需要担当教化民众的职责："儒生，道官之吏也。以为无益而废之，是弃道也。夫道无成效于人，成效者须道而成，儒生，耕战所须待也。"④不论是和平年代还是战乱时期，如果儒生不能做到以所学的道德礼义来教化百姓这一点，就等同于背弃了他们所学的道理。

王充提倡以道德治理国家，以礼义教化人民。郑玄的"学以化民"是对王充道德教化思想的总结。

郑玄(127-200年)，字康成，东汉北海高密(今山东省高密市)人。他是

①王充. 论衡[M]. 上海：上海人民出版社. 1974:228.

②王充. 论衡[M]. 上海：上海人民出版社. 1974:228.

③王充. 论衡[M]. 上海：上海人民出版社. 1974:229.

④王充. 论衡[M]. 上海：上海人民出版社. 1974:229.

中国古代集经学之大成的大师、杰出的教育家和文献学家。立言讲学，聚众授徒。儒家非常重视"学以化民"。孔子就有"远人不服，修文德以来之"的言论。《礼记·学记》中也有"君子如欲化民成俗，其必由学乎"的记载。郑玄继承了这种思想，在注解《礼记·学记》"察于此四者，可以有志于学矣"时称："本立而道生。言以学为本，则其德于民无不化，于俗无不成。"这就是说，国民通过接受教育、进行学习以后，可以促成民智的开化。用教育为人之本，不仅能生"道"，而且由"道"产生的"德"，可以教化百姓，可以形成风俗。郑玄将诗书礼乐和道艺视为重要的教学内容和规范加以推广，认为这是倡导社会风气、提升民智的关键途径，体现了教育对开启民智、提升社会风气的积极作用。

（2）教育对完善个人的重要意义与郑玄的"学以致知"

王充的人性观是对先秦至两汉时期诸多思想家的人性论进行综合的基础上，经过批判性地吸收而形成的，其人性观秉承了儒家提倡改良和完善人性的基本观点，注重对人善性的发掘和弘扬。

王充认为人性存在善恶两方面，这种观点与孟子的"性善论"或是荀子的"性恶论"有很大区别。孟子认为人性本善，提出"性善论"，他在《孟子·告子章句上》中具体阐述为，"若夫为不善，非才之罪也。恻隐之心，人皆有之；羞恶之心，人皆有之；恭敬之心，人皆有之；是非之心，人皆有之。恻隐之心，仁也；羞恶之心，义也；恭敬之心，礼也；是非之心，智也。仁义礼智，非由外铄我也，我固有之也，弗思耳矣。"孟子认为仁义礼智都是人性中天生就存在的。荀子则持明确的"性恶论"观点。他认为人争夺权力、产生种种欲望都是自然本能，顺从这种本能就必然本性为恶。《荀子·性恶篇》中具体说道："人之性恶，其善者伪也。今人之性，生而有好利焉，顺是，故争夺生而辞让亡焉；生而有疾恶焉，顺是，故残贼生而忠信亡焉；生而有耳目之欲，有好声色焉，顺是，故淫乱生而礼义文理亡焉。则从人之性，顺人之情，必出于争夺，合于犯分乱理，而归于暴，不可学，不可事而在人者，谓之性；可学而能，可事而成之在人者，谓之伪。"王充在《论衡·本性篇》中对各派观点都加以驳斥，他认为，"孟子之言情性，未为实也；告子之言，未得其实也；夫孙卿之言，未为得实；陆贾之言，未能得实；仲舒之言，未能得实；唯世硕、公孙尼子之徒，颇得其正。"他以自己的人性观为基础，来概括评定前人人性论中的缺陷，认为"告子之以决水喻者，徒谓中人，不指极善极恶也，余固以孟柯言人性善者，中人以上者也；孙卿言人性恶者，中人以下者也；扬雄言人性善恶混者，中人也。"①

　　王充秉持着人性有善有恶的人性观。具体来说这种人性观还包括两种不同情况，一种是禀"气"而形成的先天性情，这种天性是纯粹的恶或纯粹的善，也就是天性极恶或天性至善的人。孔子曾以"上智与下愚"的概念评论这种人。他们的性情由先天决定而无法改变，即使接受圣贤的教导也无济于事。王充在《非韩篇》中将此种情况解释为："凡人禀性也，清浊贪廉，各有操行，犹草木异质，不可复变易也……清廉之行，人所不能为也。夫人所不能为，养使为之，不能使劝；人所能为，诛以禁之，不能使止。"而另一种是天性中善恶相混，存在着善恶两种因素的人。他们因承受厚薄不同的"五常之气"，有的人天性偏向良善，有的人天性偏于凶恶。孔子所说的将这类人称为"中人"，也就是指大多数的一般人即普通人、平常人。而这一类人身上的善恶天性是可以改变的，需要教化他们为善。

　　王充充分肯定针对大多数的"中人"，认为人的天性完全是可以改变的。他在《率性篇》中说："人之性，善可变为恶，恶可变为善。"他在《率性篇》中用生动的比喻来描绘人性的转变，"蓬生麻间，不扶自直；白纱入缁，不练自黑。彼蓬之性不直，纱之质不黑，麻扶缁染，使之直黑。夫人之性犹蓬纱也，在所染而善恶变矣。"他指出，本来容易倒伏的蓬，生长在麻间之后，即使不去扶它，也会保持直立。本来洁白的纱，放进黑色之后，即使不去染它，也会变成黑色。而"十五之子，其犹丝也。其有所渐化为善恶，犹蓝丹之染练丝，使之为青赤也。青赤一成，真色无

①王充. 论衡[M]. 上海: 上海人民出版社. 1974:189.

异……盖伤离本，不可复变也。"①人性的转变也犹如染丝，白色的丝因染料的颜色不同，既可以染成青色，也可以染成红色。被染过的白丝已经变成了青色或红色之后，完全失去了原来的白色。所以说一个人的善性如果转变成为恶性，再也无法变回善性。一个人的所作所为一旦离开了正道的规则标准，就再也无法回归正道。

王充强调为了使人性更加完善，要依靠教育。教育对于人性的转变有着非常重要的作用。他在《率性篇》中指出："异类以殊为同，同类以钧为异，所由不在于物，在于人也。"也就是说不同种类的事物可以向相同的方向转化，相同种类的事物可以由向不同的方向转化。人性的善恶也是可以改变的，但需要教育发挥作用，需要教师的教育与引导。他指出，"凡含血气者，教之所以异化也……夫性恶者，心比木石，木石犹为人用，况非木石！在君子之迹，庶几可见。"②教育的目的在于引导人向善一面发展。即使是那些天性恶的人，对他们进行教育，使他们接受圣贤的教诲之后也能变为性善之人。正如他所说的，"无分于善恶，可推移者，谓中人也，不善不恶，须教成者也。故孔子曰：'中人以上，可以语上也；中人以下，不可以语上也'……孔子曰：'性相近也，习相远也。'夫中人之性，在所习焉。习善而为善，习恶而为恶也。至于极善极恶，非复在习。故孔子曰：'惟上智与下愚不移。'性有善不善，圣化贤教，不能复移易也。"③王充又举了一个生动的例子来强调教育的重要性，他说："夫人之质犹邺田，道教犹漳水也，患不能化，不患人性之难率也。"④原本邺这个地方的土地贫瘠，产量不高，但自从当地官员西门豹引漳水对田地进行灌溉后，邺的土地变得肥沃起来。而道德的教化犹如引水灌溉贫瘠的土地一样，只用担心人能不能被教化，而不用担心人性是不是难以改变。山中普通的铜铁，经过能工巧匠冶炼煅造，最终成为锋利

---

①王充. 论衡[M]. 上海: 上海人民出版社. 1974:109.

②王充. 论衡[M]. 上海: 上海人民出版社. 1974:114.

③王充. 论衡[M]. 上海: 上海人民出版社. 1974:189.

④王充. 论衡[M]. 上海: 上海人民出版社. 1974:115.

无比的利器，甚至成为千古名剑。王充由此类推到人，"贤圣未之熟锻炼耳，奚患性之不善哉，夫人有不善，则乃性命之疾也，无其教治而欲令变更，岂不难哉！"①他指出，不用担心一个人天性不善，这只是圣贤还没有对他加以教育的缘故。天性不善的人如果没有接受圣贤的教化和劝导的话，就无法改变其天性。王充对此进行分析："今夫性恶之人，使与性善者同类乎？可率勉之，令其为善，教导以学，渐渍以德，亦将日有仁义之操。"②"其善者，固自善矣；其恶者，故可教告率勉，使之为善。"③通过教育、引导和劝勉，就算是原本天性为恶的人，也可以使其成为向善的人。王充说："性恶之人，亦不察天善性，得圣人之教，至行变化。"④性情凶恶的人在得到贤达的老师的教导后，最终可以达到去恶向善的效果，让善良成为其天性。

对于天性善的人，教育的作用也是异常重要的。王充说："使人之性有善有恶，彼地有高有下，勉致其教令之善，则将善者同之矣。善以化渥，酿其教令，变更为善，善则且更宜反过于往善，犹下地增加镢、锸，更崇于高地也。"⑤这就是说，假使人性如同土地有好坏一样有善有恶，如果努力用圣贤的道理对其进行教育，那就会令人向善。而对于天性良善的人来说，通过教育可以让他变得更加的善良美好，甚至可以去教导别人为善。王充进一步强调早期教育对于人性的转变的重要意义，他认为越早培养人良善的天性就越有利于人的成长和发展。"性命在本，故《礼》有胎教之法：子在身时，席不正不坐，割不正不食，非正色目不视，非正声耳不听。及长，置以贤师良傅，教君臣父子之道。"⑥为了孩子能够形成良好的品行，母亲即使在怀孕期间，也要遵守一定的行为准则。在孩子长

①王充. 论衡[M]. 上海: 上海人民出版社. 1974:116.

②王充. 论衡[M]. 上海: 上海人民出版社. 1974:116.

③王充. 论衡[M]. 上海: 上海人民出版社. 1974:117.

④王充. 论衡[M]. 上海: 上海人民出版社. 1974:117.

⑤王充. 论衡[M]. 上海: 上海人民出版社. 1974:117.

⑥王充. 论衡[M]. 上海: 上海人民出版社. 1974:199.

大后就要寻找德才兼备的老师来教导他们。

王充提倡将礼乐制度和儒家经典作为教育的内容。教育是转变人性的主要途径。正因为人性具有很多不良的因素，比如凶恶、残暴、愚昧等等，所以就必须依靠教育对人进行教化、引导、勉励，完善人的善性。教育在施行的过程中，应当用"礼乐"来对百姓进行教化。王充论述了这样做的原因："情性者，人治之本，礼乐所由生也。"[①]"情"和"性"是人先天所具有的道德属性，代表着人的喜怒哀乐等各种情感，是进行教育时的依据。而礼乐制度就是根据人的性情制定出来的："礼所以制，乐所为作者，情与性也。"[②]礼乐制度是教育的主要内容。为了避免人的"情性"向不良方向发展，就应当采取礼乐来对"情性"进行约束。王充认为，"性有卑谦辞让，故制礼以适其宜；情有好恶喜怒哀乐，故作乐以通其敬。"礼乐的具体作用在于，恰当地发展人的卑谦辞让之性，合理地表达人的喜怒哀乐之情。

作为转变人性最主要也是最重要的途径，在教育的内容上除礼乐制度外，儒家经典亦为教育的主要内容。他认为，"夫五经亦汉家之所立，儒生善政大义，皆出其中"。《论衡》中提到的"经传""王道"等均泛指儒家经典、孔孟之道，这些都属于人们接受教育的主要内容。

郑玄的"学以致知"的思想与王充的思想十分相近。郑玄认为人性本善，这种善的特质将会通过教育的途径得以发挥并且显现，并且只有依托于教育，人性中的善才能很好地得到稳固与发挥。

中国的学校教育历史悠久，而儒家思想更是藉一代代经学的繁荣与发展，担当着最主要的国家教育责任。儒家思想中对于施行教育常从人性的界定入手，如儒家经籍中对人性的论述，即认为人具有先天的道德素质，如仁、义、礼、智等，但这种素质只有通过教育才能得以显现、扩充和巩固。郑玄基本上继承了这一思想，例如，他对《论语》中"人之生也直"

---

①王充. 论衡[M]. 上海: 上海人民出版社. 1974:189.

②王充. 论衡[M]. 上海: 上海人民出版社. 1974:189.

的解释是"始生之性皆正直"①，认为人性天生就是良善的，教育的作用在于保持这种良善并且令其深化发展。

郑玄明确指出，教育的作用就在于促使本有的良好的素质得以发扬光大。他遵循传统的儒家观点，以再美的玉石也需要雕琢才能成器的比喻来鼓励学生钻研学问、雕琢性情。但在现实中，人的性情有善有恶，并非"皆有仁义"，郑玄也发现有些人甚至达到"教不能胜其情欲"②的地步，因此他也承认"凡人之性有异"③，并将人的这种性情上的差异归结为"气"的作用。他说："性谓人受血气以生，有贤愚吉凶"④，即人的性情有贤良、愚钝、温和、暴戾之分，强调在教育时要"兼气性之效"⑤，对不同性情的学生应当因材施教。

郑玄十分重视环境和教育对人的巨大影响。他在阐发孔子"里仁为美"的观点时说："居于仁者之理，是为善也。求善而不处仁者之里，不得为有知也"⑥，认为与性情仁厚的人多接触也能受其影响而向善。他进而强调后天学习对于完善个人的意义。在注释《论语》中孔子自称"我非生而知之者，好古敏以求之者也"一句时，郑玄指出"言此者，劝勉人于学也。"⑦知识并非天生就能获得，即使圣贤也不能例外。只有通过后天的不断努力、认真学习，才能够成为知识丰富的人。

2.王充教育思想的历史局限性

王充对获得知识的认识有一定的局限性。王充认为世上的知识分为两类，一类是可知之事，人们学之问之精思之就可以知晓，而另一类是不可知之事。他在《论衡·实知篇》中具体阐述了这两类知识："知无以知，非问不能知也。不能知，则贤圣所共病也……事可知者，贤圣所共知也；

---

①郑玄. 郑氏逸书[M]. 北京: 商务印书馆. 1937:256.

②孔颖达. 礼记正义[M]. 北京: 中华书局. 2009:672.

③郑玄. 郑氏逸书[M]. 北京: 商务印书馆. 1937:143.

④郑玄. 郑氏逸书[M]. 北京: 商务印书馆. 1937:256.

⑤孔颖达. 礼记正义[M]. 北京: 中华书局. 2009:461.

⑥郑玄. 郑氏逸书[M]. 北京: 商务印书馆. 1937:258.

⑦郑玄. 郑氏逸书[M]. 北京: 商务印书馆. 1937:289.

不可知者，圣人亦不能知也。"即有的事物是可以被认识的，而有的事物是不可以被认识的，不能被认识的事物即使是圣贤也难以知晓。他在《实知篇》中提到，"天下之事，世间之物，可思而知，愚夫能开精，不可思而知，上圣不能省。"[1]王充认为世上有永远不可知之事："天下事有不可知，犹结有不可解也。"[2]这种不可知论的思想，是他教育思想中的局限性。

（二）王充教育思想的现代价值

人的思维活动使我们能不断学习前人的经验和知识，迅速成长起来。又使我们对前人的经验和知识持怀疑的态度，并经过自己的探索和努力，总结前人经验，为社会的发展做出贡献。

王充在汉代就提出"距师""问难"的主张，反对"信师是古"，倡导学生在学习过程中，要对先贤流传下来的道理敢于持有怀疑的态度。汉代官学教学在汉武帝设立五经博士、招收博士弟子后，就有了"专经""是法"的特点。各经博士自成一派，《五经》形成各自独立的学术系统，各有家传，私相传授。对儒学经典的解读日益陷入章句训诂的困局，使得汉代教育和学术的发展产生不利的影响。王充认为遇到不懂的问题时应该通过责难来求得透彻的解释。只有通过提问和责难的学习方法，才能真正理解老师讲授的内容。只有反复的思考、追问才能将问题讲述的明白透彻，才能加深对问题的理解。即使对圣贤和儒家经典也应抱这样的态度。他在《问孔篇》中说："苟有不晓解之问，造难孔子，何伤于义？诚有传圣之知，伐孔子之说，何逆于理？"学习一定要建立独立思考的习惯，有积极提问、勇于探究的精神。学习者不要盲目地相信教师，要敢于对教师进行反驳、批判。读书不可对权威与经典产生盲目迷信，要主动地学习知识，要踏实地掌握知识，要灵活地运用知识。达到钻研探索、学以致用的境界。

---

①王充. 论衡[M]. 上海: 上海人民出版社. 1974:64.

②王充. 论衡[M]. 上海: 上海人民出版社. 1974:64.

王充还提出要坚持通过"效验"的方式来对知识的真伪进行检验。他在《知实篇》中提出："凡论事者，违实不引效验，则虽甘义繁说，众不见信。"违背事实的思想理论，即使说得再动听，也无法令人信服。所谓"实践出真知"，只有经过深入思考、实践检验的正确知识方能纳为己用。这里体现出王充崇尚求真务实、独立研究、创新立异的精神，与现代尊重科学实验的科学精神是相吻合的。

在我国传统教育中，教师和教材具有极高的权威。对学生而言，学习的主要方式是背诵与模仿，而非探索与实践。学生对学习的内容被动接受的多，主动接受得少。这样培养出来的学生多数缺乏创新意识，不具备创新能力。随着社会不断发展，各种竞争日益激烈，自主创新能力是国家竞争力的核心。一个国家只有拥有强大的自主创新能力，才能在激烈的国际竞争中把握先机、赢得主动。创新思维和创造力越来越受到人们的重视，现代教育大力提倡创新教育。创新教育以激发学生对知识的好奇心和求知欲为前提，使学生养成肯思考、敢怀疑、永不满足、永远探索进取的好习惯，以及在实际中具有最佳排忧解难的能力。在培养创新精神上，要高度重视研究和探索，培养学生综合运用各种知识的能力与技能，培养善于思考、发现问题和独立解决问题的有效途径和方法，

结　语

综上所述，我们看到了王充教育思想的完整梗概。

王充从朴素的唯物主义观点出发，比较正确地揭示了人性与教育、与环境的关系，充分地肯定了教育、环境对人的成长、发展的重要作用。

在对学问的理解上，王充认为知识要通过后天的学习才能获得，不学则不知。他提倡在认识事物的过程中要"见闻为、开心意"，检验学问的时候应当"疾虚妄、明效验"。有知识就有力量，"人有知学，则有力矣"。人们只有通过勤学积累才能获得学问，甚至学为圣贤。

在人才的培养上，王充提出了"尽材成德"的要求。他认为真正的人

才要博学多才、品行高洁、有较强的实践能力。而对于如何评价人才，王充认为应当认真考察一个人的性情德行，检验他的处事行为。才能真正分辨出社会上的贤人和佞人。王充还强调教师的作用，并对教师提出了严格要求。

在学习态度上，王充认为在学习过程中应当奋发进取，锲而不舍。通过对社会上谶纬迷信、古胜于今的不良风气的批判，阐述了自己今胜于古、不能尽信书、不能尽信师的观点，提出了勤学不辍、敢于距师、学以致用的观点，发人深省。

在教育的意义上，王充认为教育对治理国家和完善个人有着重要的意义。教育是国家存在的根基，要发挥教育的作用来"以德治国"。教育对于个人，最重要的作用是改变个人性情，使人去恶向善，"尽材成德"。国家教育与个人教育是紧密相关，互相促进的。

在东汉谶纬迷信思想泛滥盛行、经学禁锢思想文化的时期，王充顺从本心，在其著《论衡》中提出了大量独特的教育思想。王充提出培养以广博知识为基础，具有创新思想、学为世用的人才，与我们现代的创新教育有很多相通之处，可以丰富现代教育理论。我们本着古为今用的原则，对古人思想进行研究、思考和借鉴，对解决当代创新教育中的许多问题都有帮助。

（本文作者为包头师范学院历史文化学院2014届秦汉史方向的研究生，指导教师为郝建平教授）

从汉代婚姻看女性的社会地位

◇ 张俊华

引　言

婚姻，即男女结为夫妇，是人类生活的根本，不仅关系着人类生命的繁衍，而且影响着人们的社会关系的组成。自然的婚姻形态，经过演化，发展，进入社会的婚姻形态，经历了乱婚、血亲婚、氏族婚、对偶婚、一夫一妻制婚姻的进化阶段。婚姻形态的这种演变是与社会的发展相联系的。在传统婚姻制度中，婚姻"合二姓之好"，是人类的自然行为也是社会行为，是为当时的社会制度所确认的，男女两性互为配偶的结合。婚姻的太多内涵最能体现女性的社会地位。

（一）选题依据

一直以来我对女性的社会地位很感兴趣，但如何在女性社会地位方面找到自己独特的视角呢？思索良久之余，我将目标锁定在女性婚姻这个大方向上，开始收集和整理资料，并进行初步的研究。随着资料的收集、整理和研究工作的逐步深入，研究对象逐渐清晰明了。那就是从汉代婚姻看女性的社会地位。

妇女地位的论题在妇女研究领域中居主导地位。近些年来，秦汉妇女史的研究由薄弱走向繁荣，不仅在课题的研究上拓宽了视野，而且视角的选取上也扩大了范围，权益、地位、爱情、婚姻等各个方面都有所探讨，政治、家庭、伦理、社会等问题都有所涉及，这些都改观了秦汉妇女研究的薄弱环节。妇女是人类社会的一大群体，其地位的高低直接关系着女性自身的发展，影响着整个社会的进步与发展。马克思认为妇女是社会变革的酵素之一，他认为无论是美的还是丑的，"社会的进步都可以用女性的社会地位来精确衡量。"①历史经验证明，提高妇女的社会地位，能推动社会的进步和发展。

近年来学术界关于妇女史的研究不仅取得了一些成果，而且相对于20世纪80年代以前，其研究趋势明显增多，但是许多人都是从家庭角度去分析、研究中国古代妇女地位的，而且也没有突破原有模式。关于婚姻家庭社会地位的研究，基本上都是纵向研究，或者是整个封建时代的婚姻制度，或者是婚姻礼俗，或者是婚姻法规。但是从婚姻方面横向深度研究的很少，鉴于此，我想从汉代妇女拥有较高地位的层面上来横向考察和研究。

我的论文主要是从婚姻方面考究汉代女子的社会地位。有人从家庭方面考察，有人从女子参与社会事务方面考察，有人从女子教育方面考察，我之所以选择从婚姻方面考察，是因为婚姻不仅是社会关系形式之一，而且是最普遍、最基本的社会关系。

婚姻形态规定、影响着社会结构的基本特征和社会生活的总体面貌。而且历史是一个社会进程，它是一个时代在另一个时代里发现的值得注意的那些东西的记录。只有借助于现在，我们才能理解过去，也只有借助于过去，我们才能充分理解现在。

我认为婚姻有太多内涵，最能体现女子的社会地位。汉代女子婚姻的研究，既可以从独特视角探讨当时的精神文明程度，也可以从侧面反映出社会物质文明的程度而借鉴今日。本文吸收前人研究的成果，力求用丰富而翔实的资料，对汉代女性婚姻的社会地位作进一步探讨。

（二）研究现状

对婚姻家庭进行研究的通史性专著，主要有陈顾远的《中国古代婚姻史》（商务印书馆，1925年）、吕思勉的《中国婚姻制度小史》（中山书局，1929年）、陶希圣的《婚姻与家族》（商务印书馆，1934年）、马之

---

①马克思，恩格斯. 马克思恩格斯全集（32）[M]. 上海: 上海人民出版社. 1958:571.

啸的《我国婚俗研究》（台北经世书局，1981年）、陈顾远的《中国婚姻史》（上海书店，1984年）、陈鹏的《中国婚姻史稿》（中华书局，1990年）、杨大文的《婚姻法学》（北京大学出版社，1991年）、张德强的《嬗变中的婚姻家庭》（兰州大学出版社，1993年）、汪玢玲的《中国婚姻史》（上海人民出版社，2001年）、张迎秀的《结婚制度研究》（山东大学出版社，2009年），等等。

专门对汉代婚姻问题进行系统研究的有，瞿同祖《汉代社会结构》（华盛顿大学，1971年英文版）、刘增贵《汉代婚姻制度研究》（台北：华世出版社，1980年）、彭卫《汉代婚姻形态》（三秦出版社，1988年）、杨树达《汉代婚丧礼俗考》（上海古籍出版社，2007年）等。

其中瞿同祖从亲属、婚姻、妇女地位、阶级和豪族五个方面对汉代的社会结构进行了分析，文献资料从亲属与婚姻、阶级和豪族三个方面进行了汇编。刘增贵从婚姻结构、婚姻礼俗和皇室婚姻等方面对汉代婚姻制度进行了阐述。彭卫在《汉代婚姻形态》中，不仅对汉代婚姻关系的等级性特点和等级状况、汉代婚姻的地缘结构和婚龄构成，进行了详细研究，而且还从婚姻关系的形成和原始婚俗的变化来推断当时的社会文明程度。并且彭卫在书中还对婚姻关系中的相关法律规定、汉代的婚姻思想与婚姻观念等方面进行了探索，其学术价值极为可观。而杨树达在《汉代婚丧礼俗考》中则从议婚、婚仪、婚年、重亲、绝婚、改嫁再嫁等方面对婚姻进行了研究。

学术论文有王舍鱼的《中国古代婚姻思想之检讨》（《新东方》（上海）第1卷第5期，1940年6月），周侏的《婚姻制度的沿革》（《妇女杂志》第1卷第2期，1940年10月），敬止歧的《中国婚姻制度考略》（《国民杂志》第1卷第3期，1941年3月），非斯的《谈谈中国的婚姻风俗》（《学艺》第2辑，1942年1月），王戤的《中国古代的婚姻制度》（《中日文化》第3卷第1期，1943年1月），马起的《婚姻和家庭在历史上的演变》（《东北人民大学学报》1956年第6期），潘祐周的《中国婚姻、家庭制度与立法的历史发展》（《湘潭大学学报》1982年第1期），彭卫的

《略论汉代婚姻思想的时代特征》（《上海社会科学院学术季刊》1987年第2期），刘厚琴的《论汉代妇女的地位》（《聊城师范学院学报》1994年第3期），庄华锋的《论中国古代的早婚》（《安徽师范大学学报》1996年第2期），赵志坚、范学辉的《汉代婚姻形态考述》（《史学月刊》1996年第6期），朱顺玲、曾兆阁《论汉代婚姻的特点》（《南都学坛》1997年第1期)，崔瑞的《浅论中国汉代妇女在婚姻中的地位》（《西北大学学报》1999年第5期），等等。

其中刘厚琴在《论汉代妇女的地位》中指出，汉代妇女虽然有比较多的自由，但其地位却有明显的两重性和不平衡性，汉代妇女的自由开放局限于统治阶级的中上层，具有明显的阶级性。确实在封建礼法规范的约束下，汉代妇女逐渐意识到自己的行为，需要符合儒家的伦理道德法则。

新世纪之际，不断出现的新论著大大推进了汉代婚姻关系的研究，从皇族构成方面研究，如孟华的《浅议两汉皇室婚姻的变迁》（《西北大学学报》2001年第1期）；从性别关系方面研究，如贾丽英的《论汉代妇女的家庭地位》（《四川大学学报》2001年第6期）。贾丽英从汉代妇女拥有一定的财产所有权、支配权以及对家庭重要事务的决策权方面研究社会史，有独到的见解。而马新在《两汉乡村婚姻略论》（《山东大学学报》2003年第1期）中则着眼于乡村婚姻的基本功能，考察乡村婚姻的经济与生活、乡村婚俗关系的变化，从民俗的角度，把乡村婚姻的基本程序和基本功能与城市贵族、官僚的进行对比研究，从而探讨乡村婚姻的全貌，视角也较为独特，观点也较新颖。

可以说以上著述论说颇丰，成果卓著，本文的研究便从中得益匪浅。美中不足的是，涉及这一领域的研究多从家族史、民俗学的角度进行考察，几乎没有从女性主义的角度出发，女性学视野的研究非常薄弱，需要更多的关注。

（三）研究内容及方法

1.研究内容

本文以汉代女性婚姻的社会地位为研究对象，就汉代女性的婚姻从女性的视角对其社会地位进行分析，主要从结婚制度方面，婚姻六礼方面，自主择偶方面，婚姻关系解除方面，再婚方面及班昭《女诫》对女性婚姻的规训方面进行探讨，并分析汉代女性婚姻的社会地位对现代婚姻的影响，从而启示女性婚姻社会地位的现代阐释和当代价值。

2.研究方法

本文主要使用了历史唯物主义的观点，以历史学研究方法为主、综合运用了婚姻学、法学、社会学、女性学、伦理学等研究方法，多角度地分析文献资料，试图从汉代婚姻方面呈现女性社会地位的真实状况。

一、汉代女性的社会地位

妇女作为占人口总数一半的群体，在创造人类文明，推动社会发展中起着重要作用。恩格斯认为自从母权制被推翻后，妇女的社会地位和家庭地位就逐渐沦丧，而且是随着阶级压迫而进一步加深的。可见，"乃是女性的具有世界历史意义的失败。"[①]随着私有制的产生，女性的社会地位逐渐下降，然而，在社会生活现实中，汉代妇女却有一定的社会地位和作用。

（一）妇女的婚姻家庭地位

婚姻、家庭关系是社会的基础结构之一。在中国古代，在男尊女卑的原则之下，女性在行事上要以"卑弱"为准则。妇女总是被人教导要服从男人的权威。古代女子遵循"三从"："在家从父，适人从夫，夫死从子"。[②]既然每个子女都要服从父亲的绝对权威，女子的"未嫁从父"就是自然。其实女子对男子的真正服从开始于结婚时，也就是丈夫对于妻子的权威。

在汉代有很多夫唱妇随的例子都反映了出嫁从夫。尤为典型的例子是渤海鲍宣妻桓少君。鲍宣跟随少君的父亲学习，少君的父亲惊奇他的清贫

---

①马克思，恩格斯. 马克思恩格斯选集（4）[M]. 上海: 上海人民出版社. 1972:52.

②王聘珍. 大戴礼记解诂[M]. 北京: 中华书局. 1983:53.

刻苦,把女儿嫁给他,而且嫁妆丰厚,鲍宣却不高兴的对妻子说:"少君生富娇,习美饰,而吾实贫贱,不敢当礼。妻曰:大人以先生修德守约,故使贱妾侍执巾栉。既奉承君子,唯命是从。"①于是妻子就归还了所有的衣服首饰,换上了短布衣裳,与鲍宣共挽鹿车回到乡里。又如仇览"妻子有过,辄免冠自责。妻子庭谢,侯览冠,乃敢升堂。"②再如梁鸿妻出嫁时精心打扮,过门七日,梁鸿不理睬,新娘委屈地跪在床下问其缘由,梁鸿坦言想找一个穿布衣、吃粗饭、能隐居的人,而不是注重打扮的人。梁妻听了这话,即刻换上粗布衣衫,手持编制器具走上前,梁鸿才惊喜说与她白头偕老。由此可见妻子的谦卑服从和丈夫的尊严权威。

但是并非所有的女子都是谦卑顺从,也有在一定程度上夫妻关系表现为十分和谐的。在汉代,举案齐眉的典型实例是为妇画眉的京兆尹张敞,《汉书·张敞传》记载,"闺房之内,夫妇之私,有过于画眉者";志同道合的,如梁鸿夫妇,梁鸿的妻子甘愿椎髻、布衣,随他到处漂泊,隐居山林;夫妻和美的,如孝成帝与其知书达理的班婕妤;激励扶助的,如怒激王章发奋图强,官至京兆尹的王章妻、以及屡次激励丈夫寒窗苦读,求取功名的乐羊子妻等,这些夫妻相敬如宾,都显示出家庭关系的和谐。

儒家宗法家族体制中,在观念上贬黜女性,在生活中却肯定母性;母亲在家庭中的地位也特别值得注意。作为女性的整体在社会上没有女权,作为个体的女性在家庭中却可能拥有母权。从理论上来说,对于父母的教令,子女一般都是要听从的,子女对于父母双方都应该尊敬、孝顺。但母亲的地位要取决于妻子服从丈夫这条基本原则,也就是母亲的地位要低于父亲,"家无二主"③这要点经常被古代的学者加以强调。母亲处于支配地位,应该服从家长,也就是丈夫或者父亲,在实际生活中遇到事情时,如果父母意见一致则没有问题,但一旦父母之间有分歧,则父亲的权威就要高于母亲,母亲只能服从、听从父亲。

---

①范晔. 后汉书[M]. 北京: 中华书局. 1965:2781.

②范晔. 后汉书[M]. 北京: 中华书局. 1965:2481.

③郑玄注,孔颖达疏. 礼记正义[M]. 北京: 中华书局. 1980:1619.

汉初天下甫定，礼仪多有缺失，儒家礼教的重新构造需要一个较长的历史过程，对社会产生的影响广泛而缓慢，但总体趋势不变，即封建专制中央集权不断加强完善，正统的伦理观念逐渐盛行，儒家思想的统治地位逐渐确立。而且随着礼制的不断加强，男尊女卑，男强女弱的思想逐渐渗透到各个角落，深刻影响着女性的社会地位。但是汉代毕竟是封建社会的上升阶段，封建礼教的估价和实践是渐进的历史过程，需要较长时间酝酿，而且大一统王朝又属于初创阶段，具有其封建王朝所独特的精神风貌以及一定的混沌初开的开放意识和恢宏气度，同时由于妇女在社会生产中的积极作用，因此，在实际生活中汉代妇女的思想并没有完全被儒家伦理纲常所桎梏，在现实生活中有一定的自由。这种自由虽然不稳定，却在一定程度上体现出汉代妇女较高的地位。诸多因素促使汉代社会妇女的婚姻家庭地位带有鲜明的时代性、民族性和独特性。

（二）妇女的社会经济地位

汉代女性可以从事多种职业，诸如农业生产、手工纺织、制作器物、贩买商品、行医相马、习武从军等。汉代画像石上有许多妇女田间劳动的场面。对广大小农之家来说，丈夫固然是家庭经济的主要承担者，但是妻子也负担了部分农业生产和全部的纺织活计。例如东汉平民乐羊子出门求学，"妻常躬勤养姑，又远馈羊子。"[1]其妻成为家庭经济来源的唯一承担者。在汉代，绝大多数妇女都从事纺织和其他劳动，如朱儁少孤，"母尝贩缯为业"。[2]又如张安世贵为公侯，但他的夫人仍然自己纺织。再如翟方进十二三岁时，失去父亲，独自求学，后来母亲随他到长安，以纺织为生，供翟方进读书，长达十几年，后来翟方进做了官。刘备也是"少孤，与母贩履织席为业。"[3]由此可见，妻子不只是一个单纯的消费者，相对那些专事家内劳动的女子来说，她们对男子的依赖性相对少一些，其

①范晔. 后汉书[M]. 北京: 中华书局. 1965:2793.

②范晔. 后汉书[M]. 北京: 中华书局. 1965:2308.

③卢弼. 三国志集解[M]. 北京: 中华书局. 1982:721.

地位自然要高许多。

汉代女子具体从事何种工作，总体上由家庭的职业状况决定。汉代有些殷实之家的妇女也从事生利的商业活动，而且因参与商业活动，得有机会与上层社会交往。如董偃母以卖珠为事，经常出入馆陶公主家，而董偃后来成了馆陶公主的面首。历史上最著名的女商人四川寡妇清，"其先得丹穴，而擅其利数世，家亦不訾。"①可见寡妇清不仅家底雄厚，而且她自己也具有独到的商业管理能力。

在汉代，女子可以经商，市场从不限制女子的自由。曾经在四川省新繁县出土的市井图中，就生动的刻画着"列肆之间，男女老幼，熙熙攘攘。"②其场面非常热闹，这些都是当时人们崇商经商的真实写照。"尔乃商贾百族，……裨贩夫妇，邪赢优而足恃，彼肆人之男女，丽美奢乎许、史。"③班固在《西都赋》里也详细描述："都人士女，殊异乎五方，游士拟于公侯，列肆侈于姬姜。"④当然，"农工商贾畜长，固求富益货也。"⑤虽然反映了趋利谋利的世风，但也反映了汉代女性具有较自由的社会身份和较高的社会地位。

汉代女医生很受人尊重，有时因为与高门望族来往，家人可能因之跻身上层社会。如女医生淳于衍与大将军霍光的夫人来往密切，借霍光之力，淳于衍的丈夫由掖庭户卫升至安池监。又如"纵有姐姁，以医幸王太后。"⑥义纵的姐姐是王太后的私人医生，义纵因其姐的关系而被任命为上党郡中令，后来还做到太守。

汉代颇为迷信占卜和相面，女子也有以此为职业的。汉时不少人因"大贵相"而获婚，如黄霸以面相断定一女子将会大富大贵就娶了该女

①司马迁. 史记[M]. 北京: 中华书局. 1959:3260.

②刘志远. 汉代市井考——说东汉市井画像石砖[J]. 文物. 1973(03): 52-57.

③严可均. 全后汉文[M]. 石家庄: 河北教育出版社. 1997:511.

④巨才. 辞赋一百篇》[M]. 太原: 山西人民出版社. 1994:38.

⑤司马迁. 史记[M]. 北京: 中华书局. 1959:3271.

⑥司马迁. 史记[M]. 北京: 中华书局. 1959:2144.

子。秦汉时巫术虽然盛行，对女巫的需求很大，但当时巫术却是贱业，故女巫和她的家庭，社会地位都是很低的。

歌舞伎职业也因不被社会尊重，地位也非常低。但歌舞伎如得到主人宠爱，有时也可跻身高位，从而使整个家族飞黄腾达。秦始皇的生母起初就是吕不韦从邯郸买来的舞伎。汉武帝皇后卫子夫原本"为平阳主讴者"，①她的弟弟卫青因为卫子夫的关系而官至大将军，其姐之子霍去病也为将军，地位仅次卫青。成帝赵皇后原本也是阳阿公主家的歌舞伎。宣帝之母王翁须原也是卫太子家的歌伎。

汉代妇女从事的漂洗业、杂耍业、陶铸业、制漆业等可能是最下层的社会职业。如在湖北云梦大坟头出土的西汉漆器的表面，就非常清晰的刻有制作者的姓名以及"官里大女子鸳和亭"②的字样。亭是咸亭地区的省略文字，可见在汉代已经有女手工业者专门从事陶器、漆器的制作，而且咸亭地区的女手工者不仅从事、更擅长制作陶器。

有为生活所迫以漂洗业为生的，如韩信年少家贫，饿着肚子在城下钓鱼，很多妇女在河边漂洗衣服，有一漂母看见韩信饿得可怜，"饭信，竟漂数十日。"③几位老妇人连续漂洗数十天，由此可见，她们以漂洗为生计。

在汉代，还有女子从事杂耍职业，如在南阳汉画像砖上不仅能经常看见有女子玩蹴鞠的情形，而且汉画像石上也常常能看见女子表演杂技的情况。

由上可见，汉代妇女能够在社会上抛头露面，她们所从事职业的广泛性和多样性，涉及到社会经济生活的许多领域，并不仅仅局限于家内劳动，经济上的自立使她们在婚姻家庭中拥有一定地位。汉代女性之所以享有较高的地位，是因为她们没有被完全束缚在家庭之中。

---

①班固. 汉书[M]. 北京: 中华书局. 1962:3949.

②文物编辑委员会. 云梦大坟头一号汉墓. 文物资料丛刊（4）[J]. 文物出版社. 1981: 1–29.

③司马迁. 史记[M]. 北京: 中华书局. 1959:2609.

（三）妇女的社会政治地位

女性政治地位是女性社会地位的集中表现。中国古代对妇女的定位一向是"女正位乎内"，男主外，女主内是性别的自然分工。一般来说女子没有独立的社会地位，其身份地位要依赖于男子。没结婚的时候取决于父兄，结婚以后则取决于丈夫和儿子。但皇帝和诸侯王的女儿却因有公主名号，随着丈夫或夫家地位的不同，拥有和王、侯类似的政治地位。"汉制，皇女皆封县公主，仪服同列侯""所生之子袭母封为列侯，皆传国于后。"①

虽然国家机关里面，一般没有妇女的位置，但也有一些妇女会因为丈夫的政治地位而对政治有某种影响。如曾是秦统治下的编户齐民的吕雉，嫁于刘季后虽与儿女们自带饭食，在田中劳作，但社会巨变让刘邦成为西汉开国皇帝后，吕氏自然由布衣而高居金玉之堂。之后吕雉直接干政，带头突破"男主内，女主外"的束缚，积极辅佐高祖消除异性势力，安定天下；刘邦死后，吕后牵制软弱的惠帝，干预政事；惠帝死后，她又垂帘听政操控幼主，执掌政权。在吕后当政时，刘邦时的休养生息政策得到更广泛的推行，汉初经济快速地恢复、发展。又如薄太后曾下诏有司追封窦后的父亲为汝城侯，并力劝文帝释放周勃；再如窦太后不仅决定、左右景帝的朝堂政事，甚至还指使景帝死后把皇位传给弟弟；"皇统屡绝，权归女主，外立者四帝，临朝者六后。"②可见汉时母后仍然受到尊崇，有很大权威。

除此之外，汉代平民妇女也可以上书言事。如少女淳于缇萦上书文帝，代父受刑，不仅救了父亲，改变了命运而且影响了国家的决策，促使文帝废除了肉刑。

也有妇女起兵反抗统治阶级的，如对王莽篡汉不满的长安女子碧，单枪匹马拦截王莽，充分显示汉代妇女关心时政；又如平原女子迟昭平，

---

①范晔. 后汉书[M]. 北京: 中华书局. 1965:457.

②范晔. 后汉书[M]. 北京: 中华书局. 1965:401.

在阿阻聚众数千人起义，可见妇女对现实政治的不满；再如楚汉战争时，"汉王夜出女子荥阳东门被甲二千人。"①两千多名披甲装备的女子，去荥阳解救被围的汉军，不仅数量可观，而且训练有素，可见女兵之雏形。另如曾是赤眉军主力的吕母队伍，攻陷海曲县城，杀死县令，其实吕母起初只是为了给儿子报仇，后来队伍不断发展、壮大。又如，汉代时关西地区，时有战乱，"妇女犹戴戟操矛，挟弓负矢。"②许多女子直接参战、善于战争、勇于战伐。另外，"在最近的考古发掘、整理中，有许多彩绘女骑兵的俑头出土。"③而且"女子骑马纵横、射箭习武的情形"④在许多画像石、画像砖中都经常可见。以上这些都反映了汉代妇女一定的社会地位和作用。

此外汉代妇女还能参加外交活动，最为著名的是历史上第一位女外交家冯嫽。"尝持汉节为公主使，行赏赐于城郭诸国。"⑤冯嫽精通史书，善于习事，经常作为使臣持汉节，到西域各国进行军事、外交活动，推进了汉与西域各国的关系。冯嫽自己也因此被各国所信服，被尊称为冯夫人。

汉代妇女也能参加文化活动。如东汉著名的女诗人蔡文姬，颇得曹操赏识，在汉代文化史上做出了特别的贡献。又如东汉史学家班昭高才博学，和父亲、兄长一起撰修国史，无论在文学还是史学上都很有造诣。这些女性积极地参与国家政治生活，无论是作为文化生产者还是消费者，都努力提高了自身的社会地位。

除此之外，汉代妇女还能够参加社交活动。汉代女子交游甚广，社会

---

①司马迁. 史记[M]. 北京: 中华书局. 1959:326.

②范晔. 后汉书[M]. 北京: 中华书局. 1965:2258.

③陕西咸阳汉景帝阳陵陪葬陵园与从葬坑. 国家文物局主编. 1999年中国考古重要发现[M]. 北京: 文物出版社. 2001.

④马建华，赵吴成. 甘肃省文物考古研究所. 甘肃酒泉西沟村魏晋墓发掘报告[J]. 文物. 1996(07)；4-38+97-99+1+1；嘉峪关市文物清理小组. 嘉峪关汉画像砖墓[J]. 文物. 1972(12)：24-30+37+31-36+38-41+81-83.

⑤班固. 汉书[M]. 北京: 中华书局. 1962:3907.

活动广泛而公开，汉代女性的社会生活具有广泛性、丰富性。当然，在社会政治生活领域，汉代女性虽然有一定的影响，但却也有其历史局限性。与同时代的男性相比，其影响的广度和深度，远不如男性。

二、从汉代女性婚姻看其社会地位

（一）结婚制度要件

我国古代的婚姻制度，历经夏、商、周三代基本建立起来，到秦汉时期进一步发展。两汉的婚姻制度，原则上沿袭西周以来的传统。但随着儒学独尊地位的确立，其婚姻制度更具纲常伦理色彩。"礼源于习惯，""刑始于兵"。战国时，李悝制定《法经》，改刑为法，商鞅改法为律。律成为调整社会生活方方面面的主要的法律规范。汉代婚姻制度主要渊源于先秦时代的法典和封建伦理道德。而汉代结婚制度主要有三个要件：婚姻年龄，父母之命、媒妁之言，一夫一妻多妾制。

1.婚姻年龄

作为婚姻制度的组成部分，婚姻年龄历来是考察婚姻状况的重要参照指标。婚姻的年龄，一般分为定婚年龄和成婚年龄。定婚年龄是指婚姻的预约年龄，比较早，可早到尚未出生；成婚年龄是指男女体质发展已成人而实际结婚的年龄。在古代，定婚有不同称谓。女方称为"许嫁"，如《礼记·曲礼》所记："女子许嫁，笄而字。"[1]男方则称"父定""聘成""已所聘"等来指定婚。定婚年龄小于成婚年龄。如《穀梁文·十二年》记载："男子二十而冠，冠而列丈夫，三十而娶，女子十五而许嫁，二十而嫁。"《礼记·内则》亦云："许嫁则十五而笄，未许嫁则二十而笄。"[2]对于结婚年龄，周礼规定男子二十而冠，冠而娶妻，女子十五而笄，笄而许嫁。其实中国古代成婚年龄的大小，并无定制，历代屡有变迁，但大体均以男女成年为主。

---

①朱彬. 礼记训纂[M]. 北京: 中华书局. 1996:25.

②朱彬. 礼记训纂[M]. 北京: 中华书局. 1996:441.

"五算，罪谪之也。"①身份低贱的贾人与奴婢依律也仅出两倍的算赋，不遵守诏令及时出嫁，则最高将要缴纳五倍的算赋，可见对不及时出嫁者的制裁是相当严厉的。古代的人一般以男子年龄16岁，女子年龄14岁，最为普通，而且丈夫的年龄比妻子平均要高出，显然对古礼有所突破。

汉代早婚现象较为普遍，王室与民间都是如此。如《汉书·文帝记》及外戚传记载文帝十四岁与窦氏结婚；《汉书·武帝记》载有武帝和元帝的成婚年龄至晚是十六岁等。诸侯王的婚龄亦大致在十五岁左右。如《汉书·武五子传》记载戾太子刘据十五岁娶史良娣；《汉书·高五王传》载有朱虚侯刘章成婚年龄是十五岁。一般官吏和平民百姓的婚龄也是如此。如班昭十四岁嫁曹世叔；刘兰芝与焦仲卿结婚时周岁十六；《居延汉简甲乙编》也提供珍贵记录："橐佗吞胡隧长张彭祖辅妻南来年十五岁。"②

在汉代，早婚现象比较普遍，其实有很多弊端。西汉王吉对早婚这种现象持批评态度说："夫妇，人伦大纲，夭寿之萌也。世俗嫁娶太早，未知为人父母之道而有子，是以教化不明而民多夭。"③确实汉代低婚龄状况对人的健康和心理都造成了不良影响。当然，汉代初婚年龄结构偏低，不仅与家庭经济状况、婚姻当事人品行有关，而且还受政治斗争、战乱与社会动荡等多种因素影响。

造成汉代这种低婚龄结构状况的基本原因如下：首先，早婚是维系宗法制度的需要。中国古代先民特别看重用婚姻手段来祭祀宗庙，壮大本家族的势力。对于一个宗法家庭来说，繁荣昌盛的标志就是人丁兴旺。其次，对劳动力的需求，促使了汉政权实行奖励生育的政策，从而推动早

---

①班固.《汉书》[M]. 北京: 中华书局，1962年版. 第91页.

②"橐佗吞胡隧长张彭祖……辅妻南来年十五岁。"（简号：29·2）谢桂华，李均明，朱国炤. 居延汉简释文合校. 北京: 文物出版社. 1987:44.

第四隧卒伍尊，妻大女女足年十五。"（简号：55·20）谢桂华，李均明，朱国炤. 居延汉简释文合校.北京: 文物出版社. 1987: 97.

③班固.《汉书》[M]. 北京: 中华书局. 1962年版. 第3064页.

婚。从某种程度来说，汉代早婚对当时的人口增长、社会经济的恢复与发展以及汉政权的稳固，有着一定的积极作用。汉代早婚影响了后世的婚龄结构，古礼"男子三十而娶，女子二十而嫁。"①虽然不是严格遵从，但后世初婚年龄大致在这范围波动。从这个意义上说，汉代早婚奠基了中国古代的初婚年龄模式。

2. 父母之命、媒妁之言

在中国古代，对于婚姻当事人来讲，一般到了适婚年龄，通常由父母为他们择偶婚配，即所谓"父母之命、媒妁之言"。特别是汉武帝"罢黜百家，独尊儒术"开展后，封建家长制得到强化，子女在婚姻上基本无自由，普遍都得听从父母的安排。《尔雅·释亲》云："婿之父为姻，妇之父为婚……妇之父母、婿之父母相谓为婚姻。"②《礼记·昏义》记载："婚礼者，将合二姓之好，上以事宗庙，而下以继后世也。"③可见，婚姻绝对不是两个人的事情，而是涉及到两个家族的利益。

父母之命、媒妁之言在古代婚姻中属于法定要件。《礼记·曲礼》云："男女非有行媒，不相知名。"④郑玄注："媒者，通二性之言，定人家室之道。"媒人是男女双方议婚的中介。《诗经·齐风·南山》云："蓺麻如之何？衡从其亩。取妻如之何？必告父母。……析薪如之何？匪斧不克。取妻又如之何？匪媒不得。"⑤在这些诗篇中，古人通过形象的比喻申明了"父母之命、媒妁之言"的必要性和重要性。反之，如果"不待父母之命，媒妁之言，钻穴隙相窥，逾墙相从，则父母国人皆贱之。"⑥也就是说如果不听从父母的安排，不经过媒妁撮合的程序，男女私自交往是可耻的，是父母不能接受、公众也不承认的。

---

① 孙诒让. 周礼正义[M]. 北京: 中华书局. 1987:144.

② 郝懿行. 尔雅义疏[M]. 上海: 上海古籍出版社. 1983:619.

③ 朱彬. 礼记训纂[M]. 北京: 中华书局. 1996:877.

④ 朱彬. 礼记训纂[M]. 北京: 中华书局. 1996:23.

⑤ 程俊英，蒋见元. 诗经注析[M]. 北京: 中华书局. 1991:276.

⑥ 杨伯峻. 孟子译注[M]. 北京: 中华书局. 1960:143.

战国时期，社会上把通过媒人缔结婚姻看作是人们应当遵循的道德规范。《战国策·燕策》轻蔑地把不靠媒人通婚者比做贱价出售的物品："处女无媒，老且不嫁。舍媒而自炫，蔽而不售。"[1]两汉时期，婚嫁双方的联系大都经过媒人的中介。桑弘羊在盐铁会议上把联系男女婚姻关系的媒人比作推荐贤士的人："故士因士，女因媒。"[2]刘向也在《新序·杂事》中说："妇人因媒而嫁。"特别是东汉末，人们更是普遍认为"夫自炫向媒者士女之丑行也"。[3]《华阳国志·先贤士女总赞》载，蜀郡人何玉通过"媒介"来求婚。又如焦仲卿、刘兰芝的婚姻也是难逃"父母之命、媒妁之言"的宿命。

其实汉代时现实中婚姻并非完全经由父母之命、媒妁之言。汉代的媒人地位也不像后世那样高，一般只是传递信息而已。在汉代男女往来较为随便，男女私奔成婚不需媒人。如：卓文君私奔相如等。即使有媒人的，其中也有一些在媒人牵线之前，就已相亲相爱了。与后世相比，汉代女性有一定的婚姻自主权。如外黄富人女自主选择张耳；东汉孟光自主择夫，父母遂女愿，孟光乐嫁梁鸿；平阳公主自主择婚卫青等等。可见汉代女性有权利自主选择丈夫，并不完全受父母的约束。在婚姻上，汉代妇女虽然有父母之命、媒妁之言，但在某种程度上也体现了些许自由。

3. 一夫一妻多妾制

在礼制上，中国以一夫一妻制为正常婚姻形态；在理念上，一般用阴阳比喻夫妇的地位。汉代刘向用礼来规范婚姻关系，系统而明确地提出女子不事二夫，从一而终，带有浓郁的正统婚姻观念色彩，后世继之以法。汉代时一夫一妻制占据主导地位，封建的婚姻等级关系开始形成。自周以来，原则上礼法均采取一夫一妻制。这是封建统治者维护封建秩序的需要，而且中国历代统治者均以立法保证妻的正统地位。由原始群婚发展到一夫一妻（专偶婚），是古代社会由蒙昧、野蛮走向文明的标志。恩格斯

---

① 刘向. 战国策[M]. 上海: 上海古籍出版社. 1978:1075.

② 桓宽撰，王利器校注. 盐铁论校注[M]. 天津: 天津古籍出版社. 1983:462.

③ 陈寿. 三国志[M]. 北京: 中华书局. 1959:568.

指出："被共同的婚姻纽带所连结的范围，起初是广泛的，后来越来越缩小，直到最后只留下现在占主要地位的成对配偶为止。"①

汉代封建帝王的后妃级别多，数量大。汉代有姐妹同事共嫁之事，然而在女子同嫁中，无论有无嫡妾之分，都被看作妾，表明女子同出。比如汉时，赵飞燕与其妹，都为婕好，虽无子却贵倾后宫。随着婚姻纽带连结范围的缩小，婚姻礼俗反而趋于繁复，并逐渐形成条文规定。一夫一妻制是全国绝大多的庶人普遍通行的婚姻形式。但只要经济条件许可，庶人也会买妾。汉代社会中，许多妻妾成群的人，其家世并不显赫，一旦败落，嫁妻卖妾，家徒四壁。社会舆论却并不以为怪。正如恩格斯所指出的："一夫一妻从一开始就具有了它的特殊的性质，使它成了只对妇女而不是对男子的一夫一妻制。"②

但汉代，妻妾位置不能颠倒。妻需要行婚姻之礼，而妾虽说是避免了六礼的繁文缛节，其实是没有资格行婚姻之礼。一夫一妻多妾制维护的是妻的正统地位。但是一夫一妻多妾的婚姻制度本身就是男权思想的极力体现，它否认了女性的主体资格，取而代之的是女方家族。但一夫一妻的合法性与专制性确实有力地保障、维护了当时的社会秩序。"夫妇之道，不可以不久也，故受之以恒。"③一夫一妻制要求夫妻关系稳定，使社会秩序安宁，有历史进步性。即使到今天，一夫一妻制仍然是婚姻道德和维护社会稳定的重要方面。

总之，无论是婚姻年龄，父母之命、媒妁之言，还是一夫一妻多妾制，在汉代都是合法行为，是官方承认的。当然，在平民百姓中，丈夫具有明显的优越性、自在性，而妻子明显处于附属地位。所以结婚制度上或多或少的都不同程度地影响了汉代妇女的社会地位。

---

①马克思，恩格斯. 马克思恩格斯选集（4）[M]. 上海: 上海人民出版社. 1972:26.

②恩格斯. 家庭、私有制和国家的起源[M]. 上海: 上海人民出版社. 1954:58.

③陈鼓应，赵健伟. 周易今注今译[M]. 北京: 商务印书馆. 2005:741.

（二）婚姻六礼

中国封建社会的伦理规范认为："昏（婚）礼者，礼之本也。"①婚姻之纳于礼的范围，源于周代。周代开始以礼为治，婚姻需与礼相符，合于礼法。男女结合渐有规范，形成种种婚姻礼俗。我国传统婚娉礼仪中最突出，最典型的"六礼"就是确立于周代。但当时有所谓"礼不下庶人"②的框框，并未达于民间。至汉，六礼开始普遍施用。古义认为，夫妇为"人伦之始"，婚姻乃万事之基。故对婚姻特别重视，其礼仪也很详备。"古视婚姻意义深远，礼仪遂以庄重为尚，故意纤其进行之程序，籍示民情之不渎，于是六礼兴矣。"③确实："从择偶到婚姻中间的礼仪程序非常繁琐，但是为了使婚姻得到社会的承认，并为新人及其家庭祈福去邪，每个礼仪程序都受到认真对待。"④有人类就有婚姻，从"血缘群婚"开始，到以后的各种婚姻形态，都是长期的习俗形成和演变。

"在中国，婚姻一词本就反映一种习俗。"⑤礼因"俗"成。习俗与礼制结合，而使婚姻逐渐定型化。当然"定型"并非一成不变。实际上"六礼"是不断改变，不断演化的。不合时俗只能束之高阁。根据礼经，六礼概括起来实为婚仪的三阶段，即相亲（纳采，问名），定亲（纳吉，纳征），成亲（请期，亲迎）。

1. 纳采与问名

纳采是六礼的首序。"纳采者，男方将欲与女方合婚姻，使媒氏下通其言，苟可有望，然后以雁为贽，正式行采择之礼。"⑥纳采就是所谓"提亲"或"说媒"，即男方请媒人到女家提亲。如《汉书》卷九十七下《外戚孝平王皇后传》云："莽欲依霍光故事以女配帝，太后意不欲也。

---

① 王梦鸥. 礼记今注今译[M]. 天津: 天津古籍出版社. 1987:792.

② 王梦鸥. 礼记今注今译[M]. 天津: 天津古籍出版社. 1987:32.

③ 陈顾远. 中国婚姻史[M]. 上海: 上海书店. 1984:151.

④ 石云涛. 中国传统文化概论[M]. 北京: 学苑出版社. 2004:263.

⑤ 李学勤. 中华文化通志·第一典·秦汉文化志[M]. 上海: 上海人民出版社. 1998:253.

⑥ 陈顾远. 中国婚姻史[M]. 上海: 上海书店. 1984:153.

莽设变诈，令女必入，因以自重，太后不得以而许之。遣长乐少府夏侯藩、宗正刘宏、少府宗伯凤、尚书令平晏纳采。"《后汉书》卷十下《懿献梁皇后传》云："纳采雁璧乘马束帛，一如旧典。"《艺文类聚》卷四十引郑众《婚礼谒文》云："纳采，始相与言语采择可否之时。"

汉代继承周代礼制，百官纳采，用玄纁、羊、雁等礼物，有三十多种，而且有谒文。如《通典》卷五十八云："后汉郑众百官六礼辞大略同于周制。"又云："总言言物之印象者，玄象天，纁法地。羊者，祥也，群而不党。雁则随阳，盖礼物三十种各有谒有赞，各题在检上。"①《艺文类聚》卷九十一引郑众《婚礼谒文》赞云："雁侯阴阳，待时乃举，冬南夏北，贵有其所。"纳采赞文一般用雁，杭米，稷，卷柏，嘉禾，长命缕，九子墨，金钱，舍利兽九物。又如，《太平御览》九百八十九引云："卷柏药草，附生山巅，屈卷成性，终无自伸。"《初学记》卷二十七引郑氏《婚礼谒文》曰："嘉禾为谷，班禄是宜，吐秀五七，乃名为嘉。"

汉代纳采用羔羊、合欢、嘉禾、胶漆等物，是象征夫妇牢固和睦；用卷柏、蒲苇等比喻妇女的柔顺、服从，象征以男性为主的夫妇关系；九子墨，舍利兽等则象征妇女的廉谦、孝顺和卑从。纳采用雁，也被称作奠雁。如《礼记·昏义》曰："纳采者，谓采择之礼，故昏礼下达，纳采用雁也。"②

《仪礼·士昏礼》疏者认为："用雁为贽者，取其顺阴阳往来者。"③《白虎通义·嫁娶篇》曰："用雁者，取其随时南北，不失其节，明不夺女子之时也。又取飞成行上成列也。明嫁娶之礼，长幼有序，不相逾越也。"郎瑛《七修类稿》曰："雁，诸书止言知时鸟也。行有先后，故以之执贽。"④纳采之所以用雁是因为雁是随阳之鸟，一旦失去配偶，终生不再成双。纳采用雁，暗示妇女一切以男子为中心。用雁为信物

---

①杨树达. 汉代婚丧礼俗考[M]. 上海: 上海古籍出版社. 2007:10.

②朱彬. 礼记训纂[M]. 北京: 中华书局. 1996:877.

③阮元. 十三经注疏（上）[M]. 北京: 中华书局. 1980:961.

④郎瑛. 七修类稿[M]. 上海: 上海书店出版社. 2009:474.

表明从一而终，这是封建时代宣扬贞节烈女的结果。由于娶妻结婚是关系到整个家族的大事，对于纳采对象的选择非常慎重。

问名是求婚的男子在纳采之后，请媒人向女方询问姓名及出生年月日，准备合婚的仪式。后世俗称"讨八字"。《仪礼义疏》曰："问女名而卜之，知吉凶也。"①男方问名需要带雁，而且还要占卜以确定男女是否相配。《仪礼·士婚礼》记载："摈者出，宾执雁，请问名，主人许，宾入，授，如初礼。"②而且问名，一般是问女名，不问男名，因为男名在纳采时已先通知。《艺文类聚》卷四十引郑众《婚礼谒文》云："问名，谓问女名，将归卜之也。"问名其实更注重生辰八字，相当于近代的"凭媒请庚"和"探问"，也就是迷信所说的"合八字"。如果属相有冲或五行相克则不能缔结婚姻。口头问名后，男女两家要交换书有文字资料的"草帖子"，以示庄重。随着私有制的发展，由问名的生辰八字，逐步扩展到议门第、职位、财产以至容貌、健康等许多方面。超出了问名最早的范围。时代的社会因素明显增大。

2. 纳吉与纳征

占卜得到吉兆，男方就派人到女家报喜，正式确定婚约，即订婚，也称合婚，民间称为"批八字"。"归卜于庙，得吉兆，复使使者往告，昏姻之事于是乎定。"③故"纳吉，即文定之说也，又谓之通书。"④"以纳云者，仍恐女家翻悔，遂有再为申请之意耳。"⑤《艺文类聚》卷四十引郑众婚礼谒文云："纳吉，谓归卜吉，往告之也。"《汉书》卷九十九《王莽传》云："太后不得已，听公卿采莽女……有诏遣大司徒大司空策告宗庙，杂加卜筮，皆曰：'兆遇金水王相，卦遇父母得位，所谓康强之占逢吉之符也。'""策告宗庙，杂加卜筮者，问名之后归卜也。卜吉

①陈鹏. 中国婚姻史稿[M]. 北京: 中华书局. 2005:205.

②吴树平. 十三经（全文标点本）[M]. 北京: 北京燕山出版社. 1991:523.

③陈鹏. 中国婚姻史稿. [M]. 北京: 中华书局. 2005:206.

④陈顾远. 中国婚姻史[M]. 上海: 上海书店. 1984:154.

⑤陈顾远. 中国婚姻史[M]. 上海: 上海书店. 1984:154.

之后，当往告莽家，是为纳吉。"①《仪礼·士婚礼》："纳吉用雁，如纳采礼。"②可见周制，纳吉也要用大雁。而汉时纳吉礼品不再局限于大雁，如纳采礼。纳吉之后，婚姻就算定下了，女子依礼许嫁，不许反悔，更不能再与他人定婚或成婚，意味着正式订立了婚约。

纳征也叫纳币。《仪礼·士昏礼》注："征，成也，使使者拜币以成婚礼。"③《礼记·昏义》疏："纳征者，纳聘财也。征，成也，先纳聘财而后婚成。"④经过这个仪礼，婚约就算完全成立。纳征是我国婚姻礼俗中最重要、也最具特色的一个环节，其实我国传统婚姻"买卖婚"的称呼即源于此。纳征礼品中，历代都有变迁。先秦古礼纳征用玄纁、束帛和俪皮作为礼物，《周礼·地官·媒氏》说："凡嫁子取妻，入币纯帛无过五两。"⑤五两即五匹。郑樵《通志》卷四四载："所以制婚礼，纳征用元纁俪皮，充当时之所服耳。"⑥可见当时元纁、俪皮是贵重物品。到了汉代，聘礼多用金银，数目可观。如《通志》云："汉惠帝纳后，纳采雁璧，乘马束帛，聘黄金二万斤。"⑦又如《后汉书》卷十下《献烈梁皇后传》云："于是悉依孝惠皇帝纳后故事，聘黄金二万斤纳币。"虽然聘财，无论皇室贵族还是庶人都依礼而行，但民间男方向女方赠送彩礼，有现金，有财物，彩礼多少，根据社会地位和经济实力而定。

在婚俗传承中，这时进入了婚礼的繁缛状态，往往男方备有礼单，装礼品的箱笼，由人挑抬，伴以鼓乐，在媒人和押礼人护送下前往女家。这项仪式是大礼中唯一不用雁的仪式。在婚礼发展过程中。这一项仪式通常采取"回礼"。将聘礼中食品一部分或全部退回男方，也有的将嫁赠男方的衣帽鞋袜作为回礼。聘礼的多少及物品名称，多取吉祥如意的含义，

①杨树达. 汉代婚丧礼俗考[M]. 上海: 上海古籍出版社. 2007:12.

②吴树平. 十三经（全文标点本）[M]. 北京: 北京燕山出版社. 1991:524.

③陈鹏. 中国婚姻史稿[M]. 北京: 中华书局. 2005:206.

④朱彬. 礼记训纂[M]. 北京: 中华书局. 1996:877.

⑤林尹. 周礼今注今译[M]. 北京: 书目文献出版社. 1985:144.

⑥郑樵. 通志[M]. 北京: 中华书局. 1987:588.

⑦郑樵. 通志[M]. 北京: 中华书局. 1987:586.

数目取双忌单。如称夫妻为"伉俪"，即来源于古代以"俪皮"为聘礼的风俗。《通志》载："伏羲氏制嫁娶以俪皮为礼。"[1]俪为成双、配对之意，俪皮就是两张鹿皮。可见纳征中尽选吉祥物，寄托对妇女性格品行的期望，也反映以男子为本位的封建社会，女性处于被动和受支配地位。

3. 请期与亲迎

"请期，男家择定结婚吉日，以告于女家之礼也，其仪与纳征同。"[2]送过聘礼后，男方择好合婚的具体日期，并准备礼物请媒人通报女方，征得同意。《仪礼·士婚礼》云："请期用雁，主人辞，宾许告期，如纳征礼。主人致辞之后，媒人告以婚期。"[3]《艺文类聚》卷四十引郑众《婚礼谒文》云："请期，谓吉日将亲迎，谓成礼也。""纳征"后，男方派人去女方家选定成婚日期。其实男方早已卜得吉日，定了婚期，"请期"只是表示谦虚，尊重女方的一种形式。

亲迎是婚姻成立的基本要件，也是婚礼的重要阶段。"亲迎，谓吉期既至，婿亲往女家迎新妇也。"[4]《通志》曰："夏氏亲迎于庭，殷氏亲迎于堂，周制男女之岁定婚姻之时，亲迎于户，六礼之仪始备。"[5]亲迎是整个婚姻礼俗中最隆重，最热闹，也是最繁缛琐细的一个环节。出发迎亲、叫门、搜轿、哭嫁、下轿、拜堂、喜宴、入洞房、撒帐、饮合卺酒、合髻、闹洞房，等等。在亲迎的前一天有"搬嫁妆""铺房"，后一天有"拜舅姑"，第三天有"庙见"等礼俗。其繁简程度各地不一。

"亲迎之后，妇至夫家，六礼之仪已备。惟妇至之后，尚有同牢、庙见诸礼，诸礼具毕，始称成妇。"[6]《礼记·昏义》："共牢而食，合卺而酳，所以合体，同尊卑，以亲之也。"[7]同牢，即新郎、新娘共吃祭祀

①郑樵. 通志[M]. 北京: 中华书局. 1987:586.

②陈鹏. 中国婚姻史稿[M]. 北京: 中华书局. 2005:207.

③吴树平. 十三经（全文标点本）[M]. 北京: 北京燕山出版社. 1991:5.

④陈鹏. 中国婚姻史稿[M]. 北京: 中华书局. 2005:208.

⑤郑樵. 通志[M]. 北京: 中华书局. 1987:586.

⑥陈鹏. 中国婚姻史稿[M]. 北京: 中华书局. 2005:213.

⑦朱彬. 礼记训纂[M]. 北京: 中华书局. 1996:878.

后的同一肉食，象征夫妇从此尊卑相同。合卺，指新郎新娘手持同一只匏瓜分成的两个瓢，盛酒漱口，表示夫妇从此同甘共苦，相亲相爱。

亲迎表面承继母系氏族社会尊重母家，尊重妇女之义，实际则说明了当时已进入父系社会，婚姻关系由从妻居转向从夫居，以男性为主的婚制，男子有强烈要求妻子来归的愿望。而且私有制出现以后，社会财富集中在以男子为中心的奴隶主家族之中，迎娶妇女无异于增加大量财富，况且宗法制是以男性家族为基础的，所以自周秦以来自天子以至于庶人都十分重视亲迎之礼。无论贵族平民，如此重视亲迎其实还有个原因，那就是凡未亲迎而夫死，女子可以改嫁，然而一旦举行亲迎之礼而后夫死，按礼俗妻子义必从一而终。亲迎于礼不缺。

婚姻礼仪是对婚姻的敬慎。《大戴礼·盛德篇》曰："凡淫乱生于男女无别，夫妇无义。婚礼享聘者，所以别男女、明夫妇之道也。"①可见，男女若不举行特定的仪式而结合，则是违背夫妇之道。而只有遵守了"享聘"等特定婚礼仪式的结合才是正当的夫妇之道。"六礼"进行过程中，除"亲迎"有当事人出现，其余的五礼全由双方父母进行，并且主要是双方父亲决定。亲迎实乃承父之命。"'六礼'仪式均以'父母之命''媒妁之言'主其事，通其意，一切依家长的利益和意志为转移。"②

由上可知，在整个婚姻的行进中，无论纳采，问名，纳吉，纳征，请期，还是亲迎，男家始终居于主动地位。古代婚礼是以男子为本位的。从婚姻的选择、决定到成立，都充分体现着男尊女卑的伦理观念，体现着家庭中父权家长的绝对权威。

六礼开始于周，完备于汉，是逐步形成的，它不是任何一次婚姻关系从缔约到完成的必经之路。时代不同，各代具体情况也不完全一样。如汉元始四年（公元4年），立王莽女王氏为皇后，仅有纳采、问名、纳吉

---

①王聘珍. 大戴礼记解诂[M]. 北京: 中华书局. 1983:92.

②向乃旦. 中国古代文化知识[M]. 北京: 知识出版社. 1983:92.

以遣使持节奉迎等程序。东汉以后,战乱频仍,社会动荡,婚姻仪式大为简化,在具体的婚姻实践中,或五礼或四礼或三礼二礼。"六礼"繁文缛节,一般人无论财力、物力、人力和精力,都感觉负担沉重,不可能在全社会普遍、完整地推广,各阶层只按照自己所能所需加以选择,"六礼"逐步从简。

但统治阶级却极力维护这些象征自己特殊阶级和社会地位的"六礼",以保护特殊地位不受侵犯。"六礼"的完备与否,成了衡量社会地位高低的一项重要标尺。婚礼仪节追求奢侈,铺排虚荣,争风斗富,恶化了社会风气。"嫁娶奢靡,富者竞欲相过,贫者耻其不逮,富有空减,贫者称贷。"①汉代王符就指出婚嫁时铺张浪费使许多劳动人民债台高筑,生计遭到破坏,无法进行再生产。王符主张用法律手段惩治贪取聘财之人,制止婚嫁铺张。日趋消极的礼仪制度给了特殊阶层以极大的便利而百般歧视普通百姓的权利。随着时间的推移,封建制度日趋腐败、没落,封建统治者对于礼制愈趋重视并不断强化,几乎无所不用其极,使婚姻礼仪制度一直伴随封建制度的始终。汉代婚礼讲求的聘礼多、嫁妆多、排场大,以显示其家庭身份、财力和脸面,目的在于张扬。其实这种思想一直影响并延续至今。

（三）自主择偶

在婚姻家庭生活中,汉代女性所处地位的集中反映是婚姻自主。如《汉书·张耳传》载有,外黄富人的女儿非常漂亮,认为她丈夫平庸无能,但是"必欲求贤夫,从张耳。女听,为请决嫁之。女家厚俸给耳"。虽然外黄富人家给张耳以厚俸,但其女儿能主动离开平庸的丈夫,选择张耳,积极追求个人的幸福,可见妇女在关系自己本身幸福时,有权利自主选择,并不都完全受父母的约束。又如孙坚想要娶吴氏女为妻,吴氏的亲戚嫌弃孙坚奸猾轻浮,想要拒绝,夫人却坚定地以身相许,并表明"如有

---

①燕中人. 中国文化大博览（中）[M]. 海口:南海出版公司. 1991:271.

不遇，命也"。①最终许为婚姻，吴氏就是后来的孙夫人。再如东汉时有个叫孟光的，又胖又丑而且黑，力大无穷，能举起石臼，到了三十岁还不愿意出嫁，父母问其原因，她才说明不嫁的理由。"欲得贤如梁伯鸾者。鸿闻而娉之。"②可见，虽然孟光最终以古礼而被聘娶，但此处也显示了她的父母遵循了孟光自主选择丈夫的意愿。另如临邛富家女子卓文君的故事，也曾传为佳话。卓文君私奔相如，虽然触犯了父亲的权威，但是她勇敢地冲破礼教藩篱，自主选择丈夫后，并未遭受社会的鄙夷和遗弃。

在汉代，普通人家的女子有权利自主择偶，公主、贵族妇女也可以自主寻找自己心仪的男子。史载，平阳侯曹寿有恶疾，汉武帝的姐姐阳信长公主嫌弃他而离开他，而且听说诸位列侯中卫青最有才华，于是"长公主风白皇后，皇后言上，上乃诏青尚平阳公主"。③这里说的平阳公主其实就是指阳信长公主，因为被平阳侯所娶，所以改称为平阳公主。可见，平阳公主自主择婚，嫁于卫青。以上这些都充分说明汉代女子的自主择偶权。

在封建社会，男尊女卑成为定势。无论是在家庭，还是在社会，女性的地位都很低下，在社会生活中基本上是听命于家长，也就是父亲或丈夫，在婚姻生活中几乎没有自主权。然而，在汉代的现实生活中，许多情况都不符合此种惯例。汉朝在建立之初，诸事崇尚简易，杜绝烦琐，统治方式采用清静无为，注意与民休养生息，法令礼律不太严苛，婚姻的律行禁止也就相对松散。并且妇女多方位地积极参与社会的生产和生活，经济上相对独立，社会对她们的约束相对就不太严格。而且汉代女性具有一定的自主意识和对自我行为的决策权，如上文所说的外黄富人的女儿、孟光、孙夫人、卓文君等，在自主择夫的过程中充分显示了她们的自主意识和对自我行为的决策权，尤其卓文君的婚姻自主意识和勇敢的自我决策行为，在当时是可圈可点的。卓文君心悦司马相如，虽然遭到封建家长的强

①陈寿. 三国志[M]. 北京: 中华书局. 1959:1195.

②范晔. 后汉书[M]. 北京: 中华书局. 1965:2766.

③班固. 汉书[M]. 北京: 中华书局. 1962:2490.

烈反对，却仍然坚持自己的选择，夜奔相如，为了爱情和生计，宁愿当垆卖酒。况且在汉代虽然有"父母之命，媒妁之言"，但是父母的主婚权还没有上升到法律条文，在当时还只是一种世俗的做法，父母主婚权的律行禁止还没有严格的法律依据，因此汉代女性相对有了些许自由。

汉代女性这种相对的婚姻自主和自由，不仅与汉代乐观自信、积极进取的大汉精神有关，而且还和当时自由开放的社会风貌有密切关系，当然，也与她们自身所具有的独立、向上的精神风貌有关，这些都促进了汉代女性的独立向上。而且汉代初期意识形态相对来说还较自由，社会环境也比较宽松，因为严格的封建社会统治秩序完全被建立是需要很长时间的。到西汉中后期，统治阶级才把儒家伦理思想作为正统思想，加以宣传、教化，但并没有完全渗透到整个社会。虽然，男尊女卑，三纲思想从汉武帝时就被提出并被正统化，但是"在相当长的一段时间内，它并没有渗入到社会的各个角落中去"。[1]因此，汉代女性的个性受外界的压抑相对较小，情感也相对鲜明，封建礼教没有完全束缚汉代女性的日常行为模式。以上这些都给汉代女性的婚姻自主提供了契机，不仅汉代女性在家庭中的地位得到了提升，而且还获得了稍许的社会认同。所以相对来说，汉代女性有一定的婚姻自主权，社会地位也显得略高。

（四）婚姻关系的解除

古代社会夫权至上，婚姻关系的解除出于男方的意志。在中国古代，离婚又称"休妻""出妻""来归""绝婚"等，被弃之妻称为"弃妇"。这些称谓明显表明婚姻关系的解除主要是以男方的意愿为主的。但在汉代，虽然夫权尚且存在，却也未登峰造极，男子虽然拥有更多权利，但在一定条件下妇女也可以主动与男子解除婚姻，可以主动"求去""求绝"。比如因为丈夫平庸，以丈夫不才而求去；前文所述已经结婚的外黄富人的女儿，为了求得贤夫而毅然离婚，嫁给张耳；有因为丈夫贫贱而主动求绝者，如：朱买臣的妻子因为朱买臣家境贫寒，在朱买臣四十岁

---

① 彭卫. 汉代婚姻形态[M]. 西安: 三秦出版社. 1987:190.

时，他妻子主动请求离异；也有因为丈夫家庭不和睦而求去，如：《汉书·王商传》记载有，因为王商涉及淫乱而教唆杀人，"章下有司，商私怨怼。商子俊欲上书告商。"①俊的妻子是左将军丹的女儿，知道这件事后，告诉了自己的父亲丹，丹觉得商家父子行为可恶，因商家不和睦而为女求去；还有以丈夫患有恶疾而求去，如：平阳公主因为曹寿患有恶疾而离去，后来嫁给卫青；更有甚者，淮南太子迁的妃子，因为太子长期不跟自己同床而要求离去。以上这些都说明了汉代妇女相对有一定的离婚自主权。汉代妇女的求去在某种程度上有些许主动性，而唐以后所强调的不得擅去有很大的强制性，二者有很大区别。由上可知，在汉代，如果丈夫平庸，没有才华；丈夫家中贫苦，无法生活；丈夫患有恶疾；丈夫家庭不和睦，有矛盾；丈夫品行不良等，妇女都可以提出离婚，主动求去。尽管妇女在这方面的权利极其有限，但还是有一些自由。当然，在汉代妻子主动求去一般要得到丈夫的同意，否则擅自逃亡，也会受到法律的制裁。如果擅自娶已婚弃夫逃亡的妇女为妻，或者已婚妇女给脱籍逃亡的人当妻子，"皆黥以为城旦舂。其真罪重，以匿罪人律论。"②这里显示擅自娶人妻者与其所娶者都要受到惩罚，可见即使女子求去也是以男子为中心。在汉代，理论上虽然反复阐述、倡导妇女的极端服从，但现实生活中，实际操作仍有回旋的余地。

在汉代，离婚的基本原则是"七出、三不去"。在古代，妇有七出，七出也叫七弃、七去。《大戴礼记·本命篇》言："不顺父母去，无子去，淫去，妒去，有恶疾去，多言去，窃盗去。"③男子宣布"去妻"，可以拿其中任何一条作为休妻的理由。有以不顺从父母、不得父母心而出妻的，如《后汉书·列女广汉姜诗传》记载，姜诗对待他的母亲特别孝顺，他的妻子更为孝顺，姜诗的母亲特别喜欢喝江水，他的妻子不辞

①班固. 汉书[M]. 北京: 中华书局. 1962:3372.

②张家山汉墓竹简整理小组. 张家山汉墓竹简（247号墓）[M]. 北京: 文物出版社. 2001:156.

③王聘珍. 大戴礼记解诂[M]. 北京: 中华书局. 1983:255.

辛苦，远去六七里为其母亲打水，"妻常泝流而汲，后值风，不时得还。母渴，诗责而遣之。"又如《后汉书·鲍永传》云："永事后母至孝，妻常于母前叱狗，而永即去之。"再如"子甚宜其妻，父母不说，出。"①"不顺父母，为其逆德也。"②有以嫉妒而出妻，如《后汉书·冯衍传》云："衍娶北地任氏女为妻，悍忌，不得畜媵妾，儿女常自操井臼，老竟逐之。"又如《汉书·元后传》云："元后母，适妻，魏郡李氏女也，后以妒去。""嫉妒弃，乱家也。"表明嫉妒会祸乱家庭，应该被休弃。有以无子而出妻的，如《东观汉记·应顺传》记载，东汉应顺年少时，与同村的许敬十分友好，见好友许敬家境贫困而且没有儿子，便替他休妻再娶。"敬家贫亲老，无子，为敬去妻更娶。"③"无子当归宁"，④强调没有儿子被休掉，天经地义。"无子弃，绝世也。"⑤还有以盗窃而出妻的，如《汉书·王吉传》记载，东家有棵大枣树，树枝弯垂到王吉家的庭院中，"吉妇取枣以啖吉。吉后知之，乃去妇。"⑥"盗窃弃，反义也。"王吉认为其妻子的随意摘枣行为是偷窃，即使数量很小，也是不义行为，应该被休弃。也有以口舌而出妻的，如汉丞相陈平早年游手好闲，其嫂曰："有叔如此，不如无有"⑦，仅仅因平常的一句话而被其兄休掉；"口舌弃，离亲也。"⑧

由上可知，不仅父亲可以代替儿子，兄长可以代替弟弟出妻，甚至连门生朋友也可以代为出妻。可见，男子以"七出"名正言顺的就可以将妻子赶回娘家，"七出"成了男子休妻的正当理由。当然，也有许多恩爱夫妻因为"七出"而遭受离弃。婚姻关系是两性姻好之结合，结合时或者需

---

①朱彬. 礼记训纂[M]. 北京: 中华书局. 1996:420.

②王聘珍. 大戴礼记解诂[M]. 北京: 中华书局. 1983:255.

③刘珍. 东观汉记校注(下)[M]. 郑州: 中州古籍出版社. 1987:705.

④徐陵. 玉台新咏[M]. 郑州: 中州古籍出版社. 1991:39.

⑤杨树达. 汉代婚丧礼俗考[M]. 上海: 上海古籍出版社. 2007:38.

⑥范晔. 后汉书[M]. 北京: 中华书局. 1965:3066.

⑦班固. 汉书[M]. 北京: 中华书局. 1962:2038.

⑧杨树达. 汉代婚丧礼俗考[M]. 上海: 上海古籍出版社. 2007:56.

要媒妁之言，或者自相亲近，是亲缘关系，但是一旦反目相弃，反而不如兄弟亲切，可见婚姻的脆弱性，也可见"七出"的封建性和强制性。

"七出"之条，如紧箍套在妇女头上。为了免遭休弃的厄运，她们逆来顺受，谨小慎微。"七出"是以夫权为中心的离婚制，班昭援引《礼记》说，"夫者，天也。天固不可逃，夫固不可离也。"①离与合均取决于丈夫一方的意志，"七出"均属单意离婚。"七出"是为了保障丈夫和夫权的产物，其基本点就是维护夫权和封建家长制。如封建时代没有现代的养老保险，衰老的人群会成为社会的负担，"无子出"，有其一定道理，但却使广大妇女陷入苦难的深渊。对于丈夫来说，离婚易如反掌，因为遗弃妻子的理由随手可得。而且通过男方家长的干预，还可以强制当事人解除婚姻关系，这表明离婚可以因第三方的意志为转移，这是封建家长制在离婚制度上的反映。但是"七去"也不是全无是处。如"淫去"。淫乱会引发社会关系的紊乱，造成家庭不和，导致血缘的混乱，这历来为封建统治者所不容，也是当今社会所不允许的。

自从《汉律》确定之后，"七出、三不去"的原则，就被历朝列代的法规所继承，而且还贯穿了整个封建社会。所谓"三不去"是指有所取而无所归不去；与更三年丧不去；前贫贱而后富贵不去。"三不去"是"封建国家从社会稳定的角度考虑，对男子休妻的权利所做出的一点限制。"②"三不去"的意思就是指娘家绝户了，没有去处，无家可归的人不能休弃，所谓"古人虽弃妇，弃妇有归处"。③表明所弃之妇必须有归处。因为不能忘恩，则规定为公婆治丧三年的妻子不能休弃，否则就没有任何恩义；而且规定贫贱时娶得妻子，富贵后不能休弃，正所谓"贫贱之交不可忘，糟糠之妻不下堂"。④可见"三不去"是从道德主义出发对男子的擅自离婚，作出了些许的限制，这是对已婚妇女仅有的一点保护。但

---

①范晔. 后汉书[M]. 北京: 中华书局. 1965:2790.

②王锦贵. 中国文化史简编[M]. 北京: 北京大学出版社. 2004:217.

③顾况. 全唐诗·弃妇词[M]. 北京: 中华书局. 1960:2931.

④范晔. 后汉书[M]. 北京: 中华书局. 1965:905.

与以夫权为中心的"七出"相比，根本就微不足道。

以上所谓的"七出、三不去"原则，对于实行一夫多妻的统治阶级来说，这些规定没有多少实际意义，因为它只不过是在理论上对男子随便提出离婚的一种约束而已。不过，虽然在汉代，女性离婚大多数只是因为生活无奈，迫不得已，而且与男子休妻的条件相比，妇女离婚的权利非常有限，但相对后世来说，汉代妇女还是具有一定的自主权，在离婚限制上还是相对宽泛。因为汉代妇女在社会生产中承担了一定的职责，她们所从事职业的广泛性和多样性，使得她们在社会生活中，在一定的社会活动基础上，具有了相应的社会地位，因而在婚姻关系的解除上也就相对宽松。

（五）再婚

古代女子新婚时一般要行醮礼。醮礼，就是迎亲之日父母对即将出嫁的女儿进行训导的仪式。改嫁、再嫁又称为再醮。《礼记·郊特牲》说："一与之齐，终身不改，故夫死不嫁。"[1]可见，对于寡妇改嫁，儒家的伦理道德持不赞成态度，按照礼制的规定，改嫁、再醮是一种非礼行为，十分可耻，不值得提倡。春秋战国时代，男女可以自由恋爱，男女之间的关系比较宽松。秦始皇统一中国后，提倡贞洁，加强对婚姻的控制，是为了用宗法思想愚弄、控制民众，从而巩固专制的中央集权。《史记·秦始皇本纪》第六《会稽刻石》说明，如果丈夫死了，丢弃儿子再嫁人，不仅死罪而且加倍处罚不贞之行为。"有子而嫁，倍死不贞，防隔内外，禁止淫佚。"这不仅反映了较为落后的当地风俗文化，而且还揭示了统治者试图用严厉的办法，对当时比较混乱的男女关系进行制裁并加以纠正。汉承秦制，继续提倡贞节。然而，当时社会现实中寡妇改嫁，男子续弦，司空见惯。这表明秦汉统治者对贞节的提倡收效甚微，妇女改嫁、再嫁较为自由。

在汉代，虽然儒家曾大力倡导妇女从一而终，教化寡妇不要改嫁。但社会实践中，改嫁、再嫁者甚多，如曹丕的元配之妻甄氏、高祖的薄姬、

①王梦鸥. 礼记今注今译[M]. 天津: 天津古籍出版社. 1987:349.

景帝王皇后、王皇后之母臧儿、敬武公主、宣帝外祖王媪等；平常百姓家再嫁者如卓文君、陈平的妻子、蔡文姬，等等。"在汉世，离而再嫁固甚普通。夫死再嫁例亦极多。"①例如蔡文姬先嫁给卫仲道，后来又嫁给董祀，成为董祀的妻子。又如陈平的妻子，"五嫁夫辄死"，②最后又嫁给陈平；再如卓文君在认识司马相如之前，就已经寡居在家。西汉中期，董仲舒提倡"上下有别，尊卑有差"③的等级状况，并倡言夫尊妻卑是万世不变的永恒规则，但他也承认并鼓励家庭婚姻关系，"男女之法，法阴与阳。"④董仲舒遵循阴阳之法，道德之基，认为妻子死后丈夫可以再娶，同样丈夫死后妻子可以改嫁。董仲舒还倾向于用道德去调整内部关系，如对于春秋讥讽文公以丧娶，董仲舒秉着道德进行反驳，指出文公是在三年之外娶的，根本没有必要讥讽，并称赞三年之恩后再娶是大吉。"则曷为独于娶焉讥？娶者，大吉也，非常吉也。"⑤表明董仲舒也认为妻子在丈夫死后改嫁是正当行为，可见其中合理的成分。

在汉代，不仅没有禁止妇女改嫁、再嫁，就连女子改嫁、再嫁的次数也没有限制。即使皇亲国戚也不忌讳妇女再嫁，如汉景帝为太子纳已经生育一女儿的金氏妇为妃；高祖的薄姬原是魏豹之妻；敬武公主先为张临妻，又嫁赵钦，再嫁薛宣；景帝王皇后之母臧儿先嫁王仲，再嫁田氏；再如曹丕的元配之妻甄氏本来是袁绍中子袁熙的妻子；荀悦《汉纪》也主张所宠幸的慎夫人以下至少使而得令准嫁。又如"平帝崩，太后诏出媵妾皆归家得嫁，如孝文时故事。"⑥景帝后三年遗诏："出宫人归其家复终身。"⑦除上面所列之外，元后母李氏、宣帝外祖王媪、傅昭仪母等等也都是改嫁、再嫁者。以上可见虽然帝王之尊，亦未见他们皆以奉陵为制，

①陈顾远. 中国婚姻史[M]. 上海: 上海书店. 1984:230.

②班固. 汉书[M]. 北京: 中华书局. 1962:2038.

③董仲舒. 春秋繁露[M]. 北京: 中华书局. 1975:564.

④董仲舒. 春秋繁露[M]. 北京: 中华书局. 1975:566.

⑤董仲舒. 春秋繁露[M]. 北京: 中华书局. 1975. 24.

⑥班固. 汉书[M]. 北京: 中华书局. 1962:360.

⑦班固. 汉书[M]. 北京: 中华书局. 1962:153.

而强制不嫁。可知尽管汉代很流行"妇人贞节，从一而终""贞女不更二夫"之说，但实际生活中，改嫁、再嫁并没有被公众舆论看作大逆不道，视为非礼。

汉代妇女"夫死，妇往往改嫁，虽有子女亦然，且有携其子女往改嫁之家者"。[①]《后汉书·桓帝邓后传》云："母宣，初适香，生后，改嫁梁纪。后少孤，随母为居，因冒姓梁氏。"《汉书·外戚传》云："孝景王皇后之母臧儿，为仲妻，生男信与两女。而仲死，臧儿更嫁为长陵田氏妇。"亦有丈夫死后，妇女年少，父母、兄弟将其改嫁的，如《汉书·外戚孝平王皇后传》记载，平帝年少驾崩，皇后才十八岁，王莽立孝宣帝的玄孙婴为孺子，尊年少的皇后为皇太后，"为人婉瘱，有节操。自刘氏废，常称疾不朝会。莽敬悼伤哀，欲嫁之，乃更号为黄皇室主。"《华阳国志》卷十蜀郡士女云："贡罗，郫罗倩女，景奇妻也。奇早亡，无子，父愍其年壮，以许同郡何诗。"又如：《太平御览》四百四十一引杜预女记云："徐淑丧夫守寡，兄弟将嫁之。"《华阳国志》卷十蜀郡士女又云："广都令常良女元常，适广汉便敬宾，早亡。元常无子，养宾族子，父母欲嫁。""公乘会妻，广都张氏女也。夫早亡，无子，姑及兄弟欲改嫁之。"再如广汉廖伯的妻子殷氏女，在廖伯死后，追求他的人很多，父母将其许配；广汉王辅妻彭非，在王辅死后，其叔父让其改嫁等等。

以上可见，汉代对妇女改嫁、再嫁表现出相当的认可。实际上，夫死殉节，守节不嫁，真正严格禁锢妇女改嫁的流弊，形成于明清。男性通过贞节对妇女进行单方面性禁锢，实现对女性的绝对占有。汉代时期，尽管贞节观念已经开始被汉儒明确倡扬，但守节者只是少数，离异改嫁，夫死再嫁却是主流。因为古代离婚制对妇女改嫁、再嫁的限制，有一个宽容到限止的过程，所以在汉代现实生活中，贞节观念非常淡薄，妇女改嫁、再嫁很平常。即使封建礼法的束缚和桎梏在逐步加深，但人性尚未被礼教完全泯灭，况且统治阶级也深知改嫁、再嫁能扩大人口再生产。"汉代男

---

①杨树达. 汉代婚丧礼俗考[M]. 上海: 上海古籍出版社. 2007:44.

子再娶多是为了生儿育女，以使子孙繁衍。对于女子来说，再嫁或改嫁大都是谋一条生路，求得寄身安命之所。"①因此，统治阶级虽然不提倡，但也不能禁止寡妇改嫁、再嫁，她们毕竟要生活。所以在现实生活中，贞节观念虽然被汉统治者积极提倡，但在实践中并未认真执行，更没有严格禁锢。

由此可见，在改嫁、再嫁方面，汉代妇女有相对的自由，因而相比较而言，汉代妇女显得其社会地位略高。但是由于改嫁终究不符合礼教和封建礼制，所以各地对"再醮"有一套相应的礼俗，对改嫁、再嫁的妇女表现出明显的歧视。首先，根据传统的"六礼"，女子在新婚之日，一般要行醮礼，但是寡妇却不能行醮礼，不能享受再醮礼仪。而且，如果所嫁入的新夫家里有亡妻的话，还必须先叩拜前妻的亡灵，以表示顺从，民间俗称"填房"，可见一进门在地位上就已经低于亡妻。诸如此类的歧视性礼俗，反映了中国封建社会的婚姻女性，是社会的牺牲品，也反映了封建礼教对于妇女的严酷压迫和极度摧残。总之，汉代是封建婚姻的确立时期，礼教也处在逐渐下移和渗透的阶段，不过，在礼法观念的发展过程中，汉代统治者和儒生只不过是将贞节观念作为一种品德来宣传和提倡，并没有形成强大的社会舆论约束。而且这个发展过程是由粗浅到深入，由松散到严密，由上流社会的提倡到缓慢渗入民间，是逐步影响的，它是需要相当长时间的，因此，婚姻制度和习俗远没有后代严密。汉代妇女在婚姻上虽有父母之命、媒妁之言，但却有某种程度的自由。在社会现实中，汉代妇女并没有受到太多的束缚和禁锢，活动相对自由，社会地位也显得相对略高。然而女性作为社会的一个群体，其社会地位的高低并非几个方面因素的简单糅合，因为妇女的婚姻活动并不是静止的。所以我们在从婚姻探讨汉代女子社会地位的同时，更要认识到礼制的规范要求和实际生活态势的不一致。

---

①彭卫. 汉代婚姻形态[M]. 西安: 三秦出版社. 1987:206.

三、从《女诫》看婚姻对女性的规训

班昭是东汉有名的史学家、文学家，是历史上知名度极高的杰出女性。班昭家学渊源深厚，她出身名门，博学多才，师表宫帏，继父兄之志被诏续汉史，并参与东汉的政治活动。班昭守寡多年，历经艰辛，晚年担心快要出嫁的女儿，不听从夫家训诲，不懂得妇女礼仪，让宗族受到耻辱，因而撰写《女诫》，作为女儿们的修身之道。由于得到最高统治者的欣赏和班昭的学生马融等的推崇，《女诫》传播广、影响大。班昭写给女儿的私家教科书《女诫》竟成了中国最早的较为系统、完整的女性婚姻道德教科书。明神宗赞誉是万世女则之规，班昭也被后人尊为"女中之民父"，位如孔子。

《女诫》全文约1700字，主要采用叙事体方式，用告诫式的训谕方式，将女性应该遵守的规则条列出来，希望女儿遵循礼规、柔顺乖巧。全文分为《卑弱》《夫妇》《敬慎》《妇行》《专心》《曲从》《和叔妹》七篇，体现了社会对女子的性别角色的期待。《女诫》七篇无不透视着婚姻对女性的规训：夫尊妻卑，谦恭柔顺，敬顺曲从。

历史上对班昭的评价往往与《女诫》一线相牵，其人其书颇具争议。在古代是女子教育楷模的《女诫》，在近代却成了男尊女卑的祸首。对《女诫》的褒贬涉及班昭在古代与近代社会中地位的升降。其实后人可以从规训中注意避免当时是楷模、当代却认为祸首的思想和后果，大可不必去责难班昭，何况班昭写《女诫》也只是想告诫女儿认识自己，确定自己的道德标准和行为规范，根本无意让众多后人去模仿去守道，更不是让后世责难。

其实《女诫》所折射的精神生产和文化追求是符合当时她生活的社会价值观和社会现实的。每一代人的精神生产和文化追求都不是从零开始的，而是赖于世世代代的积累。前人提出的各种女性婚姻道德原则太零散，班昭将其归纳加以规范而系统化，由此可见，《女诫.》思想并不是班昭首创。

不同时代所展示的婚姻道德标准和行为规范不同。作为中国历史上第一部女性劝诫要籍，《女诫》当然透视着汉代女性的婚姻规范和社会地位。

（一）男尊女卑的婚姻伦理

男尊女卑的观念出现很早。最初是由于女性在社会发展中所起的作用渐渐地不及男性重要，遭遇忽视的状态下提出的。《易经》最早体现男尊女卑思想。《周易·系辞上》曰："乾道成男，坤道成女；辟户谓之乾，阖户谓之坤；乾，健也，坤，顺也"①；《周易·说卦》也曰："乾，天也，故称呼父，坤，地也，故称呼母。"②《韩非子·六反》记载战国时有"产男则相贺，产女则杀之"的恶俗。这为以后男性女性角色的定位及男尊女卑思想的扩大化奠定了基础。

为了维护男尊女卑的社会秩序，先秦时就确立女子与男子不同的教育，学习按照男女不同的性别行事方式来认同社会性别的身份。在社会化过程中女性面临着因性别而异的角色期待，女子一生下来就受到社会和家庭的轻视，《诗经·小雅·斯干》载有："乃生男子，载寝之床，载衣之裳，载弄之璋；乃生女子，载寝之地，载衣之裼，载弄之瓦。"③认为如果生了男孩，就让他睡在床上，穿华贵的衣服，玩弄玉璋，长大后地位尊贵。诗中可见，无论家庭，社会，一切希望都寄托于男孩，自然形成男尊女卑的势态。

《女诫》第一篇《卑弱》，就是强调阴阳殊性，男女异行。班昭援引古代礼法，指出女孩生下三日后，不仅要让她睡在床下，表明女子应当卑下柔弱，时时刻刻都应该以谦卑的态度待人；还要让她玩弄瓦砖，显示女子以后应当操持家务，不辞辛苦地侍奉夫家；而斋告先祖，则表明女子长大后应当准备酒食，帮助丈夫祭祀。"三者盖女人之常道，礼法之典教

①高亨. 周易大传今注[M]. 济南: 齐鲁书社. 1979:505.

②高亨. 周易大传今注[M]. 济南: 齐鲁书社. 1979:620.

③程俊英. 诗经译注[M]. 上海: 上海古籍出版社. 1985:354.

矣。"①可见班昭认为女子一生下来就注定是卑弱的，认为女性生来就不能与男性相提并论。

《女诫》第二篇《夫妇》指出："夫妇之道，参配阴阳，通达神明，信天地之弘义，人伦之大节也。"②表明夫妇之间的道义，阴阳配合，是天地之间的大义。"夫不御妇则威仪废缺，妇不事夫则义理堕阙。"③指出丈夫如果不管束妻子，威仪就废失了，同样，妻子不敬奉丈夫，道义也就不存在，表明丈夫是统治者，以男子为中心，而女子却以卑弱为美。主张丈夫比天还大，必须尊敬而且要谨慎服侍。

《女诫》第四篇《妇行》即妇德、妇言、妇容、妇功，表明女子无论是在思想品德、仪表谈吐，还是家务劳动等方面，都要秉着出嫁从夫的原则，遵守礼节、严守妇道，安守本分。这些成为女性实践"三从"的具体要求，"三从"就是指幼从父兄，出嫁从夫，夫死从子，集中反映了父权、夫权对妇女的束缚。"三从"所强调的丈夫死后也得服从儿子的规定，更是以男性为中心的思想和制度最彻底的表现。

汉代婚姻传统思维是尊卑有序，夫尊妻卑。汉代的婚姻关系"男尊女卑倾向十分明显，构成这一时代的主流"。④家长权，父权，夫权三位一体，在家庭关系中支配一切。男女，夫妇，上下，长幼之间尊卑有序，各有其位，这是严格的宗法等级制度在婚姻家庭方面的必然表现。为了维护一切以男性统治者为中心的封建宗法制度，封建礼法十分重视男女、夫妇之别，男尊女卑，夫为妻纲。起源并根植于私有财产的男尊女卑，夫权统治，在封建礼法原则的强化下，成为当然的社会观念和婚姻伦理道德规范，女性的各种权益和地位必然受到限制、剥夺。

其实《女诫》七篇基本都体现了女性以"卑弱"为美的思想。阳以刚为德，阴以柔为用，男以强为贵，女以弱为美。柔、弱、顺是社会赋予汉

---

①范晔. 后汉书[M]. 北京: 中华书局. 1965:2787.

②范晔. 后汉书[M]. 北京: 中华书局. 1965:2788.

③范晔. 后汉书[M]. 北京: 中华书局. 1965:2788.

④彭卫. 汉代婚姻形态[M]. 西安: 三秦出版社. 1988:160.

代女性的性别角色特征，逐渐深化到两性的心理之中，成为妇女自觉遵守的准则。《女诫》标志着妇女社会角色的定型化，女性角色由男性建构。班昭将社会上已客观存在的男尊女卑观念，从性别等级意义上将女性应该追求卑弱，提升到审美视角。这样以卑弱为美，不但从根本上否定了女性发展的权利，而且还把女性置于弱者的地位，认为女子生来不如男子，从根本上完全否定了女性发展的可能。

两千年来女子以弱为美的观点深入人心，构成了男女不平等的畸形审美观和心态基础。多数人都认为这是发自中国第一个女学者即班昭之口，甚为失望。其实并非班昭之过。然而深思也不难理解，班昭以寡妇学者身份被请入宫给皇后、宫人讲女学，她秉着皇帝的意旨去教导后宫千百个宫女必须服从皇帝一人的需要。势必会为天尊地卑，女人生来卑弱、下贱找出根据，使她们安于命运。汉代增强礼制，稳定人心，自然鼓励妇女贞顺守节。在理论上作为一种教化大力宣传在当时也是必然。汉书宣传节妇懿行也成风气。

汉代时，阴阳五行、天人感应说开始渗入并影响婚姻思想，典型代表有《周易》和《春秋繁露》。董仲舒就用阴阳五行在《春秋繁露·基义》中大力阐述、论证了男尊女卑，"夫为阳，妻为阴"[1]。而且在《阳尊阴卑》中又曰："丈夫虽贱皆为阳，妇人虽贵皆为阴。"[2]《白虎通》进一步把男尊女卑的婚姻伦理观神圣化、法典化。《白虎通·嫁娶》曰："阳倡阴和，男行女随。"认为男娶女嫁应遵循阴卑礼法原则，女性自古卑弱，不得自专，只能就阳而成。伦理至上的中国传统文化通过'阴阳义理'确定了阳尊阴卑的不变定势。

班昭根据当时的伦理道德观念和阳尊阴卑的不变定势，强化女性的依附心理，不利于正确的人格判断，男尊女卑的婚姻伦理使妇女从根本上

---

①董仲舒撰，凌曙注.《春秋繁露·阳尊阴卑》[M]. 北京: 中华书局，1975年版，第433页.

②董仲舒撰，凌曙注.《春秋繁露·阳尊阴卑》[M]. 北京: 中华书局，1975年版，第396页.

失去了独立自主意识。但是班昭也认为，为人夫妇者，应该因为和顺而亲厚，因为恩爱而和谐，反映了班昭积极面对封建社会中被压抑被扭曲的夫妻恩爱情感，提倡重视夫妻恩义。这些都凸显了班昭早慧而自省，并没有在所谓封建礼教内止步。班昭所倡导的重视夫妻恩义，也是我们现代婚姻家庭所该重视的。而且虽然班昭认同男尊女卑婚姻准则的主流规范，但她却也指出丈夫不贤明，就无法管束妻子，反之，妻子不贤淑，也无法敬奉丈夫，强调妇顺要以夫贤为前提，主张夫妻双方同时修身，和谐相处。这种观点极为进步，无论过去还是现在都难能可贵。可见《女诫》中的男尊女卑并不是绝对的，而是有条件的，其中的婚姻伦理也有恩义、和谐的追求。

（二）谦恭柔顺的婚姻性格

《女诫》第五篇《专心》中，班昭引用《仪礼》的话强调"夫有再娶之义，妇无二适之文"，表明天是无法逃离的，丈夫就是妻子的天，是不可以离开的，故曰"夫者天也。天固不可逃，夫固不可离也"。[①]告诫妻子不可以提出离婚，否则"行违神祇，天则罚之。"[②]夫妻关系被固定在维护丈夫的权威和妻子的恭顺中，一切以丈夫的意志为转移，以丈夫的好恶为日常生活的目的和追求目标，妻子对丈夫要顺从，只可谦恭柔顺。

汉时班固主张"夫为妻纲"，所以即使丈夫有恶行，妻子也不得离去，强调妇女顺从的必要。可见，婚姻从一开始就赋予了谦恭柔顺的性格，当然只是对妇女。女子不柔、不顺、不谦、不恭，就是违夫抗天。事夫之道，敬夫之容，使婚姻性格以一味顺从为归结。男女因婚姻结为夫妇，想要维持长久，妇女必须谦恭柔顺。在封建宗法制下的婚姻以夫义而妇听，夫和而妻柔为训，片面强调女性的顺从。女性柔顺成为封建婚姻的本质特征。

几千年来"男尊女卑""男强女弱""阳刚阴柔"等传统意识观念，

---

①范晔. 后汉书[M]. 北京: 中华书局. 1965:2790.

②范晔. 后汉书[M]. 北京: 中华书局. 1965:2790.

塑造了婚姻中的女性，认定以男性为主导中心的婚姻本质。女性长期以来依靠着男性，迷信男性权威和权力，这都与宗法制度，封建礼制有着密不可分的联系。于是班昭在《女诫》中要求女性要"忍辱含垢，常若畏惧"等，让女性在男性面前逆来顺受，不生怨心。在《夫妇》篇中班昭认为丈夫比天还大，事夫如事天。封建礼教通过婚姻家庭关系使女性一直处于柔顺被动和受支配的地位。

除了《女诫》强调了谦恭柔顺的婚姻性格之外，还有很多记载都主张女性谦恭柔顺。《列女传》载有《贞顺》云："修道正进，避嫌远别，为必可信，终不更二。"《易·系辞》云："坤道成女。坤者阴也，阴柔，阳刚，故女子以柔顺为主。"①《谷梁传》云："妇人在家制于父，既嫁制于夫，夫死从长子。"②可见女子既然为附庸，则必须柔顺服从。

虽然关于谦恭柔顺的记载都是在男尊女卑下的顺从服从，但班昭在《女诫》中主张谦虚礼让，先人后己，这是值得提倡和肯定的。虽然班昭及其《女诫》是儒家文化的产物，但她却是在体制之内，灵活运用既有资源，为自己和女儿们争取更大的生存空间。班昭主张婚姻中恭顺、谦虚，其实这不仅是汉代女性的美德，也是一直以来我们所赞誉的全社会的美德。

（三）敬顺曲从的婚姻准则

《女诫》第三篇《敬慎》说："修身莫若敬，避强莫若顺。故曰敬顺之道，妇人之大礼也。"③强调妇女最大的礼仪应该是敬顺之道，妇女只有做到知足安分，对丈夫多加理解包容，才能做到长久敬顺。《女诫》第六篇《曲从》说："勿得违戾是非，争分曲直。此则所谓曲从矣。"主张女性在婚姻中秉承敬顺曲从的准则。

班昭指出阳刚阴柔是男女两性的差异，女性应该以柔弱来修身，避

①刘向撰，王照圆补注. 续修四库全书（史部第515册）[M]. 上海: 上海古籍出版社. 2002:760.

②范宁集解，杨世勋疏. 十三经注疏[M]. 北京: 中华书局. 1980:2367.

③范晔. 后汉书[M]. 北京: 中华书局. 1965:2788.

免以强悍或强势而达成"敬顺之道"。教导妇女要善事男方父母，逆来顺受，一切以谦顺为主，"姑云不尔而是，固宜从令；姑云尔而非，犹宜顺命。"①妇人明知婆婆说的不对，也要顺着婆婆，按婆婆说的去做，千万不可与婆婆争辩是非曲直，告诫妇女凡事忍耐。可见，为了维护家庭内部的稳定，通过强调曲意顺从来压抑女性，无论在气质上，还是在心理上，都要求妇女柔顺贞孝，为家庭作出牺牲。家庭成为男权制度压迫女性的主要场所。

《女诫》第七篇《和叔妹》指出，妇人之所以得到了丈夫的喜爱，完全是因为得到了公婆的喜欢；而公婆之所以喜欢妇人，又是因为妇人得到了叔妹的称赞，因此，"叔妹之心，复不可失也。皆知叔妹之心不可失，而不能和之以求其亲，其蔽也哉。"②这里表明与丈夫的兄弟姐妹相处，要事事识大体，明大义，即使受气蒙冤，也要忍耐，千万不要失去彼此之间的和睦气氛，指出和小姑小叔搞好关系的最好办法是谦和恭顺。谦顺是德行的根本，是妇人的行为准则。《女诫》教育女性要学会忍耐、顺从，即是非曲直都不可争辩。因为只要争辩，无论对错，都是侮辱、轻视丈夫，这在古代是绝对不允许的。班昭告诫女性，无论与公婆还是与小姑、小叔相处都应敬顺曲从。

班昭在《女诫》开头的自述中就表明，自己自从十四岁嫁到曹家，拿扫帚扫地除秽，扫了四十年，一直战战兢兢，恪守妇道，"常惧绌辱，以增父母之羞，以益中外之累。"③班昭以自己做贤妻良母的亲身体会和感受，强调作为儿媳妇务必要讨公婆欢心，而让公婆满意就必须绝对顺从。班昭之所以如此担心受怕，就是担心公婆不满意，害怕丈夫不喜欢。封建礼教的根本就是男尊女卑，就是以妇女的卑屈退让来缓解夫妻冲突，并以此来维持家庭的团结与和谐，保证强化丈夫的主宰地位。

《女诫》强调敬慎曲从的婚姻准则，使得女性必须压抑、克制自身的

①范晔. 后汉书[M]. 北京: 中华书局. 1965:2790.

②范晔. 后汉书[M]. 北京: 中华书局. 1965:2791.

③范晔. 后汉书[M]. 北京: 中华书局. 1965:2786.

需求，而以卑顺屈从换取家庭的稳定。敬顺曲从的婚姻准则确实折射出当时的社会现实：女性成为男性的工具。但是班昭强调婚姻中的敬慎曲从准则，却是以维护家庭团结与和谐为前提的。她告诫女儿不但要吃苦耐劳、勤俭持家、还要孝顺公婆、和睦亲属，可见一个母亲的慈爱之心。这些不仅在古代，其实即使在当今社会也有值得肯定和赞扬的部分。《女诫》中些许待人接物以及处理矛盾的方式，对培养中国女性优良品德有积极作用，不仅值得当今家政学借鉴，也值得当今社会所有人借鉴。

由上可知，《女诫》对女性婚姻的规训：无论男尊女卑的婚姻伦理，谦恭柔顺的婚姻性格，还是敬顺曲从的婚姻准则，都反映了《女诫》并不是绝对压迫女性的封建毒草，从某种意义上说，而是一部在彼时彼境女性该如何生存和发展的婚姻智慧箴言。所以对于班昭及其《女诫》，我们也应该肯定它有利于人类进步的历史意义和维护婚姻家庭稳定的现实作用。当然，《女诫》所主张的基本是封建宗法式的，有其局限性和落后性，但是考察当今社会，《女诫》中的些许中华妇女道德传统有难能可贵之处，而且至今仍有感召力。例如《女诫》第四篇《妇行》虽然从德、言、容、功四个方面来强调男子中心社会对女性的束缚，但辩证地看待的话，班昭这四德在任何时代都是不可或缺的。现代社会女性也应该加强个人修养，注意品德，整洁干净，慎言慎行，不要做长舌妇。其实《女诫》对后世的影响，部分源于时代的取舍，而非其内容本身的合理与不合理。

汉代是中国封建社会形成和发展的重要时期，社会秩序开始逐步走向规范化，作为最基本的社会关系之一的婚姻关系在汉代呈现出复杂的现象。李维说：历史提供的"各种教训尤为鲜明地刻在纪念碑上。从这些教训中，你可以替你自己和替你的国家选择需要模仿的东西，从这教训中还可以注意避免那些可耻的思想和后果。"[1]班昭及其《女诫》作为一种历史的存在，具有极强的自在性质，是为她那个时代的社会规律所支配的。

班昭《女诫》是符合她当时的社会的，我们不能因为现代的文明与文

---

①汤普森著，谢德风译. 历史著作史（上）[M]. 北京: 商务印书馆. 1988:107.

化而否定和责难班昭，我们只能用她那个时代的眼光去看待她，用现代人的思维去分析她，从而以古鉴今。更何况班昭之过，也是社会之过，时代之过。作为史学的学习或研究者，我们应该真正养成用科学眼光正确分析问题而不是淹没在一大堆细节或争论之中。

作为后世之人，我们应以史为鉴，客观、公正地看待班昭及其《女诫》。历史是社会的变革，"是在不断变革中的人生及其产物的文化。"①历史是人类生活的行程、延续、变迁、传演，是有生命的，活的、进步的、发展的东西。我们所研究的应该是活的历史，况且历史本身就是最铁面无私的审判官。过去的时代作为一种社会存在所具有的价值，终将由于为后来更高的文明所取代而丧失，消退。我们应该从《女诫》对婚姻的规训、劝诫中反思，借鉴现实。

四、汉代女性婚姻社会地位研究的当代价值

（一）社会地位独特的原因

汉代妇女婚姻地位相对低下，但又具有相对自主权，社会地位较为独特。其原因如下。

经济原因是最主要的因素。母系制社会，妇女在社会生产及家庭劳动中起着决定性作用，占主导地位。进入奴隶社会、封建社会，随着社会分工的不同，男子在社会经济生活、劳动生产中逐渐起着决定性作用，占据主导地位，而女性只起辅助和补充作用，其社会地位当然就相应降低。

但是在现实生活中，汉代妇女从事各种各样的社会性劳动，如进行农业生产，从事商品贩卖，制作漆器、陶器等器物，替人相马行医，为官府纺纱织布，练武习文，从军从政等，可见汉代妇女并不局限于家内劳动，她们所从事的职业具有多样性和广泛性。这样，在社会生活中汉代女性就承担着一定的职责，对国家经济就作出了一定的贡献。因此，在一定的社会活动基础上，她们自己就有了相对自主的权力和相应的社会地位。

---

①姜义华，瞿林东. 史学导论[M]. 上海: 复旦大学出版社. 2003:11.

而且，汉代时封建社会的统治秩序还没有完全建立，地主阶级是一个新兴起的阶级，有较强的宽容精神。不仅对传统的东西，甚至对异己的东西，他们都有相当的包容性。况且汉代宗法伦理枷锁对妇女的束缚，不如后世严厉，人们对妇女的社会地位，道德礼教，自身修养等的认识都还没有达到统一。虽然西汉中期时统治阶级将儒家伦理思想尊为正统思想，但并没有完全渗透到整个社会，其意识形态相对自由，社会环境也较为宽松，所以汉代女性婚姻的社会地位较为独特。

（二）对现代婚姻的影响

婚姻形式方面：自周以来传统的婚姻关系和仪式不仅被承袭，而且还占重要位置。当然，虽然婚姻嫁娶基本按照"六礼"的形式进行，但是相比以前其程序已简化多了。随着社会经济的发展和思想意识的更新，传统婚姻习俗不断受到时代文明的影响，整个婚姻文化呈现出新旧并存的新局面。"六礼"以其顽强的遗俗之力，影响着我们当代的婚姻形式。传统婚礼的部分要素，如纳采、问名、纳吉、纳征、请期、亲迎在现代婚礼中有明显遗存。虽然不是原封不动的传承，但仍然保留原有婚俗的基本模式。有些形式虽然改变，但其实是保存古俗，如花轿改为现代轿车，彩色纸屑取代五谷粮豆抛撒新人等。仪式在婚姻的缔结程序中异常重要。旧式婚礼中的些许礼仪、观点绝非我们应该所肯定和效法，但旧式婚礼中所体现出来的些许内容与表现形式结合得十分恰当的那种特点，是很值得借鉴的。婚姻"六礼"所具有的开放性、亲和性一直延续至今。

婚姻缔结的公示效应方面：举行婚姻礼仪的社会目的就是要把婚姻大事公之于众。婚姻的缔结既是社会的需要，联系两个血缘家族的纽带，也是一种文化的需要，即个体在社会中信仰的、精神的体现。同时，夫妇之道、亲子关系、家庭、家族和祖先崇拜占有崇高的地位，也深刻影响到中国文明的社会结构、人际关系和政治形态等。旧时婚姻所承载的孝观念，家庭责任观念具有极强的道德教化性，摒弃其泯灭人性、缺失人权的一面，是我们当代婚姻道德所倡导的。

而且婚姻的缔结从来就需要仪式的参加，一方面是让夫妻双方感受婚姻来之不易，使其婚后能够倍加珍惜生活。另一方面，更为重要的是因为，在古代社会信息流通极不发达的条件之下，欲缔结婚姻关系的双方当事人尤其需要一种手段，让他人知晓婚姻当事人之间的这种关系。与其他手段相比，婚姻是最为合适的手段，或者说成本最低。这得益于婚姻与生俱来的公示性。无论古代与现代都非常重视婚姻缔结的公示效应，而且在某种程度上呈现出的不是对传统的摒弃，而是一种附加。

婚姻的约束力方面：在过去，定亲作为婚姻关系的一部分，具有契约性。定亲也叫订婚，后来被历代封建政府当作合法婚姻的法定程序。订婚这一程序虽然被保留下来，但其形式和作用都有所变化，和原来传统意义上的订婚有差异。传统婚姻过程中的定亲有约束性、强制性，是法律程序，而现代订婚则是让双方家长见面，认同这门亲事，但无任何法律约束力。

婚姻地域方面：以前男女婚姻圈很小，联姻区域狭窄，而现在由于外出务工、上学、交通环境等因素影响，男女接触有更多机会更大空间，婚姻突破地域局限，外县、外省、外国都很普遍，择偶地域扩大化了。

婚姻观念方面：虽然提亲、相亲等传统形式得以保留，但现在更注重传统婚姻与自由恋爱相结合，婚姻恋爱的自由化更注重感情。过去传统保守的封建婚姻思想现在已变得开明。现代婚俗已不太重视传统的纳吉，算八字可有可无，婚姻是否成立不再由所谓的命相决定。传统婚俗中的某些器物与禁忌以及避邪禳灾的仪式都有其内涵，都来源于迷信和愚昧。随着时代的变迁和社会文明程度的提高，有些传统色彩的仪式和内容被保留下来，主要是为了娱乐，增添喜庆，而其原有内涵早已淡化、消亡。婚姻方式和婚姻观念都发生了变化。城市倾向于婚姻典礼和婚宴由婚庆公司和酒店承办，相应地农村婚礼仪式也逐渐都市化。

婚姻商业化方面：随着经济的发展，婚姻习俗逐渐商业化。婚嫁礼仪中的迎娶环节能反映当地的生活态度、风俗习性和生活水平的高低。虽然不像古代一样有父母之命、媒妁之言，但也需参考父母意见，父母仍有很大权威性，而且也有证婚人；虽然婚姻对传统女性来说，更重要的是一种经济依靠。经济关系是家庭组成的重要因素，也是旧时的女方父母考察未婚男性的重要指标。在现代社会，传统习俗依然影响择偶标准，现代社会也不能完全摆脱经济方面的约束，婚姻行为很大程度上受经济因素影响，婚礼也逐渐世俗化。

婚姻稳定性方面：旧式婚姻一夫一妻制的超稳定性，在很大程度上是建立在男性对女性的控制基础上，带有强制性，以牺牲感情为代价。传统的一夫一妻制家庭不是爱情和责任的结果，而是权利高压和经济迫切要求的产物。旧时代男性娶妻纳妾和单方面休妻是夫权的极端表现，现代社会包二奶、养情人及婚姻暴力等就是汉代开始被强调的夫权的延续与隐变。

婚姻自主权方面：当然现代社会越来越多的妇女摆脱了在离异问题上的被动的不平等的境遇，对自己的婚姻生活行使自主权。离婚由男性单向行为变成男女双方的共同行为。其实离婚率的上升并不只是负面意义，有一部分是和两性的情感要求增加有关的，当然也和宽松的社会环境和法律保证有关。过去离婚很困难，感情不和几乎不能成为理由，离婚被看作不道德。从这个意义上说，离婚自由是现代文明进步的表现。女性拥有更多的结婚、离婚自主权。

随着社会和经济的发展，广大妇女不但追求着婚姻自由，而且还为社会地位的提高而努力。一夫一妻制、婚姻自由和男女平等的离婚权等，逐渐成为妇女社会地位提高的标志。当然，伦理道德、宗教信仰、民风习俗等也都影响着婚姻，影响着女性的社会地位。一夫一妻制促使了家庭关系的稳定牢固，确定了肯定的财产和事业的继承人，人们缔结婚姻的着眼点转移到社会和经济的利益上，婚姻的生物学效益就相应减弱。

可见，社会的变迁和经济的发展不仅广泛影响着传统婚姻，而且有积极的促进作用。社会变迁不同程度地影响、改变着女性婚姻的社会地位。反之女性婚姻社会地位也同样反映社会的变迁、经济的发展和人们生活水平的提高。因此随着社会的进步，新婚姻不仅应该富有传统文化的意义和风格，而且还应具有现代文明的特征，这是历史发展的必然。以符合时代特征的新功能去赋予传统婚姻，并不断发展、完善，不仅是社会学家的责任，而且社会各方面也都应该积极关注、参与。

（三）从汉代女性的婚姻看其社会地位所具有的现实意义

1. 有利于唤醒女性提高自身经济地位

女性的经济地位是指女性在社会经济生活中所享有的权利和由其所决定的地位。社会经济生活的核心是物质资料生产。"女性在物质资料生产中的参与程度及其所发挥的作用，制约着女性的经济地位。"①

原始社会男女两性生理差别自然分工，男子狩猎，女性采集，无尊卑之分，经济关系平等。母系社会时，女性是经济主体。随着生产工具不断改进，男子成为社会生产的主要劳动力，女子退居家庭，男子渐居主导地位，女性经济地位日趋低微。夏商周时代基本确立父权家长、男权统治地位，春秋战国经历新旧礼制更替，受双重礼制束缚，秦汉时妇女经济地位有所改善。秦时因服从极端专制主义需要，青壮年都得服兵役劳役，妇女则成为家庭经济主要来源，养蚕纺织，下田耕作，秦妇女在家庭财产上拥有较大权利，经济地位相对独立。秦妇女亡夫无子可以直接继承遗产，如巴寡妇清。秦妇女经济地位看似提高实际降低了。秦妇女一定程度上摆脱了男权统治其实更受国家严酷统治，实际生活中秦妇女处境凄惨。

而汉代妇女经济地位的改善则主要是受道家思想影响。道家贵柔守慈、主阴思想相对尊重女性、重视女性。虽然汉武帝后儒家思想取代道家思想，强化女性对男性的附庸，对女性在婚姻家庭生活中的角色严格定位，但长期战争的破坏与摧残，汉统治者着手恢复生产，发展经济，故汉代社会对女性实际生活态度较为宽松。妻子在一定程度上享有对家庭财产的支配权，以及一定条件下丈夫死后担当户主的权利。当然这种权力基本有效于男性大家长死去后，实际是父权夫权的延续，都是为了维护夫家的家族利益。但汉代夫妻离婚后妇女可以带走陪嫁物等，夫妻关系较为平等，女性经济地位相对提高。

但是因为中国古代女性在经济上不能根本独立，即女性不能自力更

---

① 刘宁元. 中国女性史类编[M]. 北京: 北京师范大学出版社. 1999:184.

生，需要依靠男性，所以男性对女性提出的不平等要求，女性不能反抗。女性婚姻社会地位的高低在很大程度上取决于个人的经济收入和与之相应的个人对收入的管理权和支配权。如果女性对家庭经济收入只有管理权，而没有支配权，那么这种权利不能表明女性在家庭中具有真正的实权。权力是通过实践表现出来的。女性自身经济地位的提高，不仅使女性在社会生活中感受到的性别压迫变得相对淡薄，更是提高女性婚姻社会地位的基础。

其实提高妇女经济地位仍然是现代社会面临解决的一个重要的社会问题。在现有平等的基础上进一步扩大妇女经济权益，提高妇女经济地位是不可逆转的方向。

2. 有利于男女家庭角色的转化，缓解女性的角色冲突

在任何社会和任何历史时期，婚姻家庭关系都是动态的并被赋予了社会文化意义的体系，它的运行遵守一定的社会规范，其中一类很重要的社会规范就是社会性别规范。

中国古代的社会性别制度初步形成于先秦，至秦汉时期形成体系。区别两性不同的角色分工，以尊、卑划分男性和女性在社会和家庭中的地位；以内、外划分女性的内部空间和男性的外部空间；以刚、柔区别男性气质和女性气质，期待女性内主中馈，在家庭中尽妻职和母职。可见婚姻家庭关系和女性社会地位与家庭中的性别角色分工有密切关系，然而生理因素虽然影响性别分工，但却不是决定因素。性别分工是社会文化塑造的结果。

女性作为社会角色的个体，一旦回归家庭，就很难摆脱传统的自然分工：男主外女主内。在社会现实中，女性扮演着各种角色：女儿、妻子、母亲，无论哪种角色，女人都承担着家务劳动、照料家庭的责任。这表明女性角色的多样性决定着女性在婚姻家庭中的权利、义务和地位。可见，传统的这种男主外女主内的自然分工模式具有跨文化的普遍性。

时至今日，有些男性仍试图通过对传统的回归为女性寻根，寻求自我身份认同，仍有很多人习惯用男主外女主内的思想模式来框架男女分

工，继续剥夺着女性参加社会活动，而且妇女无论是否就业，都承担着家务劳动、照料子女及其他家人的主要职责。比如同为工作，但男女却有所区别：对大多数妇女来说，家庭就是工作场所，工作是和家庭联系在一起的；而对大多数男性来说，工作却是指在家庭之外从事的劳动，有固定的时间，有固定的收入。男性一旦工作，就意味着可以不管家务劳动。而女性所承担的家务劳动不仅琐碎繁重，还阻碍女性的个性发展，而且她们从事家务劳动所具有的经济价值和社会价值，也不被社会承认，更得不到应有的报偿，由此可见传统社会性别规范的局限性。

　　其实在传统文化演进过程中，女性承担了大部分生儿育女的负担。这种生理现实虽然是父权制产生并持续稳定的渊源，但是父权制规范产生的基础，却不是生物因素或生理原因，而是男权统治的价值体系和意识观念被社会接受。在父权制的经济关系下，男性在家庭中免费使用、支配女性劳动力，代际差异使父辈倾向传统，子辈倾向现代。可见性别角色在家庭中的不平等是两性关系在社会中不平等的延伸。

　　在婚姻家庭中的社会性别角色分工决定了女性在经济上对男性的依赖。女性通过自己的家庭角色支持了丈夫的事业发展，但因缺乏制度化的补偿机制，女性对家庭的贡献只是模糊地体现在家庭福利中，使女性的利益与婚姻紧紧地联系在一起，形成了女性对婚姻的依赖。这种状况对妇女的婚姻家庭和社会地位产生了消极影响。由于传统的不平等的社会性别分工，妇女发展的机会受到限制。这既是妇女社会和婚姻家庭地位低的反映，反过来又加剧了妇女在发展中所处的劣势地位。婚姻中的这种不平等的性别权利关系，通过文化传承得以维持和延续，成为妇女社会地位提高发展的障碍。

　　传统的社会性别分工导致了女性在婚姻家庭和在社会中的从属地位，是性别不平等的根源。要消除不平等，实现真正的婚姻自由，增进婚姻生活幸福，必须改变传统的不合理的社会性别规范。改变不平等的性别文化，赋权于妇女是实现妇女发展、提高妇女社会和婚姻家庭地位的基础与前提。

结　语

　　婚姻是两性的结合，不仅反映着社会经济生活的要求，也反映了社会文化的特点。婚姻问题历来都被看作家庭社会的大事，在本质上婚姻是一种人与人的关系。汉代女性婚姻的丰富性与复杂性，经受礼教的影响，在中国古代婚姻史上占有重要地位。透过婚姻层面考察女性的社会地位，可以从时代社会风气的转移，潜在的社会意识及其样态中看出深远的社会文化之特性。

　　本文以中国封建社会初期的汉代妇女婚姻的社会地位为研究对象，既是作为考察中国古代妇女所处地位的突破口，同时也是对现实生活中存在的男女不平等现象提供一些历史的借鉴。对汉代女性婚姻展开探讨，目的是想以此文从婚姻方面，引起人们对女性社会地位的广泛关注，以古鉴今。

　　汉代婚姻成立需要具备的实在要件主要有三个。无论是婚龄、父母之命、媒妁之言，还是一夫一妻多妾制，这些实质要件主要是由礼来规范，是对先秦婚姻之礼的继承和发展。但汉代婚姻的网禁比较疏阔，女性日常行为模式尚未套上礼教的枷锁，结婚制度或多或少的都不同程度地影响了汉代妇女的社会地位。而婚姻六礼作为奴隶社会末期高度文明的产物，它对后世长期封建社会的婚礼习俗，却具有典型模式作用。无论纳采、问名、纳吉、纳征、请期还是亲迎都能透视汉代女性的些许社会地位。汉代女性在婚姻生活中拥有自主权，无论是自主择偶、离婚还是再嫁，都意味着汉代女性并未完全沦为男子的附庸，还能保持相对独立的人格。但男尊女卑的封建社会女性受压迫，受歧视依然严重。汉代女性群体的社会地位在社会历史印痕中受制于其在社会结构中的状况。从班昭《女诫》就可以看出婚姻对女性的规训。但随着时代的变迁，社会文明程度的提高，其原有内涵已经淡化，婚姻方式和婚姻观念都发生了变化。可见，社会的变迁和经济的发展不仅不同程度地影响、改变着女性婚姻的社会地位，而且还起着积极的促进作用。当然，反过来，女性婚姻社会地位也同样反映着社会的变迁和经济的发展。

　　笔者在论文中尝试从社会性别视角研究女性婚姻的社会地位，有利于发现婚姻家庭中性别不平等的根本原因，把握在社会性别规范支配下婚姻家庭生活中真实的性别差异。虽然经济因素主导女性社会地位，但女性婚姻的社会地位的变迁是一个复杂和渐进的过程，是多种因素交叉、重叠、综合作用的结果，过分地强调某一因素或将女性婚姻的社会地位的弱势完全归结于某一因素都是偏颇的。

　　（本文作者为包头师范学院历史文化学院2012届秦汉史方向的研究生，指导教师为郝建平教授）

西汉中后期奢侈风气述论

◇ 张　敏

引　言

有关西汉中后期奢侈风气现象主要被记载于《史记》《汉书》《后汉书》《盐铁论》等文献中。学术界对于西汉奢侈风气的研究主要是从产生的原因、消极影响等方面进行论述。但是，有关西汉奢侈风气的相关论述中并没有将奢侈概念明确界定，这容易在论述中造成观念分歧。本文将在对奢侈风气界定的基础上进行论述。

首先，有关哪一阶层受奢侈风气影响更严重这一问题分歧较多，大多数学者认为，西汉中后期奢侈风气主要存在于统治阶级，而另一部分则认为西汉中后期的奢侈风气已经开始蔓延至整个社会，具有普遍性。笔者更倾向于后者，并基于对奢侈标准的界定进行论证，这使得文章更有客观性，对现代社会也更具借鉴意义。

其次，有关西汉中后期奢侈风气的研究对现代社会多有裨益。现代社会随着经济的发展，中国对世界奢侈消费的贡献率不断升高，不理性消费也越来越多，这对现代社会建设较为不利。通过对西汉中后期奢侈风气的研究可以让人们以古鉴今，减少现代社会奢侈风气的产生。

最后，奢侈风气并不是西汉所特有的，几乎历朝历代都被奢侈风气所困扰，甚至影响到了统治秩序，并且，奢侈风气的研究涵盖了社会的诸多方面，这对还原、研究当时社会具有重要意义。本文主要将研究的着眼点放置西汉中后期，以普遍性作为奢侈风气的主要特点，基于前人的研究成果进行论述。

（一）前期研究成果概述

学界对于奢侈风气的研究涵盖了社会生活的诸多方面，这对于了解西汉中后期的社会发展具有较大的帮助。史学界对于西汉中后期奢侈风气的研究较少，研究对象集中于上层统治阶级，研究范围基本着眼于奢侈风气产生的原因及破坏力等方面。但笔者认为，奢侈风气不仅仅存在于上层社会，其具有普遍性，为了使文章更具有可信性，笔者将奢侈风气的标准作为写作基础，从奢侈风气奢侈标准的界定、产生原因、表现和影响方面进行论述。

有关奢侈标准界定的史学家以及观点较少，但在许多著述中提到了当时的生产力水平和人均的消费水平，根据史料记载可以判断出某些消费行为与实际消费能力是否相符合，即是否为奢侈消费。如《盐铁论》《居延汉简考释》中明确记录了许多商品的价格以及人们的消费习惯。

除了著述外，有关奢侈标准界定的论文也相对较少，但许多论文中阐述了当时的社会发展情况。如《汉代生产力发展与消费经济关系探析》一文中就有社会各个阶层消费能力和实际消费行为对比的例子，以及随着社会经济发展人们的消费观念的变化[1]。此外，《再论汉代大家、中家和小家》一文中明确指出："社会阶层的划分的标准是资产的多少"[2]，这样更有助于本文对消费能力的判断。

研究西汉奢侈风气表现的历史学家主要是蔡锋，蔡锋对于西汉中后期奢侈风气的观点主要集中在《西汉奢侈风习》《西汉奢侈风习滋盛原因及其影响平议》两篇文章中。在《西汉的奢侈风习》一文中作者认为，奢侈风气主要集中于统治阶级，并且通过"服装崇糜丽新奇、侈饮食、追逐口腹享受，大兴土木，奢求宫观的华美"等方面表现统治阶级的奢侈程度。尤其在文中最后着重论述了自己的观点："但在西汉贵族奢侈无度，腐化堕落的同时，广大劳苦大众却饥寒交迫。"[3]此外，张鹤泉在《〈盐铁

①张得祖. 汉代生产力发展与消费经济关系探析[D]. 西宁: 青海师范大学. 2013: 35–37.

②钟良灿. 再论汉代的大家、中家和小家[J]. 史学月刊. 2018(08): 14–25.

③蔡锋. 西汉的奢侈风习[J]. 青海师范大学学报. 1993(03): 51–58.

论·散不足〉篇所反映的西汉社会生活》中也肯定了蔡锋的观点，认为西汉中后期的奢侈风气是通过衣食住行等方面表现出来的。

蔡锋及张鹤泉都认为西汉社会中存在奢侈风气，并且贯穿于日常生活中。但有所不同的是，蔡锋认为西汉奢侈行为主要存在于统治阶级，而张鹤泉则在论述中阐明奢侈风气存在于社会各个阶层中。他在文中指出："民间祭祀活动上的奢侈风气的盛行，还为巫、祝活动提供了有利条件，使社会中的巫、祝的数量明显增多。"[1]笔者对张鹤泉的观点更为认同，奢侈风气浸透于整个社会阶层。造成这种观点差异的原因就是对西汉奢侈风气没有明确的界定标准。本文拟对奢侈标准进行论述，并将这一部分作为整篇论文的基础。

除了学术论文之外，有关奢侈风气表现的文献著作有吕思勉的《秦汉史》、翦伯赞的《秦汉史》、谢国桢的《两汉社会生活概述》，彭卫的《中国风俗通史》。以上著作虽然都不是专门介绍奢侈风气表现的著作，然而，每部著作中都记载了奢侈风气的表现。彭卫在《中国风俗通史》中论述道："根据文献记载和传世及出土的十余方汉代买地券，每亩钱数最高的为一万多钱，最低为一千钱。一般则在千余钱至四千钱左右。墓地的每亩地略高于当时耕地的价格。就目前掌握的资料，绝大多数地均在数亩以上，多者可至数十亩。购买冢地便需要花费一笔不小数目。"[2]翦伯赞认为：西汉的富豪由两部分组成，一部分是大地主，另一部分是大工商，他们"率多逾奢"，在日常活动中无不显示着奢靡属性[3]。持同样观点的还有谢国桢，他在《两汉社会生活概述》中也认为："西汉奢侈风气表现非常明显，并且聚敛之多和奢侈程度远远超过前朝。"[4]

除了有关奢侈风气表现外，有关奢侈风气产生原因的相关研究也对本

---

①张鹤泉. 《盐铁论·散不足篇》所反映的西汉社会生活[J]. 中国典籍与文化.1995(04): 70–76.

②彭卫. 中国风俗通史[M]. 北京: 北京大学出版社. 1983:489.

③翦伯赞. 秦汉史[M]. 北京: 北京大学出版社. 1999:166.

④谢国桢. 两汉社会生活概述[M]. 北京: 北京出版社. 2014:176.

文多有裨益。有关西汉奢侈风气产生原因的史学家是蔡锋、张静。张静的主要观点主要集中在《浅析西汉中期社会生活变化的原因》一文中，她认为，西汉中后期奢侈风气的产生不仅与农业发展有关，更与工商业发展有关[①]。蔡锋也认同这种观点，他在文中指出："西汉工商业的发展、地主阶级的膨胀和社会财富的日益积累于少数人手中，这是奢侈风气的诞生的根本原因。"他认为，西汉奢侈风气产生的原因有三：第一，西汉奢侈风气是对前朝不良风气的继承；第二，统治阶级自身行为不正，上行下效；第三，传统的等级制度在一定程度被破坏[②]。综合以上观点，奢侈风气产生除了受历史因素影响外，经济的发展以及等级制度的破坏也是重要原因之一。

有关西汉奢侈风气产生原因的研究著作有榭国桢的《两汉社会生活概述》、翦伯赞的《秦汉史》，王相钦的《中国民族工商业发展史》。谢国桢认为，西汉奢侈风气的产生主要是由于社会生产力的发展、边塞的繁荣以及交通的不断完善造成的，《两汉社会生活概述》记载："当时每年要从关东转运四百万石粮食要供给长安市民需要还是远远不够的。因之还要将四川、广汉的物资和丝织品运到长安，补充衣料的不足。"虽然谢国桢没有在书中明确指出奢侈风气产生的原因，但印证了奢侈风气的产生与经济恢复、交通运输发展有关。除此之外，《中国民族工商业发展史》中也佐证了以上观点："举凡政治中心，自然成为商人荟萃的地方把城市经济的繁荣推进了一步。"[③]城市经济的发展促进了奢侈消费的进一步发展。

综上所述，史学界对于奢侈风气产生原因的研究主要集中于三点：第一，社会经济的发展为奢侈风气产生奠定了物质基础；第二，受到前朝影响；第三，统治阶级行为不端，上行下效。

史学界除了对奢侈风气的表现与原因进行论述外，对于奢侈风气的影响也有论述。研究西汉中后期奢侈风气影响的主要代表人物是蔡锋，主

---

①张静. 浅析西汉中期社会生活变化的原因[J]. 安徽文学. 2009(05).

②蔡锋. 西汉奢侈风习滋盛原因及其影响平议[J]. 青海社会科学. 1994(05): 71–84.

③王相钦. 中国民族工商业发展史[M]. 石家庄: 河北人民出版社. 1997:40.

要观点集中在《西汉奢侈风气滋盛原因及其影响平议》一文中，作者从三方面论述了奢侈风气带来的影响：其一，加重对农民的负担；其二，社会秩序被破坏；其三，催生政治腐败。作者认为，西汉奢侈风气所带来的影响整体是消极的、无意义的，这是符合客观历史的。中国自古就是农业大国，农业生产是一国之本，统治阶级制定的重农抑商政策顺应了中国封建社会的需求，但是随着奢侈风气的发展，打破了农业与商业的平衡，破坏了一国的根本，所以弊端相对较多。但陈敬国持相反观点，作者在《资本积累：节欲、奢侈，还是劳动？》中认为："但是富人能进行工人所不能的奢侈品和私人服务的消费，这两个领域将确保消耗大量的雇佣劳动和社会产品。通过这一类消费，富人不但可以将社会生产的多余产品消耗，还可以让一部分贫困人口有赚钱的生计，不至于忍饥挨饿。"[1]可见。陈敬国对奢侈风气的影响是持肯定的态度。两种观点不同的原因是角度不同，立场不同。

有关西汉奢侈风气影响的论著有吕思勉的《秦汉史》，桓宽的《盐铁论》，张采亮的《中国风俗史》。吕思勉在著述中认为，西汉奢侈风气的蔓延导致西汉社会整体的价值导向出现偏差，从而破坏了社会的正常运转规律。《盐铁论·刺权》也有相关的记述："耕者释耒而不勤，百姓冰释而懈怠"，佐证了吕思勉的观点。张采亮《中国风俗史》中也认为："西汉的奢侈风气使得汉人势力颇重，权倖交横，多以财多而荣光。"[2]除了以上持消极影响观点的著作之外，有关积极影响的著作《.中国民族工商业发展史》中也有相关论述："从中原腹地的三河地区到稍稍偏南的宛陈之间，商贸之路四通八达，商人的足迹遍及东方大地，远者甚至达到了朝鲜半岛上。"由此可见，为了满足奢侈消费，商业活动不仅仅限于中原内陆，甚至已经到达边疆和国外。相对于前代，西汉中后期的商业得到了一定的发展。

①陈敬国. 资本积累: 节欲、奢侈，还是劳动？ ——关于资本主义早期发展争论[J]. 社会发展研究. 2017(04): 196–215+242.

②张采亮. 中国风俗史[M]. 北京: 北京大学出版社. 1983:72.

　　综上所述，基于前人的研究观点，笔者认为，西汉最终走向灭亡与这样的不良风气不无关系，除了分析西汉奢侈风气产生的原因、表现外，奢侈风气所带来的影响也要一分为二的看待。所以进一步研究奢侈风气对研究西汉政治、经济发展走向及西汉灭亡的原因有着一定作用。

　　（二）研究思路、方法与框架

　　综合前辈、学者对西汉奢侈风气研究成果、研究观点，笔者将着眼点置于西汉中后期，利用文献资料和考古资料进行论述。

　　本论文主体部分分为三部分：第一部分主题是西汉中后期奢侈风气标准的界定，通过是否超越西汉消费能力、消费品对主体是否绝对需要两个方面进行论述。首先，超越西汉消费能力的行为被定义为奢侈行为，尤其以婚礼消费以及丧葬消费为代表。其次，消费品对消费主体是否绝对需要为判断是否为奢侈行为的又一标准，尤其以过度娱乐以及迷信活动两方面最为突出。通过本章作为论文的基础，增加文章的可信度。

　　第二部分的主题是西汉中后期奢侈风气的表现。基于前人研究的结果，通过西汉中后期各阶层对于商品的质量以及数量的要求、消费心理的变化两方面进行论述。首先，西汉中后期人们对于消费品的数量和质量要求颇高，在当时的等级制度和生产能力下，大量金钱、人工、时间、资源的花费颇多。其次，大众消费心理的变化成为奢侈风气的又一表现，这一部分主要通过大众对商品特殊要求的心理以及对奢侈消费的认同心理两方面表现。

　　第三部分主题是西汉奢侈风气产生的原因，通过西汉社会经济的发展以及中国传统文化的影响两方面进行论述。首先，社会经济的发展是奢侈风气出现的主要原因，这部分主要以手工发展、财富大量积聚以及城市的发展三方面为切入点。其次，中国传统文化影响是西汉中后期奢侈风气产生的又一原因，这一部分主要以先秦文化遗留、传统等级制度以及百家思想为切入点进行论述。

　　第四部分的主题是西汉中后期奢侈风气的影响，主要通过论述西汉中后期奢侈风气对农业以及社会秩序的破坏，活跃封建经济三方面进行论述。首先，西汉中后期奢侈风气对农业以及社会秩序的破坏主要是以农业劳动力出走、农民利益受损为主要论述方向。其次，通过统治秩序、等级秩序被破坏表现奢侈风气对整个社会的危害。最后，西汉中后期奢侈风气带来的积极影响主要是通过刺激工商业的发展和丰富了大众的物质生活两方面进行论述。

本文的创新点主要体现在一下几个方面。

第一、将西汉中后期奢侈风气标准的界定作为论文的论述基础，明确奢侈风气范围。

第二、在论述过程中不仅仅从衣、食、住、行等方面单独论述，而是站在宏观的角度进行论述。

第三、在论述奢侈风气表现时，多方面、清晰地展示出西汉各阶层人民的奢侈程度。

本文也存在着较多不足之处：因个人史学素养、所学知识的限制，对于西汉中后期奢侈风气的论述不够深入，有关西汉奢侈风气的论述还需要进一步的提升。

因搜集相关史料不全面，在论述过程中可能存在个人观点片面化、单一化，影响观点的准确性。

由于客观条件和自身理论知识、研究视野和实际研究水平有限，在论述中存在许多不足。

一、奢侈标准的界定

判断是否为奢侈行为不能仅仅以物品购买数量和商品价格为标准。笔者将以"是否超越消费水平"以及"是否为必要消费"两方面为参照标准进行论述。

（一）是否超越消费能力

判定为奢侈行为的首要标准是"是否超越消费能力"，不同阶层消费能力不同，笔者认为凡是超过消费能力的行为即被视为奢侈行为，以西汉社会日常生活为例进行论述。

1.统治阶级消费是否超越社会发展水平

首先，以贵族婚庆为例，统治阶级是中国封建等级社会中最富有的阶层，金银珠宝应有尽有，但豪华的婚礼消费超过了社会生产水平便被视为奢侈消费。据《汉书·何武王嘉师丹传》记载："贤家有宾婚及见亲，诸官并共，赐及仓头奴婢，人十万钱。使者护视，发取市物，百贾震动，道路讙譁，君臣惶恐。诏书罢苑，而以赐贤二千余顷，均田之制从此堕坏。"基于以上史料可知，当时奢侈办婚是存在的，举行婚礼期间庆贺形式隆重，花费也十分奢靡。但皇室的财富基本来源是百姓的税收，桓谭在《新论》中也指出汉宣帝以来的税收情况："百姓赋钱一岁四十余万万，吏俸用其半，余二十万万藏于都内，为禁钱。"[1]据上述史料提供的数据可知，皇室的私钱占整个政府财政收入的百分之五十，仅仅一年之中的税收供给皇室就有二十万两之多。并且，纵观整个西汉政府的社会生产水平，虽然得到了恢复和发展，但也并未实现全民皆富的情况，统治阶级铺张的婚礼形制花费来自被统治阶级，他们的奢侈生活是建立在百姓的辛勤劳动之上的，由此看来，西汉统治阶级的婚庆礼仪不符合社会的实际情况。农民的收入虽然有所提升，但生活依旧穷困潦倒不能裹腹。以当时的物价为例可知，当时社会的普遍生活水平并不高，《居延汉简甲乙编》中记载了当时生活用品的价格情况："受甲渠君钱千：出二百五十买羊一。"[2]《居延汉简·破城子探方五》中也有相关记载："出钱二百廿籴粱粟二石石百五。"[3]如此看来，当时的物价的情况基本为二百五十钱为一只羊，一石谷一百钱左右，粟也在一百钱左右。官吏结婚仅一次赏赐就花费十万，约等于普通农户十几年的收入。此外，武帝为了满足自己的消费欲望还增加了税收，如《汉书·昭帝纪》中记载："民七岁主十四出口赋，人二十三钱，二十钱以食卖子，其三钱者，武帝所加，以补给车马。"皇室收入虽多，但大多数来自被统治阶级，花费也超越了整个社会

---

① 谭桓. 新论[M]. 上海: 上海人民出版社. 1967:22.

② 劳干. 居延汉简甲乙编[M]. 北京: 中华书局. 1985:3496.

③ 甘肃省文物考古研究所等编. 居延汉简[M]. 北京: 文物出版社. 1990:262.

的整体发展水平，所以皇室的铺张举行婚礼行为被称为奢侈行为。

其次，丧葬规格成为奢侈判定的又一典型例证。统治阶级的丧葬活动自古就声势浩大，目的是突出自己神圣的统治地位，但根据统治阶级的财政收入来源以及支出方式可以看出，这并不符合当时整个社会的消费能力，故被称为奢侈消费。《汉书·孔光传》中记载："光年七十，元始五年薨。莽白太后，使九卿策赠以太师、博山侯印绶，赐乘舆、秘器、金钱、杂帛。少府供张，谏大夫持节与谒者二人使护丧事，博士护行礼。太后迹遣中谒者持节视丧。公卿百官会吊送葬。载以乘舆辒辌及副各一乘，羽林孤儿诸生合四百人挽送。车万余辆，道路皆举音以过丧。将作穿复土，可甲卒五百人，起坟如人将军王凤制度。谥曰简烈侯。"上述史料表明孔光的丧葬水平是非常高的。据史书记载，孔光每年收入大概是二千石左右，以这样的收入情况达到如此奢侈的丧葬规模是非常吃力的。虽然这样的形式可以起到鼓励官吏效忠于政府的作用，但是，以当时的社会背景来看，这超过了社会普遍消费能力。孔光生于西汉中后期，经历了汉成帝、汉哀帝、汉平帝三朝。西汉后期，社会动荡内忧外患，处处都需要大量的金银支撑，据《汉书·严贾捐之传》记载："上以问丞相、御史、御史大夫陈万年以当击。丞相于定国以为：'前日兴兵击之，连年，护车、都尉、校尉以及丞凡十一人，还者二人，卒士以及转输死者万人以上，费用三万万余，尚未能尽降，今关东困乏，民难摇动。捐之议是。'"西汉后期逐渐走向没落，三万万余还都不能解决边疆问题，在样的情况之下，孔光还得到了如此丧葬规模，可见其奢侈程度。此外，海昏侯墓葬也是典型的奢侈丧葬。据江西省文物考古研究所报告《南昌市西汉海昏侯墓》中统计，整个墓园占地四万平方米，墓内规格也十分让人惊叹。墓园内除了有两座主墓，还有厢房、祠堂、寝室，完善的排水系统，如同生前宅邸般奢华。其陪葬品也异常珍贵，如青铜铸造的车马，珍贵的琥珀，记录孔子生平的屏风。大量的马蹄金，金板，玉器等。海昏侯虽曾为帝王，但毕竟沦为诸侯，仅仅是以陪葬的马车为例来看就可知其奢靡，《居延汉简》中记载了马车的价格："车有大小之分，有人车、货车之分，大车半轴辒

一、值万钱，车轴是车的主要部分，价一万。"① "肉二十斤直各三石，每斤为一斗五升，凡肉五百四十一斤，直二千一百六十四，每斤合四钱，肉百斤，直七百，每斤价七钱。"②造一辆陪葬车辆就要花费普通百姓一年的口粮。相较于西汉整体消费水平，这样的丧葬规格的确是十分奢侈的。贵族虽然站在封建社会金字塔的顶端，但其财富的来源具有特殊性，建立在普通被统治阶级的收入之上，其消费也应该与社会普遍收入情况、社会背景相联系，所以任何超过社会普遍消费水平的行为都被定义为奢侈消费。

统治阶级豪华婚礼以及丧葬形制是典型的奢侈消费行为。统治阶级看似富裕，但他的财富大多来自于不能自顾的普通百姓，消费水平远远超过了的社会普遍收入及消费水平，故称之为奢侈。

2.被统治阶级的日常消费超越了消费水平

日常生活中的婚庆及衣着标准是衡量是否为奢侈行为的典型代表。被统治阶级虽然并没有像统治阶级一样穿金戴银，美味珍馐，但也有倾尽全力消费的现象，笔者将被统治阶级超越消费能力的行为称为奢侈行为。

首先，以普通百姓的婚礼以及穿着为例。西汉时期，依据财富的多少以及社会地位将被统治阶级分为大家、中家、小家。钟良灿在《再论汉代的大家、中家和小家》一文中依据资产划分了等级："大家家资在百万以上，小家为十万以下，小家中二万以下即为贫民。"③而西汉社会以小家人数居多，但在婚礼方面的奢侈也是有的，虽然规模和数量不能与统治阶级相提并论，但超越了个人的消费水平。《居延汉简》载："庶民嫁娶毋过万五千。"④一万五千钱相当于贫民总资产的近一倍多，相当于中等自耕农家庭十余年收入的总和。可见，即使在婚宴上没有出现大量的金器珠宝，可普通百姓确实倾尽全力，这与自己的实力不符。《汉书·地理

---

①甘肃省文物考古研究所等编. 居延汉简[M]. 北京: 文物出版社. 1990:262.

②甘肃省文物考古研究所等编. 居延汉简[M]. 北京: 文物出版社. 1990:262.

③钟良灿. 再论汉代的大家、中家和小家[J]. 史学月刊. 2018(08): 14—25.

④甘肃省文物考古研究所等编. 居延汉简[M]. 北京: 文物出版社. 1990:262.

志》也有相关记载："列侯贵人车服僭上，中庶放效，羞不相及，嫁娶尤崇侈靡，送死过度。"普通百姓虽然贫困，但在婚礼中却投入了与自己消费能力不相符的金钱。除了婚制外，被统治阶级的衣着也与奢侈的标准界定有关，普通百姓"被后妃之服"即被判定为奢侈行为，一方面逾越了等级制度，另一方面超越了消费能力。《汉书·司马相如传》中记载："于是郑女曼姬，被阿锡，揄纻缟，杂纤罗，垂雾縠，襞积褰绉，郁桡溪谷；衯衯裶裶，扬袘戍削，蜚襳垂髾；扶舆猗靡，翕呷萃蔡下摩兰蕙，上拂羽盖；错翡翠之葳蕤，缪绕玉绥；眇眇忽忽，若神之仿佛。"由此可见，被统治阶级的穿着非同一般。《中国古代绢织物史研究》中记载丝绸的价格："帛一匹大约372钱，缣一匹在8000钱左右，白素一匹1000钱，鹑绨1000钱。"[1]如果按照以上物价标准计算此人的穿着花销，几乎要花掉中产阶级一年的收入。除了普通庶民外，奴婢阶级的穿着也非常奢华。《汉书·东方朔传》中也有记载："董君绿帻傅韝，随主前，伏殿下。"奴婢虽然在达官贵人的身旁，但地位相对较低，收入也没有统治阶级高，但穿着却奢侈华贵。《世说新语》中记载了西汉时期奴婢的奢侈穿着："武帝尝降王武子，婢子百余人，皆绫罗袴裙，手擎饮食。"[2]据上面提到的丝绸价格可知，丝绸等华丽的衣服是超越出自身消费能力的。但奴婢的身份与角色十分特殊，他们不仅仅是服务者，更是主人身份的代表，于是形成了奴隶阶层奢侈消费的现象。

其次，除了贵族在丧葬方面存在奢侈行为外，普通人在丧葬方面也有奢侈活动。《盐铁论·散不足》载："古者，邻有丧，舂不相杵，巷不歌谣。孔子食于有丧者之侧，未尝饱也，子于是日哭，则不歌。今俗因人之丧以求酒肉，幸与小坐而责辨，歌舞俳优，连笑伎戏。""古者，事生尽爱，送死尽哀。故圣人为制节，非虚加之。今生不能致其爱敬，死以奢侈相高；虽无哀戚之心，而厚葬重币者，则称以为孝，显名立于世，光荣着

---

①佐藤武敏. 中国古代绢织物史研究[M]. 东京: 风间书房. 1977:65.

②刘义庆. 世说新语[M]. 北京: 中华书局. 1980:33.

于俗。故黎民相慕效，至于发屋卖业。"根据以上史料可知，平民在丧葬方面的花费也是非常大的。此外，《汉代武化墓群石刻研究》中也指出："河南密县打虎亭1号墓的建筑材料系大青砖和青石结构。该墓共用大青砖九万多块，石材达900多立方米，相邻的2号墓用大青砖12万块，两墓合计，从挖土、筛选、制泥，拉环成型，需要3000多个劳动日，入窑烧制需要2000个工作日。用木材70万斤，加之购买坟地和瘗埋大量的随葬物品，其用于丧葬的开销当在数十万钱。"[①]前文说到中家的财富总量在十万左右，也就是说，一次葬礼就花费了中产之家的全部积蓄，甚至使其倾家荡产。被统治阶级没有较高的地位以及较多的财富，但出手阔绰，因为葬礼返贫返穷也是经常出现的。

判断是否为奢侈消费的首要标准就是是否超越了消费能力，不论是统治阶级还是被统治阶级都存在奢侈消费的行为。虽然统治阶级是最富有的阶层但其财富的来源具有特殊性，应将社会生产力水平作为评定的参照物。被统治阶级虽然经济实力与统治阶级相去甚远，但其超过自身消费实力的行为被称为奢侈消费。

（二）是否为必要消费

随着西汉中后期经济的恢复和发展，许多不必要消费应运而生，而西汉中后期的不必要消费主要以过度娱乐以及封建迷信活动为主要切入点进行论述。

1.过度娱乐为不必要消费

娱乐活动逐渐增多，证明社会经济发展日益提高。而过度娱乐则是一种奢侈消费。如《汉书·食货志》中记载赌博活动："世家子弟富人或斗鸡走狗马，弋猎搏戏，乱齐民。"由此可以看出，过度娱乐除了其自身的娱乐功能外，无更多的价值可挖掘，所以被视为不必要消费。

首先，统治阶级是过度娱乐活动的先驱，由于其自身的经济实力与生活环境格外乐衷于此项活动。《史记·货殖列传》中记载："搏戏，恶

①蒋英炬.汉代武化墓群石刻研究[M].北京:人民美术出版社.2014:121.

业也，而桓发用之富。"除了赌博之外，贵族还格外喜欢狩猎。《中国风俗通史》中记载："出游猎，在战事连绵的岁月，贵族对狩猎的兴致更大。"①《汉书·贾山传》中记载："直与之日日猎射，击兔伐狐，以伤大业，绝天下之望。"《汉书·东方朔传》中记载："建元三年，与侍中常侍武骑及待诏陇西、北地良家子能骑射者期诸殿门，旦明，入山下驰射鹿豕狐兔，手格熊罴，驰骛禾稼稻秔之地。"贵族酷爱狩猎的行为是一种不必要消费，其本质就是贵族的消磨时间的娱乐活动，但对当时的社会发展并没有过多帮助。并且，过度的狩猎活动对当时的自然环境有害而无益，他们狩猎的目标主要是兔子、狗、猪、老鹰，狐狸等动物，且捕猎不分时节，不分时局，男女都有参与。《盐铁论·刺权》中记载："临渊钓鱼，放犬走兔，隆豺鼎力，蹴鞠斗鸡。"某些不能现场打猎的人将小型鸟类供给贵族射杀玩弄。除了破坏环境，浪费金钱外，人力的浪费也是非常巨大的。根据以上提到的史料我们知道，狩猎活动从西汉建立之初就存在，随着西汉社会经济的发展，狩猎活动愈发频繁。射杀动物虽然给贵族带来无尽的欢乐，但其规模宏大，费人费力给皇室财政带来诸多压力，即使在战争连年的岁月里狩猎活动也没有停止。在战争期间，除了需要精良的部队以及大量的钱财应对战争外，出谋划策的谋士，可以带领队伍的将军都是必不可少的一部分。但这些本应该是奔赴战场的人员，却在狩猎场中供贵族们消遣娱乐。正如《中国风俗通史》中论述："陪同皇帝狩猎的有皇室成员，大臣和武艺出众的随从。"②到了西汉后期政府越发腐败，贵族们越来越热衷于狩猎等娱乐活动，所用精良人员的数量也是非常巨大的。

其次，除了贵族有过度消费的行为出现外，普通百姓也有过度娱乐的问题存在，如赌博，"在统治阶级的影响下，下层民众的赌博活动也相当普遍，不论男女老少，贫富贵贱，都积极置身于赌博之中。"③由此可

---

① 彭卫，杨振红. 中国风俗通史[M]. 上海: 上海文艺出版社. 2002:671.

② 彭卫，杨振红. 中国风俗通史[M]. 上海: 上海文艺出版社. 2002:671.

③ 郭阔英. 盛行于世的汉代博弈[J]. 史学月刊. 2018(08).

见，西汉中后期，随着社会经济的发展，民间赌博日益增多，贵族间赌博以十分雄厚的资产作为基础，但也深受其害，更何况普通百姓。赌博风气由上层社会逐渐蔓延至社会中下层，甚至还出现了专门以赌博为生的赌徒。《西京杂记》中也有相关记载："西汉安陵人许博昌，是六博的高手，窦婴为此十分喜欢他，朝夕相处。"[①]平民对于赌博活动越来越着迷，为此付出巨额的财产，然十赌九输，况且普通百姓度日本来就艰难，巨额的赌资无非是雪上加霜。甚至还有专门的赌场供人们娱乐，男女老少，贫富贵贱都参与其中。赌博高手因为通晓赌博的门路甚至还被统治阶级所青睐。

2.迷信活动被视为不必要消费

方士活动是中国古代社会统治阶级经常进行的迷信活动。方士活动符合奢侈标准。《秦汉社会文明》中这样论述："这种神仙思想与传统的上帝鬼神观念完全不同，传统的以上帝为首的诸神一般为自然界和人类社会某一方面的主宰者，而方士们讲的神仙却是在世外洞天清闲安逸逍遥自在过生活的仙人，他们虽然不和普通人来往，但可与方士往来；特别能蛊惑人心的是，如果按照方士所讲的方术认真修炼，一般人便可以成为仙人。对于那些希求永远享受荣华富贵的统治阶级来说，这是具有吸引力的。"[②]从作者的论述中，我们可以看出，西汉统治者对于方术修仙有着极大的兴趣，这样就导致许多统治阶级、王公贵族、普通富人乐于将大量钱财用于迷信活动。书中还论述道："汉代帝王向往神仙、迷信方式之程度并不比秦始皇逊色。汉初，统治阶级由于忙于恢复发展生产和巩固政权，对于这类事体，尚无力大事铺张，不过文帝受新垣平之骗，作渭阳五帝庙，似已开汉代皇帝迷信方士风气之先河，迨武帝时，国力鼎盛，鬼神之祀尤被敬重，武帝为了长生不老，对方士制造的一套迷信，始终兴趣不减。"[③]通过作者的论述，我们可知西汉的方士迷信活动非常猖獗，花费

①刘歆. 西京杂记[M]. 北京: 中华书局. 1985:394.

②林剑鸣. 秦汉社会文明[M]. 西安: 西北大学出版社. 1985:281.

③林剑鸣. 秦汉社会文明[M]. 西安: 西北大学出版社. 1985:281.

也非常多。汉武帝曾沉迷其中。据《汉书·郊祀志》中记载："少君者，故深泽侯人，主方，匿其年及所生长，常自谓七十，能使物，却老。其游以方偏诸侯。无妻子。"然而他却用"巧发其中"的骗术深得武帝喜爱。他对武帝说："祠灶皆可至物，致物而丹沙可化为黄金，黄金成以为饮食器则益寿，益寿而海中蓬莱仙者乃可见之，以封禅则不死，皇帝是也。臣尝游海上，见安期生，安其生食臣枣，大如瓜。安其生仙者，蓬莱中，合则见人、不合则隐。"虽然少君不久便病死了。但却得到了武帝的赏赐，以至于方士活动更加泛滥。武帝在方士的神事活动中投入巨大，不得不说这符合奢侈标准。

消费能力和是否为必要消费是判断奢侈消费的主要标准，不论是掌握大量金银珠宝的统治阶级还是经济实力不及贵族的被统治阶级，只要消费行为符合以上两条标准都被认定为奢侈行为。

二、奢侈风气的表现

奢侈风气主要表现在人们对于稀缺品大量追求、对工艺的要求越来越高以及人们对奢侈消费心理的变化，奢侈消费不仅仅存在于统治阶级，还存在于被统治阶级。

（一）人们对于稀缺品大量追求

稀缺品由于其数量少，品质极佳，所以备受人们喜爱，但其价格极其昂贵，所以，笔者将不断追求稀缺品的行为视为奢侈消费。

首先，西汉中后期奢侈风气最突出表现于王公贵族对于稀缺商品数量的盲目追求，以中国古代琉璃的使用为代表。根据史料记载，琉璃在古代社会是非常稀有的，这与制作工序复杂、原料攫取困难及当时生产能力有关。《盐铁论·力耕》中也有相关记载："是以骡驴馲驼，衔尾入塞，驒騱騵马，尽为我畜，鼲貂狐貉，采旄文罽，充于内府，而璧玉珊瑚琉璃，咸为国之宝。"根据史料可知，古代社会将琉璃与珊瑚玉器一同视为国宝。中国古代的生产力制造琉璃也非常困难，《西汉琉璃葬具与海昏侯的琉璃席》一文中论述了琉璃的制作过程："一般琉璃的制作是将石英砂、方铅矿、重晶石、硝石等原料混合加热至摄氏1050度，使其融化后再倒入已制好的泥模或陶模中，最后趁液态玻璃尚未凝固前压制成型。"①虽然琉璃珍贵且稀有，但王公贵族依旧痴迷于琉璃的使用。琉璃大部分被应用于王公贵族的墓葬之中，西汉刘赐的墓中发现大量的琉璃陪葬品，形状、种类多样，共有248片。此外，海昏侯墓群中也发现了琉璃陪葬品，以金片包边作为点缀。山东五莲张家仲岗墓的墓主为刘氏宗亲，墓葬中发现了150片琉璃且以金丝点缀。琉璃虽然稀有但统治阶级却非常热爱，笔者将这样的现象称之为奢侈。除了王公贵族对稀有物品在数量方面的追求，普通富人阶层也同样有这样的需求。

其次，对于普通阶层来说，消费能力远远不及上层贵族，所以他们对奢侈消费的对象不是金银首饰，而是较为稀有且高于普通阶层消费能力的奢侈品。进入西汉中后期，普通阶层对于酒的追求日益增加。酒的制作原料是粮食，《两汉社会生活概述》中记载有关普通百姓的粮食收成情况："通常的农民一家五口，耕田五亩，岁收粟一百五十石，除了十分之二的租税而外，五口之家仅能温饱。"②可见，粮食对于普通百姓的重要性与珍贵性。因此，政府对于民间饮酒也有限制。《汉书·宣帝纪》记载："今郡国二千石，或擅为苛禁，禁民间嫁娶不得具酒食相贺召。"然而，到了西汉中后期却出现了民间饮酒的奢侈局面。《居延汉简研究》中记载："直长乐里受奴田卅五亩，贾钱九百。钱毕已，丈田即不足，计亩还钱。商人淳于次孺，王兄，郑少卿沽酒，旁二斗，皆饮之。"③此外，据《两汉社会生活概述》中记载："就是集市上以及边塞上，买卖田地、买卖衣物布袍，双方必须订立卖地券或卖布券，知券人即作中人的也要沽酒二斗。"④由此可见，人们对于饮酒有了更多的追求，这对于普通百姓来说是稀有物，大量追求是奢侈的表现。

---

①庄惠芷. 西汉琉璃葬具与海昏侯的琉璃席[J]. 中国美术研究. 2018(06): 4–12.

②谢国桢. 两汉社会生活概述[M]. 北京: 北京出版社. 2014:176.

③陈直. 居延汉简研究[M]. 天津: 天津古籍出版社. 1986:287.

④谢国桢. 两汉社会生活概述[M]. 北京: 北京出版社. 2014:63.

再次，少数民族对于稀有物品的追求也是较为极端的，这成为奢侈风气的又一表现，以少数民族对于丝绸的追求为例。"丝与麻是秦汉纺织业的主要生产原料。"①由此可见，丝织业在中原地区的使用是相对普遍的。丝绸原产于中国，对于中原人民来说并不是极为稀有的物品，但对于以游牧为主的边疆少数民族来说，丝绸是相对稀有且奢侈的，原因有二：第一，由于游牧民族的居住习惯以及气候环境不具备丝织业发展的条件。第二，生活环境相对恶劣，没用充分的劳动力。以上两点原因造成少数民族地区丝绸业发展相对落后。但随着张骞出使西域，丝绸可以千里迢迢到达边疆，少数民族对丝绸的喜爱愈发增加，"武帝时，匈奴单于曾上书要求岁给杂缯万匹。"②"周边少数民族的服装以左衽为主，正式服装对领子、袖子等都要用丝绸缘边，称为'纯'或'缘'。"③汉匈和亲，汉廷岁奉匈奴絮缯，因而中原地区出产的各类丝织品也或为匈奴服装的来源。少数民族地区，环境相对恶劣，丝绸的实用性以及对于少数民族人民的稀有性，使得人们对丝绸的需求成为奢侈消费。

人们对于稀缺品的追求是西汉中后期奢侈风气的表现之一，无论是统治阶级、普通百姓以及少数民族对稀缺品的追求都是奢侈的表现。

（二）人们对于商品工艺的极致追求

人们对商品工艺的极致追求是奢侈消费的又一表现，过分追求工艺需要大量的人力、物力，基于当时的社会背景，这是奢侈的。

首先，人们对于工艺的追求到了西汉中后期已经达到顶峰，这成为奢侈风气的表现之一。尤其表现在人们对漆器工艺的极致追求。《秦汉社会文明》中有相关记述："秦汉时期的制漆工艺达到很高的水平，许多设计巧妙、结构合理、造型精致、纹饰优美、镶嵌华丽的漆器制品，不仅具有实用价值，而且堪称为高级工艺珍品。"④可见，西汉的漆器工艺水平极

---

① 林剑鸣. 秦汉社会文明[M]. 西安: 西北大学出版社. 1985:95.

② 林剑鸣. 秦汉社会文明》[M]. 西安: 西北大学出版社. 1985:98.

③ 彭卫. 中国风俗通史[M]. 上海: 上海文艺出版社. 2002:111.

④ 林剑鸣. 秦汉社会文明[M]. 西安: 西北大学出版社. 1985:111.

高，由此可推，当时对于这样工艺水平极高的漆器是有一定需求的。《盐铁论·散不足》记载："一杯桊用百人之力，一屏风就万人之功。"且在《秦汉社会文明》中也有相关论述："根据每件漆器上刻有的监造人员名单可知，制造一件漆器需要素工、工、上工、铜扣、黄涂工、画工、雕工、清工、造工、供工等，监造人员有护工、卒史、长、丞、令史、佐、啬夫等，合计达六十多种。"①书中除了提到漆器的制作过程复杂外，还记载了漆器的用量也非常之多："例如长沙马王堆一、二、三号汉墓出土的漆器总量，竟达七百件之多。不仅王公贵族如此，就连一些小官吏的墓葬中，随葬的漆器数量也十分可观。"②漆器工艺的提高，顺应当时的社会需求。

其次，除了制漆业外，人们对妆饰品工艺要求也越来越高。妆饰的历史由来已久，但到了西汉中后期人们对于妆饰的工艺要求也越来越高，这成为奢侈风气的又一表现。"秦汉人心目中的美女要具备身材苗条、面庞俏丽、明眉皓目、唇红齿白、头发乌黑等条件。"③西汉的妇女为了达到上述效果对妆饰品的工艺要求也越来越高。首先就是梳妆用的镜子工艺越来越精致。"铜镜是主要的梳妆工具，上刻有铭文，随着人们对工艺的要求越来越高，汉代公私所制铜镜，不仅数量增倍，而且纹饰更美，质地更精，甚至有了鎏金涂银的铜镜，纯银镜和铁镜。"④此外，除了梳妆所用铜镜外，头饰的工艺技巧也越来越高，这满足了人们日益高涨的物质技艺要求。如古代的装饰品"钗"，"钗，叉也，像叉之形，因名之也。从出土实物来看，钗通常以金银丝为主，两端捶尖，于中部扭弯，形成并列的双股。"⑤"以黄金为山题，贯白珠为桂枝相缪，一爵九华，熊、虎、赤黑、天鹿、辟邪、南山丰大特六兽，皆以翡翠为羽毛，金题，白珠当绕，

①林剑鸣. 秦汉社会文明[M]. 西安: 西北大学出版社. 1985:111.

②林剑鸣. 秦汉社会文明[M]. 西安: 西北大学出版社. 1985:113.

③彭卫. 中国风俗通史[M]. 上海: 上海文艺出版社. 2002:141.

④林剑鸣. 秦汉社会文明[M]. 西安: 西北大学出版社. 1985:98.

⑤彭卫. 中国风俗通史[M]. 上海: 上海文艺出版社. 2002:152.

以翡翠为华云。"①步摇是更为高档的头饰，一般为皇后、公主所用，奢侈程度可见一斑。

人们在头饰的制作过程中选料十分精细，以金银为主，在当时没有实现大机器生产的时代背景下，制作过程极其复杂。

再次，厚葬之风从西汉中后期开始，且呈愈演愈烈之势，人们对于丧葬制品的工艺要求也越来越高，如西汉中后期相比于前期对墓葬形制的要求呈上升趋势，这不仅是对工匠技艺的考验，更是对人力物力的耗费。人们对丧葬制品工艺要求严格，首先以棺椁为例，不仅对棺椁原材料的选择有严格的把控，对样式的设计也极其严格。《中国风俗通史》记载："汉代贵族丧葬往往使用多种木料。以大葆台西汉燕王墓为例，使用的木料有5种，其中柏木用作题凑方木；油松用作棺床、垫木、墓壁板、外回廊隔板、内回廊隔盖板和墓顶；楸木用作外椁、外棺和漆床；楠木用作内椁和内棺。"②《满城汉墓发掘报告》记载："马王堆一号汉墓椁室使用杉木顺纹抗压及静曲极限强度之和为2291，属于高质量系数的树种。"③此外，除了对棺椁材料的选择越来越精细，对于棺椁的装饰的工艺要求也越来越高。《河北定县北庄汉墓发掘报告》中记载："黄肠题凑，汉代考古所见诸侯王使用黄肠题凑的实例甚多，典型者如北京大葆台汉王墓所用14000块黄肠墓垒成的题凑，合成材约122平方米。"④根据以上史料提供的数据可知，人们对丧葬制品的工艺要求较高，不仅样式颇多，材料的使用也非常考究。墓葬中所需的棺椁技艺随着厚葬风气的流行不断提高。

人们对于商品工艺极致追求是奢侈风气的又一表现，超高工艺水平的背后要付出的不仅仅是大量的金钱，更要付出许多人力，超出了社会生产力水平。除此以外，极高的工艺的水平也是不必要消费。

①彭卫. 中国风俗通史[M]. 上海: 上海文艺出版社. 2002:150.

②彭卫. 中国风俗通史[M]. 上海: 上海文艺出版社. 2002:478.

③彭卫. 中国风俗通史[M]. 上海: 上海文艺出版社. 2002:475.

④敖承隆. 河北定县北庄汉墓发掘报告[J]. 考古学报. 1964:(02): 127-194+243-254.

（三）人们对非物质生活的奢侈追求

随着西汉中后期经济的恢复和发展，奢侈生活不仅仅体现在物质消费方面，更表现在日常生活的消遣方式方面。

首先，以杂技表演泛滥为例，根据《盐铁论·散不足》中记载："今民间雕琢不中之物，刻画玩好无用之器；玄黄杂青，五色绣衣，戏弄蒲人杂妇，百兽马戏斗虎，唐镝追人，奇虫胡姐。今富者祈名岳，望山川，坠牛击鼓，戏唱舞像。中者南居当路，水上云台，屠羊杀狗，鼓瑟吹笙。"根据以上史料可知，杂耍不论是富人阶层或是普通百姓都非常喜爱，但在日常生活中固然需要娱乐活动调节，但是过分的杂耍娱乐活动是没有过多意义的，并且杂耍活动需要专业培训和专业人员，费时费力。中国自古是农业大国，杂耍人员很多来自于农业劳动力，沉迷于此对社会生产有一定影响。《汉代物质文化资料图说》中记载："汉代跳丸剑艺人的技能和技巧丝毫不逊色于与之同时的国外同行。"[1]《盐铁论·散不足》中记载："故君子不素餐，小人不空食。世俗饰伪行诈，为民巫祝，以取厘谢，坚额健舌，或以成业致富。"杂技演员从业门槛非常高且多为男性，已形成了规模和市场。根据《山东安丘汉画像石墓发掘简报》中记录："一个艺人同时表演跳丸飞剑情形迄今为止所看到的最精彩的跳丸剑场面是将三只剑抛向空中，又有十一只丸从手中和足上抛起。"[2]由此可见，杂技成为一项生活中的必需活动。

其次，赌博被西汉人民所热爱，据《西汉社会的赌博之风》记载："汉武帝登基以后，贵族社会奢侈享乐更加无节制，世家子弟及富人酗酒聚赌闹事，扰乱京城治安。"[3]西汉中后期的奢侈之风确有愈演愈烈之势，且政府对此无力制止。这也是西汉奢侈风气最强烈的表现。此外，为了满足统治阶级赌博的欲望甚至将赌具作为陪葬品埋入地下。如"徐州沛

---

①孙机. 汉代物质文化资料图说[M]. 上海: 上海古籍出版社. 2011:388.

②张学海，蒋英炬，毕宝启. 山东安丘汉画像石墓发掘简报[J]. 文物.1964(04)：30–38+73–74.

③姚治中. 西汉社会的赌博之风[N]. 中国纪检监察报. 2015/10/23.

县栖山汉墓中曾出土一方汉墓像石，内容自左向右分为三组，其中第三组便是以斗鸡为主要题材，一只蹬地跳跃，场面极为激烈紧张”。[①]由此可见，西汉的赌博之的奢侈之风是存在的。

除了物质生活奢侈消费外，非物质生活消费也逐渐增多，尤其是赌博和杂耍等。人们的生活中固然需要娱乐活动，但调用农业劳动力大可不必，且较多数人认为过度赌博或者杂耍是正常的行为，这成为奢侈的表现。

（四）人们消费心理的变化

随着奢侈活动增多，人们对奢侈行为的宽容度和接受度也越来越高，不论是统治阶级还是被统治阶级的消费心理都有较大变化，这是奢侈风气的又一表现。

首先，一部分人对奢侈消费呈认同心里。奢侈消费成为一些人的一种生活方式。奢侈消费本是不理性消费的一种，但随着西汉中后期社会经济的恢复、发展以及社会秩序的稳定，奢侈消费逐渐成为人们生活中的一部分，并且逐渐演变成一种生活方式，这成为奢侈风气的表现之一。但是，这样的奢侈行为主要集中于统治阶级与富豪阶层。以西汉时期人们喜爱皮毛为例。根据《淮南子·氾论训》记载：“世以为裘者，难得贵贾之物也，而不可传于后世。”西汉中后期形成的“非裘不能具绨绵缯温暖于身”的现象证明了西汉人民对于皮毛的喜爱与重视。《盐铁论·散不足》中记载：“古者，鹿裘皮冒，蹄足不去。及其后，大夫士狐貉缝腋，羔麑豹袪。庶人则毛绔衳彤，羝幞皮袄。今富者鼲貂，狐白凫翁。中者罽衣金缕，燕鼦代黄。”《中国风俗通史》中如是解释：“当时人们看中的毛皮是狐、鼦，其中狐裘皮为上品。其原因大概是白狐皮来源困难，是社会上层身份的象征。”[②]人们对于某种奢侈消费已经成为一种生活习惯。以统治阶级喜爱非生活必需品的皮毛消费为典型例证。

---

①龚阔英. 盛行于世的汉代博戏[J]. 宝鸡文理学院学报. 2012(04): 31–35.

②彭卫. 中国风俗通史[M]. 上海: 上海文艺出版社. 2002:119.

其次，普通阶层开始效仿统治阶级。奢侈风气由统治阶级掀起，并逐渐扩散到普通阶层中。被统治阶级效仿王公贵族的心理是奢侈风气又一表现。不论是上行下效的心理或是从众心理都是普通阶层对于奢侈消费心理由俭到奢的变化。且涉及到很多方面，如丧葬、衣着、出行等方面。"民间祭祀活动上的奢侈风气的盛行，还为巫、祝活动提供了有利条件。"①可见，民间的祭祀活动与上层社会一样奢靡，虽然规模比不上统治阶级，但已经倾尽全力，这足以说明人们对于奢侈消费观是赞同的，并且加入其中不断效仿。除了丧葬制度外，社会上一些普通的富民开始学习统治阶级在车马方面的奢侈消费。《盐铁论·散不足》中记载："今庶人富者银华左搔，结绥韬杠，中者错镳涂采，耳靳飞铃。"由此可见，社会上的富民在车马方面也学习统治阶级，不仅仅奢侈程度逾越了等级制度，他们的规格与王公规则几乎没有区别。即使普通阶层在并不掌握大量土地和生产资料的情况下，却受统治阶级的影响不顾自己的消费能力进行奢侈消费。

第三，奢侈消费观形成一种价值理念，逐渐被一部分人们所认同，虽然是一种扭曲的价值观，但却被一部分所接受，这成为奢侈风气的表现之一。西汉中后期以来，人们越来越以贵为好，将奢侈消费变为一种日常理念，以花椒的使用为例。花椒在现代日常生活中司空见惯，但在西汉时期确实是稀有的香料。"花椒作为降神辟邪的巫术功能、花椒作为酿酒原料、花椒作为香薰使用。"②花椒在两汉时期非常重要，也非常珍贵，被视为祭祀的神奇，甚至将其作为陪葬品一同入葬。此外，通过使用花椒体现自己的社会地位已经成为一种理念，统治阶级为了证明自己的身份将花椒作为房屋装修涂料。"温室则以椒涂壁，后宫也被称为椒宫，皆取椒多子之吉利，以求多子多孙。③据《汉书·车千秋传》中记载："颜师古注：椒房殿名，皇后所居也，以椒和泥涂壁，取其温而芳也。"花椒只是

①张鹤泉.《盐铁论·散不足》所反映的西汉社会生活[J]. 中国典籍与文化.1995(04): 70–76.

②姚智远，徐婵菲. 先秦两汉花椒的用途及文化意义[J]. 农业考古.2008(01): 168–176.

③林剑鸣. 秦汉社会文明[M]. 西安: 西北大学出版社. 1985:225.

奢侈生活的一种表现，而背后深藏的消费观才是应该被注意的，随着社会经济的发展，人们的消费理念趋向于买贵、买多。花椒大量使用就是人们心理变化的集中体现。人们在消费时的心理变化由选择实用以及便宜转变为买贵，这是奢侈风气的又一表现。

（五）虚荣式消费逐渐增多

虚荣式消费是奢侈行为最明显的表现，"以贵为好"的本质就是为了炫耀自己的身份和地位。并且人们不以为耻反以为荣。

首先，西汉中后期社会相对稳定，人们的生活水平逐渐提高，消费目的由生存变为享受，消费心理由从简到崇尚虚荣。这样的变化可以从西汉时期人们豢养门客与大量奴隶中得到反映。"食客又可以谓之奴客，他的身份，由诸侯的上边逐渐下降为与奴仆几乎相等的奴客。"①《汉书·周昌传》中记载："沛公以昌为职志，其从兄周苛为客。"由此可见，西汉的奴客制一直存在，但到了西汉中后期王公贵族为了巩固自己的地位，门客的数量大大增加。"当时的管理者为了撑面子，也要雇一二个人为客。"②人们除了撑面子招买宾客，大量购买奴隶也是出于虚荣心理，"然则有僮百人者，富可敌万乘之国，而如麋竺者，其富且十倍于古之天子矣。""诸官奴婢十余万人，戏游无事，税良民以给之，岁费五六巨万。""麋竺祖世货殖，僮客万人，先主转军广陵，竺进奴客二千，哀帝时名田之制，限诸侯王奴婢二百人，列侯公主百人，关内侯吏民三十人。官所谓限如此，未限之数未可知。"③奴婢一般存在于统治阶级中，目的是为统治阶级服务，但由于社会发展越来越腐败，奴隶的数量成为地位的象征，也逐渐演变为奢侈消费。

其次，西汉中后期婚姻大事以及婚礼规模愈发受到人们的关注，并且，婚礼的规模以及结婚对象在一定程度上代表人们的地位和权势。人们为了满足自己的虚荣心不惜重金，以至于倾家荡产，不得不说这是奢侈风

---

① 谢国桢. 两汉社会生活概述[M]. 北京: 北京出版社. 2014:63.

② 谢国桢. 两汉社会生活概述[M]. 北京: 北京出版社，2014:22.

③ 吕思勉. 秦汉史[M]. 上海: 上海古籍出版社. 1983:512.

气的又一大表现。据《史记·货殖列传》记载："中山女子，鼓鸣瑟，跕屣，游媚富贵，入后宫，徧诸侯。……今夫赵女郑姬，设形容，揳鸣琴，揄长袂，蹑利屣，目挑心招，出不远千里，不择老少者，奔富厚也。"除了以上提到的人们淫乱的虚荣活动以外，人们为了显示自己的尊贵地位，对婚礼的要求也极高。

《中国风俗通史》指出："秦汉时期的婚礼无论是贵贱贫富婚礼皆操办的隆重喜庆。"①可见，西汉时的人们操办婚礼是相对于实际情况更重视是否满足自己的虚荣心。《汉书·田蚡传》载："蚡取燕王女为夫人，太后诏召列侯宗皆往贺。"田蚡是太后的同母弟，人们出席婚礼的原因也并非是祝贺而是由于身份和地位。"权贵取妻，攀援复试之人纷纷前来祝贺，已然成为一种时尚。"②西汉中后期的婚姻大事多半与社会地位和自己的脸面有关，不论是上层统治阶级还是普通百姓大家都乐于操办以满足自己的虚荣心。

除了婚礼形制铺张浪费以外，西汉中后期人们的婚姻观中也充斥着奢侈消费观。如西汉中后期人们荒淫现象越来越多，这既是一种封建文化的遗留也是人们出于奢侈消费观的追随。如山东徽山县两城山和平阴县汉画像石上的裸女、淫乱图。此外，还有《汉书·景十三王传》中也有相关记载："宫人姬八子有过者，辄令赢立击鼓，或置树上，久者三十日乃得衣；或髡钳以铅杵舂，不中程，辄掠；或纵狼令齧杀之，建观而大笑；或闭不食，令饿死。凡杀不辜三十五人。建欲令人与禽兽交而生子，彊令宫人赢而四据，与羝羊及狗交。"《汉书·外戚传》记载："为昭仪，居邵阳社。其中庭彤朱，而殿上髹漆，切皆铜沓黄金塗，白玉阶，壁带往往为黄金缸。函蓝田璧，明珠、翠羽饰之，自后宫未尝有之。"西汉统治阶级不仅仅在物质方面崇尚奢侈消费，在日常生活中也同样有奢侈观念，奢必然导致淫，尤其以统治阶级表现最为突出，不仅乐于纳妾还经常做一些违

---

① 彭卫.《中国风俗通史》[M]. 上海:上海文艺出版社，2002年版，第334页.

② 彭卫.《中国风俗通史》[M]. 上海:上海文艺出版社，2002年版，第335页.

背伦理道德的事情，也许此花费并没有厚葬所花费的多，但其恶劣影响远远超过厚葬，败坏社会风气。

西汉奢侈风气的表现是多方面的，不仅仅是物质方面的还有精神方面的，参与者众多，尤其以人们对于奢侈消费观的心理变化为典型。

三、奢侈风气产生的原因

西汉奢侈风气产生的原因有许多，但主要是有了一定的物质基础、思想文化的影响。

（一）社会经济的发展为奢侈生活提供了物质基础

奢侈风气产生的首要原因就是丰富的物质基础，无论是手工业的相对发展、人们财富的积累还是城市的发展都在一定程度上刺激了奢侈风气的产生发展。

1.手工业的发展刺激消费

窦太后放宽了对工商业的限制，国内政治秩序平稳后，西汉时期的手工业得到相对发展。此后，可以供给消费者选择的商品也随之增多，促进了消费，同时也为奢侈风气的发展提供了土壤。

首先，手工业的发展为大众提供了更多的选择，从而刺激了消费，进一步推动了奢侈消费的发展。"两汉王朝在京师长安设置东西织室，在齐郡临淄和陈留襄邑设置官服。专门管理纺织业的机构特别发达。"[1]再如汉墓马王堆出土的丝织品，种类齐全有绢、纱、绮、锦、绣等，其被加工为衣服、鞋袜、手套、裙子等成品。其中有一件素纱襌衣，长160厘米，袖通长190厘米，但其重量只有49克，专家形容它薄如蝉翼，轻若烟雾。这样高超的制作技艺不禁成为诱惑人们消费的一大因素。制丝业不断发展，可选择的种类也越来越多，但是关于丝绸的价格却让人望而生畏。但这并不能阻止人们对于制作精美丝绸的追求。根据史料记载，除了皇后庙服着蚕服外，被统治阶级也有同样的追求。《潜夫论·浮奢》中记载：

---

①王相钦. 中国民族工商业发展史[M]. 石家庄: 河北人民出版社. 1997:16.

"从奴仆妾，皆服葛子升越，简中女布，细致绮縠，冰纨锦绣。"《新书·蘖产子》中也有记载："今虽刑余鬻妾下贱，衣服得过诸侯。拟天子，是使天下公得冒主。"随着手工业的发展，物品的制作越来越精良，这直接刺激了人们的消费欲望。

其次，除了手工业的发展是奢侈风气诞生的原因外，商业贸易的发展同样为人们提供了更多的商品选择。《史记·货殖列传》中记载："汉兴，海内为一，开关梁，弛山泽之禁，是以富商大贾周流天下，交易之物莫不通，得其所欲。"通过司马迁的描述我们可知，西汉时期的贸易非常繁荣。《中国民族工商业发展史》指出："中国人民与周边各国很早就有往来，但对外贸易的勃然兴起则是张骞出使西域以后的事情，张骞廓清了东西方经济文化交流要道，此后这条通道上的商业贸易长期兴盛不衰。"①《史记·货殖列传》记载："杨、平阳陈、西贾秦、翟，北贾种、代……温、轵，西贾上党、北贾赵、中山……夫燕亦勃、碣之间一都会也，南通齐、赵，东北边胡……有鱼、盐、枣、栗之饶，北邻乌桓、夫余，东绾秽貉、朝鲜、真藩之利。"通过经济贸易的往来人们对物品有了丰富的选择。

2.财富的积累是奢侈风气产生的又一原因

消费的前提是财富的积累，西汉中后期一部分手工业者获得了财富，具备了奢侈消费的条件，同时，因为手工业者自身的局限性不理性消费时有发生。

首先，一部分手工业者通过从事商业活动拥有了大量财富，物质生活急剧丰富的手工业者基于生产力的发展出现了许多炫耀式消费即奢侈消费行为。西汉初年，为了恢复被战争摧毁的社会经济，统治者采取带有黄老思想的政策，严格执行重农抑商政策，使得从事手工业者和商业者无利可图，然而到了西汉中后期，窦太后下令放松对工商业的限制。随着重农抑商政策逐渐柔化，从事手工业和商业的人获得的利润相对较多，他们为

---

①王相钦. 中国民族工商业发展史[M]. 石家庄: 河北人民出版社. 1997:43.

了满足自己的物质欲望常常盲目消费，以至于形成奢侈消费的潮流，《盐铁论·散不足》中记载："古者，不粥饪，不市食。及其后，则有屠沽，沽酒市脯鱼盐而已。今熟食偏列。施成市，作业堕怠，食必趣时，杨豚韭卵，狗月习马朘，煎鱼切肝，羊淹鸡寒，桐马酪酒，蹇捕胃脯，膹羔豆赐，觳膹雁羹，臭鲍甘瓠，熟梁貊炙。""今民间酒席，殽旅重叠，燔炙满案，臑鳖脍鲤，鹰卵鹑鷃橙枸，鲐鳢醢醯，众食杂物。"许多人纷纷效仿，甚至不乏普通百姓也极尽全力为了一顿饭花掉一年的花费。《盐铁论·通有》中记载："然民淫好末，奢靡而不务本，田畴不修，男女矜饰，家无斗筲。"

其次，富人积聚了大量资本，本身的购买力是不容小觑的，但是，由于西汉时期的四民政策，商人以及手工业者所受的教育有限，把他们归为"暴发户"一类，不理智消费频发。《17—18世纪巴黎奢侈生活扩散方式》中有类似的观点："穷的只剩钱的暴发户也极力向旧有的贵族传播他们那种物质主义、富豪的世界观。"[1]这些暴发户随着经济实力的上升，就越来越乐于奢侈消费。社会地位、自身素质和拥有财富数量的不对等以至于他们成为奢侈消费的主力军，且不断向统治阶级学习浮华享受的生活。在《盐铁论·通有》中这样记载："若则饰宫室，增台榭，梓匠斫巨为小，以圆为方，上成云气，下成山林。"《淮南子·本经训》中也有记载："崇台榭之隆，奢园囿之大，凿汀池之深，肆珍崖之远，来溪谷之流，饰曲岸之际，积碟旋石以纯休崎，抑域怒濑以扬激波。"大规模购置房产、奢华装修在大族中已经是司空见惯的事情。最具代表的是西汉富商袁广汉，据《西京杂记》描述，袁广汉将自己的宅邸建于邙山山脚下。可见，西汉从事手工业和商业的人们经济实力非常雄厚，他们不仅自己购买欲望强烈，并且将这样的消费"潮流"不断蔓延形成风气。

①林益楷. 17—18世纪巴黎奢侈生活方式的扩散传播——对"创新与扩散"理论的一种验证[J]. 国际新闻界. 2006(04): 41-45.

3.城市的发展是造成奢侈风气的重要原因

城市的发展是造成西汉奢侈风气的又一重要的原因。秦汉处于大统一时代，把城市经济进一步推广。城市中汇聚了众多商品和商人，具备得天独厚的资源优势。"汉代城市的繁荣是社会发达的经济缩影"[1]，城市促进了奢侈消费的进一步发展。

首先，城市经济发达，交通便利，是更易于汇集种类繁多商品以及更多购买者的地方。"秦汉时代的大一统，把城市经济的繁荣推进了一步。举凡政治中心，自然成为商人荟萃的地方。自京师东西南北，历山川，经郡国，诸殷富大都，无非街衢五通道，商贾之所臻。西汉末年，长安人口24万多，城内街道纵横有八街九陌之称。"[2]由此可见，西汉时期城市发展迅速，交通便利无疑是城市最大的特点，便利的交通方便了货物的运输和商品的交换。《两汉社会生活概述》中也有相应的记载："由于关中是全国首都所在，人口众多，所产出粮食要供给长安市民需要，还是远远不够的。因之，当时每年要从关东转运四百万石粮食来供应京师，还要将四川、广汉的物资和丝织品之类运到长安，补充衣料的不足。"[3]可见，西汉中后期的交通运输是相对成熟的，这为奢侈消费提供了更多的可能性。

"从西汉到东汉，出产布匹和丝绸的地方是山东任城、河南的河内、四川的广汉，另两处也都在关东。制造出来的这些布匹、丝绸，不仅运到长安，供给汉代帝王将相们享受，而且匈奴和西域的王公贵族也酷爱国内的布帛、丝织品作为服饰，因之，这些丝织品的原料做出来的衣服流传到玉门关以外的边塞之下；又由西域新兴的城市高昌，辗转运输到月氏、大秦等欧、亚边境。"[4]可见，交通运输的相对便利使得更多人融入到奢侈消费的队伍中。

其次，每座城市的兴起都必然和其固有的地理环境有关系。《秦汉

---

①王相钦. 中国民族工商业发展史[M]. 石家庄: 河北人民出版社. 1997:40.

②王相钦. 中国民族工商业发展史[M]. 石家庄: 河北人民出版社. 1997:40.

③谢国桢. 两汉社会生活概述[M]. 北京: 北京出版社. 2014:9.

④谢国桢. 两汉社会生活概述[M]. 北京: 北京出版社. 2014:9.

史》指出："是时生业最盛者，为黄河中下游，其人之勤力，嗜利及淫奢也最盛。"①由此可见，地理环境与奢侈风气的形成有一定关系。关中地区，据《汉书·地理志》载："濒南山，近夏阳，多险阻轻薄，易为盗贼，常为天下剧。又郡国辐凑，浮食者多，民去本就末。列侯贵人，车服僭上，众庶放效，羞不相及。嫁娶尤崇奢靡，送死过度。"此外，还有西汉时期的今河南地区，因为地理环境因素也有奢侈风气的出现，《汉书·地理志》载："土陿而险，山居谷汲，男女亟聚會，故其俗淫。"通过文献记载可知，城市的地理环境是造成奢侈风气发生、发展的又一原因。并且，由于地理环境造成的不良风俗是难以避免以及纠正的，具有顽固性以及长久性，对社会的危害也更大。

（二）中国传统思想"滋养"西汉奢侈思想

封建社会依靠传统思想巩固统治秩序，并取得了很好的成果。但是西汉中后期，随着经济的发展，传统思想的消极作用逐渐显现，进一步推进了奢侈风气的发展。

1.中国传统的等级制度

等级制度是中国封建社会的统治思想之一，等级制度不仅仅将社会划分为三六九等，其中还蕴含了诸多封建思想。等级制度在一方面有利于封建统治的建立与巩固，另一方面也加速了奢侈风气的诞生与发展。

首先，西汉时期奢侈风气的产生与中国传统等级制度不无关系。统治阶级为了巩固政权采取了森严的等级制度。《后汉书·礼仪志》记载："先大驾日游冠衣于诸宫诸殿，群臣皆吉服从会如仪。皇帝近臣丧服如礼。醳大红，服小红，十一升都布练冠。醳小红，服纤，服留黄，冠常冠。近臣及二千石以下皆服留黄冠。百官衣皂。每变服，从哭诣陵会如仪。祭以特牲，不进毛血首。司徒、光禄勋备三爵如礼。"由此可推，等级制度贯穿于政治生活的细微之处，王公贵族通过炫耀式消费凸显统治阶级的地位，他们成为奢侈消费的领军人物。《汉书·田蚡传》中记载：

---

①吕思勉. 秦汉史[M]. 上海: 上海古籍出版社. 1983:504.

"蚡为人貌侵。生贵甚。富于春秋。治宅甲诸第，田园极膏腴，市买郡县器物相属于道，前堂罗钟鼓，立曲旗，后房妇女以百数。诸奏珍物狗马玩好，不可胜数。"田蚡的家产富可敌国，消费实力当然也不可小觑。吕思勉在《秦汉史》中也指出："苑囿之设，费地殊广，汉武帝度为上林苑，举籍阿城以南。"①王宫贵族的消费与西汉初年的"重义轻财""贵德贱利"的情况相去甚远。

其次，随着经济的发展，工商业得到了一定程度的发展，商人手中拥有大量财富，然而社会地位却极低，这一阶层越来越想突破等级的桎梏。他们实现了"虽无公侯之称却比公侯之富"的愿望，并且，为了炫耀自己获得的财富，以及试图改变自己社会地位，疯狂的进行奢侈消费。在《盐铁论·通有》中这样记载："若则饰宫室，增台榭，梓匠斫巨为小，以圆为方，上成云气，下成山林。"《淮南子·本经训》中也有记载："崇台榭之隆，奢园囿之大，凿汀池之深，肆珍崖之远，来溪谷之流，饰曲岸之际，积碟旋石以纯休崎，抑域怒濑以扬激波。"从史料中我们可以看出，西汉的富商们为了突破等级制度的限制采取了极端消费的方式，他们大量购置金额巨大、制作精良的商品，以媲美社会上层人士。《盐铁论·通有》中记载："然民淫好末，奢靡而不务本，田畴不修，男女矜饰，家无斗筲。"这些商人整天沉溺在"食鳖鱼，鸿鹄鹔鹴，稻粮绕于之中。"②

2.儒家思想的局限性

儒家思想在整个历史文化思想史中有着极高的地位，然而，中国古代封建社会统治阶级推崇儒家或法家思想的目的在于钳制人们的思想，这样的背景催生了奢侈风气的发展。

首先，儒家思想被统治阶级认可，不仅仅因为其理论深刻、严谨，还因为其政治观点符合统治阶级需要，但某些思想一旦与政治挂钩就会失去其本来的意义。比如，西汉初年施行黄老思想，然而到了西汉中后期

---

①吕思勉. 秦汉史[M]. 上海: 上海古籍出版社. 1983:585.

②桓宽. 盐铁论[M]. 北京: 中华书局. 1985:44.

却"罢黜百家，独尊儒术"。并非是黄老思想本身存在问题被统治者所摒弃，而是因为它不能适应统治的需要。成为钳制人民思想武器后的儒家思想，暴露了很多问题，并造成了奢侈风气的诞生。儒家思想自从被奉为主导思想后，其弊端暴露得就更加明显。西汉通过举孝廉的方式选拔官员，起初通过这样的方式起到了很好的效果，选拔的人才基本都是贤良之辈，然而久而久之，举孝廉的选拔权掌握在一些高官手中，很多通过经商富有的手工业者想要获得较高的社会地位，他们向官员"巨贿"，《汉书·李光苏建传》载："李蔡以丞相坐诏赐冢地阳陵当得二十亩，蔡盗取三顷，颇卖得四十余万。又盗取神盗外墙地一亩葬其中。""是时颍川钟元为尚书令，弟威为郡橼，臧千金。"①儒家思想已经成为获得官职谋取利益的手段，进一步促进了奢侈风气的发生。

其次，儒家思想被汉武帝确定为国学后，虽然对稳定政治起到了重要的作用，但其作为统治思想后弊病也逐渐增多。儒家思想主要提倡"仁""义""礼""知""信"。但是西汉时期的儒家思想已经变成为杂糅法家的思想武器，改良后的儒家思想核心成为有着等级色彩的"三纲五常"以及"四民制度"。此外，充满封建迷信色彩也是西汉时期儒学的一大特征，帝王宣扬君权神授，为此封禅泰山，祭祀，花费了大量钱财，普通百姓也甘之如饴，纷纷效仿进行迷信活动，在迷信活动中花费了大量钱财。《秦汉社会文明》中有相关论述："元狩二年，武帝对齐人少翁的方术发生了浓厚的兴趣，当时武帝宠幸的李夫人死了，少翁以方盖夜至夫人及灶鬼之貌云，天子自帷中望见焉。拜少翁为文成将军，赏赐甚多。"②"当时，武帝正为黄河决口和黄金没有铸成而担忧，立即拜栾大为'五利将军、地士将军、大通将军'印，以二千户封为乐通侯，赐列侯甲第，僮千人，妻以卫长公主，赏赐黄金十万斤。"③武帝曾在郊外获得一角兽，有司曰："陛下肃祈郊祀，上帝报享，赐一角兽，盖麟云。于是

①林剑鸣. 秦汉社会文明[M]. 西安: 西北大学出版社. 1985:266.

②林剑鸣. 秦汉社会文明[M]. 西安: 西北大学出版社. 1985:282.

③林剑鸣. 秦汉社会文明[M]. 西安: 西北大学出版社. 1985:283.

以鹿五时，赐诸侯白金，以风符应合于天也。"①变化后的儒家思想刺激了奢侈风气的诞生。

　　3.先秦时期奢侈文化的遗留

　　奢侈风气并非西汉时期独有的社会现象，先秦时期同样有这样的现象出现，并且，这样的思想不但没有随着朝代的更迭而消亡，反而继续影响着西汉社会，滋养着后代的奢侈文化。

　　首先，先秦时期的奢侈风气成为西汉时期奢侈风气发生的范本。《中国社会史》中有相关记载："客始至，则设飧，饪一牢，在西鼎九，羞鼎三。腥一牢，在鼎东七。此中庭之馔也。其堂上之馔八，西夹六。门外米皆二十车。新匊倍禾，上介饪一牢，在西鼎七，羞鼎三，堂上之馔六。"②先秦时期对于生活方面的奢侈程度可见一斑，这样的风气一直被沿袭至汉朝。通过奢华生活凸显社会地位的尊贵成为历朝历代社会大众的固有想法，在西汉时期更加变本加厉，奢侈风气呈愈演愈烈之势。

　　其次，先秦时期的奢侈思想被遗留至汉朝，据《秦汉社会文明》中记载："秦始皇君临天下，为了显示胜利者的无上威势力，穷奢极欲，滥用民力。"③到了武帝时期沿袭了通过奢靡的方式来凸显自己的皇权的思想，"但到了武帝时期，国力达于强盛，他好大喜功，颇多宫殿兴造之举。"④秦朝虽然短暂，除了开辟了封建制度的先河，其奢华的消费观也被汉朝所继承。汉承秦制，不仅仅继承了秦朝的政治制度，还继承了秦朝的文化思想，尤其是一些奢靡的炫耀思想，遗留至汉朝，对汉朝产生了深刻的影响。西汉奢侈风气的产生，其中一个重要的原因就是文化思想的影响，一方面是当时社会的影响，另一方面是前朝历史的遗留。

---

①班固. 汉书[M]. 北京: 中华书局. 1985:1219.

②吕思勉. 中国社会史[M]. 上海: 上海古籍出版社. 1985:123.

③林剑鸣. 秦汉社会文明[M]. 西安: 西北大学出版社. 1985:221.

④林剑鸣. 秦汉社会文明[M]. 西安: 西北大学出版社. 1985:223.

四、奢侈风气产生后的影响

西汉中后期的奢侈风气给社会带来了诸多影响。最直观的就是消极影响，奢侈风气不仅仅阻碍了农业的发展，还使农民的利益遭到侵犯。此外，奢侈风气还破坏了社会统治秩序。虽然奢侈风气所带来的绝大多数都是消极影响，但其在客观方面却给社会带来了一些积极影响。

（一）阻碍了农业的发展

受奢侈风气影响最大的是农业，由于西汉中后期奢侈风气的蔓延和发展，富人侵占农田，剥夺农业劳动力的事件常有发生。此外，社会风气的改变导致一部分人们放弃农业劳动从事手工业、商业，使得农业发展受损。

1.农业劳动力外流

奢侈风气最积极的参与者就是王公贵族和商人，他们为了扩大经营规模需要更多的劳动力，并不断将劳动力从农业转移至手工业的生产中。

首先，许多官商为了扩大生产，谋取利益满足消费欲望，滥用职权去抢夺农业劳动力。西汉中后期，随着经济的发展，从商业活动中可获取的利润逐渐增多，于是，很多官僚也纷纷利用自己的社会地位从事商业活动。工商业活动需要充足的劳动力，然而在中国特殊的社会经济背景下并非一件容易的事情，中国一直实行重农抑商的政策，专门从事商业生产的人们少之又少，于是想要从商业活动中牟利，只能从农业活动中抢夺劳动力。这对于官商是轻而易举的，但对农业的伤害是较大的。比如，西汉时期获利非常可观的铸钱业，《秦汉社会文明》中记载："自孝武帝元狩五年到平帝元始中，一百二十余年间，平均每年铸钱两亿三千多万枚，耗用铜材当在千吨左右，可见铸钱业的生产规模之大。"[1]如此之大的生产规模，在非机械化的年代，人力消费必然是巨大的。这些劳动力很大一部分就源于农业。很多农民被官僚强行征用。如《汉书·食货志》中论述："于是有卖田宅鬻子孙以偿责者矣。而商贾大者积贮倍息，小者坐列贩

---

①林剑鸣. 秦汉社会文明[M]. 西安: 西北大学出版社. 1985:85.

卖，操其奇赢，日游都市，乘上之急，所卖必倍。故其男不耕耘，女不蚕织，衣必文采，食必粱肉。"根据以上记载可知西汉中后期奢侈风气对社会发展影响是较大的。

其次，许多普通富商为了获取更多利润，侵占农业劳动，形成了如今"法律贱商人，而商人富贵矣，今法律贵农人，而农人贱矣"①的局面。普通富商虽然没有官商较高的社会地位，但其依靠雄厚的经济实力不断侵蚀着农业中的生产力。"今举俗舍本农，趋商贾，牛马车舆，填塞道路。游手为巧，充盈都邑，务本者少，浮食者众，商邑翼翼，四方是极。"②富商虽然没有官爵之封，但他却可以与官僚勾结，四处买卖。他们通过奴役农民或者利诱农民的方式达到充盈商业劳动力的目的。然而这却让农业的发展受到了一定的打击，这与当时统治阶级所宣扬的重农抑商政策相悖。西汉的统治阶级虽然对这样的现象加以限制，但是由于"上行下效"的原因屡禁不止。

从事商业的获利巨大，但是底层劳动者虽然付出了辛苦的劳动力，收益却最少。

2.农民的利益遭到侵犯

奢侈风气的延伸使得农民的利益受到影响。首先，由于实行厚葬制度，所以从事农业活动的区域逐渐缩小，以至于农民无以糊口甚至流离失所。这些富人主要通过兼并农民土地获得利益。掠夺农民土地成为统治阶级获取钱财的手段。《汉书·淮南王衡山列传》载："淮南王刘安侵夺民田宅，妄致系人，衡山王，又数侵夺人田，坏人冢以为田。"《史记·魏其武安侯列传》中记载："武安侯田蚡治宅甲诸第，田园极膏腴。"《汉书·酷吏列传》中记载：宁成"贳贷买陂田千余顷，假贫民，役使数千家。数年，会赦，致产数千金。"《汉书·孙宝传》记载："外戚红阳侯立，使客因南阳太守里尚占垦草田数百亩。"由此可见，奢侈风气越盛，

---

①班固. 汉书[M]. 北京: 中华书局. 1962:1133.

②范晔. 后汉书[M]. 北京: 中华书局. 1965:1633.

农民所受到的损失越大。农业是支撑国民经济的重要支柱，但是随着奢侈风气不断扩散，农民深受其害，无以生活。据统计，在土地兼并严重的时候流民达到200万，如果再遇到灾年饿死冻死的人不计其数。当时的情形就是"富者土连仟陌，贫者亡立锥之地"①。这对统治阶级是个沉重的负担。

其次，普通劳动人民受到上层奢侈风气的影响，也有陷入其中的趋势。中国自古就有炫耀消费的文化遗留。并且普通百姓受到的教育较少，更易受到奢侈文化的侵袭，也逐渐有了不良生活的消费习惯。《盐铁论·散不足》中有记载："今生不能致其爱敬，死以奢侈相高；虽无哀戚之心，而厚葬重币者，则称以为孝，显明立于世，光荣著于俗。故黎民相慕效，至于发屋卖业。"普通百姓受到了奢侈风气的影响，不考虑自己的实际消费能力，盲目消费，以至于入不敷出，无以生活。"今民卖僮者，为之绣衣丝履偏诸缘，内之闲中，是古是天子后服，所以庙而不宴者也，而庶人得以衣婢妾。"②蔡锋曾对此现象评论道："统治阶层的自身不正，奢侈有加，犹如烈火添薪，致使贵族统治者的有意或无意地渲染腐朽的生活方式，对民间习俗的影响是较大的。"③

（二）影响正常社会秩序

1.影响统治秩序

奢侈风气的产生不仅仅是一种社会文化存在，对统治阶级也是一种威胁，甚至影响到统治阶级秩序。

统治阶层奢靡的生活给社会等级和礼仪制度带来挑战，民间竟也不能免俗。《汉书·王吉传》载王吉上书皇帝曰："古者衣服，车马，贵贱有章。今上下僭差，人人自制。是以贪财诛利，不畏死亡。"《汉书·贡禹传》亦载其上书称："'何以孝弟为？财多而光荣。何以礼义为？史书而仕宦。何以谨慎为？勇猛而临官。'"故黥劓而髡钳者犹复攘臂为政

---

① 班固. 汉书[M]. 北京: 中华书局. 1962:1137.

② 贾谊. 治安策[M]. 北京: 中华书局. 1985:393.

③ 蔡锋. 西汉奢侈风习滋盛原因及其影响平议[J]. 青海社会科学. 1994(05): 74–81.

于世，行虽犬彘，家富势足，目指气使，是为贤耳。故谓居官而置富者为雄桀，处奸而得利者为壮士，兄劝其弟，父勉其子，俗之坏败，乃至于是！"民间正常生活秩序也被扰乱，尤其以婚丧嫁娶为代表。西汉时婚丧嫁娶非常重要，皇室不惜花重金，这样的奢侈风气不久就被民间所效仿，民间老百姓平常生活艰辛，辛苦储存的积蓄一碰到婚丧嫁娶也只顾铺张排场一夜返贫，甚至还有举债而行的。《汉书·地理志》记载："太原上党郡民间嫁娶，送死奢靡。"《盐铁论·国疾》载："躬耕身织者寡，聚要敛容，傅白黛青者众。无而为有，贫而抢夸，生不养，死厚葬，葬死殚家，遣女满车，富者欲过，贫者欲及，富者空减，贫者称贷。"《盐铁论·散不足》载："今生不能致其爱敬，死以奢侈相高；虽无哀戚之心，而厚葬重币者，则称以为孝，显明立于世，光荣著于俗。故黎民相慕效，至于发屋卖业。"西汉中后期的奢侈风气败坏了整体的社会风气，不论是统治阶级还是被统治级都沉浸于奢侈生活中不能自拔，动摇着统治根基。

2.破坏社会等级秩序

除了影响上层统治阶级和农业发展外，社会等级制度也随之被破坏，无论是拥有大量财富的王公贵族还是富有的普通被统治阶级，随着奢侈风气逐渐发展，想要突破传统的等级制度的想法愈发强烈，并试图通过破坏等级制度提高社会地位。

首先，一部分被统治阶级在获得了大量财富后想要改变自身的社会地位，并为之付出巨大的努力，以突破传统等级的桎梏。最具特征的是西汉中后期许多人为了改变自己的社会地位融入到统治阶级中，买官之风盛行，他们不仅仅是想要获得官职的虚荣，更想要改变自己的社会地位并谋取利益。然而，通过这样方式获取官职的人群中，鱼龙混杂，良莠不齐，大部分没有管理经验且相关知识技能欠缺。这就造成统治阶级管理能力逐渐下降。并且，这一部分人获得官职的初衷并非是"为百姓之良苦"，所以做每件事情的出发点也是从自身的利益出发，这就导致统治秩序被破坏，进而影响统治秩序。《汉书·成帝纪》中有相关记载："三年夏四月，赦天下。令吏民得买爵，贾极千钱。吏民以义收食贫民、入谷物助县官赈赡者，已赐直，其百万以上，加赐爵右更，欲为吏补三百石，其吏也迁二等。"汉武帝前期只是买卖爵位，到后来，因为战争开销巨大，买官卖官也逐渐增多。有司"请令民得买爵及赎禁锢免减罪，请置赏官，名曰武功爵。级十七万，凡直三十余万金。诸买武功爵官首者试补吏，先除；千夫如五大夫；其有罪又减二等；爵得至乐卿：以显军功。"①因为卖官鬻爵的出现，社会等级的流动性大大增加，原本处于四民之末的商人或犯人都因为卖官鬻爵，地位得到了改变，原本固定的社会等级制度已经不能适应因为奢侈风气而改变的新等级环境，社会等级秩序被破坏。

其次，在奢侈风气的影响下，封建等级制度的核心——"三纲五常"制度被破坏。在西汉建立之初，经济被战争摧毁，社会秩序依靠严格的社会等级制度约束、巩固。然而，随着社会政治的稳定以及社会流动性增强，起初用于巩固封建社会统治的"三纲五常"制度逐渐被不断打破。奢侈风气对于五常的破坏其本质就是对社会风气的破坏。《董仲舒"三纲五常"思想评析》中有相关论述："董仲舒将这五个方面归纳在一起，进行了更为全面的诠释，使之作为封建社会最基本的道德纲常。仁作为五常的核心，孔子对仁的解释是仁者爱人。"②然而，随着时间的推移，奢侈风气愈演愈烈，"五常"被破坏，影响了社会等级秩序。武帝时期，巫蛊之术盛行，封建迷信活动不仅是宫廷奢侈之风的组成部分，更是破坏了传统的"五常"，死于巫蛊之术的人不计其数。武帝时期的江充就是"巫蛊之术"的推波助澜者。《汉书·武子传》载："充典治巫蛊，既知上意，白言宫中有蛊气。入宫室省中，坏御座掘地。上使按道侯韩说、御史章赣，黄门苏文等助充。充遂至太子宫中掘蛊，得桐木人。"江充得到皇帝的默许借巫蛊之术在宫中大肆搜查、监禁甚至污蔑太子。可想而知，江充不仅仅是逾越了等级，并且不将传统的三纲五常放在眼里。《汉书·武帝纪》中也有相关记载："二年春正月，丞相贺下狱死，大风发屋折木，诸邑公

---

① 司马迁. 史记[M]. 北京: 中华书局. 1959:1422–1423.

② 邹顺康. 董仲舒"三纲五常"思想评析[J]. 道德与文明. 2014(06): 17–20.

主、阳石公主皆坐巫蛊死。""巫蛊之术"违背了西汉所提倡的五常,打
破了统治秩序。

（三）活跃了封建社会经济、生活

1.促进了工商业的发展

西汉中后期,虽然统治阶级相对放宽了对非农业的限制,但是诸如手
工的发展依旧是落后于农业的发展。但是由于奢侈风气的蔓延,对于工商
业的要求逐渐增高,从而促进了工商业的相对发展。

首先,随着奢侈风气的蔓延促进了手工业的发展,《汉书·王贡两
龚鲍传》中记载了西汉前期统治阶级对于手工业者的态度:"商贾求利,
东西南北,各用知巧。好衣美食,岁有什二之利,而不出租税,农夫父子
暴露中野,不避寒暑。"可见,手工业并不受政府重视,然而,随着奢侈
风气的不断蔓延,为了满足不同阶层的奢侈消费,在客观上促进了手工业
的相对发展。《汉书·食货志》中记载:"自孝武帝元狩五年三官初铸五
铢钱,至平帝元始中,成钱二百八十亿万余。"《秦汉社会文明》对此段
历史有这样的解读:"一百二十余年间,平均每年铸钱两亿三千多万枚,
耗材铜材当在千吨左右,可见铸钱业的生产规模之大。"[①]为适应奢侈风
气下消费增多的需求,铸钱业也随之得到了巨大的发展。除了铸钱业外,
纺织业也有了较快的发展。"当时统治阶级生活日益浮华奢侈,耗费着大
量的纺织品。封建皇帝'宫女积于房掖,国用尽于罗纨',一些官僚贵族
中,锦绮贵縠纨素奇玩,积如山丘。长沙马王堆一号汉墓出土的女尸身
上,包裹着各式衣着二十层,其上又覆盖着两层棉袍,墓中还出土整幅的
丝帛约五十多件,当是为死者所备的衣料。"[②]可见当时对丝织品的要求
是极高的。"线条细而均匀,极少有间断现象,用色厚而立体感强,没有
渗化污渍之病,花地清晰,全幅印到,可见当时配料之精,印制技术之
高,都达到了十分惊人的程度。"[③]手工业得到较好的发展在一定程度上

---

①林剑鸣. 秦汉社会文明[M]. 西安: 西北大学出版社. 1985:85.

②林剑鸣. 秦汉社会文明[M]. 西安: 西北大学出版社. 1985:97.

③林剑鸣. 秦汉社会文明[M]. 西安: 西北大学出版社. 1985:102.

归功于奢侈风气的发展。

其次，奢侈风气促进了商业的发展。商业在古代封建社会一直不被重视。甚至被统治阶级抑制发展。但是，由于奢侈风气的愈演愈烈，商业得到了一丝喘息的机会，甚至出现了"用贫求富，农不加工，工不如商"的现象。通过奢侈消费，增强了商品流通性从而使商业有了较好的发展。《盐铁论·力耕》记载："鼲貂狐貉，不益锦绨之实。美玉珊瑚出于昆山，珠玑犀象，出于桂林，此距汉万有余里，记更桑功，资财之费，是一物而售百倍其价也，一捆而中万重之粟也。夫上好珍怪，则淫服下流，贵远方之物。则货财外充。"《中国民族工商业发展史》中也有相关论述："从中原腹地的三河地区到稍稍偏南的宛陈之间，商贸之路四通八达，商人的足迹遍及东方大地，远者甚至达到了朝鲜半岛上。"①由此可见，为了满足奢侈消费，商业活动不仅仅限于中原内陆，甚至已经到达边疆甚至国外。相对于前代，西汉中后期的商业发展得到了一定的发展。

2.丰富了西汉人民的日常生活

首先，由于西汉奢侈风气的蔓延，将人们的生活在一定程度上改变了很多，尤其是物质生活的得到了极大的改善。随着奢侈风气的蔓延，手工业得到了极大的发展，这使得人民的物质生活水平得到了一定的提升。"再加上西汉张骞两次出使西域以后把中国的铁器、炼铁技术以及开凿井开渠的方法传到西方，又把西方的葡萄、苜蓿、安石榴、胡萝卜食品带回汉朝，丰富了人们食品的品种，增加了营养。"②由于奢侈风气的影响，很大一部分人盲目跟风使得很多饮食被引进普及。《汉书·东方朔》记载："销忧莫如酒。臣朔所以上寿者，明陛下正而不阿，因以止哀也。"《两汉社会生活概述》中也有相关论述："当时君臣朋友之间，凡有宴会，无不举酒相庆，成为社会上的一种礼俗和习惯。就是集市上以及边塞上买卖土地券，知券人即作中人的也要沽酒二斗。"③中国的酿酒技术由

①王相钦. 中国民族工商业发展史[M]. 石家庄: 河北人民出版社. 1997:43.

②谢国桢. 两汉社会生活概述[M]. 北京: 北京出版社. 2014:61.

③谢国桢. 两汉社会生活概述[M]. 北京: 北京出版社. 2014:61.

来已久，但是在先秦时期，酒文化并不普及，然而，由于奢侈风气的蔓延，酒文化由统治阶级掀起逐渐影响到了普通阶层。由于，酿酒技术等原因的影响，酒精浓度有限，喝酒成为日常生活的一抹亮色。

其次，奢侈风气丰富了人们的精神生活。由于奢侈风气的发展，下层人民受到的压迫日益沉重，普通人民为了抒发自己的情感将日常所见所闻编成顺口溜，这丰富了人们的日常生活。如普通劳动人民为了讽刺及表达对灌夫的不满作诗一首《颍川歌》："颍水清，灌氏宁，颍水浊，灌氏族。"①此外，还有讽刺汉成帝的歌谣："邪径败良田，谗口乱善人。桂树华不实，黄爵巢其颠。故为人所羡，今为人所怜。"②谢国桢指出："劳动人民的爱和憎是鲜明的，对于统治者哪个是好人，哪个稍差，哪个是穷凶极恶的分子。他们有的在统治阶级的淫威之下，虽然不便作愤怒的声讨，也互相在作喁喁的私语，以表达嫉恶如仇的胸怀。"③由此可见，在奢侈风气愈演愈烈的情况下统治阶级对于普通劳动人民的压迫也越来越深，人们虽然不能正面对抗，但为了抒发内心的不满与愤懑，经常作一些诗歌，在这一过程中许多诗歌被保存下来，丰富了人们的文学生活。这一影响是在奢侈风气下产生的，是间接的、积极的影响。除了诗歌以外，人们对卫生状况也有了更多的关注。随着奢侈风气的发展，人们对衣着重视度不断提高，由于衣着的价格昂贵，于是衣物的保养与清洁也更受人们的重视，这间接提高了人们的生活质量。《中国风俗通史》中记载："亭、传等公共场所，也没有专职清扫人员。有贵宾或上级官吏到来时，亭、传通常要进行大扫除。该亭亭长的做法不仅仅是为了讨好将军，也是为了显示自己的工作业绩。"④人们为了满足自己的奢侈生活以及个人的身份地位不断进行卫生清扫工作。除了以上史料提到的人们为了提高卫生条件不断进行清扫外，日常生活家居也十分讲究。"汉代灯具的制作已经考虑到

---

①谢国桢. 两汉社会生活概述[M]. 北京: 北京出版社. 2014:61.

②谢国桢. 两汉社会生活概述[M]. 北京: 北京出版社. 2014:130.

③谢国桢. 两汉社会生活概述[M]. 北京: 北京出版社. 2014:130.

④彭卫. 中国风俗通史[M]. 上海: 上海文艺出版社. 2002:398.

对油烟的清除，出现了装烟管的灯。烟管有单管和双管，烟可以通过烟管导入到灯腹中，流行于当时的雁鱼灯，灯呈雁型，雁回首紧衔鱼背，鱼嘴与鱼腹下设灯盘及灯罩。雁颈有子母口装置机关；腹部中空放水，油烟可以导入灯罩，溶入腹中、水中，使室中基本没有烟气。"①由此可见，人们在奢侈消费的过程中，不仅注重形制的美观，还要注重卫生情况，更加讲究生活品质。奢侈生活虽然不值得提倡，但对改善人的生活状况在客观上起到了一定的作用，这是西汉中后期奢侈风气所带来的积极影响，但并不能因此肯定奢侈消费的存在，因为它对劳动人民的压迫是非常大的。

结　语

奢侈风气对西汉社会的影响较大，相较于西汉前期崇尚勤俭的风气，西汉后期的可研究性也更大。首先，判断是否为奢侈行为需要明确界定标准，以免在论述过程中产生分歧，奢侈的界定标准第一就是是否超越社会的普遍发展水平以及自身的消费能力。虽然统治阶级掌握大量的财富但其消费应该以社会普遍的生产力和发展水平为基础，不可逾越。被统治阶级处于社会最底层，但其也同样存在与自身消费能力不符的消费行为，虽然金额不够大，但其性质与奢侈行为没有区别了。第二条判定是否为奢侈的标准是"是否为必要消费"，笔者认为过度娱乐和封建迷信活动就是典型的例证。

其次，奢侈风气的表现也是多方面的，尤其以人们对稀缺物品追求为典型例证，涵盖了统治阶层，普通百姓甚至少数民族。此外，人们对于商品工艺的极致追求成为奢侈风气的又一表现形式，除了在物质方面的奢侈消费外，人们还开始注重精神、生活方面非物质生活的奢侈追求，与此同时人们对于奢侈的心理也有了很多变化，开始效仿、攀比并且不以为耻反以为荣。

---

①彭卫. 中国风俗通史[M]. 上海: 上海文艺出版社. 2002:399.

第三，奢侈风气产生的原因也有很多，首要原因是社会经济发展为奢侈消费提供了物质基础，此外，传统思想的局限性也为奢侈风气的发展提供了温床。以上两点是造成奢侈风气发展的重要原因。

最后，奢侈风气所造成的影响既有积极的一面，也有消极的一面，且以消极影响为主，奢侈风气的蔓延不仅仅阻碍了农业的发展，使农民的利益遭到侵犯，更使社会正常秩序遭到破坏。但在客观上，奢侈风气活跃了社会经济，在一定程度上丰富了人们的精神、物质生活。

（本文作者为包头师范学院历史文化学院2019届秦汉史方向研究生，指导教师为郝建平教授）

汉代鹿车考辨

◇ 关玉玲

引　言

史书中经见"鹿车"一词，多出现于《汉书》《后汉书》的一些列传之中。前人通过一些汉代的考古资料和文献资料，已经考证"鹿车"实为独轮车。"鹿车"虽然被证实为独轮车，但是有关汉代的独轮车为何被称作"鹿车"，独轮车的起源，这些相关问题，并没有得出一个让学者们普遍认同的观点。

首先就现实来说，独轮车是我国历史上应用比较普遍的一种交通运输器械。在古代，劳动人民或在购买不起畜力车的情况下，或在运输小宗货物的时候，以人力催动的独轮车以其灵活性、便捷性得到劳动者的钟爱。在两汉的史料和画像砖、石中，可以发现大量鹿车多被应用于小型体力劳动的场景中，有酒肆、农田、盐井等，也多被用于载人或载丧，路程短途或远途，其使用范围遍布商人、士人、农民等。史料中缺乏对汉代独轮车使用情况的描写，但通过大量画像砖、石的出现，可以认定独轮车在两汉劳动生活中扮演着重要的角色。甚至在我国的抗日战争中，独轮车的贡献，成绩卓然。不仅是在过去，现在农村中依旧大量存在着独轮车，唯一改变的是独轮车在力学上的结构以及从木制到铁制等材质的多样性。故在劳动生活之中，独轮车并没有随着时代的变迁而消逝，它只是用在了更适合的地区、更需要的人的手里而已。如今回头再去研究汉代的独轮车，并不是一个空泛无用的话题。

其次就学术来说，作为历史上的独轮车——两汉的"鹿车"，它源何来？因何为"鹿"车？这两个问题在学界分歧颇多，至今没有一个确切的答案。"鹿车"之"鹿"在俗变的环境下，其正字为"辘""乐"，还是为"麤"，尚没有一个详实的求证；"鹿车"起源是否是从它最早的记载来定，还是因车的起源应该推向远古。这些问题在学界并没有形成一个统一的看法，各种观点又颇具合理性。故有关"鹿车"这些问题还需要一个详细的分析、辨正。

（一）前期研究概述

学界对"鹿车"的研究，主要从两个方面出发，一是"鹿车"名称；一是"鹿车"起源。在对"鹿车"名称问题上，虽然也涉及到汉代俗字丛生对"鹿车"名称产生的影响，但只是稍略一谈，并没有展开论述，也缺乏详细的论证。在其起源的问题上，学者们也是众说纷纭，一些学者将"鹿车"最早发现的时间当作是其起源的时间，有失严谨。因此，尚有一些问题以及成果没能包括在内，本论文试将所见加以补充。

最早对汉代"鹿车"有研究的是清人瞿中溶和沈涛，瞿中溶在《汉武梁祠画像考》中认为"鹿车"当是"辘车"[1]，沈涛在《铜熨斗斋随笔》中认为"鹿车"当为"麤车"[2]。两位均只是在"鹿车"名称上的看法，今人在两位的观点上均有发展。持"辘车"观点的主要有：刘仙洲《我国独轮车的创始时期应上推到西汉晚年》[3]、史树青《有关汉代独轮车的几个问题》[4]，以及王子今《秦汉名物丛考》[5]。刘仙洲先生以王重民等《敦煌变文集》引句道兴《搜神记》中刘向《孝子图》对"董永故事"的记录，和山东嘉祥武氏梁祠出土的画像"董永孝父"的内容相互的印证，以及与汉代出土陶辘轳——滑轮装置对比，得出"鹿车"为"辘车"。史树青先生从古人用字对偏旁的任意删减，和辘轳灯来解释"鹿车"当为

①瞿中溶. 汉代武梁祠画像考[M]. 北京: 北京图书馆出版社. 2004:305.

②沈涛. 铜熨斗斋随笔[M]. 北京: 中华书局. 1991:137.

③刘仙洲. 我国独轮车的创始时期应上推到西汉晚年[J]. 文物. 1964:(06): 1–5+3–4.

④史树青. 有关汉代独轮车的几个问题[J]. 文物. 1964:(06): 6–7.

⑤王子今. 秦汉名物丛考[M]. 北京: 东方出版社. 2015:330.

"辘车"。史先生提到古人对偏旁的随意删减，其实就是秦汉之际文字变革之下俗字产生的一大缘由，但是先生并没有对这一问题作详细的论证。对"鹿车"名称问题上有关俗字的部分，还有许多细节性的问题的存在，并没有被先生考虑其中。刘仙州和史树青两位先生，将"鹿车"和"辘轳""辘轳灯"均有滑轮装置联系起来，为后来的学者指出了一个研究的方向。刘仙洲先生虽然提到辘轳，但并没有对其进一步的联系。史树青先生提到的"辘轳灯"乃为行灯，只是现代人俗呼为"辘轳灯"，史料和考古中并无"辘轳灯"一说，有失严谨。王子今先生另辟蹊径，从汉代"辘轳"的形制出发，探讨了"鹿车"应为"辘车"。

"麤车"的观点，除清人沈涛外，今人有杜朝晖《"鹿车"称名考》①。杜朝晖先生引用敦煌文献，论证了"鹿"是"麤"的俗字。"鹿"虽然在文献中替代"麤"，作为其俗字出现，但是这并不意味着"鹿车"作为汉代的一轮车就是简陋的，这种简陋主要是针对官吏、贵族等人的用车来作对比，缺少从两汉的实际生活出发去观照"鹿车"的一个角度，其论证略显单薄。

另有一种观点，应该是受到《风俗通义》对"鹿车"解释的影响，"鹿车，窄小裁容一鹿也。或云乐车，乘牛马者，到斩饮饲达曙，今乘者虽为劳极，然如传舍，偃卧无忧，故曰乐车；无牛马而能行者，独一人所致耳。"②持此观点的是李立新，他在其论文《鹿车考析》中从《释名》对汉代车辆的解释来看，否定了"辘车"和"麤车"两种观点，并认为"鹿车"应该是"乐车"，又从谐音、"鹿"在汉人眼中的寓意以及鹿运功灵便三个角度继续加以论证③。先生从不同的角度来论证鹿车，也为后来的研究者提供了不同的思考角度。但是从俗字、谐音、假借等角度观照的话，"乐"要作为"鹿"的正字，有待进一步的论证。在参考《释名》对事物的解释的说明上，也不能忽略这个事物本身所具有的阶级性。

①杜朝晖. "鹿车"称名考[J]. 中国古籍与文化. 2011(04): 129-133.
②应劭撰，王利器校注. 风俗通义校注[M]. 北京: 中华书局. 1981:614.
③李立新. 鹿车考析[J]. 民族艺术. 2010(03): 92-99.

　　王振铎先生在其《东汉车制复原研究》中也对"鹿车"的名称问题展开了讨论，其中涉及到麤车、乐车、鹿角车等方面。表面上看，先生并没有提出一个确切的观点，其实有从各个角度、多个方面提出不同可能的推论，为我们研究"鹿车"提供了不少可选的思路。有关"麤车"的观点，王先生认为沈涛的说法有失客观，古代有鹿裘之说，鹿并不表粗鄙之义。但又从史料中一种麤犊车出发，认为魏、晋时期有麤车之称，并以此认为其音讹化可能是"鹿车"，遗憾是的先生并没有对两者的讹化加以进一步的论证①。王先生对"乐车"一说的讨论，与"乐"字的篆体联系了起来，通过篆体"乐"与"鹿车"从平面上的相似性，对"鹿车"的问题提出一种推论。最后，王振铎先生以"麤车""乐车"有失民间性，将这两种观点排除。

　　上述几种观点，多是从"鹿"字是否是某个字的俗字出发来论证的。从汉字学的方向讨论，论据不足以支撑论点，又忽略了"鹿车"是一种劳动人民广泛使用的车制。从"辘轳"这种活轴装置来论证，又陷于不彻底、不完整。

　　有关"鹿车"的起源问题，持西汉年间起源的学者为多数，主要有刘仙洲和史树青、孙机三位先生。但不同的是，刘仙洲在《我国独轮车的创始时期应上推到西汉晚年》中以"董永故事"和汉武梁祠画像等相互论证，认为"鹿车"创始时期应上推到西汉晚期，而史树青先生在《有关汉代独轮车的几个问题》则以史籍中记载与"鹿车"相关的"董永故事"和"鲍宣"二人的生卒年来推论出"鹿车"在西汉时期已出现。孙机在《中国古舆服论丛》②和《汉代物质文化资料图说》③两书中支持起源西汉的观点。对于学者们认同西汉起源的观点，其实退一步来说这只是"鹿车"最早发现的一个时间，在"鹿车"发明与到被普遍使用的阶段来看，它应该是有一个不短的时间段的，不应该将其发现时间笼统地作为创始时间。

---

①王振铎遗著，李强整理补著. 东汉车制复原研究[M]. 北京: 科学出版社. 1997:24.

②孙机. 中国古舆服论丛[M]. 北京: 文物出版社. 2001:91.

③孙机. 汉代物质文化资料图说[M]. 北京: 文物出版社. 1991:116.

李立新在《鹿车考析》认为"鹿车"的产生应该在春秋时期或早于春秋时期，他以"孔子问师"画像砖中的玩具一轮车与"辇"字论证，得出玩具一轮车乃是"辇"，而"辇"则为独轮车，继而证明为春秋时或早于春秋。有关"孔子问师"的故事、人物的真实性以及玩具车在当时是否存在，对这些问题的论证是缺乏的，继而用"孔子问师"中项橐手中的一轮车的存在形象来论证一轮车的起源，有失妥当。

王振铎先生主张远古说，利用的依据是车的发展是一个循序渐进的过程，认为独轮车的发明应该在畜力车的发明之前。王振铎先生从其他学者忽略的一个方面——"鹿车"为一种木制器械劳动工具这一点上出发，考究了车的历史发展。从经验来看，车的发展一定是一个渐进的发展过程。又从王充和《韩非子》的一些词句中，推论"鹿车"应是一种原始的车制。对"鹿车"起源的考证应该是全方位的，不应该抓一点来说，若仅从一个方向出发的话，可能会无法揭示"鹿车"的创始年代。

最后，通过上述有关"鹿车"问题的研究，可以看到研究成果不多，总体又失于全面，尤其是缺乏对"鹿车"基本概况作一个深入的研究。基于这点，本文尝试在前人研究的基础之上，对汉代鹿车作一个系统的梳理和考辨，主要从三方面——"鹿车"的基本概况、"鹿车"名称、"鹿车"的起源，通过运用不同的知识，从各个角度出发分析、论证，以便对"鹿车"的问题作一个比较详细的论证。

（二）研究思路、方法与框架

在充分借鉴前辈学者们的研究成果之下，在他们可借鉴的研究方向、思路上更进一步的扩展、探索，并利用文献资料和考古资料，结合多学科研究方法，在梳理相关"鹿车"的文献和画像砖、石资料的基础上，本文拟分析"鹿车"在基本概况、"鹿车"的名称、"鹿车"的起源三大问题，探其源，究其流。

本论文主体分为三部分：第一部分主题是汉代鹿车的基本概况，本章除了记述前人通过汉武梁祠"董永孝父"的画像和王重民等《敦煌变文集》收录的句道兴《搜神记》中记载的刘向《孝子图》——"董永孝亲"二者内容的对比，得出鹿车实为独轮车外，主要是通过对史料和汉画像砖、石中有关"鹿车"的运用方式和功能的说明，来证明鹿车实为独轮车；通过收集到的相关"鹿车"的文献、考古资料，讨论"鹿车"的形制以及两汉"鹿车"的使用功能、使用者、使用区域环境。

第二部分主题是汉代"鹿车"名称之辨，分别对有关"鹿车"名称的四种观点加以辨证、分析，得出一个较接近原意的结论。"鹿车"之"鹿"的产生，是文字俗化的结果。在叙述秦、汉之际文字变革，汉字俗化的大背景之下，对"鹿车"的名称从文字学的角度分析论证，并考虑到汉代的"辘轳"、滑轮装置命名物、以声命名物、古人命名周边事物的特点等几个方面。综合应用不同的思路和方向，对"鹿车"的名称作一个详实的辨证。

第三部分主题是汉代鹿车的起源，因为上一章对"鹿车"的定名，引出"鹿车"和独轮车、辘轳的相关性，故此章主要从独轮车和辘轳这两个相关物出发，通过对他们在文献和考古中的最早发现，以及他们可能的起源，综合分析，最后推出"鹿车"的一个大概的起源和最早存在时间。

本论文的创新点主要体现在以下几个方面。

第一，搜集相关"鹿车"的文献和考古资料，析出表格。通过表格的清晰反映，讨论"鹿车"的基本概况；

第二，在"鹿车"的名称辨证中，对相关俗字部分，加以详细的考证，通过在两汉之际，文字偏旁简省——以声旁表其字的现象、文字加定旁——构成新字的现象、以滑轮装置命名的现象、以发声命名的现象、汉代百姓命名周边事物的特点等等多个方向，不同的角度论述"鹿车"的名称；

第三，本文对项橐手中一轮车、"羊尊酒肆"中的"羊尊"，这两个事物加以驳证，通过文献，证实他们的真实身份；

第四，在对"鹿车"起源问题的辨析上，区分开了起源和最早发现时间，通过文献和考古两个方面去分析了其起源问题。

本文也存在着较多的不足之处。

第一，因条件所限，有关"鹿车"相关史料和考古资料的收集不完整，继而可能影响对"鹿车"问题辨证的准确性；

第二，因相关"鹿车"研究资料的缺乏，可能导致研究的片面化、单一性，不能对"鹿车"做一个较为完整的论述；

第三，因个人史学素养、史识的限制，对有关"鹿车"的史料分析、解读不够深入，一些史料和考古资料可能存在着就事论事的问题，对"鹿车"的研究还需要进一步的提升。

一、汉代鹿车的概况

（一）鹿车为独轮车

将鹿车定义为独轮车，最早的是瞿中溶《汉代武梁祠画像考》："一轮车即搜神记所谓鹿车也，其树者盖即二十四孝文所谓槐荫也。……今观此图董父坐一轮车架前而合以搜神记鹿车载自随之语。始悟鹿当时鹿卢之谓，即辘轳也。乃今北方乡人所用之一轮小车，以一人自后推之或更以一人在前挽之，俗呼为二把手者是也。巧广雅云繀车谓之历鹿，道轨谓之鹿车。又方言云繀车，赵魏之间谓之轣辘车，东齐海岱之间谓之道轨。轣辘犹言辘轳也，后人但知辘轳为井幹，不知井上用轮挽汲以辘轳为名，其义实本与车故，字皆从车旁，盖古人谓圆转之物皆曰鹿卢。故剑具亦名为鹿卢，其从车旁之字，古所无也。"[1]此外有学者刘仙洲和史树青两位先生通过王重民《敦煌变文集》中的句道兴《搜神记》中的"董永故事"与汉武梁祠画像中的"董永孝亲"（图4）作相互的印证，认为鹿车为独轮车。

---

①瞿中溶. 汉代武梁祠画像考[M]. 北京: 北京图书馆出版社. 2004:305.

图4　山东嘉祥东汉武氏梁祠出土（载取于《中国画像石全集·第二卷》98页）

　　《敦煌变文集》载句道兴《搜神记》有："昔刘向孝子图曰：有董永者，前乘人也。小失其母，独养老父。家贫困苦。至于农月，与（以）辘车推父于田头树荫下，与人客作，供养不阙。"①其后又载《孝子传》中有："董永，子（千）（乘）人也。少失其母，独养于父，家贫佣力，于孝养。至于农月，永以鹿车推父至于畔上，供养如故。"

　　史树青先生认为唐人句道兴所引用的《搜神记》应是汉代人刘向所著，这是与干宝《搜神记》中记载了"董永故事"对比得出的，干宝在故事中将董永引述为"前汉人董永"，不可能是刘向的语气，所以干宝的"董永故事"可能并不是刘向的版本。而在《敦煌变文集》中唐本句道兴的"董永故事"中被引述为："有董永者"，可能更接近为刘向的口气。故认为此为汉代刘向《孝子图》。且此本中的"董永故事"的故事内容与图1-1描述的内容相似，故推论史料中的"鹿车"为汉代的独轮车。

　　除去以上推论，如果更严谨一些的话，应该从史料记载的有关"鹿车"的使用方法和功能上来推断"鹿车"可能为独轮车。现在先将在史籍中搜集到的有关鹿车的资料罗列如下：

　　《后汉书·列女传·鲍宣妻传》："渤海鲍宣妻者，桓氏之女也，字

①王重民，王庆菽，向达，周一良，启功，曾毅公编. 敦煌变文集[M]. 北京: 人民文学出版社. 1957:886、904.

少君。宣尝就少君父学，父奇其清苦，故以女妻之，装送资贿甚盛。……妻乃悉归侍御服饰，更著短衣裳，于宣共挽鹿车归乡里。"

《后汉书·赵熹传》："赵熹字伯阳，南阳宛人也。少有节操。……更始败，熹为赤眉兵所围，迫急，乃逾屋亡走，与所友善韩仲伯等数十人，携小弱，越山阻，径出武关。仲伯以妇色美，虑有强暴者，而已受其害，欲弃之于道。熹责怒不听，因以泥涂仲伯妇面，载以鹿车，身自推之。每道逢贼，熹辄言其病状，以此得免。既入丹水，遇更始新属，皆裸跣涂炭，饥困不能前。案丹水，县名，属南阳郡，故城在今邓州内乡县西南，临丹水。"

《后汉书·杜林传》："杜林字伯山，扶风茂陵人也。父邺，成哀间为凉州刺史。……隗嚣素闻林志节，深相敬待，以为持书平。后因疾告去，辞还禄食。……建武六年，弟成物故，嚣乃听林持丧东归。既遣而悔，追令刺客杨贤于陇坻遮杀之。贤见林身推鹿车，载致弟丧，乃叹曰：'当今之世，谁能行义？我虽小人，何忍杀义士！'因亡去。"

《后汉书·独行列传·范冉传》："范冉字史云，陈留外黄人也。……桓帝时，以冉为莱芜长，遭母忧，不到官。后辟太尉府，以狷急不能从俗，常佩韦于朝。议者欲以为侍御史，因遁身逃命于梁沛之间，徒行敝服，卖卜于市。遭党人禁锢，遂推鹿车，载妻子，捃拾自资，或寓息客庐，或依宿树荫。案莱芜，县，属泰山郡，故城在今淄川县东南。"

《后汉书·儒林列传·任末传》："任末字叔本，蜀郡繁人也。少习齐诗，游京师，教授十余年。友人董奉德于洛阳病亡，末乃躬推鹿车，载奉德丧致其墓所，由是知名。"

《东观汉纪校注·邓训》："邓训，字平叔，永平中，……邓训尝将黎阳营兵屯狐奴，后迁获乌桓校尉，黎阳营故吏皆恋慕，故吏最贫羸者举国，念训尝所服药北州少乏，又知训好青泥封书，从黎阳步推鹿车于洛阳市药，还过赵国易阳，并载青泥以襆，至上谷遗训。其得人心如是。案狐奴，县，属渔阳郡也。"

《论衡·语增篇》："传者之说，或言：车行酒，骑行炙，百二十日为一夜。夫言用酒为池，则言其车行酒非也；……悬肉为林，则言肉为林。……或时载酒用鹿车，则言车行酒、骑行炙。"

《三国志·司马芝传》："司马芝字子华，河内温人也。少为书生，避乱荆州，于鲁阳山遇贼，同行者皆弃老弱走，芝独坐守老母。贼至，以刃临芝，芝叩头曰：'母老，唯在诸位。'贼曰：'此孝子也，杀之不义。'遂得免害，以鹿车推载母。居南方十余年，躬耕守节。"

《三国志·费祎传》："费祎字文伟，江夏鄳人也。少孤，依族父伯仁。伯仁姑，益州牧刘璋之母也。璋遣使迎仁，仁将祎游学入蜀。会先主定蜀，祎遂留益土，与汝南许叔龙、南郡董允齐名。时许靖丧子，允与祎欲共会其葬所。允白父和请车，和遣开后鹿车给之。允有难载之色，祎便从前先上。及至丧所，诸葛亮及诸贵人悉集，车乘甚鲜，允犹神色未泰，而祎晏然自若。"

从上面的资料可知，首先，从鹿车的运输方式来看，鹿车一是可以为一人推之；一是可以由二人，一前一后，前挽后推或是有三人，二人前挽，一人后推来驱动鹿车。从鹿车的推动方式来看，是可以证明其为独轮车的。如果货物轻，一人推之。若是货物重，可以两人共推，或前挽后推或三人共推。但是在学界有一种观点是因为鹿车需要挽，而对鹿车为独轮车产生怀疑。其实不是，由汉代鹿车的画像可以看出，鹿车是一种车轮在前的独轮车，这样，独轮车的受力点就主要集中在了车轮上，使得其后推者会相当吃力。若是在前挽之，车轮的受力分散一些，推者的分担理当会轻省些。故有时鹿车前挽后推，是合理的，不应该成为怀疑其为一轮车的原因。

其次，从鹿车的使用功能来看，鹿车可以用来载人、载棺木、载酒等。从汉代画像砖、石上的独轮车来看，汉代的独轮车还可以用来载酒糟、载羊尊、载盐、载粮食等。从此可以看出，鹿车容载能力是有限的，就好比《风俗通义》中称其"鹿车，窄小裁容一鹿也"[1]一样，说明它不能拿来运输重量级的大型货物，多被用于小家、小商人搬运小宗货物。

---

①应劭撰，王利器校注. 风俗通义校注[M]. 北京: 中华书局. 1981:614.

（详见三、鹿车的使用）

（二）鹿车的形制

考古中难有"鹿车"实物的出土，盖因汉代的独轮车为木制，第一是因为木制的轻便；第二是木制的制作成本低廉。

纵观两汉有关鹿车的画像石、砖，多数属于东汉时期，且从其上的独轮车来看，东汉时期独轮车的形制在地域上并不存在太大的差异，基本相似。故本节不对独轮车形制在区域性和时代性进行细致的区分，而是将鹿车都归于东汉时期，并粗略的将其分为两种，一种形制较为简单的；一种较上一种略复杂。

第一，简单的车形为：典型的为图4、图5，一种是无辋，为轮，轮在《说文解字》上说："轮，蕃车下庳轮也。一曰无辐也。从车全声，读若馔。"也就是无辐。对于无车辐，有几种可能：一是此地独轮车确为此，一是因贫困所致，有辐的独轮车造价略高，还有一种可能是模板或雕刻不清、时间久远所致。一种是有辋，且有车辐，有毂，缺少上椿装置，应该有横枨。这两种简单的独轮车，由于画像中人物的遮挡，无法看清其是否有车脚。我认为车脚应该是有的，因为车脚制作容易。且这两种独轮车均是轮转轴不转的结构，因其轴与辕相连。

图5 四川新都县出土"沽酒"（截取于《四川汉代画像砖》17页）

第二，较第一种略复杂的车形为：典型的如图6、图7：有辋，有毂，最多可见八辐轮型。辕身应该是前宽后窄的似梯形状，且穿轴而过的圆木长度应该短于车轮的直径。因为轮子处做宽，不利于平衡和掌握，而且这样比辕身平行的似长方形的车，也要更稳定，且可以载更多的货物。辕下面有两个可以支撑独轮车的车脚，使它在相对不动的状态下，可以保持一个比较平衡的状态，方便货物的安置和减省劳动者弯腰拾车辕的体力。由图观之，鹿车轮子上面，为了使轮子和车身隔离，以防货物或人置于其上，受到轮子的摩擦伤害，夹着车轮的置物叫做上椿，且上椿连接双辕，也有固定双辕的作用。除了上椿柱固定两辕外，在两辕的后半部应该有横木连接两辕，以用来固定辕的后半部。因为上椿前、后柱起到的只是固定双辕前半部的作用，对双辕后半部的固定作用不是很大。且如果有了此横木，可以将人物和货物的放置于上，这也分担了双辕的负重。如图可见，鹿车应该是有此横木——横栿，以便货物的存放，遗憾的是画像对鹿车侧面的描画，没有很好的描述出鹿车的整个形制。汉代的上椿后柱连接两辕，有半弧形的曲线，也有折线。曲线的上椿后柱多于轮辋的曲度相似。在四川渠县的画像中，车辕前部与车轮相交处，可以看出有一个轴眼，且轴眼与上椿的前柱相接，并于轴眼与车辕相连之外与轴眼相连。这样看来，可以推断汉代的独轮车的车轴是固定不转的，用来固定双辕。其中，汉代独轮车区别于后代独轮车的最大的特点就是鹿车的车轮是在前的，也就是说轮子突出辕前，这是一种很费力的车形结构。

图6　成都杨子山耳号墓出土 " 车 "（截取自 《重庆市博物馆藏四川汉画像选集》）

图7　梁县蒲家湾无名阙 "小憩"（截取自《中国画像石全集·第七卷》56页）

（三）鹿车的使用

此节主要介绍在两汉时期，鹿车的使用者、使用区域范围及其地理环境和使用用途。在"鹿车为独轮车"中，将搜集到的有关鹿车的材料罗列于上，但因上面所列的史料中对此节所讨论的问题的信息不甚完整，故此节首先对上述史料进行一一分析、整理。

在上述史料中，《后汉书·任末传》并未对任末的生卒年交代，也没有任何与任末有关的年号出现，只能将其括于东汉这个大的时间段中。赵熹因被赤眉军所围，更始败等信息，大概推测此年应该是更始三年，公元25年，也就是建武元年。故赵熹为东汉早期人士。有关杜林，我们可知他是扶风茂陵人，杜林送弟丧东归，应该是回茂陵老家。又根据《后汉书·隗嚣传》载："隗嚣字季孟，天水成纪人也。少仕州郡。王莽国师刘歆引嚣为士。歆死，嚣归乡里。季父崔，素豪侠，能得众。闻更始立而莽兵连败，于是乃与兄义及上邽人杨广、冀人周宗谋起兵兴汉。……遂聚众数千人，攻平襄，杀莽镇戎大尹。崔、广等以为举事宜立主以一众心，咸谓嚣素有名，好经书，遂共推为上将军。案平襄，县名，属天水郡，故城在今秦州伏羌县西北。王莽改天水郡曰镇戎郡，守曰大尹。"可知隗嚣在当时割据陇右，治所在汉天水郡的平襄。杜林当时在隗嚣手下做官，当时他应当是在天水郡，这般看来，他东归，应是从天水郡到茂陵。有关鲍宣妻，参照鲍宣的生卒年，《汉书·鲍宣传》载："鲍宣字子都，渤海高城人也。……哀帝初，大司空何武除宣为西曹掾，……是时帝祖母傅太后欲与成帝母具称尊号，封爵亲属，……丁、傅子弟并进，董贤贵幸，宣以谏大夫从其后……。"[1]根据哀帝、董贤等人，大概推出鲍宣应该是西汉晚期人。有关董永的存在时间可以参考刘向，《汉书·楚元王传·刘向》载："（刘）向字子政，本名更生。年十二，以父德任为辇郎。既冠，以行修饬擢为谏大夫。是时，宣帝循武帝故事，招选名儒俊才置左右。"刘向在宣帝时及冠，董永最迟也是宣帝时人。

---

①班固. 汉书[M]. 北京: 中华书局. 1964:3086、1928.

整合上面对史料分析，析出下表6：

年代	人物	身份	出现地点	事件
西汉宣帝时	董永	与人客作	千乘	载人
西汉哀帝时	鲍宣妻		渤海郡	载物
东汉早期更始三年公元25年	赵熹	被赤眉军所围（逃亡	武关—丹水	载人
建武六年公元30年（东汉光武帝）	杜林	治书之官比侍御史之职	天水平襄—陇坻—茂陵	载丧
东汉早期建初三年公元78年	故吏	黎阳故吏市药	从黎阳，经洛阳、赵国、易阳，到上谷	载物
晚期桓帝时	范冉	卖卜于市遭党人禁锢	梁、沛之间	载人、物
东汉	任末	游京师教授十余年	洛阳	载丧

通过对所掌握的有关鹿车画像石、砖分析，现列表7：

出土地点	时代	形制	使用
山东省泰安市大汶口镇东门外出土（出自《中国画像石全集·第一卷》）	东汉晚期	简单	《孝子赵荀》载人
四川乐山柿子湾崖墓出土（出自《中国画像石全集·第七卷》）	东汉	复杂	《董永侍父》载人
重庆梁县蒲家湾出土（出自《中国画像石全集·第七卷》）	东汉	复杂	《董永侍父》载人
四川新都县出土（出自《四川汉代画像砖》）	东汉晚期	复杂	《酿酒》载物
四川新都县出土（出自《四川汉代画像砖》）	东汉晚期	简单	《沽酒》载物
成都杨子山耳号墓出土（出自《重庆市博物馆藏四川汉画像选集》）	不详	复杂	《軿车出行》载物

续表

出土地点	时代	形制	使用
四川彭州市升平县出土（出自李立新《鹿车考析》）	不详	简单	《羊尊酒肆》载羊尊
山东嘉祥县出土（出自《中国画像石全集·第一卷》）	东汉桓帝	简单	《董永侍父》载人

从表1-1、1-2可以看出：首先鹿车被不同的阶层使用于两汉之际，有商人、孝子、士人等，主要用来载人、物，还被用于送丧。由于受到史籍记载的局限，独轮车多用来表示士人的贫寒、清正。但从年代跨度和阶层跨度来看，独轮车在当时应该是被广泛应用于生活的各个方面的。不仅如此，从史料可以看出，使用鹿车的这些统治阶级的士人，多是在较为落魄之际，且士人使用鹿车，会让其感到羞愧，丢面子，对其他人来看，侧面展示其人清贫、不拘小节。可见士人或地主阶级并不使用鹿车。通过这一点，可以从侧面证明鹿车虽常备，但主要被用于劳动人民，且劳动人民也并非是所有的下层百姓。

其次，通过对史料中鹿车使用的地点分析，鹿车在史料中共出现于千乘、渤海郡、武关—丹水、天水平襄—陇坻—茂陵、黎阳—洛阳—赵国—易阳—上谷、梁沛之间等地。根据《中国历史地图集·秦西汉东汉》和《中国古今地名大辞典》两书的对照，查检到：

西汉千乘县，"本齐邑。汉置县，并置千乘郡治焉。后汉改郡为乐安国。……故城在今山东高苑县北二十五里。"今在山东北部，淄博市高青县，其属于鲁北平原。

西汉渤海郡，"汉置。今直隶河间县以东至沧县。北至京兆安次县。南至山东无棣县。皆其地。治浮阳，在今沧县。后汉移治南皮。故城在今直隶南皮县东北八里。"属今河北境内，大概东南方向。河北省的地势大概西北高、东南低，并呈逐级下降的趋势。在这里混杂有高原、山地、丘陵等多种地域类型类型，如从西北向东南依次有坝上高原、燕山和太行山地、河北平原。推之，当时的渤海郡应该属于河北平原。

武关，"在陕西商县东一百八十里。即春秋少习。秦之南关。汉高祖由武关入秦，降子婴。"东汉时在南阳郡约西北方向，大概在今位于陕西省商洛市丹凤县东武关河的北岸。此处属于商洛地区，是秦岭东段的南麓，地势山岭连绵、崎岖不平。

丹水在东汉的南阳郡，"古郡国。秦置丹水县，唐省。故城在今河南淅川县西丹水之阳。"在今河南省南阳市淅川、西峡一带，因属于南阳盆地。赵熹从武关到丹水，应是从陕西境到河南境，地貌为从山岭地带到盆地。

平襄，"汉置。后魏废。故城在今甘肃通渭县西南。后汉更始初，隗嚣季父崔，聚众数千人，攻平襄，杀镇戎大尹，随共推嚣为上将军。"属东汉的天水郡，今在甘肃省通渭西北，而通渭县地势西北高，东南低。故此处应属于陇中黄土高原丘陵墚地带，较多黄土梁、峁。

隆坻，"即陇山。《汉书·地理志注》注：'陇坻即陇坂。'即今之陇山也。"在东汉的汉阳郡和安定郡的交界之处，在今甘肃境内的东南部，约在盘山领域，地形应是山地、高原、河谷等交错，复杂多样。

茂陵，"汉武帝陵也。在陕西兴平县东北。《汉书·武帝纪》：'后元二年，，葬茂陵。'本槐里之茂乡。初置茂陵邑，宣帝始为县。"属东汉的扶风郡，今大概于陕西省咸阳兴平市，应属关中平原。杜林这一路大概是从甘肃境到陕西境，地势从高原丘陵墚地貌到山地到平原，可谓是一路崎岖。

黎阳县，"汉置。……故治在今安徽休宁县东南。即黎阳乡。在屯溪率口之间。"属于东汉新都郡，今大致在安徽省黄山市屯溪区的黎阳镇，应在白际—天目山、黄山之间的休屯盆地中。

洛阳今河南洛阳，此处山岭丘墚交错，多属山区、丘陵地貌。

东汉封国赵国，"汉置。后汉末省。即今直隶邯郸县治。"包括今河北邯郸市、邢台市两市，两地地形复杂，是一个从高原丘陵向平原过渡地带。

易阳，属东汉赵国，"易阳县，汉置。隋改为邯郸。……故治在今直隶永年县西十五里。"大概在河北省永年县西阳城乡西阳城村东，永年县属于低山丘陵和华北平原的交界处。

东汉上谷郡，"汉郡治沮阳，在察哈尔怀来县南。"在今河北省张家口市宣化区，此处属宣化盆地。故黎阳故吏这段路程大概是从安徽—河南—河北，地貌是从盆地—山区、丘陵—平原—丘陵—盆地。

梁，"春秋时周小邑。后属楚。汉置县，故城在今河南临汝县东。"属东汉的河南尹汝水河南畔，今属河南省汝州，此处的地貌大概是一个丘陵到平原的过渡，但应多属为黄淮海平原。

沛，"秦置。二世元年，陈涉起沛，父老共杀沛令。迎高祖，立为沛公。高祖定天下，以沛为汤沐邑。后以属沛郡，亦谓之小沛。北齐时废，隋复置。故城在今江苏沛县东。"属东汉的沛国郡，在今沛县属江苏省徐州市下辖县，位于徐州市西北部，此处西南高东北低，属冲积平原。范冉此段路程大概是从河南境到江苏境，一路好走，多属平原。

查阅中国地貌的相关地理资料，可知山东泰安市因泰山地貌的影响，属多样性复杂的地貌构造；山东嘉祥县属鲁西南黄泛冲积平原；四川乐山市属四川盆地向西南山地的过渡地带，高差悬殊大，但多以山地为主；新都县属于四川盆地的西部，多属于平坝地貌；彭州市升平县属于川西平原；重庆的梁县多以丘陵、山地为主；成都地形多样，西部山区、东部平原地貌。

上述说明，鹿车的使用应不拘地形地貌，从上述史料和画像砖、石发现，鹿车的使用范围的地形地貌包括鲁北平原、河北平原、商洛丘陵地区、南阳盆地、陇中黄土高原丘陵垦区、盘山领域、关中平原、休屯盆地、洛阳山地、高原丘陵向平原过渡地带、低山丘陵和华北平原的交界处、宣化盆地、黄淮海平原、冲积平原、泰山地貌、鲁西南黄泛冲积平原、西南山地、平坝地貌、川西平原、山地，等等。但分析来看，因其灵活、便利性，鹿车多使用于地形崎岖的山区丘陵地区。

二、汉代"鹿车"名称之辨

有关鹿车的名称问题，学界具有代表性的主要有三种观点：辘轳说、麤车说、乐车说。学者们对自己的看法提出了论证，但是其论证因没有展开详细地论述，而稍显含糊。尤其是在"鹿车"名称的问题上，对"鹿"字的辨析。然前人栽树，后人乘凉。前人研究的经验和史料证明，"鹿"字疑问的产生是秦、汉之际文字变革，隶变之下的汉字俗化的一个结果，此看法可认为是毋庸置疑的。本章在前人研究的基础上，结合文字俗化和其他几个方面，力求逐个分析。在对"鹿车"名称的分析上，争取拨云见日，对"鹿"字的辨析做以清晰的论证。

（一）汉代的俗字

1.汉代俗字产生的背景和原因

中国文字的字体演变过程，分为两大阶段。一是古文字阶段，一是今文字阶段（隶、楷阶段）。其中，前一阶段是自商代到秦代（公元前三世纪晚期），后一阶段是自汉代一直到现代，此分期在学界得到普遍认同。此外，东汉许慎在《说文解字·叙》中也有："初有隶书，以趣约易，而古文由此绝矣。"可见，隶书是古今文字的一个分水岭。其中，由古文字的小篆发展为隶书这样的一个过程，就是隶变的过程。继而，隶变可为汉字发展史上的一个里程碑。本论文要研究的问题就发生在隶、楷阶段，处于隶变的大趋势之下。

汉代的俗字产生在今文字阶段中的隶变过程中，严格地来说，隶变和俗化并不是一个概念，俗化趋从民间性，故俗字不能笼统地把它归于隶变的结果，而是在文字变革的大环境之下，在民间为了方便书写而简省、假借等造成的，它多为平民百姓使用。可将俗字看成是隶变过程中的旁生物，像张涌泉先生描述的那样，它属于"下里巴人"。

俗化离不开它的大背景。隶变是如何发生的，以时代划分可概括为几点。

第一，在春秋战国之际，世袭贵族衰落，新兴的地主阶级兴起，政治、经济、文化等不再被贵族阶级所把控，文字开始在民间使用、流通开来。

第二，进入战国之后，时代的变革带来的是社会各方面的巨大变化。先前的文字已经不再适应当前书写和记录的要求。于是，各国开始了对文字的简化。纵观历史，汉字的发展主要体现在文字的简化上。战国时期的秦国文字逐渐演变为小篆，而在民间流通的，区别于秦国官方文字的隶书，就是当时小篆的俗体字。此时，由隶书对小篆的改造过程，便是隶变过程。可见，隶变的过程是漫长的，而不是一蹴而就的。

第三，秦始皇统一中国，下令对各国原来使用的文字进行整理，规定在全国范围内通用秦小篆。官方文字确定之后，文字并没有停止变化。为了方便书写和记录，在文吏笔下、在民间，文字依旧向着简省的方向发展。

第四，到了西汉，由于隶书较小篆的简易性，原来的俗体字取代了正字，成为了后代的正字。到了东汉，随着纸张的发明，文字使用的频率越来越高，使用文字的人也越来越多，以简单易写为特点的俗字迎合了这一趋势。不仅如此，由于当时书籍的传递和流通，主要是靠手写来完成的。而且在整个社会中，不同的阶级、阶层的人，其不同的文化水平，且为满足书写的速度和便捷性，在书写的过程中，人手相传，免不了会产生大量的俗字。而且，这样的书籍的再次传播下，授受相异，如此一来，就造成汉代俗字的大量存在的现象，继而也是造成后世对汉代文献的正确解读的困难。

值得注意的是，俗字并不是汉代一个时代特有的产物，不同时代的俗字有着不同的时代性，每一个时代的俗字都有与它相对应的这个时代的正字。为了正确解读文献中的俗字，我们就应找到与之对应的这个时代的正字。

2.什么是俗字

两汉时人对俗字的理解，如《后汉书·儒林传上》："（尹）敏对曰：'职书非圣人所作，其中多近鄙别字，颇类世俗之辞，恐疑误后生'。"今人有唐兰《中国文字学》将俗字称为简俗字，认为：

"其实中国文字既以形体为主，讹变是免不了的，由商、周古文字到小篆，由小篆到隶书，由隶书到正书，新文字总就是旧文字的简俗字。"孙仲温《玉篇俗字研究》中："所谓俗字是一种具有相对性、民间性、浅近性、时代性的通行文字。"可见，从古至今，对于俗字的理解，多有相似。本论文以张涌泉先生对俗字的阐述为依据，因张涌泉先生在《试论汉语俗字研究的意义》中综合学界几个代表性的观点，将俗字定义为"汉字史上各个时期与正字相对而言的主要流行于民间的通俗字体。"按这样的定义表述，俗字有一个明显而主要的特点，即"通俗"，而俗字的通俗性则跟文字字形的省简有关。因为俗字是相对于正字来说的，所以我们可以此得出俗字的范围。张涌泉先生在其《汉语俗字研究》中说到："凡是区别于正字的异体字，都可以认为是俗字。俗字可以是简化字，也可以是繁化字，可以是后起字，也可以是古体字。"

在汉代文献中多次出现"鹿车"这一独轮车的名称，"鹿车"一词中"鹿"字的产生，我们看作是俗化的结果，而与之相对应的正字，是为何字的问题却在学界引起了不同观点。以下，我们对鹿车的"鹿"字正字是谁，作一个比较详细的分析。

（二）"鹿车"之"鹿"之辨

1.辘与鹿

最早关注鹿车，并认为其为独轮车的是清代瞿中溶的《汉代武梁祠画像考》（第一章已经提到）。在学界，认为"鹿车"其"鹿"为"辘轳"的"辘"的学者，主要代表是刘仙洲、史树青。他们一是从俗字的方向出发，一是从滑轮的应用出发。他们给鹿车名称的研究指明了方向，但在论述上显得并不是那么的详细，还需要加以补充。

我们假设"鹿车"的"鹿"是为"辘轳"的"辘"，那么我们就可以从以下几点加以分析：第一，鹿字作为俗字是否被广泛应用，且多代替"辘"在文献中出现；第二，辘字在汉代是否还没有被创造出来，是否是"鹿"字声旁加车字的义旁重新造出来的字，且在汉代的文献中的俗字里，是否有去掉义旁，以声旁表其字的字的情况；第三，辘轳因其滑轮原理而定名的话，是否还有将配置有滑轮装置的器物俗称为辘轳某某的；第四，辘轳与"鹿车"的相似性。

（1）首先，在古代文献中，我们可以发现，"鹿"字作为俗字出现的现象很普遍。举例说明，《古文字通假字典》中有："鹿。银雀山汉简《孙膑兵法·见威王》：'昔者，神戎（农）战斧逐；黄帝战蜀禄……'，'蜀禄'即'濁鹿''涿鹿'"；峋嵝碑，'余（盟）于此，曰虔主山鹿，汝弼益福。'曹锦炎〈峋嵝碑研究〉云鹿读麓，碑言山麓……。"又有"鹿，上博楚竹书〈容成氏〉简四一：'于是（乎）（亡）宗鹿族戋（残）群焉備（服）'。"由上可见，鹿也被用作禄、麓、戮的俗字。《诸子集成·盐铁论·散不足》载："古者庶人鹿菲草芰缩丝。尚韦而已。"《潜夫论·救边》有"……羌独往来，深入多杀，已乃陆陆于俗。"其中"陆陆"注云："史记平原君传：'公等录录'。汉书萧何曹参传赞：'当时录录'。颜师古注：'録録'，犹'鹿鹿'。说文云：'逯，行谨逯逯也。娽，随从也'。陆陆、碌碌、禄禄、録録、鹿鹿、逯逯、娽娽，并通。"《汉书·萧何曹参列传》载："赞曰：萧何曹参皆起秦刀笔吏，当时録録未有奇节。颜师古注：録録犹鹿鹿，言在凡庶之中也。"见上，鹿字作为俗字可通禄、麓、戮、麤、陆、碌、録、逯、娽。这说明，鹿字是一个典型且经常被使用的俗字。

由上推之，假借"鹿"字为俗字的字，无外乎两种，一是以鹿字为声旁，一是就是与鹿音近的假借，且其音近多是"lu"音。

其次，在一些文献中，有许多地方，"辘轳"被俗化或代称为"鹿卢"，这是"鹿车"为"辘车"最有力的证据。如《正字通》中对辘的解释有："力竹切，音禄，辘轳井上汲水也。唐诗井转辘轳千树晓，古单（單）作鹿盧……。"《释名疏证补·释典艺》载："碑，被也。此本葬时所设也，施鹿卢以绳被其上，引以下棺也。"《古文苑·王褒〈僮约〉》有："晨起洒扫，食了洗涤。居当穿臼，缚帚裁盂。凿井浚渠，缚落锄园。研陌杜埤，地刻大枷。屈竹作杷，削治鹿卢。出入不得骑马载车。"

此外"鹿卢"一词还多见于汉代简牍之中，居延汉简227.31出现："累举鹿卢二二二二"，尹湾汉墓简牍《武库永始四年兵车器集簿》有："鹿卢、薄卢千一百卅九。"但是此"鹿卢"是不是"辘轳"还有待进一步的考证，此处不作论述。还有一例以"鹿卢"替换"鹿"，在《抱朴子内篇·杂应》载："若能乘蹻者，可以周流天下，不拘山河。凡乘蹻道有三法：一曰龙蹻，二曰虎蹻，三曰鹿卢蹻。"此中"鹿卢蹻"应实为"鹿蹻"。

由此可见，辘轳的"辘"字常被俗作"鹿"字，"鹿车"或有可能是"辘轳车"的简称。

（2）俗字的产生，一部分是由于假借造成的。关于假借，王力先生在《古代汉语》中有："假借字的产生大约有两种原因：第一种原因是本来有一个正字，但是书写或抄写的人由于一时笔误（等于为别字），后来相沿下来，得到社会承认，或者由于地方习惯，写为了另一个字。……第二种原因是本来没有正字，从一开始就借用某一个字。"且在书中，王力先生提到，"双声叠韵和上古汉语的构词法有密切的关系。"下面我们从假借字出现的第二种原因来分析"鹿车"的由来。

在汉代的文献中鲜有"辘"字的出现，或者说"辘"字均被"鹿"来替代。《史记》《汉书》《后汉书》，还有《说文解字》中没有其字，收录汉代日常用字的蒙学识字书《急就篇》中也无此字。若排除俗正字的考虑，大胆地猜测，"辘"字在汉代不被使用的原因是还未被造出来。

从文字学的角度来看，这是有依据的。裘锡圭先生在"文字的形成过程"这一问题的讨论中这样说："为了克服假借所引起的字义混乱现象，人们把有些表意字或表意符号用作指示字义的符号，加注在假借字上。……这种由表音的符号和指示字义的符号一起组成的字，在我国传统文字学上称为形声字，表音的部分称为声旁，表意的部分称为形旁。形旁在普通文字学上称为定符或类符。……人们为了使文字跟其所表示的词的联系更为明确，一方面在一些假借字上加注定符，一方面还在一些表意字上加注声符。……秦汉以后所造的合体字，基本上都是用已有的字充当偏旁的……。"书中并以"花"字举例，"花"字由形旁"艹"和声旁"化"组成。由此可见，"辘"明显是一个形声字，且也是这样被创造出来的。

在裘锡圭的《文字学概要》中提到："不过就汉字的情况来看，在已有的文字上加注定符或音符，始终是形声字产生的主要途径。"这些文字学方面的理论可以说明，"辘轳"其词的造就，很明显就是"鹿卢"二字在左边加注意旁"车"而来的。

不仅如此，根据裘先生在书中讲到的："使用音符的假借字，以及由意符和声符构成的形声字，通常也以一个字代表一个语素……"又"汉字记录具有两个以上音节的语素，有用假借字和造专用字这两种方法。用假借字记录双音节语素是很常见的，古代就已出现的如前面举过的'仓庚''犹豫'……造专用字的办法通常只用于双音节语素。所造的字绝大多数采用形声结构，……为双音节语素造的形声字，往往是通过加偏旁或改偏旁等方法，由假借字改造而成的。"在书中第十一章《文字的分化和合并》介绍"通过加注或改换偏旁为双音节词造分化字"中举例"鹿卢"加"车"旁而成"辘轳"，其中分化字就是为分散多义字的一字多职的职务而造的新字，这里"辘轳"就是"鹿卢"的分化字。

除此以外，在《说文解字注》中，就增加意符或形符而被创造的字有："屰不顺也。（后人多用逆。逆行而屰废也）。""隶及也。此与辵部逮音意皆同。逮专行而隶废也。""眡大（去那）又视也。大又各本作左右。非也。今正。凡诗齐风、唐风、礼记、檀弓、曾子问、杂记、玉藻或言瞿。或言瞿瞿。盖皆眡之假借。瞿行而眡废矣。""冓交积材也。高注淮南曰構架也。材木相乘架也。按结冓当作此。今字构行而冓废矣。"除这几个字外，还有囧（囚）→溫、盍→蓋、匋→陶→鄙、复→復、夅→降、束→刺、穌→蘇等等，这里就不一一详述了。

其次，去义旁以声旁表其字的字，在《说文解字注》有"曡（春秋说题辞云。星之为言精也。阳之荣也。阳精为日。日分为星。故其字日生为星。依此。）""得（见）行有所导也。从彳导声（导各本作得。误。今正。见部曰。尋取也。行而有所取。是曰得也。左传曰。凡获器用得。）""雲，山川气也。从雨云象回转之形。（回上各本有雲字。今删。古文只作云。）""霿，地气发，天不应曰霿。……霿今之雾字。"这说明以声旁表其字或用作俗字的字并不独有"鹿"字。

在前面，已叙述了在汉代"鹿卢"常常用于对"辘轳"的假借。又根据文字学一些构词法的理论和以声旁表其字的例子来看，"鹿卢"是在其后加注意旁改造为"辘轳"的可能是极大的。如果如此的话，"鹿"字假借"辘"也是正常的。

（3）1953年，在朝鲜平壤附近发现的汉制辘轳灯，以及在江苏出土的现存于盱眙博物馆的盱眙东阳出土耳杯形铜灯，见图8。这种灯是将盛油的容器和兼做盖子的灯之间连以关捩，他们通称之辘轳灯。其实连接容器和盖子的关捩是一个定滑轮，这也是它之所以被叫做辘轳灯的原因。但是，孙机先生在《汉代物质资料图说》中写道："此名是后人所加，当时乃认为它是行灯的一种。〈贞松堂吉金录〉所录此型为'内者灯'，铭文中就自铭为行灯。"可见，在汉代，并没有辘轳灯一说。此外，这样的定滑轮的灯器，还有以羊、鹿等动物形以及在朝鲜平壤附近发现汉代的辘轳灯。所以，以定滑轮装置的"辘轳灯"转而判定定滑轮的"鹿车"为"辘轳车"是不可行的，盖因"辘轳灯"在汉代本不叫作"辘轳灯"，而为"行灯"。或许在俗语中被称为"辘轳灯"，但无史料证明，故不能称为例证。

图8　盱眙东阳出土耳杯形铜灯
（摘取自余伟《江苏地区出土汉代铜灯试析》载自《东南文化》2014年第6期69—74页）

不过，辘轳灯虽无，却有辘轳剑，文献中作"鹿卢剑"。如《汉书·隽不疑传》有："不疑冠进贤冠，带櫑具剑……。"文中对"櫑具剑"的解释如是，"应劭曰：'櫑具，木摽首之剑，櫑落壮大也。'晋灼曰：'古长剑首以玉作井鹿卢形，上刻木作山形，如莲花初生未敷时。今大剑木首，其状似此。'师古曰'晋说是也。櫑音磊。摽音匹遥反。'"《玉台新咏·古乐府诗六首》载："黄金络马头，腰间鹿盧剑。可直千万余。"书中对鹿卢剑的注解为："《燕丹子》：荆轲左手把秦王袖，右手揕其胸，秦王乞听琴声而死，召姬人鼓琴，琴曰：'罗谷单衣，可裂而绝。八尺屏风，可超而越。鹿卢之剑，可负而伏。'秦王乃奋地而起，遂杀荆轲。"辘轳剑是剑首为圆形，但似辘轳而故名辘轳剑，流行于东周秦汉。可知，在当时，还是存在以形似辘轳来命名事物的现象的。

（4）首先，若鹿车的鹿字因辘轳而来，那它一定是与辘轳有关的。据考证，在汉代，辘轳有两种，一种是细腰辘轳，如图9所示；一种是滑轮式辘轳，如图10所示。汉代的这两种辘轳，都是在水井的两边竖起两根架子，固定并支撑其辘轳轴或是辘轳。不同的是，细腰辘轳较滑轮辘轳的直径变小且拉长了，以及在辘轳上架置了井罩。这两种汉代的辘轳均在外观上与鹿车很相似，尤其是细腰辘轳。汉代的独轮车与后世的独轮车，有一明显的不同之处，汉代的独轮车的车轮是在车前的，而后世的独轮车的车轮是在车子的中间的。若将汉代的辘轳平置，那它就像一架独轮车。

图9　山东诸城出土前凉台墓庖厨画像（截取《中国画像石全集·第一卷》90页）

图10　山东嘉祥出土辘轳（截取自《中国汉画像石·第二卷》90页）

且王子今先生在《秦汉名物丛考》中提道："西汉的早期独轮车，车轮制作可能和这种原始车轮相近（椎车），即直接截取原木并不进行认真加工，轮体有一定的厚度，正便于推行时操控保持平衡。可能正是因为车轮浑整厚重酷似辘轳，因而得名'辘车'。"从上两幅辘轳画像大致可看出辘轳与鹿车，两者的轮子均有些厚重。故鹿车为辘轳车的可能性又增加了一分。

其次，现在很多农村，称独轮车为辘轳车或辘轳。这不是没有关联性的。在民间，人们称呼独轮车为辘轳车，其理由多是因为独轮车的车轮在运动时候发出"辘轳辘轳"的声音，也可能是与井辘轳在汲水时发出的声音相似，故以其声音来命名。不仅现代，民间多用发声来命名事物，就在汉代，也有不少例子，如在《释名》中，也有不少器物以其发出来的声音作为它的名称，如："雷，硍也。如转物有所硍雷之声也。""銍，获黍铁也。銍銍，断黍穗声。""鐃，声鐃鐃也。"这说明以其发出的声音来命名其物，也是有合理性的。

"辘轳"明显是双声叠韵，王力先生在《古代汉语》一书中指出："这些双声叠韵词大都用来描绘声色形状。"以及"双声叠韵应用的范围是非常广泛的。除许多双音词和成对的同义词、近义词有双声叠韵的关系外，古人还利用这样的连绵字来加强诗歌的音乐性。"以此来说，辘轳表声拟物，也体现汉代人民在命名身边的事物时的所带有一种趣味性。

2.麤与鹿

清人沈涛在《铜熨斗斋随笔》中有："鹿有麤义'鹿裘乃裘之麤者，非以鹿为裘也。鹿车乃车之麤者，非以鹿驾车也。麤从三鹿，故鹿有麤义。吕氏春秋贵生篇，颜和鹿布之衣，犹言麤布之衣也。'"但是鹿虽有麤义，但其义仅存于与麤的替代关系中，并不能说明鹿车便是麤车。

麤在《说文解字》中被这样解释："行超远也。从三鹿，凡麤之属皆麤，仓胡切。"且，"鹿"字替换"麤"字，表示其本义的现象，在汉代的文献中大量的出现。如《史记·太史公自序》记载："墨者亦尚尧舜道，言其德行曰：'堂高三尺，土阶三等，茅茨不翦，采椽不刮。食土簋，啜土刑，粝粱之食，藜霍之羹。夏日葛衣，冬日鹿裘'。"《汉书·司马迁传》载："墨者亦上尧舜，言其德行曰'……糟粱之食，藜藿之羹，夏日葛衣，冬日鹿裘'。"《后汉书·冯虞郑周列传》载："（虞）延谏曰：'昔晏婴辅齐，鹿裘不完，季文子相鲁，妾不衣帛，以约失之者鲜矣'。"《后汉书·杨震列传》载："乃授光禄大夫，赐几杖衣袍，因朝会引见，令彪着布单衣，鹿皮冠，杖而入，待以宾客之礼。"《诸子集成·吕氏春秋·仲春纪》载："颜阖守闾。鹿布之衣。而自饭牛。"《诸子集成·盐铁论·散不足》载："古者鹿裘皮冒。"《诸子集成·淮南子·精神训》载："文绣狐白，人之所好也。而尧布衣掩形。鹿裘御寒。养性之具不加厚。而增之以任重之忧。"这样的例子很多，可得出"鹿车"为"麤车"的可能性也并不是没有的。但独轮车作为劳动人民使用的运输工具，其命名应符合劳动人民的价值观。在劳动人民看来，独轮车是否就是粗陋之物，这一问题需引起注意，需要我们从其他方面来验证。

在汉代，因为鹿车的便捷性，鹿车被用来装运小型货物，多被用于小商人、小手工业主，其次被用于农业劳动。在汉代的许多文献以及画像石中，我们可以找到贫苦人民背负、肩扛等画像和文字记载，如图11、图12所见。这反映的了在汉代，穷苦的百姓在运输货物时，多数是身负、肩扛的，而非使用一些人力运载工具，甚至是畜力运输工具。文献中也有不少这样的记录，在《史记·平准书》中有："当时是，汉通西南夷道，作者数万人，千里担负馈粮。"《汉书·董仲舒传》记载："乘车者君子之位也，负担者小人之事也，此言居君子之为而为庶人之行者，其患祸必至也。"《汉书·兒宽传》有："民闻（兒宽）当免，皆恐失之，大家牛车，小家负担，输租繮属不绝，课更以最。上由此愈奇宽。"《后汉书·董卓传》记载："百官饥饿，河内太守张杨使数千人负米供馈。"这就说明，鹿车虽为一轮车，但无力置备交通运载工具的下层劳动人民应不以其粗鄙来称呼它，因为也不是所有的下层百姓都有能力使用。

图11　成都市郊出土"盐井"（截取自《四川汉代画像砖图录》44页）

图12　1993年山东邹城市面粉厂出土（截取自《中国画像石全集·第二卷》58页）

且第一章中已经说明鹿车的主要特点是其便捷性和灵活性，功能大于形式。而且，与画像中的场景联系来看，独轮车多出现于酿酒、沽酒、盐井等劳动生活场景中，多被使用于小地主、小商人、手工工场主等手中。

以此来看，鹿车不应为鄙陋。

3.乐与鹿

首先，鹿字作为俗字，在汉代文献中出现过的，绝大多数是替换音近的"lu"音，或以鹿为声旁的字，比如上面所举过例的"辘"和"麤"。对"乐"的替换，仅见"鹿车"为"乐车"，其来源是《风俗通义》对"鹿车"的解释。本人认为持"鹿车"为"乐车"这种观点的学者主要还是受了《风俗通义》中应劭对"乐车"的解释的影响。

《风俗通义校注》中应劭对"鹿车"的解释为："鹿车，窄小裁容一鹿也。或云乐车，乘牛马者，刬斩饮饲达曙，今乘者虽为劳极，然如传舍，偃卧无忧，故曰乐车；无牛马而能行者，独一人所致耳。"先不考虑《风俗通义》对"鹿车"的解释是否正确。在此，劳动人民有一运载工具，虽不及载歌载舞，但也是心有幸焉。故此乐车的命名，多是从地主阶级的层面来观察的。从"乐"这个字就可以看出，它是由上往下观照的，这样的称呼，像是旁观者的笑谈之说。而作为被劳动人民使用的一轮车，其名称的直观性应该是比较重的。比如在《尔雅》中，"白盖谓之苦。注：'白茅苦也，今江东呼为盖'。""疱，九叶。注：'今江东有草五叶，共丛生一茎，俗因名为五叶，即此类也'。""女桑，桋桑。注：'今俗呼桑树小而条长者为女桑树'。""鴋，泽虞。注：'今姻泽鸟，似水鸮，苍黑色，常在泽中，见人辄鸣唤不去，有象主守之官，因名云。俗呼为护田鸟'。""魋如小熊，窃毛而黄。注：'今建平山中有此兽，状如熊而小，毛上鹿下旦浅赤黄色，俗呼为赤熊，即魋也'。""四蹄皆白，首。注：'俗呼为踏雪马'。"

像上述俗称的例子很多，可推之，秦汉时人，俗人在称呼事物上，其俗名简单易懂，不仅带有很强的直观性，而且还有很浓的趣味性。故"乐车"的说法并不成立。

其次，有学者认为"鹿车"为"乐车"是从"鹿"字假借"乐"字出发的。在《说文解字》中，"乐"字被解释为"五声八音总名。象鼓，革木虙也，玉角切。"而"角"在《说文》中被解释：为"兽角也。象形角与刀鱼相似。凡角之属皆从角，古岳切。"故而"乐"读为"yue"。但是在汉代或汉以前"乐"字读作"yue"，也读作"le"。当乐字读"yue"，那么"鹿"是假借"乐"就不成立了。从"le"来分析的话，其一，在文献中我们很少见到对乐字的假借，没有针对乐字的俗字，乐字一般还是由其本身来表现。其二，lu音的字也没有被用作le的假借。如王力先生在《古代汉语》讲到："双声叠韵和古代汉语的构词法有密切的关系。""假借字的形成，根据这样的一个原则：语音必须相同或相近。有时候假借字本字虽然也可以只是双声或叠韵，但是如果韵部相差很远，即使是双声，也不能假借；如果声母相差很远，即使是叠韵，也不能假借。……它们之间都只有声调上的差异，也没有什么问题。……可见假借字必须是同音字，至少也要是声音十分相似的字。只是假借字的原则，也是所谓古音假借的原则。"其三，从上述"鹿、辘、麤"的关系来看，正字和俗字的关系，并不是一种偶然的关系，且这种假借的关系也不可能只出现一次。由此我们可以说鹿字不可能去假借"乐"字。

4.鹿车与动物——鹿

通过本文第一章中对汉代画像中独轮车的使用情况来看，鹿车多行于地形崎岖之地，且鹿车的主要特点表示为便捷性和灵活性。从这一点来看，排除掉俗字的可能性，鹿车有可能本就叫做鹿车，但非是窄小只容一鹿，也非是鹿拉之车，而是灵活、便捷如同鹿。鹿在汉代人的印象中多与祥瑞联系，但是我们也不能忽略掉鹿这种动物穿行于山林间灵活、轻便的特点，鹿也常以灵活著称。这可能是鹿车称名的另一种可能性。

《风俗通义校注》中对"鹿车"又一种解释为："鹿车，窄小裁容一鹿也。"其认为"鹿车"因其只可载容一鹿而称之为"鹿车"，这就是说鹿车可能与动物鹿有关，但不能笼统地将两者牵扯在一起。孙机先生在《汉代物质文化资料图说》中并不认同其他学者对于"鹿车窄小，载容一鹿"是敷衍之说的观点。举例了四川彭县出土的"羊尊酒肆"（见图2-6）。也有学者对鹿车载羊尊来说明鹿车载鹿尊，故被称为鹿车。若是以鹿车窄小，仅容一鹿或一羊来定位鹿车，是不妥当的。曾磊在《四川地区出土"酒肆"画像砖解读》对"羊尊酒肆"画像中的羊尊提出了质疑，他认为独轮车上的并非羊尊，而是一头熟羊。羊尊作为一种酒器，它是有一个口的，一般酒器口设在羊背上，但从图13来看，羊背是平滑的，没有任何凸出的酒器口存在。故"羊尊酒肆"中独轮车上的并非是羊尊，可能是一头熟整羊。因为在汉代的史料中，常见"羊酒"，如《史记·高祖本纪》载，刘邦率军至霸上与秦民约法三章后，"秦人大喜，争持牛羊酒食献飨军士。"《史记·韩信卢绾列传》记载："卢绾亲与高祖太上皇相爱，及生男，高祖、卢绾同日生，里中持羊酒贺两家。及高祖、卢绾壮，具学书，又相爱也。里中嘉两家亲相爱，生子同日，壮又相爱，复贺两家羊酒。"可知，汉人多以羊肉佐酒，故以"羊尊酒肆"作为证明鹿车与鹿相关，并不妥当。

图13　四川彭州市升平县出土"羊尊酒肆"（截取自李立新《鹿车考析》载自《民族艺术》2010年第3期96页）

小　结

通过上文对"鹿车"名称的辨析，综合来看，不管是从俗字与正字的关联性、文字学上的构词法，还是从"鹿车"的形制、功能和命名来看，"鹿车"为"辘轳车"的简称"辘车"的可靠性是最大的；"麤车"虽有一定的可能性，但是从百姓命名周边事物的直观性和趣味性的角度来看，可以排除；"乐车"不管从俗字的角度还是从其他角度来看，都不可能是"鹿车"。故判定鹿车是为辘轳车的简称，是为辘车。

三、汉代鹿车的起源

从前文对"鹿车"两个问题的辨析，我们可以确定"鹿车"作为汉代的独轮车，"鹿车"之"鹿"是"辘轳"的"辘"，且"鹿车"与"辘轳"有一定的关联性。所以本章有关"鹿车"的起源，从以下两点展开推论：第一，"鹿车"作为独轮车，独轮车的最早发现与起源；第二，"鹿车"与"辘轳"有一定的关联性。

（一）鹿车——独轮车的起源

1.独轮车最早文献记载

（1）独轮车，又可叫做一轮车。在东汉许慎《说文解字》中关于一轮车的记载有："'𨍋'，车軾规也。一曰一轮车。从车，荧省声。读若蓥。"这是关于一轮车解释最早的记载。《说文解字·叙》有："粤在永元，困顿之年，孟陬之月，朔日甲申。"永元是汉和帝刘肇的年号。许慎作《说文解字》着手于永元十二年（公元100年），至安帝建光元年（公元121年）九月病中完成。可见一轮车最迟在公元121年就已经出现了。

通过对作者可知的汉代画像石、砖等资料的搜集、查找，在汉画像中最早可见的一轮车应为"孔子问师"中项橐手中的玩具车。历史上确有"孔子问师"的故事，有关项橐的故事最早见于《战国策》记载："甘罗曰：'夫项橐生七岁而为孔子师。'"其后有《史记·甘茂传附甘罗传》载："甘罗曰：'夫项橐生七岁而为孔子师。今臣生十二岁于兹矣！君其试臣，奚以遽言叱也？'"《论衡·实知》载："难曰：夫项讬年七岁教孔子，案七岁未入小学而教孔子，性自知也。"这些故事虽都提到七岁项橐为孔子师，但故事并不完整，也没有提到一轮车。史料的记载和汉画像石的描述是有出入的这种情况是正常的，我们还是可以通过画像石来探知一点有关一轮车的信息。

图14　1980年嘉祥县满铜乡宋山出土的"孔子见老子、骊姬故事画像"（截取自《中国画像石全集·第二卷》94页）

首先，从壁画"孔子问师"的时代来看，一轮车应该是普遍存在的，且变换为儿童的玩具。一个事物变为小孩的玩物，说明这个事物在现实中普遍存在，项橐手中的一轮车一定是从应用于现实中的一轮车仿制而来的。有关"孔子问师"的画像，他们一般是东汉时物，且多数年代为东汉晚期。因能力所限，可知较早出现时间为1980年嘉祥县满铜乡宋山出土的"孔子见老子、骊姬故事画像"（见图14），《中国画像石全集》对此画像的版图说明有："东汉早期（公元25年—公元88年）。"这就说明，在东汉早期就已经出现了一轮车，推之，独轮车最迟出现于东汉早期。

其次，不论故事的真实性，可以以孔子和项橐的生活时代来考察一轮车的出现时间。但文献中对项橐其人的描述，信息只有他七岁为孔子师。故从孔子的生活年代来对项橐的存在年代作一个大概的考察。孔子之所以能遇见项橐，应始于他可以"出访"和周游列国这两个时间段。第一，《史记·孔子世家》有："鲁南宫敬叔言鲁君曰：'请与孔子适周。'鲁君与之一乘车，两马，一竖子俱，适周问礼，盖见老子云。……孔子自周反于鲁，弟子稍益进焉。"孔子适周，且有了跟随的弟子是在公元前518年，孔子34岁。这个时间来看，孔子交通方便——有车马，有弟子，可以去其他国家。如果以此为孔子遇见项橐最早的时间，那么项橐在这一年七岁，且一轮车最早出现于公元前518年这个时间。

第二，从孔子周游列国来看，《史记·孔子世家》记载："齐人闻而惧，曰：'孔子为政必霸，霸则吾地近焉，我之为先并矣。盍致地焉？'黎鉏曰：'请先尝沮之；沮之而不可则致地，庸迟乎！'于是选齐国中女子好者八十人，皆衣文衣而舞康乐，文马三十驷，遗鲁君。陈女乐文马于鲁城南高门外，季桓子微服往观再三，将受，乃语鲁君为周道游，往观终日，怠于政事。子路曰：'夫子可以行矣。'孔子曰：'鲁今且郊，如致膰乎大夫，则吾犹可以止。'桓子卒受齐女乐，三日不听政；郊，又不致膰俎于大夫。孔子遂行，宿乎屯。"这时孔子离开鲁国，开始周游列国。此时是鲁定公十三年（公元前497年）。若孔子是在周游列国的途中遇见项橐，那么此年为最早。如此，一轮车最早出现于此时。推之，一轮车可能出现于春秋晚期，最早可能出现于周敬王匄二十三年，公元前497年。

在"孔子问师"的文献记载中并没有提到一轮车，一方面有可能是汉代人为了附会项橐为七岁小孩子而加上的玩具车，一方面画像中的一轮车也有可能是由来已久的。所以综合来看，一轮车最早上推至春秋晚期，但应不迟于东汉早期。

持独轮车起源于春秋时期的李立新先生在《鹿车考析》中也提到了"孔子问师"，论文中认为项橐手中的一轮车应为，且可能是一轮车的源头，继而认为独轮车起源于春秋。主要是根据江苏邳州庞口县出土的"孔子问师"，见图15，和《说文解字》中"辇"字的释义联系在一起相互印证得出的。不仅如此，李立新先生还认为图中一轮车立的是一水禽，且一轮车为何有盖，是因为其模仿轺车的伞盖，且盖下可能点灯。但从图中不能看出，这只是作者的猜测。这样的猜测可能有为了接近《说文解字》中对"辇"字的释义，有点生拉硬拽了。而且可知的有关"孔子问师"的汉代画像石、砖中的一轮车，多与图14不同，其上多没有鸟禽。且如山东嘉祥武氏祠出土的"孔子问师"，见图16。造成这样差异的原因，一可能是地域的不同，玩具车的不同，而造成模板的不同；一可能是因为车上立一鸟，此鸟上面又出现了一个鸟头，这个鸟头似乎是与之相互呼应，可见图中两只鸟的鸟嘴都是张开了。可以推之，立于车盖上的鸟可能并不属于一轮车的，是偶然落于其上。

图15　江苏邳州庞口县出土（截取自李立新《鹿车考析》载自《民族艺术》2010年第3期97页）

图16　山东嘉祥武氏祠出土的"孔子问师"（截取自《中国画像石全集·第一卷》8页）

若从第一种原因来看，汉代可能有两种玩具车，一种是简单的独轮车，一种可能就是鸠车。鸠车是普遍存在于汉代的一种玩具车，学界大多数学者都认为项橐手中的玩具车为鸠车，如王子今先生在其《秦汉交通考古》——"汉代民间玩具车"中也认为项橐手中的应该是鸠车。且后来，确实有两汉的玩具鸠车相继出土，并有汉画像中有项橐牵一鸠车，见图17陕西靖边杨桥畔出土的画像。虽然此鸠车和彼鸠车在形制上有很大的区别，但不能排除图17中的一轮车很可能就是鸠车，因为项橐在汉画像中所推之车也有玩具两轮车的出现，而且其中此图的产生年代约东汉时期。而鸠车的时代，也多是东汉时期。在晋张华《博物志·佚文》记载："小儿五岁曰鸠车之戏，七岁曰竹马之戏。"《百子全书·七卷》引宋人李石《续博物志》载："小儿五岁曰鸠车之戏，七岁曰竹马之戏。"

有关学界对"项橐七岁为师"和"五岁鸠车之戏"这两句话引出的项橐到底是七岁还是五岁这个问题，本文此处不作讨论，盖因作者认为这无须探讨，画像中的鸠车很大一部分都是在说明项橐为小儿，不在年纪。

不仅如此，汉代以孝治天下，尊老是必然的，与"尊老"相对应的是"爱幼"，这在汉代社会也是不可缺少的。鸠车作为汉代的玩具车，是有其丰富的社会含义的。《尔雅校笺·释诂》有："摰、敛、屈、收、戢、蒐、裒、鸠、楼，聚也。案《礼记》曰：秋之言揫。揫，敛也。春猎为蒐。蒐者，以其聚人众也。《诗》曰：屈此群丑。原隰裒矣。《左传》曰：以鸠其民。楼犹今言拘楼，聚也。"《资治通鉴·汉纪二十六·孝哀皇帝中》中有："天下，乃皇天之天下也。陛下上为皇天子，下为黎庶父母，为天牧养元元，视之当如一，合尸鸠之诗。案师古曰：尸鸠，曹国风之篇也。其诗曰：尸鸠在桑，其子七兮，淑人君子，其仪一兮。言尸鸠养其子七，平均如一，善人君子布德施惠亦当然也。毛氏曰：尸鸠，秸鞠也。尸鸠之养其子，朝从上下，暮从下上，平均如一。"推之，鸠在古代还意味着后代的繁荣昌盛和父母的舐犊深情。故将鸠车作为玩具予以儿童是合乎情理的。

所以项橐手中的玩具车应该不是，继而也不可能为独轮车的源头。

图17　陕西靖边杨桥畔东汉壁画墓前室东壁（摘自邢义田《项橐手中的鸠车》载自《文史知识》2011年第1期120—123页）

（2）有关"鹿车"的记载最早出现于史料《史记·刘敬叔孙通列传》："刘敬者，齐人也。汉五年，戍陇西，过洛阳，高帝在焉。娄敬脱鞔辂，衣其羊裘，见齐人虞将军曰：'臣愿见上言便事。'集解苏林曰：'一木横鹿车前，一人推之。'孟康曰：'辂音胡格反，鞔音晚。'索隐鞔者，牵也，音晚。辂者，鹿车前横木，二人前挽，一人后推之。音胡格反。"且在《说文解字注》："辂，车轸耑横木也。娄敬传脱鞔辂，苏林曰辂者冻洛之洛。一木横遮车前，二人挽之，三人推之，刘昭注舆服志曰。韵集云轵前横木曰辂。案轵前当依许轸前。鞔辂之车，用人，不用牛马。"

这里的鞔实为挽，而刘敬挽的车应是鹿车。在前文中，已提出鹿车可以前挽后推，在此集解中，我们也可以看到这种运输的方式，故刘敬挽之车为鹿车。虽然在《史记》中"鹿车"只是间接的提到了，并没有直接的提到"鹿车"。从上文中刘敬鞔车的时间推之，"鹿车"为西汉早期时物。

较早在史料文献中直接提到"鹿车"的应是董永故事，记载于刘向的《孝子图》。《孝子图》今已亡佚，不过在王重民等编校的《敦煌变文集》中句道兴《搜神记》引刘向《孝子图》有："有董永者，千乘人也。小失其母，独养老父，家贫困苦，至于农月，与辘车推父于田头树荫下，与人客作，供养不阙。"故事中"辘车"的存在时间可从刘向的生卒年入手，在第一章中已知刘向在宣帝时及冠，董永最迟也是宣帝时人。

可见，刘向笔下的董永为西汉时期的人，且应早于刘向或与刘向同时期。故"辘车"在西汉已经存在。由此可知，"鹿车"最晚出现于西汉中期。

综合起来看，"鹿车"最晚出现于西汉早期。

"鹿车"被证实出现在壁画中的，最早也是在"董永故事"的壁画当中。从本人所知的有限的汉画像砖、石资料来看，有不少有关汉代独轮车的画像的年代是不可考的，但多数出现于东汉中后期。本人所知的较早的应是山东嘉祥武氏祠出土的"董永孝亲"（见图1-1），其也有具体的年代可考。

画像出现于武梁祠后壁画像第二层中。从武氏梁祠的碑文等来看，武梁是生于东汉时期的豪强地主家族，且武氏石刻年代建于东汉桓帝刘志建和元年，也就是公元147年。也就是说，最迟在东汉后期，已有"鹿车"。

将上述材料中推导出来的可能性的线索综合，推得"鹿车"最早在西汉早期就已出现。

2.独轮车的起源

论起独轮车的起源，就不能略过车的起源，继而就是轮子的起源。如《考工记图说》记载："凡察车之道，必自载于地者始也，是故察车自轮始。"轮子是车的核心部位，没有轮子，就不成车。中国应用转轮之物，早在新石器时期就有了"纺轮""陶车"，最早出土的纺轮属于河北武安县磁山遗址，据今约7355－7255年，见图18。由此来看，对于轮子的使用是由来已久的，且这些轮子的运作都是由人力来完成的。从此来看，最早出现的轮子总是手动的或是人力的。

从新石器转轮等的使用来看，中国远古人类对于轮子使用应该是思考良多的，且他们已经开始将这种手推的转轮巧妙地应用到了其他方面，并思考出用其制物。从上一点转轮帮助制造生活用品来看，不难想象他们一定也已经将其运用到他们生活可能用到的很多方面，比如说拖拉拽方式的运输方式可能被推、拉轮子的方式替代。至于为什么没有出土文物，独轮车作为一个简陋的运输工具，它是木制的，不像纺轮和陶轮那样是石或陶制。因为它直接于地面接触，虽然石制结实，但不轻便；陶制轻便，但是不结实。又轻便又结实的当时唯有木制，木制品易腐烂，故不见有当时的轮制运载物出土。

图18　福建省闽侯县甘蔗镇昙石山遗址出土纺轮（摘自吴卫《昙石山遗址出土纺轮研究上》载自《文物春秋》2015年第1期15-20页）

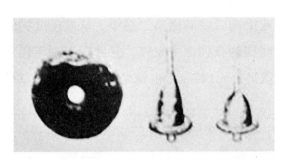

图19　河北省武安县磁山遗址出土纺轮（摄于磁山博物馆）

　　从汉代画像砖石中一些独轮车的车轮为辁式，且考虑到当时的生产水平，受生产工具及技术的限制，可推断当时的轮子应该是无车辐的，是一种笨重且厚重的轮子。而对于当时车子的猜测，无外乎两种，一种是独轮，一种是两轮。但更可能它有一个时间和逻辑上的顺序，独轮车出现的两轮车之前。这样的话，独轮车就有可能在新石器时代就被制造出来了。

　　如若不是，那么纺轮和陶车的出现，是现今所知有关轮子出现的最早的时间，在这个时间，轮子已经被作用于其他事物被人们使用，这说明，轮子应该早于纺轮和陶车的出现时间，那么轮子可能最晚出现于新石器时代。

　　在我国，有关轮子或车的发明主要有三种说法：黄帝造车、奚仲造车、吉光作车，且这些传说故事在文献中都有记载。现将搜集到的资料罗列于下：

　　黄帝造车——《汉书·地理志第八上》记载："昔在黄帝，作舟车以济不通，旁行天下，方制万里，画壄分州，得百里之国万区。"

　　《后汉书·舆服志上》记载："上古圣人，见转蓬始知为轮。轮行可载，因物知生，复为之舆。舆轮相乘，流运罔极，任重致远，天下获其利。"

　　《太平御览》记载："又曰黄帝造车，故号轩辕氏。黄帝作车，引重致远。其后少昊时加牛，禹时奚仲驾马，仲又造车，更广其制度也。"

　　车的发明者应该不是黄帝，第一，最主要的是黄帝作为中华民族口耳相传的始祖，对于他的功绩多少出于附会；第二，从史料来看，若黄帝作为一个真实存在的人物，虽号轩辕，但其特长不会是全面的，也不会精于车舆。且其作为一个领导人物，众事繁杂，目光多数集中于政事、民事；第三，黄帝存在的年代，有限制其制造轮子的可能性存在。故黄帝并非车的发明者。

奚仲造车——《管子校注·形势解》记载："奚仲之为车器也，方圆曲直，皆中规矩钩绳。故机旋相得，用之牢利，成器坚固。明主犹奚仲也，言辞动作皆中术数，故众理相当，上下相亲。巧者，奚仲之所以为器也，主之所以为治也。"

《墨子·非儒下》有："应之曰：古者羿作弓，伃作甲，奚仲作车，巧垂作舟，然则今之鲍、函、车、匠皆君子也，而羿、伃、奚仲、巧垂皆小人邪？"

《荀子·解蔽》记载："倕作弓，浮游作矢，而羿精于射；奚仲作车，乘杜作乘马，而造父精于御。"

《尸子译注》有："造车者，奚仲也。"

《吕氏春秋·审分览第五》记载："奚仲作车。仓颉作书。后稷耕稼。皋陶作刑。昆吾作陶。夏鲧作城。此六人者所作当矣。"

《淮南子·修务训》记载："昔者仓颉作书。容成造历。胡曹为衣。后稷耕稼。仪狄作酒。奚仲为车。此六人者皆有神明之道。"

《说文解字》中对"车"的解释为："舆轮之总名。夏后时奚仲所造。象形。凡车之属，皆从车。"

《论衡·对作篇》记载："造端更为，前始未有。若仓颉作书，奚仲作车是也。"

《玉篇》对"车"的解释中记载："尺奢古鱼二切。夏时奚仲造车，谓车工也。一云黄帝已有车也。"

以上传说，均为奚仲造车。但是段玉裁《说文解字注》则说："《左传》曰：薛之皇祖奚仲居薛，以为夏车正。社云：奚仲为夏禹车服大夫，然则非奚仲始造车也。……盖奚仲时车制始备，合乎勾股曲直之法。古史考云：少昊时加牛，禹时奚仲加马。"已有人怀疑奚仲造车这个传说，故现在我们且说奚仲非是车的发明者，而是车的改造者。在一些文献中只说到奚仲为夏的车正，如《左传·定公元年》记载："薛宰曰：'薛之皇祖奚仲，居薛，以为夏车正。'"《后汉书·舆服上》记载："自是以来，世加其饰。至奚仲为夏车正，建其斿旒，尊卑上下，各有等级。"《通志·三王纪·夏》载："禹命奚仲为车正，建旗旒以辨等级。"

夏时已有车正，推之，车在夏朝已经普遍了，不然也不会有车正这样的官吏来管理，使其成为一种上下尊卑的制度。就这点来看，至迟在夏朝就已经有了车。

吉光作车——《山海经校注》记载："帝俊生禺号，禺号生淫梁，淫梁生番禺，是始为舟。番禺生奚仲，奚仲生吉光，吉光是始以木为车。"

如果奚仲为夏时的车正，那么吉光就不可能是车的发明车，也就是说，有关故事传说中的吉光造车的事实应和奚仲造车一样，他们都是车的改造者，而非发明者。且在《物原·器原》中有："伏羲始乘牛马，而制鞍鞿鞭杖。轩辕鞧鞈。少昊制牛车。奚仲制马车，而造鞍的勒靷。驾六马，建旂旌游旒，以别尊卑等级。"

有关神话传说的信实性，属于史学理论的问题，现在学界尚有争论。但是神话传说不是空口而来，它可能是一个历史事件的神话化，也可能是为了附会其祖先或是其崇拜者，将许多创造性的事情附加其身，将人物在时代中的决定性夸大了。它的核心，首先是有一个真实事件，不管是先于它，还是晚于它，也不论事件的大小、巨细。根据这个事件，先人们附会之，夸大之。它有其可信性，不能置之不理，但又非那么可信，又不能完全的采用它。我们可以通过这些被夸大了的神话传说，剔除多余的部分，汲取其中的小部分，但需是关键部分，透过这一小部分，来窥之五帝及夏、商、周之事。从上述文献资料，车轮在春秋时期肯定是已经出现了，要不然也不会出现在《墨子》《荀子》《山海经》等记载中，且被编撰为故事流传。而神话传说也是有一定的依据的，这样说来，轮子的发明应该是早于春秋时期的。

结合新石器时期出土的纺轮、陶车，和中国古代的神话传说，车的发明最晚出现于夏朝。因为对比新石器时代和黄帝时代，夏朝在生产技术等方面都有很大的进步，尤其是青铜器的出现。从《考工记图说》来看，"轮人为轮。斩三材必以其时。三材既具，巧者合之。毂也者，以为利转也；辐也者，以为直指也；牙也者，以为固抱也。""凡斩毂之道，必矩其阴阳。阳也者，稹理而坚；阴也者，梳理而柔。是故以火养其阴，以齐诸其阳，则毂虽敝不蔽。"轮子的制造是繁复的，打制和磨制工具在轮子的制作上是很费时费力的。金属工具的出现，为轮子的制造带来了很大的契机。

轮子在新石器时期就出现了，而车最迟在夏时出现，独轮车应该介于两者之间。故独轮车最早上推至新石器时代，不迟于夏朝。

讲到车以及轮子，我们还可以从文字方面来分析。首先我们可以从我国发现最早的成系统的文字——甲骨文来看。甲骨文是一种比较成熟的文字，主要由象形字和会意字构成。由于甲骨文的象形性，我们可以从这一方面入手，通过探看"车"字，可以找到车在殷商时期的形状结构。"车"字在甲骨文中有几种不同的书写形式，《殷墟甲骨文实用字典》有：

从这些字可以看出，殷商时期的车已经拥有两个车轮了，并且已有车辕、车轴等基本部件，车在此时已比较成熟。从逻辑和习惯来看，一轮车或独轮车应该出现在两轮车之前，但是对比西方来看，这样的逻辑和习惯的想法是不符合实际的。在《中华科学文明史》一书中提到："……历史学家们普遍同意直到12世纪后期甚至13世纪，独轮车才在欧洲出现。"这就打破了独轮车从逻辑上的思考，也就是说中国古代也有可能存在这样的现象，不能排除，但也不能笼统地排除中国古代就一定是一轮车晚于两轮车，因为中国古代的独轮车出现的时间实在是比西方早了两千多年。汉人一般也认为车的制作是一个渐进的过程，如《后汉书·舆服上》中就有："上古圣人，见转蓬始知为轮。轮行可载，复为之舆。舆轮相乘，流连罔极，任重致远，天下获其利。后世圣人观于天，视斗周旋，魁方杓曲，以携龙、角为帝车，于是逌曲其辀，乘牛驾马，登险赴难，周览八极。故易震乘乾，谓之大壮，言器莫能有上之者也。自是以来，世加其饰。至奚仲为夏车正，建其斿旐，尊卑上下，各有等级。周室大备，官有六职，百工与居一焉。一器而群工致巧者，车最多，是故具物以时，六材皆良。舆方法地，盖圆象天；三十辐以象日月；盖弓二十八以象列星；龙旂九游，七仞齐轸，以象大火；鸟旟七游，，五仞齐较，以象鹑火；熊旗六游，五仞齐肩，以象参、伐；龟旐四游，四仞其首，以象营室；弧旌枉矢，以象弧也：此诸侯以下之所建者也。""集解世本云："奚仲始作车。"古史考曰："黄帝作车，引重致远，其后少昊时驾牛，禹时奚仲驾马。"臣昭案：服牛乘马，以利天下，其所其远矣，岂奚仲为始？世本之误，史考所说是也。"由此可观，古人也认可车的发明和改进是一个徐徐渐进的过程。先有轮，后有舆，后舆轮相乘。所以考虑到上述的论证、分析，中国古代的独轮车可能最晚出现于两轮车之前，也就是说独轮车最迟出现于商朝。

根据上述每个材料推导、论证得出的线索，推之有关独轮车应起源于新石器时代，最早出现于夏朝，至迟到春秋晚期。

（二）鹿车——"辘轳"的最早发现

汉代的辘轳与现在意义上的辘轳是不一样的。汉代的辘轳是一种定滑轮，它并不省力，只是让从前向上作用的力改成了向下作用的力。故汉代的"鹿卢"其实是一种滑车。后世的辘轳一般认为是由滑车发展而来。由汉代定滑轮的滑车——"鹿卢"发展为后代动滑轮式的辘轳。因为辘轳的核心装置依旧在轮，故辘轳在起源可参考上一节中轮的起源，此节不再赘述。

《物原》有："伊尹作桔槔。史佚始作辘轳。"史佚为周代人，可知辘轳发明已久。但因缺乏史料的支撑；"辘轳"在周代被发明不可考。上文提到过两汉文献中不提辘轳，而以"鹿卢"代之，在文献中，据作者可知最早提到"鹿卢"的是王褒的《僮约》。《古文苑·王褒〈僮约〉》有："晨起洒扫，食了洗涤。居当穿臼，缚帚裁盂。凿井浚渠，缚落锄园。研陌杜埤，地刻大枷。屈竹作杷，削治鹿卢。出入不得骑马载车。"王褒生卒年失载，《汉书·王褒传》："王褒字子渊，蜀人也。宣帝时修武帝故事，讲论六艺群书，博尽奇异之好，征能为楚辞、九江被公，召见诵读，益召高材刘向、张子侨、华龙、柳褒等待诏金马门。"虽不知王褒的生卒年，但可知王褒是经宣帝时人，辘轳出现在汉宣帝时期，且是最迟出现于此时。

迄今发现最早的辘轳考古遗迹是在湖北省大冶铜绿山之春秋战国时期古矿井遗址中发掘出两根辘轳轴。其中出土于老窿上部的辘轳轴是成品，全长为250厘米、直径为26厘米，两段有砍出的圆形轴颈，辘轳轴上凿有两圈疏孔和密孔，密孔靠近两端，孔中插有长方木条，扳动疏孔中的木条可使辘轳转动，密孔的木条则负责对辘轳精细的控制。如图20。

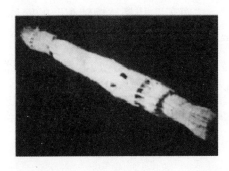

图20（摘取自《湖北铜绿山春秋战国古矿冶遗址发掘简报》，载自《文物》1975年第2期1—12页）

由此说明，辘轳最迟在春秋战国时期就已经被发明出来，并广泛地应用于生产生活。

小　结

根据上述的分析，鹿车——独轮车的起源于新石器时期，最早应出现于夏朝，至迟不应晚于春秋。

结 论

本文对"鹿车"的基本概况、名称、起源三个方面作了一些粗浅的考辨。通过考证、辨析，认为：

首先，"鹿车"基本概况来看，通过"鹿车"在文献和考古画像中内容的贴合，以及"鹿车"在史料中，使用方法和运载能力的分析，得出鹿车是两汉的一种独轮车。对考古画像和史料中"鹿车"出现情景的分析，得出"鹿车"是一种被普遍应用于劳动生活的便捷的运载工具，且被小宗货物的运输者使用，这些使用者多是劳动百姓。

其次，有关"鹿车"名称，从语言学的角度出发，通过文字大变革下的俗字考察，结合语言学中的构词法、假借等知识，对"鹿车"之"鹿"的正字作了简略地辨析；又通过两汉人民命名周边事物的方式和汉代的"辘轳"的考察，以及劳动人民普遍的运输方式的探察，最终得出，"鹿车"之"鹿"乃是"辘轳"之"辘"，"鹿车"乃是"辘轳车"的简称。

最后，对于"鹿车"的起源，主要是从一轮车、"鹿车""辘轳"三个方面在考古和文献中出现入手，最后得出，"鹿车"应起源于新石器时期，最早发明于夏朝，但不迟于春秋。

（本文作者关玉玲为包头师范学院历史文化学院2018届秦汉史方向的研究生，指导教师为郝建平教授）

春秋至西汉雍城地位变迁的研究

◇ 郭晶晶

绪　论

（一）研究综述

王长虎先生所著的《秦发祥地雍城》（三秦出版社，2004年）详细记述了秦人的发展历程和在雍城发生的大事件以及近年来在雍城发现的建筑遗址，是目前唯一一本全面介绍雍城的著作。吴松弟先生的《中国古代都城》（中国国际广播出版社，2009年版）在"早期都城"一章中简单介绍了雍城及其他先秦都城，主要介绍了城市的布局和城市功能的变化。《史记都城考》（商务印书馆，2007年版）记述了《史记》中提到的从上古到西汉实际存在的和传说中的都城，在第十五章介绍了雍城，包括雍城的沿革和早期的雍城考古。《中国都城发展史》（陕西人民出版社，1988年版）在"发展中的都城"一章中提到了雍城。徐卫民先生的《秦都城研究》（陕西人民教育出版社，2000年版）和《秦汉都城研究》（三秦出版社，2012年版）中都对雍城的基本情况作了介绍。

20世纪30年代学术界就已经开始寻找雍城的城址，到1962年陕西省考古所初步确定秦都雍城的大致范围，发表了《秦都雍城遗址勘察》（《考古》1963年第8期）；80年代国内考古学进入黄金时期，通过进一步的勘察，初步确定了雍城的位置和布局，包括城垣、宫殿区、城郊宫殿、秦公陵园和国人墓地等。朱凤瀚的《秦都雍城考古述要》（《历史教学》1986年第11期）和韩伟、焦南峰的《秦都雍城考古发掘研究综述》（《考古与文物》1988年C1期）是其中的杰出代表。

近年来，学界研究的重点是雍城各建筑遗址，已经基本搞清雍城的布局，田亚岐的《秦都雍城布局研究》（《考古与文物》2013年第5期）、辜琳的《秦都雍城布局复原研究》（陕西师范大学2012年硕士学位论文）、侯强的《秦雍都城市规划探析》（《城市研究》1996年第2期）和任中的《秦宫殿建筑地盘与院落布局研究》（北京建筑大学2014年硕士学位论文）就目前的考古成果对雍城的布局做出了探讨；杨东晨和杨建国的《试论秦国·秦朝都城的布局和方向》（《咸阳师范学院学报》2004年第5期）除了论述雍城的布局，还提出了对雍城朝向问题的见解，认为雍城应当是自西向东，而宫殿坐北向南。

雍城在秦的发展史中占有举足轻重的地位，徐卫民在其作品《秦都雍城考论》（《唐都学刊》2000年第1期）、《秦都城概论》（《洛阳工学院学报》1999年第1期）、《秦都城研究琐议》（《浙江学刊》1999年第6期）和《秦都雍城及历史作用研究》（《秦汉研究》2013年）等文中认为雍城能成为秦国奠基之地，是凭借了它优越的自然环境和地理位置等因素；它的重要作用还体现在对以后都城的形制产生了重要影响。张文祥的《试论雍城在秦史研究中的地位》（《天水师范学院学报》1997年第4期）中提到雍城曾经同时是秦的政治中心、经济都会、交通枢纽和祭祀重地、文化中心；赵戈的《秦都雍城及其历史地位》（《宝鸡文理学院学报》2015年第4期）认为雍城体现了秦文化的成熟。

雍城是秦重要的郊祀地点，也是雍城研究的重要课题。田天的《春秋战国秦国祠祀考》（《中国典籍与文化》2013年第1期）和杨英的《〈史记·封禅书〉所记秦雍州杂祠考》（《人文杂志》2004年第4期）论述了雍地对山川、日月星辰和人鬼的祭祀，认为其反映了民间信仰趋利避害的特点；王子今的《论秦汉雍地诸畤中的炎帝之祠》（《文博》2005年第6期）论述了秦代诸畤并推断吴阳下畤的所在；徐卫民在《秦都城中礼制建筑研究》（《人文杂志》2004年第1期）中介绍了雍四畤和马家庄宗庙遗址，并通过宗庙建筑与宫殿建筑位置的变化得出在春秋战国时的秦国宗庙地位不再至高无上，而人君的地位有所上升的结论；田延峰的《论秦的時祭与五帝说的形成》（《前沿》2011年第6期）认为秦的祭祀是功利性的，设鄜時祭白帝是为了表明其在西岐的合法统治地位，为东方之神青帝设祠是为求在与晋的争夺战中取得胜利，祭祀黄帝和炎帝是为了昭示正统，稳定政治局势；韩伟的《马家庄秦宗庙建筑制度研究》（《文物》1995年第2期）通过对遗址内建筑功能的分析明确其宗庙性质，以考古的成果结合史籍记载对马家庄建筑群进行了复原和命名，并确认马家庄宗庙遗址的使用年代应是春秋中至晚期。

目前学界在对雍城研究中存在比较大的争议的部分是秦何时迁离雍城，徐卫民先生认为是灵公二年，秦国迁都至泾阳后，雍城就不再是秦国的首都了，他在《泾阳为秦都考》（《中国历史地理论丛》1998年第1期）中有所论述；赵晨的《秦雍城选址与迁移因素浅析》（《黑龙江史志》2014年第7期）中认为泾阳和栎阳都是秦的都城；吴布林和丁阳的《秦三易都城之区域背景考察》（《管子学刊》2011年第4期）则认为秦后期的三个都城分别是雍城、栎阳和咸阳，泾阳不是秦的都城；杨旭辉在《由秦都迁移看秦的崛起和国家统一——一个历史地理学的研究视野》（《黑龙江史志》2009年第12期）中也持有同样的观点；田亚岐和张文江在其作品《秦雍城置都年限考辨》（《炎帝与汉民族国际学术研讨会论文集》2002年）中认为秦是从雍直接迁到咸阳的，泾阳不曾做过秦的都城，而栎阳不能算作都城；潘明娟则在《秦的圣都制度与都城体系》（《考古与文物》2008年第1期）和《秦咸阳的俗都地位》（《唐都学刊》2005年第5期）中提出雍在秦迁都后是秦国的圣都，泾阳、栎阳乃至咸阳都是俗都。

（二）相关概念的界定

1.雍城的概念

从秦德公定都雍城开始，到两汉时逐渐退出历史舞台，雍城的范围不是固定的。

雍城作为首都时，是秦国的政治中心，其区域应当不局限于目前考古所界定的范围，学界通过对雍城遗址的发掘和研究，已经对春秋战国时期的雍城有了较全面的认识，雍城平面近似一个长方形，其南北长约3200米，东西长约3300米，面积约10.56平方千米。城内分布有宫殿、宗庙、手工业区和市，城南还有秦公陵墓和国人墓地。由于雍城还是国家祭祀的中心，城内有祭祀各类神明之所"百又余庙"，以雍城城内建筑的密集程度来看，恐难以容纳如此多的祠庙，所以这"百又余庙"应该分布在雍城城郊或周边县城，比如秦武公卒，"葬雍平阳"，说明秦时雍辖地东至平阳一带；又发现羽阳宫鼎上的铭文有"雝羽阳宫"字样，而《汉书·地理志》中明确记载羽阳宫在陈仓县，而且秦代最重要的祭祀地之一的陈宝祠也在陈仓，由此可知春秋战国时代的雍城西界应已经延伸到陈仓地区；"秦宣公作密畤于渭南，祭青帝"，秦公能常到渭水以南祭祀，说明雍的影响力已扩展至此；至于北边，由于缺乏记载，其城址又被凤翔县覆压，难以知其具体情况，所以暂定其北边未有大的发展。所以春秋战国时期的雍应该是一个地域的概称，其范围包括以雍城为中心，东至平阳、西至陈仓、南至渭水以南的广大地区。

战国中期以后，秦国开始进入封建化时期，秦孝公用商鞅变法，开始广泛施行郡县制，分天下为四十一县。秦始皇时置内史管辖咸阳周边诸县，雍县也在其中。根据考古出土的"邕工室丞"封泥可知秦朝时雍县仍在其旧址，但秦又置陈仓县、美阳县等，所以秦代的雍应该只在其城址范围内。汉承秦制，仍在雍城设县，归右扶风管辖。东汉时仍属于右扶风，由虢县领制。

2.本文对于雍城置都年限的判断

秦国自穆公之后，鲜有雄主。从共公至出子，数易主君，秦国国力下降。而且旧贵族势力强，忙于内斗，多次发动政变，操纵国君的废立。国内政局不稳。魏趁秦国衰弱之机侵夺河西之地，置西河郡。秦孝公认为此事"丑莫大焉"，而都城雍城对于边境却是鞭长莫及。秦历共公以后，中国进入战国时期，各国之间兼并频繁，春秋时期的千余诸侯国，至此只剩下十余个。原本与秦对峙的晋国，朝政被韩、赵、魏、智、范、中行等六卿把持，而晋公位卑。这对秦国来说是一个收复失地的良机。所以将统治中心向东迁移是十分有必要的。

泾阳在泾水以北，有河洛之间的大片平原，是发展农业的好选择；北部有嵯峨山、北仲山、西凤山。在山水之间建都，符合春秋战国时的习惯。泾阳城址目前尚未被发现，但在今泾阳县境内发现有秦汉时期的宫殿遗址：其中一处位于泾阳县白王乡杨赵村，面积约40万平方米，其中有一残高2米、长40米的夯土台基，采集到绳纹板瓦、筒瓦、方砖等建筑部件；另一处在泾阳县口镇，面积约90万平方米，遗址北部发现一段夯筑墙垣，残长120米，高3.3米，采集到陶罐、盆、瓮等生活用器的残片和板瓦、筒瓦、陶水管道、地砖、瓦当等建筑部件，特别是其中发现的"宫"字瓦当，为秦国曾经定都泾阳提供了证据支持。

洛河以东就是河西地区，是与魏国争夺的前线，定都在泾阳方便秦公就近指挥战争，把握战机，同时还能保卫秦国腹地雍城地区的安全。简公时"堑洛，城重泉"，加强对魏的防守，阻止魏国继续向西扩张。

栎阳古城在今栎阳镇东北约25里，南距渭水约15里，东有石川河，栎阳城南北长2232米，东西宽1801米，面积约有4平方千米。城内有13条道路，2处城墙和3处门址，15座建筑基址，城址东南1500米处发现50余座战国至秦汉的墓葬。《史记·商君列传》中有关于栎阳市的记载：商鞅初次变法时，为了取信于民，"乃立三丈之木于国都市南门，募民有能徙置北门者予十金。"说明栎阳城内的四周有墙，类似于雍城。城内有多处手工业作坊，主要有冶铁、制陶等。栎阳比起泾阳更加前出，比起泾阳距秦魏战场更近，对战况的控制力更强。另外，秦献公十八年，于栎阳"作畦畤"，祠白帝。说明栎阳已经被认可为秦国的政治中心。

献公时为了"镇抚边境""且欲东伐，复穆公之故地"，将都城迁到栎阳。孝公继承献公之志，力行改革，秦国再次强大起来。栎阳"东通三晋，北却戎狄"，既可通过函谷关抵达中原，也可沿黄河及汾水到达魏、赵，甚至是河套地区。便利的交通条件便于秦国收复失地和进一步向东拓展。

有的学者认为秦灵公年幼继位，无力对抗国内强大的旧贵族势力而行迁都之举。秦灵公的年龄史上无载，无从确定其继位时的境况。国君东出抵御外国入侵，保卫秦核心地带也符合旧贵族的利益。而且，秦人的宗庙仍然留在雍城，居泾阳的各位秦公死后也都归葬于雍，说明迁都泾阳并未摆脱雍城的影响。至于栎阳，献公时作畦畤祠白帝，而且据记载献公与孝公都葬于此，以上信息均可证明栎阳已经拥有了堪比雍城的地位。

还有的观点认为"迁居"与"迁都"的意思不相同，"迁居"不能等同于迁都。居某地应该是指王的所在地，而一个都城中应该同时具有王的宫寝和祖宗的宗庙，所以泾阳和栎阳不能算作完全意义上的都城。而《史记·秦本纪》中也将"初居雍城大郑宫"作为秦迁都雍城的标志。而且从雍城马家庄一号宗庙建筑遗址的位置来看，宗庙建筑和宫殿建筑处于同等重要的地位，说明在春秋时期的秦国宗庙的地位已经开始下降，相应的君主的地位提高了。到了咸阳，秦始皇将信宫建在城外，表示君主的地位高于一切。我认为在这一君主地位不断被尊高的时期，宗庙不应该再作为判定一个城市是否是都城的条件。

综上所述，秦国迁都泾阳和栎阳有客观必要性，泾阳和栎阳本身也有成为都城的客观条件，而且秦国在定都雍城之前，也曾经历过汧渭之会和平阳等探索型都城，所以，秦国为了抵御外来侵略和寻求本国的崛起而迁都是可能的。

史念海先生曾指出："一国首都的选择，是应该接近当时最大的敌人，而不应迁就于当时的经济中心。首都接近最大的敌人，则一切政策和设施都是积极地、进取的；若迁就于经济中心，则一切政策设施是趋向消极的、退缩的。国运的盛衰和国都的选择是不可分离的关系。"秦国当时最大的敌人是东方的魏国，秦国既然寻求崛起，向东迁都是正确的。

所以我认为雍城作为秦国首都的时间应该是从秦德公元年（公元前677年）到秦灵公二年（公元前423年），共255年。

（三）研究内容和研究方法

1.研究内容

本文以秦德公元年（公元前677年）定都雍城开始，到西汉结束（公元25年之前）旨在研究在这一时段内的雍城地位的变化。

第一部分的内容是雍城作为秦的首都时的地位，主要通过对其政治、人口、道路交通和经济发展情况进行分析来体现。第二部分的内容是研究从战国中期到西汉结束这段时间里雍城地位的变化，与第一部分相同，也是通过对这一时段里雍城的政治、人口、道路交通和经济的发展来入手分析。通过前两部分的纵向对比得出雍城在这个长时段里地位的变化。

2.研究方法

本文主要运用历史学、历史地理学、考古学等知识进行搜集和整理，采用史料分析的方法、历史研究法和历史比较法来进行考证，以期对雍城的地位变化有个准确而全面的认识。

一、雍秦时期的雍城

秦因辅助周平王东迁有功而获得关中地区的准入资格，此后秦一边与戎人交战，一边东进，先后定都汧、汧渭之会和平阳，这个阶段尚属于探索阶段，而且这些都城多是临时性的，出于军事目的而修建的，规模较小。就目前考古发现来看，尚不能确定汧与汧渭之会的位置，秦择其为都城主要是出于与戎人作战的目的。"宁公二年，公徙居平阳"，讨伐荡社，驱逐亳王，"武公元年，伐彭戏氏，至于华山下，居平阳封宫。"平阳封宫是秦国史上最早出现的宫殿建筑，说明这时的秦已经初具规模了。《汉书·郊祀志》载"雍大雨，坏平阳宫垣"，说明平阳宫直到西汉还存在。但由于平阳地处渭河、秦岭与凤翔原之间，平原狭小，既不利于扩张，也不利于发展农业，所以秦人选定了雍城为首都。雍城位于关中平原的西部，地势平缓，土地平整开阔，而且有雍水经过，水源充足，适宜发展农业；而且雍城还处于从关中前往西北的唯一交通要道上，地理位置非常重要。因此雍城是正处于上升期的秦国都城的良选。下文将从人口、道路交通、经济情况和政治情况几个方面论述雍秦时期雍城的具体情况。

（一）雍秦时期的人口

由于缺少记载，春秋战国时期的人口数量一直没能得到明确的结果。《帝王世纪》记载周庄王十三年（公元前684年）的人口总数为一千一百八十四万七千人，这一精确数字却受到争议。原因是春秋战国之际才产生上计制度和户籍制度，不可能得到如此精确的人口数字；而且，皇甫谧是西晋时人，经过秦汉之际、两汉之际和东汉末年以及三国时期的混战，先秦的史籍是否能够得到保存和其可信度是值得怀疑的。因此，现在对于春秋战国时期人口数量的判断多是推断得出。袁祖亮先生在《中国古代人口规模发展变化及其规律》中认为整个春秋时期人口约在一千万至一千三百万之间，与《帝王世纪》的记载相近。参照《左传·闵公二年》（公元前660年）卫国人口的记载："卫之遗民男女七百有三十人，益之以共、滕之民为五千人。"可以推断大国人口至少应有万人。所以春秋时应有约一千二百万。

秦人是颛顼帝之后，殷商时为诸侯，为商保西陲。周灭商后短暂衰落。非子因"好马及畜，善养息之"，得幸于周孝王，被封于秦邑。襄公因护送平王东迁有功，位列诸侯，并被赐予岐以西之地，"襄公于是始国"。经过九代人的积累，穆公时讨伐戎王，大大拓展了秦国的领土。

襄公之后，秦人越过陇山，进入关中。关中地区多平原，水源丰富，且春秋战国时期是我国的气候温暖期，适宜发展农业。良好的自然环境加上领土扩大，秦国能够容纳更多人口。秦国的人口数量可以通过其兵卒数量推断。《韩非子·十过》载："（秦穆公二十四年）公因起卒，革车五百乘，畴骑两千，步卒五万，辅重耳入之于晋，立为晋君。"哀公三十一年（公元前507年），楚国首都被吴人攻占，楚大夫申包胥向秦求救，"于是秦乃发五百乘救楚"。秦景公三十六年，"景公母弟后子针有宠，景公母弟富，或谮之，恐诛，乃奔晋，车重千乘。"仅一位公子就有车千乘，虽然不都是战车，但也说明秦国的车辆绝对在千乘以上。据《孙子兵法·作战篇》载："孙子曰：'凡用兵之法，驰车千驷，革车千乘，带甲十万，……日费千金，然后十万之师举矣。'"穆公送重耳归晋时，"革车五百乘""步卒五万"，可知，秦国战车是一乘百人。无论是发兵救楚还是送重耳入晋，都不属于秦国的大规模军事活动，其所派出的军队应当不超过半数。再者，秦晋崤之战，秦国战败，但是四年后，秦国再次攻打晋国，"大败晋人，去王官及郊，以报崤之役。"说明秦国与晋国应是兵力相当。而晋国在文公时"蒐于被庐，作三军"，由此推断秦国在春秋时期具有的车辆应该超过两千乘，兵卒数量应在20万以上，则人口数量应在100万以上。

于长青先生根据卫国亡时的人口数量，得出卫国国野之人之比为730：5000，即约为1：7。春秋时期工商业没有那么发达，城市居民还以农民为主，因此虽然卫国是小国，但各国国野人口的比例所差应该不多。据此雍城人口大约有14万之数。但此时的雍城作为秦国的首都，同时承担祭祀功能，秦国祭祀各路神祇的祠、畤"百又余庙"。这些祠畤应该都分布在雍城城郊或周边县城，根据羽阳宫、陈宝祠和密畤的位置，可以得出雍秦时期的雍城应该是一个以雍城城址为中心，东至平阳，西至陈仓，南至渭水以南的广大地区的概称。

据《齐语》记载："管子于是制国，以为二十一乡。"韦昭注曰："二千家为一乡，二十一乡凡四万二千家。"按一家五口计，春秋时期的临淄城共有21万人。据考古勘测，临淄城总面积达15平方千米，比雍城大，所以雍城人口一定在20万以下。秦国在商鞅变法前，一直处于土旷人稀的状态，所以14万人的估计应当较为合理。

（二）以雍城为中心的道路

道路交通对一个政权意义重大，交通的发展程度决定了这个国家政令的上传下达的效率和对边境的控制。春秋战国时期，各国争雄，战事频发，各国为了方便调兵，纷纷在国内开拓道路，所以早期的道路多诞生于战火中。此时的秦国立足关中，德公将都城迁至雍，进入了曾经西周的核心区——成周之地。周天子接受诸侯国的朝觐，必然有供往来的交通线，秦国在此基础上谋求东进，但同时还面对来自西边戎族的威胁，秦在与晋和西戎的斗争中，其道路交通也得到了发展，形成了以雍城为中心的道路网。

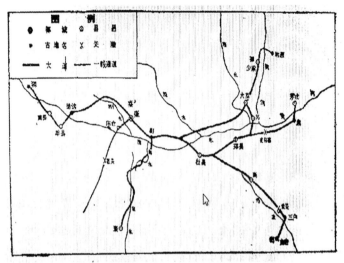

图21 以雍城为中心的道路交通网，出自《宝鸡古代道路志》第20页

从雍城向西的道路开辟得较早。周时雍属岐周之地，曾为召康公的采邑。秦非子最初居于犬丘，以善养马而为周王所知，周王使其"主马于汧渭之间"，并将秦邑赐予非子之族为邑。犬丘在关中槐里县，汧渭之会在陇县以东，秦邑则在陇西境内。从以上可知，秦是由关中迁往陇西的，在其迁徙过程中自然会形成一条自关中到陇西的通路。东周时平王将岐丰之地赐予秦，秦人返回关中，其过程不是一蹴而就的，在定都雍城前，秦在东迁过程中共有西垂、汧、汧渭之会、平阳四个国都，经营近一个世纪，进一步巩固了这条道路。秦穆公任用由余，讨伐西戎，"益国十二，开地千里"，进一步拓展了西边的道路。还发动矛津之战，强迫陆浑戎搬迁，又征服了翟獂和绵诸等戎狄部落，获得了黄河以西渭河平原的广大区域。

雍城向东的道路自周代就开始经营了，周人都成周，从成周至函谷关的道路被称作成皋之道。秦国建都雍城后，为谋求东进，与晋国冲突不断，据《史记·秦本纪》记载，在雍秦时期，秦国与晋国共发生12次战争，秦国7胜5负，在战争中秦取得晋的武城、羁马等地，拓展了领土。穆公夫人是晋惠公之姐，秦国凭借这一姻亲关系曾多次参与晋国国君的废立，惠公、怀公、文公的即位都由秦操纵，其中秦国不满晋怀公私自逃回国即位，又迎立公子重耳。秦国这一举动除了说明秦本身国力强盛，还侧面证明秦晋之间交通畅通。康公时，秦人欲送公子雍归晋，至令狐被晋人阻止，令狐在晋国境内的涑川以北，说明秦国自国都雍至此的道路是畅通无阻的。随后几年，两国又发生了多次战争，互有胜负。所以自雍城向东的道路伴随着秦晋两国的和战不断巩固。

先秦时期交通不畅，各国往来单从陆路上进行多有不便，而且花费较大，相比之下，水运便宜而且迅捷，于是水运成为先秦交通的重要组成部分。春秋战国时期，各诸侯国仍以黄河流域为活动中心，因此这一时期形成了以黄河为中心的内河航运。雍城临近黄河支流渭水，渭水便成为其发展漕运的依凭。春秋时期，晋国饥荒，向秦国请求籴粮，秦国运粮的队伍"自雍相望至绛"，具体是先由渭水进入黄河，再由黄河入汾河，最后转运至绛，这次事件由于规模宏大也被称为是"泛舟之役"。秦穆公时能够组织一次这样大规模的恤灾活动，一方面说明此时的秦国国力雄厚，另一方面说明秦国的水运十分发达。

秦国向南的道路主要是通往巴蜀的。中原与巴蜀之间的来往由来已久，并非李白所说"尔来四万八千岁，不与秦塞通人烟。"据《华阳国志》记载，蜀人在商朝末年曾随周武王一道伐纣，说明在此之前中原与蜀地已经建立了联系。

春秋战国时期，秦与蜀地的联络主要是通过故道和褒斜道两条道路实现的。周厉王时期的散氏盘是地处渭水南岸的古散国的遗物，文中的"周道"，据王国维先生考证，即是故道，所以故道的开通最迟应在周。故道路线大抵是由雍城至陈仓，过散关，越秦岭，经凤县、略阳而入汉中以至四川，全长700余里。这条路是秦蜀之间直接来往而无需经过其他国家领土的道路，因此故道在战国时期秦蜀往来中占有重要地位。

褒斜道是沿着渭水的支流斜水和汉水的支流褒水修建的，其北口在今眉县西南30里，南口在今汉中褒河北约10公里，全长500余里。《读史方舆纪要》说其"禹贡发之，汉始成之。"相较于故道的"多坂、回远"，褒斜道更加平缓，也更适宜长途运输。所以褒斜道是秦蜀栈道中最负盛名的。"禹贡发之"缺少记载，但这条路在汉武帝疏通之前也确实存在。西周末年，周幽王讨伐褒国，得美女褒姒，《汉书·地理志》中说褒谷就是后来的褒城，从褒至镐京最近的路线便是沿褒谷和斜谷行进；"及秦文、德、穆居雍，隙陇蜀之货物而多贾"说明秦以雍城为都时与陇西、巴蜀来往频繁；在蜀王杜宇氏时期，蜀国"以褒斜为前门"，开明氏时，蜀国极盛，"卢帝攻秦至雍"，以上记载说明褒斜道修成时间较早，而且在国家之间的关系上发挥了重要作用。

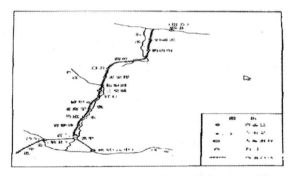

图22 褒斜道，出自《中国古代道路交通史》第93页

（三）雍城的经济情况

1.发展农业的条件与表现

秦人发展农业实际上开始得较晚。在其进入关中之前，秦人的主业是畜牧业，秦之先人"大费拜受，佐舜调驯鸟兽，鸟兽多驯服，是为百翳。舜赐姓嬴氏"；造父以善御助穆王平乱，受封赵城，为赵氏；非子以"好马及畜，善养息之"得幸于周孝王，"使复续嬴氏祀，号曰秦嬴。"秦进入关中后，开始发展农业，经过一段时间的探索后，选定雍城为都，在这里定居下来。

雍城位于关中平原的西部，是秦人进入关中后经过探索选定的长期都城。春秋战国时期，我国处于气候温暖期，华北地区甚至可以一年两熟。关中西部属于温带季风气候，具有雨热同期的特点，适合农作物的生长。雍城土壤深厚肥沃，《禹贡》谓雍州之地，"厥土惟黄壤，厥田惟上上"，适宜发展种植业。雍城南有雍水、汧河，东有纸坊河，且雍城地下水储量也较丰富，现在的凤翔县地下水储量约为每年1.07亿立方米，为农业提供了必须的灌溉水源，是经营农业的理想场所。

关于雍城的农业，史书未见记载，但根据近年来考古所得，可以略知一二。春秋时期，井田制瓦解，私人得以占有土地。作于周恭王三年的卫盉记载了叫裘卫的人以一百朋贝和几件贵重服饰从矩伯处购得田地一千三百亩，由伯邑父等执政大臣派三司监督并出具契书。说明土地的买卖在西周末期已经是普遍存在且已得到政府的默许。土地不许买卖的铁则被打破，井田制的根基已经动摇。之后，秦国在国内推行一种爰田制，即打破公田与私田的界限，将土地分为可耕地和休耕地，强迫奴隶定期"迁土易居"，这是土地国有的另一种形式。商鞅也曾恢复爰田，但已不再易居，说明已经承认土地的私有。商鞅变法"废井田、开阡陌"，正式确立了土地的私有。说明商鞅变法前秦国国有土地和私田同时存在。越来越多的私田，使奴隶制政府控制下的土地和奴隶不断减少，其统治根基被削弱。所以商鞅将农田制度的改革列为重要内容。

雍城的农业生产，已经具备相应的土壤学知识和精耕细作、翻耕、施肥等技术。《禹贡》中将九州的土壤划分为九等，说明春秋时期对土壤的基本情况已经有了较深刻的认识。春秋时铁器已经出现，但因十分稀少，所用并不普遍，更鲜有用来制作农具的。从陇县边家庄春秋秦墓中出土的铜柄铁剑，是目前秦墓所见最早的铁器。宝鸡益门村春秋晚期墓出土20余件金铁复合器，证明春秋时期铁器确实罕见，其价值甚至可以与金相媲美，且出土墓葬的规格较高，可知拥有铁器是身份的象征。秦公一号大墓中出土多件铁器，有铲、锸、环、削刀等生产工具，但这些工具出现在秦公陵墓这样高规格的墓葬中不能代表铁制工具已经广泛应用于生产，也不应该是工匠使用的工具，可能表示的是统治者对农业和手工业生产的重视。春秋时期的农具还以木制为主，耒、耜等翻土工具的使用说明时人确实掌握翻耕和深耕的能力。《诗经·周颂》中有"其镈斯赵，以薅荼蓼，荼蓼朽止，黍稷茂止"。这是周代已经懂得施用绿肥的明证。雍城曾是周召康公的封地，属于岐以西，周平王将岐以西之地赐给秦襄公，秦文公十六年驱逐戎人，"遂收周余民有之"，秦得到了关中沃土和周先进的生产技术，为其农业的发展提供了条件。

综合以上因素，秦在雍城时期农业已经十分发达，主要表现在秦输送粮食给晋的事件。秦穆公时期秦曾两次给晋籴粮，分别在穆公十二年（前648）和穆公十五年（前645），前一次就是有名的泛舟之役，"以船漕车转，自雍相望至绛"，说明雍城内的粮食储量非常庞大；后一次在十五年，"晋又饥，秦伯又饩之粟"，秦国这一次给晋粮食，是在经历了饥荒和战争的第二年进行的，这证明秦国粮食年产量非常丰富，仅一年的产量就使秦有余力向他国输送粮食。

2.手工业

西周时期实行"工商食官"制度，即政府将有一技之长、能为政府所用的工匠聚集起来，使之为奴隶主阶层服务，归司空管辖。由于生产资料和生产者都归属于奴隶主，所以这样的官营手工业，其产品专供奴隶主使用，不流通于市。《礼记·王制》说："有圭璧、金璋，不粥于市，命服命车，不粥于市；宗庙之器，不粥于市；牺牲不粥于市。"这些手工业者地位低下，相当于奴仆臣妾，奴隶主也有权将他们作为礼物转赠他人，例如著名的五羖大夫百里奚便是作为媵臣陪嫁来秦的，相当于晋国将其转送给秦国。

春秋至战国初期的秦国手工业较为发达，这在历年的考古工作中得到了验证。从1962年至今，考古工作者从雍城内发现多处手工业作坊，并出土数以千计的文物，其中以陶器为最多，包括生活用器和建筑用器，其他还有青铜器、玉器、铁器和丝织品，反映出当时秦国手工业种类繁多，技术精湛的特点。从雍城出土的文物来看，雍城内的手工业作坊仍属于官营。目前雍城已经发现多个手工业作坊，以制陶和青铜器铸造为主。

（1）冶铜

先秦时期青铜器对于各国来说都十分重要，"国之大事，在祀与戎"，无论是祭祀的礼器、乐器，还是作战用的兵器，皆是青铜铸造。礼器又有炊器、酒器、水器和乐器数十种，兵器有钺、剑、刀、矛、戈、戟、镞、弩等十余种。由分封制构建起来的西周社会等级森严，鼎的数量是用来区分身份地位的一个重要标志，"天子九鼎，诸侯七，大夫五，元士三。"春秋时期礼崩乐坏，但鼎仍然象征着最高权力，楚王问鼎和秦武王举鼎这两件事都体现了鼎的重要性。青铜器铸造的技术也在这段时间达到顶峰，根据《考工记》记载，匠人已经能够根据冶铸时的气体辨别铸造的火候，还能通过改变铜与锡的配比区分所铸器物的用途，如乐器、量器、兵器、农具和铜镜等。

秦国从进入关中之后开始隆兴，《管子》和《山海经》中都有关于关中矿产资源的记录，"出铜之山，四百六十七山，出铁之山，三千六百又九山"，这就为秦国的青铜铸造提供了基础。秦国以军威立国，商代时"在西戎，保西垂"，西周时秦仲被周宣王任命为大夫，讨伐西戎，平王东迁后，秦人获得了进入关中的允许，开始向东发展，直到定都雍城后，秦才算是在关中立足。秦国在定都雍城期间，曾发动多次战争，每次战争动辄出兵数万。作战所需的兵器、铠甲等皆需要大规模的生产，在雍城西南角一带发现了一处可能是兵器作坊的遗址，在此地出土了镞、戈、矛、刀、剑、锛、凿、铲、车器等陶范及石范，说明这里曾经大规模制造兵器。此外在雍城北城墙以北也发现一处青铜器作坊遗址，曾出土一处战国早期青铜器窖藏，包括春秋晚期至战国早期的青铜器共38件，其中有斧、板斧、镜、凿、夹刻刀、角刀等十件生产工具和戈、镞、盖弓帽、铜泡、带饰、方策等兵器、马饰28件，而且在窖藏附近也发现有夯土遗址和战国时的瓦片遗迹，据此，这一处手工业作坊可能也是以生产兵器为主。考古人员在高王寺也发现了一处战国中期之前的青铜器窖藏，这一处窖藏共出土12件青铜器，其中春秋晚期铜鼎3个、战国早期镶嵌射宴壶、敦各2个，匜、盖豆、盘、瓤、提梁盉各1个，其中除了提梁盉是战国早期秦器外，其余皆是他国产物，说明春秋战国之际各国来往已经十分频繁。此处窖藏皆为礼器，其出土地点又与高王寺宫殿区相近，由于"凡四方之币献之金、玉、齿、革、兵器，凡良货贿，入焉"，说明其可能是当时吴、楚等国与秦国有所往来所进献的器物。

（2）制陶

烧制陶器也是春秋战国之际的一项重要产业。陶器在当时的运用十分广泛，小到日常生活用具，大到宫殿建筑的材料，再到墓葬中的随葬品，都有陶器的踪迹。雍城中有三大宫殿区，秦穆公时由余参观雍城时曾感叹"使鬼为之，则劳神矣。使人为之，亦苦民矣"。修建这样大规模的建筑需要的陶制建材数量十分庞大，不可能是其他地区供应的，只能是就近设立作坊烧造。在雍城西北方向发现一处战国中期以前的制陶作坊遗址，该处遗址规模较大，长220米，宽150米，总面积约为3.5万平方米。目前已发掘出陶窑、深层纯净土采集坑、水井和用于存放材料的竖穴坑、地下陶水管道、泥条存储袋状坑。出土文物中有方砖、板瓦、筒瓦、瓦当、墙砖等建筑材料和陶鸽、陶俑等装饰，还有石夯、陶拍、陶范、压锤等生产工具。通过比对窑内所出的瓦当和雍城内以及郊外宫殿建筑遗址上发现的瓦当，发现正是这处制陶作坊供应了雍城内外宫殿的建筑材料。雍城四周都有国人墓葬发现，其中雍城南部为贵族墓葬，在这些墓中出土大量仿铜陶礼器，以及陶制生活用品，说明随葬品的生产也是制陶作坊的一项任务。

春秋战国时期的秦墓中虽然出土了一些铁器，但出土墓葬规格高，数量少且多为复合器，说明铁器在这一时期已经出现，但并不普及。此外，秦国金器的制造也非常先进，在雍城中已经发现的金器多达百余件，而且制作精美，马家庄宗庙遗址中发现的金兽面和秦景公墓中出土的金啄木鸟是其卓越代表。同样的还有玉器和漆器，雍城遗址中发现的蟠虺纹大玉璧和玉琮纹饰繁复，磨制极精，堪与机器加工件媲美，是秦国玉器加工业的杰出代表；景公墓中发现的漆器中，已经有夹贮胎质的器物，颜色除红黑二色外，还有橙黄色，说明秦国漆器制造业在春秋战国之际有重大进步。

雍城内还应该有车船制造的作坊。春秋战国时盛行车战，而秦国在穆公时就已是千乘之国，同时秦国有渭水漕运之利，通过泛舟之役就可知道秦国船舶数量众多。而且车、船成品都不适宜长途运输，所以其生产作坊必定距雍城不远。

3.商业

（1）对商政策

商业的发展主要得益于生产的发展。在生产力相对落后的年代，劳动所得只够自给自足，没有多余的产品可供交换。生产力提高使劳动产品出现了剩余，同时使在官的工匠有了更多的闲暇时间，可以用于从事私人生产，促进了工商食官制度的瓦解，为商业的产生打下了基础。农民出卖剩余粮食换得货币用于纳税和购买生活用品，手工业者更是需要通过出售自己的产品换取生活必需品。商业在西周时期受官府管辖，生产力的提高使一部分商人摆脱了工商食官的控制，私营商业得以发展，成为足以瓦解旧的生产关系的力量。随着生产的进一步提高，商业发展不再拘泥于国内，商人们肩挑手提，服牛乘马，周游四方，谋取利益。他们的脚步也带动了各国的经济发展，各国为了鼓励商业发展，招徕商人，放松对关市的控制，降低税收，商人已经被列为四民之一。所以这一时期诞生了一批富商大贾，如陶朱公、弦高、子贡等，官商一体是他们的特点，有的是用政治经验来经商，有的是用财富换取政治地位，这些商人受到统治者的尊崇，能与王公分庭抗礼，说明春秋至战国早期商人地位较高。秦国在春秋时期由于僻处一隅，与关东各国联络较少，少有记载。但《说苑》中提到"秦穆公使贾人载盐，征诸贾人"，说明秦国在春秋时期至少应有盐的买卖。但此时的秦国未出现有名的富商大贾。

（2）商业发展的标志

①城市规模的扩大与"市"的出现

春秋时期，人口的增加是城市的规模扩大、城市数量增多的主要原因。西周时期的城市主要是各诸侯国的都邑，春秋时期出现了一大批新兴城市，有的是由于商业的发展，交通便利的地区成为商品的集散地，逐渐发展为城市；除了数量增加，城市的规模亦有所扩大，雍城面积约为10.56平方千米。西周时期都城遗址发现较少，丰镐遗址也只有10平方千米左右，洛邑更是只有约6平方千米，各诸侯国不得逾制，面积应当更小。

"市"作为商品的集散地点，是城的一个新的组成部分。周代城市的主要构成是宗庙和朝堂，其政治作用是首要的，周天子和诸侯国建城都沿用这样的结构；"市"的出现打破了这一传统，"市"使城出现了新的功能区，政治区的"城"与经济区的"市"的融合诞生了中国的"城市"。雍城遗址中也发现了"市"，市位于雍城北距离城墙约300米处，是一个近似于长方形的封闭空间，西墙长166.5米，南墙长230.4米，东墙长156.6米，北墙长180米，围墙上有门塾遗址，围墙内是一个三万平方米左右的露天市场，四边有市门，门上有市楼，应当是秦设立的管理机构——市亭的所在地，它的职能大概是平抑物价和维持治安。根据出土文物推测，雍城的市大约被建造并使用于战国早期至秦汉之际，说明当雍城作为首都时，秦国的商业就已经有所发展。在秦迁都后，雍城的商业并未因此衰落。

②货币

金属货币的铸造和广泛使用也是商业发达的标志之一。我国在战国时期开始广泛的铸造金属货币，大体有布币、刀币、圜钱等形制，秦国使用的是圜钱。但秦国开始铸币较晚，直到商鞅变法时秦国才拥有统一的货币。在此之前，秦国以布匹为一般等价物，根据《睡虎地秦墓竹简》记载："钱十一当一布"，可知在货币出现前布匹在秦国的地位。

③道路交通是商业发展的保障

交通是商业发展制约因素之一，《货殖列传》中说秦国"隙陇蜀之货物而多贾"，这既说出了雍城商业发展的原因，也提到了与秦国有商业往来的国家和地区。前文论述了秦在雍秦时期形成的以雍城为中心的道路交通网，主要通往东、西、南三个方向，与陇蜀贸易需要保证西、南两个方向的道路畅通。东向的道路主要通往关东各国，虽然各国之间战事频繁，但公私往来从未断绝：国家之间的朝聘、士大夫的往来、流民的迁徙，都保证了各国之间道路的畅通。秦与晋作为邻国往来频繁，无论和战都需要路径，穆公时，秦晋"泛舟之役"走的是黄河水运，殽之战走的是成皋之道，说明秦国向东水陆皆通。西方是秦的来处，宗庙尚在西陲，再加上穆公称霸西戎，自雍向西的道路也是畅通的。至于蜀地，自上古三代便有与中原往来的记载，蜀帝杜宇时期势力强盛，边界扩展至褒谷，逼近雍城；且"厉共公二年，蜀人来赂"，说明秦蜀之间有道路相通。

综上可知，雍秦时期秦国的商业有所发展，但并不发达。原因如下：秦国僻处西陲，一些国家间的会盟被排除在外；秦人长于畜牧，善于征战，没有经商的传统；与秦国相邻的巴蜀和戎人的发达程度还不如秦国，也不能为秦国商业的发展提供帮助。

（四）国家的政治中心

雍城是秦国的都城中寿命最长的一个，自秦德公元年（公元前677年）定都于此，到秦灵公二年（公元前423年）迁都泾阳，期间255年，雍城一直作为秦国的都城，是秦国的绝对中心。秦国在雍城期间养精蓄锐，为后来的强大打下基础。

近年来，随着对雍城考古的进展，我们对雍城的了解也逐步加深。雍城作为都城，宫殿建筑必不可少，目前已经发现三处不同时期的宫殿、宗庙遗址。姚家岗宫殿区位于雍城中部偏西，距雍城西垣约500米，面积约有两万平方米，被认为可能是秦康公、共公、景公居住的高寝，在宫殿遗址内发现了三个铜建筑构建窖藏，一处凌阴遗址。杨鸿勋先生认为所出土铜构件可能是在榫卯结构完善以前用于加固建筑的，同时对木建筑也起到装饰的作用。凌阴遗址在宫殿遗址西北，总体是一个上宽下窄的梯形建筑，容积达190立方米，说明这时秦国的宫殿建筑设备十分齐全；马家庄宫殿区在雍城中部偏北，规模庞大，由四个建筑群组成，其中一号建筑已经确定是宗庙祭祀遗址，面积约6600平方米，三号建筑是一处五进的院落，面积为21849平方米，在一号建筑以东500米，西距姚家岗宫殿区600余米。它位于宗庙以东，且时代相近，据此判断其为朝寝，二号、四号建筑遗址因为破坏严重难以还原，但它们的年代与一号、三号建筑遗址基本相同，均属于春秋中晚期，可能是秦桓公"雍太寝"之所在；铁沟、高王寺宫殿区破坏较为严重，根据其中出土的铜器窖藏可判定这处建筑属于春秋晚期至战国早期，可能是秦躁公所居"受寝"。

"国家大事，在祀与戎。"雍城作为政治中心，也承担举办国家祭祀的职责。秦人的信仰较为多样，上至上帝天神，下至山川河流，都在其祭祀之列。按照等级大致可分为以下几类：上帝是最高等级的神，由国君亲祭。在雍城，对上帝的祭祀由来已久，"雍州积高，神明之隩，故立畤郊上帝，神明皆聚云。盖黄帝时尝用事，虽晚周亦郊焉。"在秦国定都雍城时，雍城范围内就已经有两个被废置的畤：好畤和吴阳武畤，就是说秦国的四畤实际上是延续了周代的祭祀。秦国在春秋战国之际共设立五个畤：秦襄公刚被平王封为诸侯就设西畤祭祀白帝，文公作鄜畤祭祀白帝，宣公作密畤祭祀青帝，灵公时作吴阳上畤、吴阳下畤分别祭祀黄帝、炎帝，献公时，作畦畤祭祀白帝。白帝少暤主西方，所以发源于西方的秦人祭祀少暤，有自视为方伯的意思；青帝代表东方，宣公祭祀青帝是为了在与晋的战争中能获得庇佑；黄帝和炎帝在中原文化中享有崇高地位，秦人祭祀黄帝和炎帝，是为了昭示自己在关中的正统地位，加强民族融合。除了对上帝的祭祀，还有对自然神的祭祀，从《史记·封禅书》中可知，秦人对自然神的祭祀大致有三种：日月星辰、人鬼和生产生活之神，这些祭祀体现了秦人的信仰简单朴素、趋利避害的特点。另外，秦国还有其独特的祭祀——陈宝祠和怒特祠。陈宝祠祭祀的是文公时所得的祥瑞，据说"得雄者王，得雌者霸"，文公遣人追捕，在陈仓北阪得到化为石头的雌雉，"秦以一牢祠之，号曰陈宝。"后世各朝都以得陈宝为祥瑞。怒特祠祭祀的是变成大梓树的牛神，秦文公二十七年，"伐南山大梓，丰大特。"这两处祭祀体现了秦对外扩张的愿望和称霸的野心。

除了对神的祭祀，秦人对祖先的祭祀也是一个大的部分。据《史记·秦本纪》记载，雍城在作为都城的255年中，从秦宪公至秦出公等21位秦公均在此埋骨，雍城也成为秦国最重要的祭祀地点。经过多年的考古工作，雍城秦公陵区的位置基本已经探明，它们都分布在雍城以南的三畤原上，目前已发现14座陵园，49座大墓。除了以雍城为都的各位秦公，还有居平阳的宪公、出子、武公和居泾阳的灵公、简公、惠公、出公，说明秦对雍的经营在迁都之前就已经开始了。一是因为雍城距平阳较近，二是因为平阳地近渭水，不利于营建陵墓，也不如雍城地高土厚，所以居平阳的诸公便将雍城南部作为陵区；至于泾阳，本就是为了与晋争霸而设的临时都城，不如雍城安全，所以秦公死后仍然归葬雍城。可见雍城在秦国历史上拥有超然地位。

二、战国中期至西汉时期的雍城

战国时期兼并战争更加激烈，曾数以千计的诸侯国只剩下十数个。秦国经过商鞅变法摆脱了贫弱，跻身强国之列。秦国地处关中，相对封闭，易守难攻，所以秦国出于对外扩张的目的，国家的中心也要随之移动。雍城之后，秦国先后确立泾阳、栎阳两个临时性都城，最后定都在咸阳。政治中心的变动给雍城的发展带来了深远的影响。

（一）战国至西汉的人口

如前文所说，史籍中关于人口的记载较少，因此，战国、秦和西汉早期的人口仍需要通过其他信息来推断。王育民先生通过兵卒数和战车数推断战国人口约有2000万；袁祖亮先生则通过城市规模扩大和城市数量增加判定战国末期应有人口约3000万；赵文林和谢淑君也从军队人数入手，参照《帝王世纪》的说法，判断战国时期有约3000万人口；葛剑雄先生采用通过西汉初年人口的数量倒推秦朝人口、通过县城数量的变化推测人口变化、征发人口的规模和人口迁移的规模等方法推出战国至秦统一初期应该有约4000万人口。由于秦汉之际的战乱，人口锐减，所以汉初人口大约在1500万到1800万之间。

由于缺少数据，雍城的人口数量也只能通过推定的人口总量来判断，得到一个大概的变化趋势。

1.战国时的人口数量

战国时期，由于生产力的进步，农业得到发展，因此战国的人口比起春秋时期显著增长。以齐国临淄城为例，前文提到，临淄城中分21县，人口大约有21万，到齐威王时期，仅临淄所出兵士已有21万之多，考其人口数约有100万，齐威王曾"朝诸县令七十二人"，则齐国人口约700万；魏国有"武士二十万，苍头二十万，厮徒二十万，奋击二十万，车六百乘，骑五千匹"，可知军队共计有约70万，相应的，人口约有350万；楚国"带甲百万"，则人口在500万左右；秦虎贲之士百余万，人口应在500万以上；燕、赵、韩三国均有"带甲数十万"，燕国曾趁赵国长平之战出兵60万伐赵，则燕国人口至少有300万；赵国经武灵王的改革后，成为三晋中最强的国家，其兵力应在魏国之上，暂定为70万，则赵国有350万；韩国领土小，"地不满九百里"，士兵"悉之不过三十万"，则韩国有150万余人。再加上宋、鲁、卫、越、周等国的数量，战国时的人口数量在3000万以上。在群雄争霸的背景下，人口的多寡对一个国家的实力起着决定性的作用。

秦故地共有崤山以西的巴郡11县、蜀郡18县、汉中郡12县、陇西郡21县、北地郡15县和上郡21县以及内史地区41县，共计140县，则平均每县约有35700余人。雍城在战国时不再是都城，虽然仍然是国家祭祀的地点，但它对于周边县邑已不具备辐射的能力，所以此时计算的应当就是雍城城址范围内的人口。但秦毕竟在雍经营200多年，又有多个手工业区，其人口也应多于普通县邑。

2.秦代的人口数量

秦始皇统一六国后，人口与战国时期应该差别不大。但连年战争造成了不小的伤亡，秦武王四年（公元前307年），"拔宜阳，斩首六万"；昭襄王六年，"庶长奂伐楚，斩首二万"；十四年，"左更白起攻韩、魏于伊阙，斩首二十四万"；三十二年，"破暴鸢，斩首四万"；"三十三年，击芒卯华阳，破之，斩首十五万"；四十三年，"武安君白起攻韩，拔九城，斩首五万"；四十七年，"秦使武安君白起击赵，大破赵于长平，四十余万尽杀之"；五十年，"攻晋军，斩首六千，晋楚流死河二万人"；五十一年，"将军摎攻韩，取阳城、负黍，斩首四万"；秦始皇二年，"麃公将卒攻卷，斩首三万"；十三年，"桓齮攻赵平阳，杀赵将扈辄，斩首十万。"
这还仅是《史记》中明文记载的六国死于战争的人，未计入秦国战死的兵士，
除了被坑杀之数，秦国在与六国交战过程中战死士兵应该与各国所差不多。

战争以外，秦代的徭役也十分繁重，修长城者三十万，修骊山墓与阿
房宫者七十万，由此，秦代人口相较战国时期减少至少三百万，估计秦代
人口应在2500万左右。

秦统一六国后分全国为三十六郡，后又拓展至四十八郡，其中有县
800多个，则平均每县有31250人。秦统一后，经营的重点在稳固关东六国
之地。秦始皇又在咸阳营建信宫，想以此取代雍宗庙。雍在秦国统一的过
程中未遭战火，其人口数量与战国应无大变化。

3. 西汉时期的人口数量

由于秦末农民起义和楚汉战争，汉初人口骤减，高祖七年过曲逆，问
御史当地人口数"对曰：'始秦时三万余户，间者兵数起，多亡匿，今见
五千户尔。'"十二年"大城名都民人散亡，户口可得而数裁什二三。"
所以，汉初的人口大约在600万至900万之间。据葛剑雄先生考证，汉初
大约有1200个县，则平均每县有6000至9000人，像曲逆这样的大县人口较
多，能达到一万以上。西汉前期的休养生息使人口迅速增长，根据王育
民先生的研究，汉初分封的侯国中，可考的23个侯国的人口年均增长率为
1.35%，再考虑到侯国有中途加封的情况，郡县的年均人口增长率大约为
1%左右，则汉初的半个多世纪人口增长一倍多，最多可增至1800万。汉武
帝的对外征伐，频发徭役，再加上频繁的自然灾害，"户口减半"。武帝
晚年恢复生产，与民休息，到平帝时人口达到极盛的5959万。两汉之际的
动乱使人口又一次遭受打击，"及莽未诛，而天下户口减半矣。"东汉初
年"海内人口可得而数，裁十二三，边陲萧条，靡有孑遗，障塞破坏、亭
隧绝灭。"此处的"裁十二三"应该是相对于西汉末年而言的，那么东汉
初人口最多能有1800万。雍县地处关中，在秦汉之际饱受战火，人民或死
或逃，十不存一，经过西汉的休养生息，人口迅速增长，到东汉时期，战
火重燃，人口再次锐减。

（二）雍城在新兴道路交通网中的位置

1.战国至秦以咸阳为中心的道路交通网

自秦灵公迁都泾阳之后，秦国的中心逐渐向东移动，献公定都咸阳确定了秦国新的中心。国家中心的变化必然会引起交通路线的变化，之前形成的以雍城为中心的道路交通网被逐渐形成的以咸阳为中心的交通网所取代。

孝公元年（公元前361年），出兵攻灭西戎的一支——獂，置獂道县。至于东方，雍城与泾阳、栎阳和咸阳之间的道路更加便利。传说秦惠文王欲灭巴蜀，因此修建石牛道，石牛道全长1200余里，自汉中出发向西过褒水进入山区，经沮口、金牛镇等地再转南入五丁峡，至宁强县转西南行至广元，再沿嘉陵江行至成都。秦国经此道伐蜀，尽得其利。由于秦国都城东移，又经献公、孝公两代明主，积极变法图强，一扫往日颓势，在与三晋的战争中多占优势，秦人前往三晋的路线基本没有变化，仍然出函谷关向东走成皋之道，只是起点东移至咸阳。

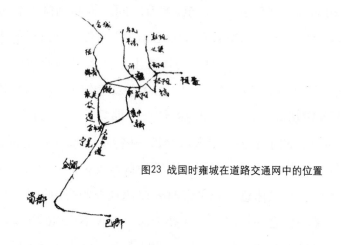

图23 战国时雍城在道路交通网中的位置

秦始皇统一六国后，毁掉六国所筑关防，统一车轨，并修筑驰道通达天下。秦时开通子午道，子午道从杜陵出发，沿子午河与汉水河谷抵达汉中郡，全长660里。为加强对西南地区的管理，又修筑五尺道，连通蜀地与百越地区。五尺道是秦蜀栈道之一石牛道的延长线，秦孝文王时，蜀守李冰主持修筑僰道，经夜郎至味县，全长2000余里，秦统一后，修筑起了从成都到味县的道路，连通僰道，受地形限制，道路仅有五尺宽，所以叫五尺道。这条道路的修通加强了中原地区对西南边陲的控制。

秦西北有陇西郡和北地郡，从咸阳出发到陇西郡有三条路线，一是由咸阳向西北，经池阳、云阳、泥阳、义渠，过鸡头山到达陇西郡；二是由咸阳向西走废丘、犛县、郿县、虢县、到陈仓，再沿渭水经上邽、冀县到陇西郡；三是自咸阳向西北，经雍县、汧县，再转向西南至上邽并入上一条路线中。多条道路并行，途径雍城的道路不是唯一的选择，雍城的人口流动变少；而且从汧县西南行至上邽要往回折一段，行人未必愿意选择；最重要的是另外两条路都是秦国的干线道路，而途径雍城的仅为一般道路。综上可知雍城在秦代已经退居次要地位。

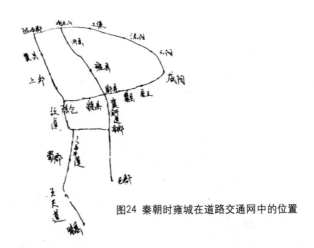

图24　秦朝时雍城在道路交通网中的位置

2.西汉以长安为中心的道路交通网

楚汉战争期间，刘邦被封为汉王，就国经过褒中时烧毁所经栈道，以麻痹项羽；公元前206年，刘邦行"明修栈道，暗度陈仓"之计出兵关中，击败项羽所封的雍王章邯，占领雍地，进逼咸阳，塞王欣和翟王翳投降，刘邦尽有关中之地。被烧毁的栈道应是褒斜道，经陈仓北上则应是故道。汉武帝时重修被烧毁的褒斜道，本想水陆两用，但由于水流湍急，只得放弃用褒水和斜水发展内河航运的打算。武帝修筑回中道，途径雍城。

这条道路因回中宫而得名。回中宫是秦时宫苑，位于北地郡，汉文帝时被匈奴烧毁，武帝元封四年通回中道，回中道的路线是由长安出发，沿渭水西行至雍，再向西北经汧县直通萧关，方便中央政府直接控制西北的广大地区。同样是在武帝时期，张骞奉命出使西域，开通了丝绸之路，由长安出发，由武威郡再向西北经张掖郡、酒泉郡和敦煌郡，出阳关和玉门关前往西域。前往武威郡也有三条道路，第一条是经郿县、雍县、汧县、上邽等地到达陇西郡和武威郡；第二条是经好畤、漆县、萧关到达安定郡和武威郡；第三条是向北经过云阳、枸邑、泥阳、彭阳，过萧关到达安定郡和武威郡。三条道路同时存在有力地带动了关中的经济发展，同样的，雍城的重要性又被削弱。子午道在楚汉战争中被毁，平帝时由王莽主张重修子午道，由于子午道起点距政治中心长安更近，加强了长安与巴蜀的联系。

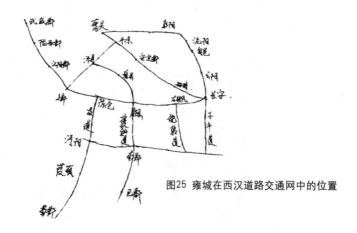

图25 雍城在西汉道路交通网中的位置

（三）战国至西汉时期雍城的经济情况

1. 农业

农业是一个国家的立国之本，秦简公七年（公元前408年），秦国"初祖禾"，[1]正式承认了土地私有。所以秦商鞅变法的重要内容之一就

---

①司马迁. 史记[M]. 北京: 中华书局. 1982:708.

是着重发展农业，"为田开阡陌封疆"①，奖励耕作，使"秦地大而不垦"②的局面大为改观。商鞅两次变法一次在栎阳，一次在咸阳，但栎阳是临时性都城，而且迁都咸阳的时间还不长，雍城作为秦国的大后方、根据地，改革的措施也应率先在这里被实施。

（1）生产工具的变革

战国时期农业取得了突飞猛进的发展，其原因是生产工具发生了变革，铁农具和牛耕得到了广泛的应用。战国后期的秦墓中铁器的出现已经较为普遍，出土铁器的墓葬等级逐渐下降，铁器的种类也逐渐增多。《管子·轻重乙》中有"一农之事，必有一耜、一铫、一镰、一耨、一椎、一铚，然后成为农……请以令断山木，鼓山铁，是可以无藉而用足。"③由于《管子》名为管仲所作，实际是战国时人所作的伪书。那么战国时期的铁农具就已经有了如此细致的分工，也反映了铁农具使用的普遍性。牛耕在战国时的秦国已经普遍推广了，《厩苑律》中有"以四月、七月、十月、正月肤田牛。"④《司空律》中有"官者及吏以公车牛稟其月食及公牛乘马之稟，可也。"⑤由这两条可知，秦国将牛分为耕田和运输两种用途，《战国策·赵策》中有一段赵豹劝谏赵王勿与秦国作战，理由是"且秦以牛田，水通粮，其死士列于土地，令严执行，不可与战。"赵国将秦国"以牛田"作为"不可与战"的理由之一，说明牛耕在秦国的普遍性比赵国要高。

另外，我认为牛耕的使用也可以作为铁农具广泛运用的证据，在劳动力较充裕的战国，人们使用牛耕代替人力，其目的不应只是为了节省民力，而应是出现了人力所不能胜任的重型农具，由于青铜器较为稀少，且经常用来制作礼器和兵器，所以能拿来制作农具的应该是铁。因此牛耕与

①司马迁. 史记[M]. 北京: 中华书局. 1982:2233.

②石磊译注. 商君书[M]. 北京: 中华书局. 2009:26.

③唐玄龄注, 刘绩补注, 刘晓艺校点. 管子[M]. 上海: 上海古籍出版社. 2015:459.

④睡虎地秦墓竹简整理小组编. 睡虎地秦墓竹简[M]. 北京: 文物出版社. 1990:174.

⑤睡虎地秦墓竹简整理小组编. 睡虎地秦墓竹简[M]. 北京: 文物出版社. 1990:202.

铁农具的使用应当是同步的。

上节已经论述过雍城的地理位置优越，适宜发展农业，再加上政策的扶持和生产工具的革新，足以证明雍城在战国中后期的农业发展水平很高。

（2）漕运

渭河漕运一向是秦东出函谷关最便捷的交通方式，水运具有速度快、运载量大、成本低的特点，与陆运相比更具有优越性。"秦西有巴蜀，方船积粟，起于汶山，浮江以下，至楚三千余里。舫船载卒，一舫载五十人与三月之食，下水而浮，一日行三百余里。里数虽多，然而不费牛马之力。"[1]这段话虽然是张仪威吓楚王的，但也确实体现了水运既便捷又俭省的特点。秦在统一的过程中与六国频繁交战，其所需的军粮是天文数字，按照居延汉简所载，戍卒口粮每月为三石三斗三升少，约合今416斤，若出动五万军队，则需要粮食约166500石粮食，再算上途中消耗的数量，"率三十钟而至一石"，一钟约等于24石[2]，则运送720石粮食才能运抵1石，则共需要119880000石粮食。据《九章算术·均输》篇可知每辆车可载粮食25石[3]，共需要动用辎重车约4795200辆，还未计入马匹所需的草料。则用陆路运输消耗过大，水运更加经济，这与前面引用的赵国君臣的话相对应。随着人口的增加，国家需要养活更多的人口，于是，秦汉两代都通过漕运漕转关东的粮食来供给三辅。到宣帝时，耿寿昌建议转运三辅、弘农、河东、上党、太原等地粮食供给京师，"可省关东漕卒过半"[4]，可知西汉后期关中粮食产量仍十分可观。

（3）仓储

秦国向来有囤积粮食的传统，这从秦穆公时的"泛舟之役"就能看

出来，昭襄王时又"予楚粟五万石"①，说明秦国农业发达的同时，其存储粮食的设施也比较完备。秦时在各地普遍设有粮仓，普通仓库一万石一积，栎阳仓两万石一积，咸阳十万石一积。另外，秦对于粮食贮藏的技术也有一定认识，在陕西凤翔八旗屯西沟道秦墓中发现多件陶囷，囷体有一孔一门，而且多设有排气孔，这既保证了粮仓的封闭性，也保证粮食作物在后熟期所需的呼吸作用得以完成。说明秦人对粮食作物的特性有了比较充分的认识，而且仓储建筑的技术也已经十分成熟。秦时虽未提及雍城粮仓的情况，但根据泛舟之役可知雍城粮仓必然不小，雍城是粮食的高产区，虽然已经迁都，但其粮仓没有废弃之理。楚汉战争时，刘邦占据敖仓之粟，大大提升了汉军的作战能力。到西汉时在雍城发现了西汉的仓储遗址，东部临近"蕲年宫"遗址，东南部临近"羽阳宫"遗址，由南北并列的三座库房组成，面积约有7128平方米，说明雍城在汉代还是重要的农业区。

2. 手工业

（1）政策

一般情况下，手工业中心与国家政治经济中心所在是一致的。但是秦国的泾阳和栎阳都是为了作战而特设的临时性都城，国家的经济中心仍然在雍城，所以手工业的变化也体现在雍城。

秦国经过商鞅变法后厉行重农抑商政策，"僇力本业，耕织致粟帛多者复其身。事末利及怠而贫者，举以为收孥。"②在国家政策的层面上，区别对待本业与末业，力劝国民回归本业。这是因为春秋战国之际，农业的生产方式发生了变革，铁农具与牛耕的普遍使用使农业产量迅速增加，成为封建国家发展的支柱产业，这一变化引起了社会关系的变化，各国纷纷从奴隶制社会过渡到封建社会。封建社会的统治者是地主阶级，地主阶级的利益主要通过农业来实现。而手工业的发展需要大量的劳动力，

---

①杜预注，孔颖达正义. 春秋左传正义[M]. 北京: 北京大学出版社. 2000:365.

②司马迁. 史记[M]. 北京: 中华书局. 1982:2230.

特别是工矿产业和煮盐业，动辄需要数千人同时劳作，一方面占用大量农业劳动的人手，另一方面也不利于社会的稳定；商业利润丰厚，比起农耕更加省力，对农民十分有吸引力。若从事手工业和商业的人增多，相应的农民的数量就随之减少，于农业生产不利，"上不好本事则末产不禁，末产不禁则民缓于时事而轻地利，轻地利而求田野之辟，仓廪之实，不可得也。"[①]政府为了实现自身利益的最大化，需要将尽量多的人口束缚在土地上，为国家供应粮食和服劳役，所以在封建社会工商业被压抑是理所应当的。在这样的背景下，秦国的私营手工业本就狭窄的生存空间又遭到沉重打压，战国至秦代都未得到发展。由于布帛是社会生活所必须的产品，同时也是秦国征赋的一部分，家庭纺织业作为农耕的补充得到了扶持。秦政府虽然不鼓励工商业的发展，但也认识到手工业是社会经济的重要组成部分，因此秦国政府设立了完整的行政机构对其进行管理。首先在中央设主管财政经济的内史，其下置大内、少内和少府，大内主管物资，少内主管财货，少府管苑囿园地，其中官营手工业归少府管辖，少府置工官分管手工业的各个部门。值得一提的是，秦国设工室管理兵器的铸造，秦惠王时有栎阳工室和咸阳工室，秦昭王时又增设雍工室[②]，说明雍在战国末期仍然比较发达。工室每年由朝廷颁发命书决定当年的铸造量，并且还负责培养新工，《均工》规定："新工初工事，一岁半红（功，下同），其后岁赋红与故等。工师善教之，故工一岁而成，新工二岁而成。能先期成学者谒上，上且有以赏之。盈期不成学者，籍书上内史。"[③]工室的管理由相国负责，目前发现的"大良造鞅戟""丞相觸戟""吕不韦矛"等实物证实了这一点，说明秦国对于武器的铸造非常重视。西汉初年，政府为了迅速恢复经济发展，放松了对工商业的限制，西汉前期是工商业发展的黄金期；武帝时，连年征战，徭役频发，国库虚耗，为了巩固统治，加强了对手工业的管理：统一货币为五铢钱，禁止私人铸币，盐、铁一律官营。

①唐玄龄注，刘绩补注，刘晓艺校点. 管子·权修[M]. 上海：上海古籍出版社. 2015:13.

②周晓陆，路东之. 秦封泥集[M]. 西安：三秦出版社. 2000:246-247.

③睡虎地秦墓竹简整理小组编. 睡虎地秦墓竹简[M]. 北京：文物出版社. 1990:198.

实际上是剥夺了手工业者的利益填补国库。昭宣时期，又放松了对手工业的控制。王莽时延续武帝的政策，实行"五均六筦"，压榨工商业主的利润以增加财政收入。

（2）冶铸

凤翔高庄共发掘春秋晚期至秦统一时期墓葬46座，其中2座春秋晚期墓中没有铁器出土；战国早期墓有16座，只有1座墓出土铁带钩一件；战国中期墓15座，有3坐出土铁器，有铁带钩5件和铁环2件；战国晚期墓3座，出土铁器有铁带钩2件、锸和削刀等生产工具各1件；秦统一时期墓10座，出土铁器的有9座，出土凿3件、锯1件、钻头5件、锸7件、削刀7件、剑5件、釜6件、带钩3件、钩1件等[1]。在雍城以东还发现数座战国晚期秦墓，其中西安南郊墓地的91座秦墓中出土铁器的有10座，出土带钩、铁削刀共13件。同时期的咸阳塔尔坡墓地发掘的160座小型墓葬中有52座出土铁器，共有锸、镰、削、带钩和长剑等63件。西安北郊39座战国晚期秦墓中，有7座出土铁器，有锸、灯、铗、铁铺首、剑和削刀共11件。邮电学院的162座战国晚期秦墓中有27座出土铁器，有铁鼎、璜、带钩、削、锥、铲、锸等共47件。世家星城的41座战国晚期秦墓中，有9座出土铁器，有铁锸、锄、削刀、灯、斧共11件[2]。通过上述数据我们可以看出秦国的铁器在战国晚期到秦代逐渐普及，出土铁器的器型和数量都有所增加。秦国设置了一套完整的管理铁冶行业的管理制度：在中央和郡县设铁官和铁市官，铁官下有冶铁和采铁，掌开采和冶炼；铁市官主管铁器在各地的运输和经营，《厩苑律》中有"段铁器，销敝不胜而毁者，为用书，受勿责"，各地方铁工具的买卖和借贷应由铁市官管辖[3]。

秦国官营手工业的官吏还有寺工、大匠、诏事、造工、织官。寺工铸造铜器的工官，等级较高；大匠负责烧造砖瓦等建筑材料；诏事应是负责

---

①吴镇烽，尚志儒. 陕西凤翔高庄秦墓地发掘简报[J]. 考古与文物. 1981(01): 1–39.

②邸楠. 关中地区秦墓出土铁器初步研究[J]. 郑州大学学报. 2012(06): 146–150.

③睡虎地秦墓竹简小组编. 睡虎地秦墓竹简[M]. 北京: 文物出版社. 1990:175.

监督的官员；造工仅见有"邯郸造工"①，而邯郸铁矿资源丰富，造工可能是负责邯郸铸铁的官员；织官分为左织、右织，主管布帛的织造。

秦国的金属冶铸业在战国时期出现了新的部门：铸币。秦国商品经济发展较为迟缓，直到商鞅变法之后才正式出现金属货币，即秦惠文王二年"初行钱"之半两钱。半两钱在秦国得以沿用，直到秦朝灭亡。雍城的东社村平民墓葬区出土一半两钱铜范，时代属于战国时期，说明雍城内对货币的需求很大，而且铸币比较普遍。在雍城遗址的高庄秦墓和高家河遗址中共发现两千余枚半两钱，说明半两钱在雍城内的流通量是非常大的。

秦统一六国后，在秦国故地沿袭战国时对手工业的政策。在六国地区"专山泽之利"，将六国的资源收归国有，由郡县管辖，在全国各地设立工官，迁徙原有的手工业主到边远地区，让其继续开发边区。如赵国的卓氏、山东的程郑、魏国的孔氏等。允许他们迁徙后继续经营铁冶行业，并对他们课以重税，"盐铁之利二十倍于古"。以此为契机，又出现了一批新的大型手工业作坊，扩大了秦国手工业的规模，又增加了秦政府的收入。

汉武帝时禁止私自铸铁，在全国出铁之地选取有经验的人担任铁官，其职责是铁的铸造和经营。由国家组织经营的铁冶规模大，技术水平高，有利于产量的提高和铁器铸造的进步。更重要的是，铁官由国家选拔，受国家管理，冶铁所得利润尽数归国家所有，提高了国家的财政收入。右扶风仅有两县置铁官，雍为其一，而雍县并不产铁，应该是主管关中西部铁器的买卖。王莽时铁器收归国营。

（3）制陶

战国中后期，秦国的发展中心已经逐渐向东迁移，但雍城作为秦国宗庙和祭祀地点，仍然保有超过其他城市的地位，这一点可以通过雍城战国晚期制陶作坊的设立中看出来。在雍城内东北部的铁丰村发掘出三座战国晚期时秦国的陶窑遗址，破坏较严重，出土了素面半瓦当、云纹瓦当和

---

①周晓陆，路东之. 秦封泥集[M]. 西安: 三秦出版社. 2000:256.

空心砖等建筑材料。战国晚期秦国在雍城新兴土木有惠公所起的蕲年宫、孝公修建的橐泉宫、武王修建的羽阳宫和昭王修建的棫阳宫[①]。这些离宫别馆的修建需要大量的建材，结合时代，雍城内的陶窑遗址可能就是其来源。

在雍城内东南角，发现一处秦到西汉早期的陶窑遗址，此处陶窑有主副两个窑，但共用一个烧火区，节省了人力，烧陶的技术有所进步，说明雍城的陶器生产一直在进行。

3.商业

商业经过长时间的发展已经日趋完善，各国都有固定且统一的货币，商品种类繁多，随着国家的对外扩张，商路也在不断延伸。政治与经济总是密不可分的，战国中后期各诸侯国纷纷完成了封建化的转变，对商业的政策也随之变化。随着政治中心的迁移，雍城的经济情况不可避免地发生了变化。

（1）政策

春秋乃至战国前期，各国对商业发展基本上是支持的，因为商业能够为国家提供用于对外扩张的财富。到战国时期，留存下来的国家基本实力相当，兼并进入相持阶段，各国纷纷谋求自身的发展，而且封建国家以农为本，需要大量的劳动力，所以商业的发展受到压抑。商鞅变法确立了秦国务耕战的国策，商鞅一方面贬低商业、商人，弃本求末者，全家没为官奴；另一方面主张提高粮价，给农民甜头的同时压缩商人的利润，敦促其返回本业。这样从事本业的人多，既保证了劳动力，又增加了税收。但是商业并未按照商鞅的预期发展，经商的丰厚利润和改革后相对规范的管理使越来越多的人加入到经商的行列中。秦代与秦国一脉相承，继续实行抑商政策，为商人单列市籍。征发徭役时，有市籍者首当其冲，"先发吏有谪及赘婿贾人，后以尝有市籍者，又后以大父母、父母尝有市籍者，后入

---

①徐卫民. 秦都城概论[J]. 洛阳工学院学报. 1999(01): 25–34.

间取其左"①，由此可见秦抑商政策的严苛。但对于富甲一方的大商人却实行拉拢政策，乌氏倮"比封君，以时与列臣朝请"，为巴寡妇清"筑女怀清台"②。至于西汉，战乱后百废待兴，统治者无为而治，放松了对工商业的控制，有利于商业的复兴。汉武帝为了维护国家稳定、解决财政困难，大肆打击商业，剥夺商人、贵族的财富充实国库，盐铁专营、均输平准和算缗告缗政策的实施限制了商业的发展。西汉后期官僚经商成风，抑商政策难以为继，遂又实行对其放任的政策，西汉末年又出现了一批富商大贾，商业再次走向了繁荣。王莽实行"五均六筦"政策，实际上是对汉武帝政策的延续，"五均"破坏了市场的秩序，"六筦"沉重打击了工商业的发展，王莽希望通过这些政策平抑物价，增加财政收入，稳固统治，最终还是失败了。

（2）道路交通的延展

秦国在这一时期在雍城周边又新修了道路，战国时期新修石牛道通往巴蜀，并借此攻灭巴蜀，秦人尽得巴蜀之利。蜀地富庶，"其宝则有璧玉、金、银、珠、碧、铜、铁、铅、锡、赭、垩、锦、绣、罽、氂、犀、象、毡、毦，丹黄、空青、桑、漆、麻、纻之饶，滇、獠、賨、僰僮仆六百之富。"③秦国得巴蜀，与关中连成一片，稳固了后方，为其统一六国打下了经济基础。秦时拆除六国所设关防，在全国修建驰道，通达天下，其中从咸阳出发到陇西的路线经过雍城；又从蜀地修建通往滇与夜郎等地的五尺道，加强对西南地区的控制。西汉武帝时在秦始皇西巡陇西的路线基础上修建回中道，雍城在其途中；重修褒斜道，成为中原入蜀的干道；同样是在汉武帝时期，张骞通西域，开辟了同西域各国往来的丝绸之路，雍城在从西安出发至武威郡的其中一条路线上。此时的雍城处在关中通往陇西和西南等地交通线上，加强政治控制的同时，巴蜀之利经此地抵达关中，关中之宝货又经此抵达陇西甚至西域，西域客商也经由此地与关

---

① 班固. 汉书[M]. 北京: 中华书局. 1962:2284.

② 司马迁. 史记[M]. 北京: 中华书局. 1982:3260.

③ 常璩. 华阳国志[M]. 济南: 齐鲁书社. 2010:27.

中相通，大量流动人口在这条路上往返，刺激商业的发展。

（3）市的增加

商鞅变法开始实行县制，其结果就是各县甚至是乡、亭都形成了各自的集市，市的数量大为增加，市在基层的普及有利于商业的迅速发展；秦代统一六国，兼有天下的同时又拓展了领土，南收百越、北征匈奴，在全国推行郡县制，这催生了农村集市；为方便商业的发展，秦还统一了度量衡和货币；西汉时封国与郡县并存，据《汉书·地理志》记载，西汉因秦郡过大，遂将全国拆为101个郡和1571个县[1]，有利于基层商业的推广。雍城在战国中后期为雍县，在秦代归内史管辖，在西汉归三辅的右扶风管辖，作为一个县，雍城也有自己的市。雍城遗址中只发现了一个市遗址，其面积有3万平方米左右，内部设有管理机构"市亭"，其使用时间跨度较大，从战国早期至秦汉之际一直沿用，在雍城市内出土有半两铜钱和一枚钤有"咸阳里□"印文的陶器残底，将咸阳的商品运来雍，说明雍市在战国至秦仍然比较活跃。

（4）货币的流通

直到惠文王二年（前336），秦国在这时才开始有自己的金属铸币。秦国的货币属于圜钱，即半两钱。在这之后一直到秦始皇统一全国货币为止，秦国货币一直是金属货币与布匹并行的，"布袤八尺，幅广二尺五寸。布恶，其广袤不如式者，不行。""钱十一当一布"[2]是当时约定俗成的"汇率"，所以，为方便核算秦国对涉及收支的许多规定都采用十一进位，如《金布律》中有官府给官奴隶提供衣服，但官奴隶需要花一定的钱购买，其价格有百一十钱、七十七钱、五十五钱、四十四钱、三十三钱不等[3]；又如《效律》中对掌管财务并造成损失的官吏根据损失大小分为三个等级：过百二十钱到千一百钱的、过千一百钱到二千二百钱的和过

①班固. 汉书[M]. 北京: 中华书局. 1962:1523–1639.

②睡虎地秦墓竹简整理小组编. 睡虎地秦墓竹简[M]. 北京: 文物出版社. 1990:188.

③睡虎地秦墓竹简整理小组编. 睡虎地秦墓竹简[M]. 北京: 文物出版社. 1990:194.

二千二百钱的[①]。从这两个例子中可以知道，在秦统一之前，布匹作为一般等价物一直在秦国流通。且律法规定，商人和官吏不得有所偏私，布匹和金属货币处于同等的地位。其范式有两种，一是半两钱，重如其文；另一种叫做两甾钱，其重量有十二铢的，也有十四铢的；高庄秦墓出土750余枚战国半两，高家河出土半两钱1557枚，其中有一部分是战国半两，八旗屯出土"铢重一两三十"的圜钱一枚，长安县韦曲乡出土一釜战国时的半两，共计997枚，此外还有两甾一枚和賹化钱（齐国）两枚[②]。货币的大量出土说明当时货币使用比较普遍，在雍城东社村遗址中发现的半两钱范也可以证明这一点。铸币的钱范的出现可以证明雍城对货币的需求很大，而钱范出现在平民墓葬中也说明雍城货币十分普及。

（四）政治地位逐渐下降

雍城政治地位的变化与两点有关：一是都城的位置，一是国家举行祭祀地点的位置和内容。从战国至西汉，随着国家都城逐渐向东迁移和祭祀的变革，雍城的地位江河日下。

1. 战国中后期都城向东迁移

秦国自穆公称霸西戎以后，便转而谋求向东发展。灵公二年（公元前423年），徙都泾阳。秦居泾阳时，与晋和后来的魏交战频繁。六年，"晋城少梁，秦击之"、八年，"城堑河濒"、十年，"补庞，城籍姑"，简公二年（公元前413年），"与晋战，败郑下"，七年，"堑洛，城重泉"，十四年，"伐魏，至阳狐"，秦惠公九年（公元前391年），"伐韩宜阳，取六邑"，十年"与晋战武城，县陕"，十一年"秦侵阴晋"，十三年，"伐蜀，取南郑"。由于战争频繁，而且旧贵族在雍城势力十分强大，操纵国君废立，最重要的是居泾阳的几位秦公较为平庸，未见贤明如穆公、孝公者。这一时期，也是秦国较为动荡的时期，"秦以往者数易其君，君臣乖乱。"[③]秦国忙于内耗，无暇外战，复失河

---

①睡虎地秦墓竹简整理小组编. 睡虎地秦墓竹简[M]. 北京: 文物出版社. 1990:223.

②党顺民. 陕西出土战国时期货币钩沉[J]. 收藏. 2013(07): 92–97.

③司马迁. 史记[M]. 北京: 中华书局. 1982:705–723.

西之地。所以在泾阳的各位秦公死后仍然归葬雍城，在这一时期，雍城仍然是秦国的祭祀重地和秦公的埋骨之所。

献公时，为了进一步与三晋展开争夺，将都城东迁至栎阳，以利于秦公对战争的指挥。献公二十一年（公元前364年），"与晋战于石门，斩首六万"，二十三年，"与魏战少梁，虏其太子"①，孝公八年（公元前354年），"与魏战元里，斩首七千，取少梁"，十年，"卫公孙鞅为大良造，伐安邑，降之"，十一年，"城商塞，卫鞅围固阳，降之"。②秦国经过献公和孝公两代君主的努力，改变了与三晋的力量对比。据《秦始皇本纪》记载：献公"葬嚣圉"，孝公"葬弟圉"③。据《水经·渭水注》"白渠东经秦孝公陵北"④，而白渠又在栎阳城北，说明孝公陵在栎阳城东。考古工作也证实了这一点，据钻探所知，栎阳城东北郊为王陵，献公的陵墓应当也在附近。

孝公十二年，将都城迁到咸阳，从此开始了秦国称霸的道路。迁都后，孝公继续任用商鞅变法图强，在与六国的争斗中逐渐占据上风。《秦本纪》提到，秦昭襄王五十四年（公元前253年）"王郊见上帝于雍"⑤，而惠文王和昭襄王均有"三年，王冠"⑥的记载，即年满二十行冠礼，举行地点应当也在雍城。

2.咸阳成为国家新的中心

秦国统一六国后，将重点放在巩固统治上，雍城作为秦的大本营处在稳定的后方。秦始皇九年（公元前238年），"上宿雍"⑦，行冠礼，在嫪毐、吕不韦叛乱中，嬴政迁母太后于雍。"二十七年，始皇巡陇西、北

---

① 此为《六国年表》中的说法.《秦本纪》中载"虏其将公孙痤".

② 司马迁. 史记[M]. 北京: 中华书局. 1982:200–202.

③ 司马迁. 史记[M]. 北京: 中华书局. 1982:288.

④ 郦道元. 水经注[M]. 上海: 上海古籍出版社. 1990:380.

⑤ 司马迁. 史记[M]. 北京: 中华书局. 1982:205、210.

⑥ 司马迁. 史记[M]. 北京: 中华书局. 1982:219.

⑦ 司马迁. 史记[M]. 北京: 中华书局，1982:227、241、266.

地，出鸡头山，过回中。"①雍城也在这条路线上，而且秦始皇完成统一是大事，理应回雍告于先祖。秦代将东方六国的山川祭祀也纳入秦国的祭祀系统，对雍的祭祀便无暇多加顾及。《史记·封禅书》记载："三年一郊"，但也只是"拜于咸阳之旁"，"诸祠皆太祝常主，以岁时奉祀之。至如他名山川诸鬼及八神之属，上过则祠，去则已。"

咸阳作为秦国都城有142年，先后有惠文王、武王、昭襄王、孝文王、庄襄王和秦始皇六位国君埋于此地，特别是在秦始皇统一六国以后，便着手将咸阳建为秦国新的祭祀中心。二十七年，始皇营建信宫，又改称为极庙，二世时，"令群臣议尊始皇庙。群臣皆顿首言：'……先王庙或在西雍，或在咸阳。天子仪当独奉酌祠始皇庙，自襄公以下秩毁。所置凡七庙，群臣以礼进祠，以尊始皇庙为帝者祖庙。'"②说明秦打算在咸阳构建奉天子之仪的新宗庙，由于秦二世而亡，未能完成。

3.西汉国家祭祀制度的完善

汉初百废待兴，无力营建大规模的礼制建筑，秦完备的祭祀体系就被西汉继承，汉高祖二年（公元前205年），"悉召故秦祝官，复置太祝，太宰，如其故仪礼。""今上帝之祭及山川诸神当祠者，各以其时之礼祠之如故。"③汉高祖刘邦在雍四畤的基础上又增设北畤，祠黑帝，自此雍五畤俱全。上雍祭祀成为汉家祭祀的重要内容之一。"高祖时五来，文帝二十六来，武帝七十五来，宣帝二十五来，初元元年以来亦二十来。"④汉武帝设泰畤祭天，设汾阴后土祠祭地，取代雍五畤成为西汉的国家祭祀。

西汉自汉元帝起，多次更改祭祀制度，其反映的是西汉政府内部统治思想的分歧。汉元帝柔仁好儒，其在位时以儒家理念着手整改先帝后之陵庙祭享，多次罢废又多次复立先帝后之寝园。汉成帝初继位，便从匡

---

①司马迁. 史记[M]. 北京: 中华书局. 1982:219.

②司马迁. 史记[M]. 北京: 中华书局. 1982:219.

③司马迁. 史记[M]. 北京: 中华书局. 1982:1378.

④班固. 汉书[M]. 北京: 中华书局. 1962:538.

衡等的建议废除泰畤—汾阴后土祠、雍五畤和陈宝祠，作长安南北郊以取代之，但祭天的礼仪制度仍然被延续下来。之后又对其余祠畤进行裁撤整合，"长安厨官县官给祠郡国候神方士使者所祠，凡六百八十三所，其二百八所应礼，及疑无明文，可奉祠如故。其余四百七十五所不应礼，或复重，请皆罢。"①雍地203所祠畤仅有15所"山川诸星"之祠幸免，其余皆罢。其后由于匡衡免官以及异常天象又恢复对雍五畤和泰畤—汾阴后土祠的祭祀，以及长安、雍及郡国祠著名者且半。成帝驾崩后，皇太后又复长安南北郊，废除雍五畤和泰畤、汾阴后土祠等。哀帝时，"尽复前世所常兴诸神祠官，凡七百余所，一岁三万七千祠云。"②虽然雍五畤多次废而复立，但政策的反复不定，使祠祀的威严遭到了巨大的破坏。

　　处在这一阶段的雍城，虽然不再是国家的行政中心，但仍是封建国家的祭祀中心，其地位仍然高于普通县邑。但在西汉末期雍五畤屡遭罢废，雍城地位也已经大不如前。

　　西汉平帝时，国家大权被王莽所把持。平帝死后，王莽更是篡夺汉室江山自居之，改国号为"新"，年号为"始建国"。王莽出于消弭西汉时的种种弊端为目的而进行了大范围的改制。对雍城产生影响的是其对少数民族的政策，王莽对少数民族持有轻视和贬低的态度，所以在他执政的时候所实行的民族政策多带有歧视性和大国强权的特性：大举干涉匈奴内政，羞辱匈奴单于，破坏了自成帝以来汉匈之间的友好关系；与西域的关系也紧张起来，主要是因为王莽处死曾向匈奴投降的车师后王姑句和婼羌去胡来王唐兜，引起了西域各国的动乱；对于西羌，王莽派时羌人献地为臣，但王莽却只以严酷的法令统治，很快招致羌人的不满，羌人起兵叛乱，后被护羌校尉窦况镇压。护羌校尉是汉武帝时的官职，其职能是隔绝羌与匈奴之间的来往，镇压羌的叛乱。但由于羌人部落较多，散居在陇西、北地、金城等郡和三辅地区，难以完全控制，所以一直到东汉后期，

①班固. 汉书[M]. 北京: 中华书局. 1962:556.

②班固. 汉书[M]. 北京: 中华书局. 1962:558.

羌人都是西方的祸患。东汉政府所设的护羌校尉治所就在雍县，雍县又成了镇压羌人起义的前线，更加不利于其发展。

祭祀方面，王莽在居摄时期再次恢复长安南北郊，以《周礼》《礼记》为依托，形成一套完整的郊祀理论和仪式，元始仪明确了祭祀的顺序，将高帝、高后也纳入祭祀之列，弥补了匡衡理论的不足，同时还规定了祭祀的方式、配乐等细节。又以"不合于古"为由废除雍五畤的祭祀，此后，郊祀制度完全取代了畤祀并得以延续。从这以后雍县也不再是国家举行祭祀仪典的地方，与其他县邑无异。

结　语

自秦襄公七年（公元前777年）始建国到秦子婴降于刘邦（公元前207年），秦国共经历了570年的历史。期间，秦国共拥有九座都城，其中雍城被作为都城的时间最长，共计255年，接近秦历史的一半。而且，雍城在西汉时期还承担着举办国家祭祀的重要任务，从文帝起，西汉的历任皇帝都定期上雍祭祀，可见其在秦汉史中的地位。

学界把秦以雍为都的时间段称为雍秦时期，这一时段的雍城是秦国唯一的政治、经济、文化中心。政治上是秦国国君的所在地，是全国政令上传下达的中心，同时还是先王宗庙和祭祀天地神灵的祠畤的所在地。雍城位于关中平原西部，向西与陇西、向南与巴蜀都有道可通，东方有成皋之道，可以由此出函谷关与关东各国来往。作为一国首都，雍城对于本国和其他各国的商人与手工业者有着较强的吸引力，再加上其本身便利的交通条件，雍城得以"隙陇蜀之货物而多贾"[1]。值得一提的是，雍城在作为都城时期，其辐射范围远超过其城址范围，根据祠畤与离宫别馆的位置可以推知这时的雍城是一个包括陈仓、渭南、平阳等地的大的区间，因此人口数远多于其他县邑。

---

[1]司马迁. 史记[M]. 北京: 中华书局. 1982:3261.

战国时期各国征伐愈演愈烈，而秦国由于强大的奴隶主贵族势力的干预，国君频繁更迭。在内政权不稳，在外有三晋虎视眈眈，穆公时得到的河西之地被魏国占领，外战屡败，甚至被追至泾水一带。雍城地处关中腹地，难以把握前方战局。秦国为了扭转战场上的颓势，将都城东迁至泾阳，而后又迁都至栎阳。秦国完成改革后，又迁都至咸阳。在此期间，由于战事频繁，秦国的宗庙仍然留在雍城，秦公定期祭祀，或由礼官代为祭祀。居泾阳的秦公死后也归葬雍城，居栎阳的献公和孝公则葬在栎阳，迁都咸阳之后更是形成了新的陵区。从以上变化反映出雍城的政治地位逐渐下降。西汉继承了秦代的祭祀，自文帝起到哀帝都到雍城祭祀，但同时还设置了甘泉泰畤和汾阴后土祠作为国家祭祀。汉元帝开始对祭祀制度进行改革，以长安郊祀取代上述祠祀，这一改革经历了元帝、成帝、哀帝多代的反复，最终在平帝时由王莽确立下来。随着祠祀的罢废，雍城在政治上和普通县邑没有差别了，人口数量也随之下降。

随着秦国都城的东迁，原本以雍城为中心的道路交通网也随之移动，但雍城还是处于由关中前往陇西的道路上，不过随着道路的增加和拓展，雍城在西汉时期就已经不在主干道上了。雍城有长时间发展手工业的历史，所以在雍城中发现有战国至秦代的制陶遗址。钱范的出土说明雍城对货币的需求量大，结合雍城内市的活跃时间可知雍城保持了较长时间的商业繁荣。在雍城内还发现一处西汉时期仓储遗址，也就是说，雍城在西汉时期粮食产量仍然较高，也能证明西汉时雍城至长安的水路畅通。这时的雍城还是一个经济发达的县城。但由于西汉末年王莽的改革，以雍城为代表的三辅地区受到叛乱羌族的侵扰，严重影响了正常的生产生活。此后关中受战火屠戮，百姓散亡。东汉时，雍城成为镇压羌族起义的前哨，更加不利于发展。

雍城的崛起得益于它的环境，秦进入关中后需要一处适宜长期发展的场所。早先的都城平阳由于地狭路隘，而且处于秦岭和凤翔原之间，不利于向外扩张，所以秦在此只停留了数十年。雍城位于关中去往陇西、巴蜀的交通线上，战略位置十分重要，而且处在关中平原的西部，地势平坦，河流丰沛，是建都的理想场所。雍城的地位在它作为都城的时期达到巅峰，自从秦国迁都后，雍城的地位逐年下降，究其原因有以下几点：首先，尊君思想使祭祀的地位下降，这从春秋后期就已经有所体现了。由此作为祭祀上天的所在地，雍城的地位也逐渐下降。其次，随着都城的逐渐东移，雍城与政治中心的距离越来越远，皇帝上雍祭祀，既不安全，耗费又多。第三，汉元帝尊崇儒学，而汉家祭祀承自秦代，这在儒家看来不合古礼，主张罢废，雍五畤也在其列。后来又几经废立，雍城祠祀的地位在这期间被逐渐消磨。第四，统治区间的扩大。统治范围扩大到全国，雍城的位置偏西，不能作为统摄全国的中心。第五，也是最重要的，雍城本身缺少独立发展的条件。雍城周边矿产较少，其城内也多是冶铸、烧陶等基础产业，再加上秦国主张发展农业，打击工商业，所以雍城不作为都城后便没有可以支撑其发展的产业。发展农业对环境的要求十分严格，一是要有良好的自然环境，这一点雍城已经具备了；二是要有稳定的社会环境，以保证农业生产的秩序。所以不作为首都的雍城在统一王朝可以以农业为生，但一遇到战乱，生产秩序就会被打破，随之而来的就是人民的离散和土地的荒废。前面还提到，雍城处于去往陇西和蜀地的道路上，具有重要的战略意义，是兵家必争之地，这就导致这个地方很容易受到战火的破坏。西汉末年的农民起义中，关中经济遭到沉重打击。

（本文作者为包头师范学院历史文化学院2018届秦汉史方向研究生，指导教师为郝建平教授）

后　记

　　本书是包头师范学院历史文化学院中国古代史专业秦汉史方向八位硕士研究生毕业论文的汇编，为内蒙古重点培育学科和包头师范学院一流学科建设项目的成果。2005年教育部学位委员会启动新一轮硕士点申报工作，我们申报的专门史硕士点成功获批，2007年开始正式招生。2010年，我们以专门史为基础，扩展中国古代史、历史文献学成功获批为历史学一级硕士学位授权点。2011年，又调整为中国史一级硕士学位授权点。

　　中国古代史专业秦汉史方向的研究生主要由我来指导，每年为1～2人。由于受学校层次所限，我们录取的研究生均是来自普通学校的学生，他们的基础难以与重点大学的学生相比。为了弥补生源质量不高的缺陷，我们对所招的研究生进行严格要求，列出必读的基本书目，并要求撰写读书报告。在校期间必须至少在省级刊物上发表一篇论文，方能参加论文答辩。所有课程论文，经反复修改后，要基本达到发表的水平。所有毕业论文都要经过两位校外专家的匿名评审，合格后才能提出答辩申请。通过十多年的坚持，在指导教师和学生们的共同努力下，秦汉史方向的研究生教育日益走向成熟。同学们撰写的毕业论文质量也越来越高，受到了外审专家和答辩专家的好评。本书编撰的目的就是要展示秦汉史方向硕士点建设的成效。

　　需要说明的是为了符合著作的要求，我对原来论文的格式进行了调整，使全书的体例归于统一，并对原文中的一些错误和不规范之处予以改正。

　　感谢本书所收录各位同学的辛勤付出，正是有你们对待学术严谨的态度，才使我们的硕士点建设能不断取得进步。衷心地祝愿各位同学能在学术研究的道路上走得更远！

衷心感谢责任编辑老师一丝不苟的工作精神，没有您的严谨的工作态度，就没有本书的顺利出版。

郝建平

2020年10月于鹿城